大数据营销与创业实战【第二版】

主　编：张藜山 / 陈桓亘 / 周　涛 / 孙小涵 / 黎纯逸
副主编：阚志强 / 康　璐 / 罗小东 / 李　樵 / 张　莉

西南财经大学出版社
中国·成都

图书在版编目(CIP)数据

大数据营销与创业实战/张藜山等主编;阚志强等副主编.—2版.—成都:
西南财经大学出版社,2023.1
ISBN 978-7-5504-5483-5

Ⅰ.①大… Ⅱ.①张…②阚… Ⅲ.①网络营销 Ⅳ.①F713.365.2

中国版本图书馆CIP数据核字(2022)第140699号

大数据营销与创业实战(第二版)

DASHUJU YINGXIAO YU CHUANGYE SHIZHAN

主　编　张藜山　陈桓亘　周　涛　孙小涵　黎纯逸
副主编　阚志强　康　璐　罗小东　李　樵　张　莉

策划编辑:何春梅
责任编辑:李　才
责任校对:周晓琬
封面设计:吴砚豪
责任印制:朱曼丽

出版发行	西南财经大学出版社(四川省成都市光华村街55号)
网　　址	http://cbs.swufe.edu.cn
电子邮件	bookcj@swufe.edu.cn
邮政编码	610074
电　　话	028-87353785
照　　排	四川胜翔数码印务设计有限公司
印　　刷	四川新财印务有限公司
成品尺寸	185mm×260mm
印　　张	20.25
字　　数	482千字
版　　次	2023年1月第2版
印　　次	2023年1月第1次印刷
印　　数	1—3000册
书　　号	ISBN 978-7-5504-5483-5
定　　价	49.80元

序言一

4年前，我的MBA学生张藜山出版了一本教科书《大数据营销与创业实战》。时至今日，我还清晰地记得当年上课时的画面。我在MBA课堂执教这么多年，第一次遇到在读MBA学生声称要写一本教科书，这在全国也是非常少见的。即便研究生毕业后，藜山也始终保持着不断学习的状态，对工作充满信心，对学习充满热情，每一次见面，我都能够感受到他的热情、开朗、专注和坚韧，这些看似普通的潜质相信也是他今天敢于继续攻读博士和重启再版工作的最大动力。看到自己最得意的学生的成长和进步是我最欣慰的事情，所以当藜山再次请我为本书作序时，我欣然应允。

随着乡村振兴战略的全面实施、产业转型升级的不断深化、消费需求市场的瞬息万变以及新冠肺炎疫情的持续影响，传统市场营销理论的创新、融合和发展成为当下最受关注的命题。藜山告诉我，团队历经2年的沉淀和2年的编写，决定重启再版工作——作为基础课程指导的教科书，不能让当下的老师拿着过时的理论、方法和案例，教育引导学生去解决未来的问题。

相比普适性的市场营销教科书，这本《大数据营销与创业实战》（第二版）的第一个特点也是最大的亮点就是新理论、新思路和新案例。

第二个特点是这本教科书实用性强。本书通过身边的案例让读者在学习过程中进行切身思考。众所周知，创新创业过程中的主体是初创企业、中小微企业，甚至是在校大学生，所以将大型国有企业、上市公司和跨国集团的案例作为切入点，就缺少现实的参考价值；同时，双创路上不仅有繁花，还有荆棘和陷阱，如果只有成功案例没有失败案例，也会让创业者和大学生走进认知误区。本书包括制造加工、餐饮酒店、设计艺术、农村电商等不同行业的创业案例，这些案例能够让不同创业背景的读者在书中找到另一个自己。这种较强的实用性能够更好地帮助创业者和大学生一分为二地分析问题。

第三个特点是这本教科书非常注重读者思维。本书每个章节都从一个案例出发，把读者带入一个特定场景，并在案例后面提出几个问题，让读者在特定环境下结合实际思考问题；接着给出章节思维导图，让读者在进入系统学习前就能够将碎片化的知识点梳理清楚。书中除了案例之外，还有很多数据图表、拓展案例和讲解视频；在每个章节后面，还有创业问答、关键术语、本章小结和思考题，让读者在学习后做出进一步反思，这些模块的加入提升了阅读趣味性和学习有效性。

《大数据营销与创业实战》（第二版）助力创业者在思想上解决动能问题，协助教师在教学上解决效能问题，培养学生在学习上解决技能问题。

商有道，学无涯，愿创业者逐梦成真。

是为序。

牛永革

四川大学商学院教授委员会委员

市场营销系主任

教授、博士生导师

2022 年 6 月

序言二

目前我们正处在一个“一切都被记录，一切都被数字化”的“大数据时代”。大数据成了一个炙手可热的名词，似乎每一个人都了解大数据，也在谈论大数据。但又不是每一位读者都真正了解什么是大数据。所以，作为本书的序言，我们打算从基本概念、发展趋势、核心理念和重大价值四个方面介绍大数据。

一、大数据的基本概念

大数据本身是一个比较宽泛和抽象的概念，单从字面来看，它仅表示数据规模大。所以要给这个概念下一个精确的定义是非常困难的，且对于我们理解大数据并无实质帮助。实际上，从来没有人能说出让所有人信服的关于“复杂性”和“人工智能”的定义，但这不影响复杂性科学和人工智能的发展。麦肯锡曾给出过一个大数据的定义①：大数据指的是大小超出常规的数据库工具获取、存储、管理和分析能力的数据集。但它又同时强调，并不是说一定要超过特定规模的数据集才能算是大数据。与麦肯锡更多关注数据规模不同，维克托·迈尔-舍恩伯格强调大数据赋予的新能力，并基于此给出了一个新的定义②：大数据所代表的是当今社会所独有的一种新型的能力——以一种前所未有的方式，通过对海量数据进行分析，获得有巨大价值的产品和服务，或深刻的洞见。笔者从大数据应用带来的结果出发，也给出了一个定义③：大数据是基于多源异构、跨域关联的海量数据分析所产生的决策流程、商业模式、科学范式、生活方式和观念形态上的颠覆性变化的总和。读者结合这三个定义，应该能够初步描摹出大数据的特征，但可能还有一些抽象。序言的第四部分以及本书的其他内容，就是希望把这些抽象的概念具体化。

在大数据发展的早期，IBM 将大数据的特征总结为 4 个“V”，也就是规模性（volume）、高速性（velocity）、多样性（variety）和价值性（value）。“规模性”是指现在需要处理的数据量，往往已经不是几 MB、几 GB 甚至几 TB，而是以 PB（1024 TB）、EB（1024 PB）甚

---

① MANYIKA J, CHUI M, BROWN B, et al., Big data: the next frontier for innovation, competition and productivity [R]. Report from McKinsey Global Institute, 2011.

② 迈尔-舍恩伯格，库克耶. 大数据时代：生活、工作与思维的大变革［M］. 盛杨燕，周涛，译. 杭州：浙江人民出版社，2012.

③ 周涛. 为数据而生：大数据创新实践［M］. 北京：北京联合出版公司，2016.

至 ZB（1024 EB）为计量单位。“高速性”是指数据产生的速度很快，要求数据处理的响应速度也很高，往往需要实时分析而非以离线的、批量的形式分析。“多样性”是指数据来源渠道多，数据结构丰富，其中绝大部分都是非结构化的数据，包括文字、语音、图像、视频、社交网络、时间序列等，这些数据无法简单地制作成表格或者用关系型数据库处理（强行使用表格或者关系型数据库效率会非常低）。“价值性”包含三方面的含义：一是数据中蕴藏着巨大的价值；二是指因为数据量很大，所以数据的价值密度很低；三是因为数据结构很复杂，挖掘数据中的价值难度很大。尽管大数据还有其他重要特征，而不具备一项或多项 4V 特征的数据也可以是典型的大数据，但是 IBM 的总结还是非常有价值的，至少可以作为大数据的水墨画像。

二、大数据的发展趋势

十年来，数据自身数量和形态的迅猛变化驱动了大数据产业的发展，其主要趋势体现在四个方面。

其一，数据总量呈指数型爆炸性生长。现在我们每天产生的数据大约为 5×10^{18} 字节，比唐、宋、元、明、清五个朝代全世界产生的数据量还多。我们现在一年产生的数据量约为 2010 年以前整个人类文明产生的数据量的总和。这些数据主要包括互联网、个人行为和生理数据，传感器和其他探测装置采集的自然数据，大型科学研究生成的巨量数据，等等。2020 年全球有 300 亿台具有互联互通功能的智能终端，这些设备自身以及设备之间通信所产生的数据已经成为新增数据的主体。2018 年全球数据总存储量超过了 20 ZB，2020 年全球数据总存储量超过了 40 ZB，Intel 预测在 2025—2026 年，全球数据总存储量将超过 200 ZB。面对如此巨量的数据，大数据时代的第一个挑战，就是如何解决信息过载的问题，也就是如何帮助用户在信息汪洋中找到他需要或者喜欢的内容。搜索、推荐、广告等技术在电子商务和个性化教育等方面的应用，是典型的代表①。本书介绍的营销大数据，很大程度上就是为了解决信息过载的问题，例如电商平台上可以选择的商品数以亿计，单靠用户自己的记忆和主动搜索，很难找到自己真正喜欢的商品。

其二，数据的结构发生了巨大的变化。以前绝大部分的数据都是以表格的形态存在，我们称之为结构化的数据。例如一个员工的档案中，就有他的姓名、性别、年龄、籍贯、民族、毕业院校、笔试分数、面试分数、专业方向、工资水平、考核结果等信息。利用一些标准化的统计分析工具，我们很容易就可以得到数据之间的关联，例如挖掘出面试分数对于考核结果的影响，毕业院校对于工资水平的影响。但是现在新增数据的绝大部分是非结构化的数据，包括文本、语音、图像、视频、社交关系网络、空间移动轨迹等等。这些数据蕴含着巨大的价值。例如在数据充分的情况下，仅仅通过一个智能手机移动轨迹的分析，就能较精准地获取这个人从“生活消费水平”“违法犯罪可能性”到“感染新冠肺炎风险性”等方方面面的信息。又如在本书重点介绍的市场营销领域，商家可以借助海量文本评论数据，萃取自身产品和品牌在消费者心中最关键的优点和不足。但和结构化的数据

① 苏萌，柏林森，周涛. 个性化：商业的未来［M］. 北京：机械工业出版社，2012.

不一样，我们没有一套标准化的方法去挖掘这些价值，这就带来了大数据时代的第二个大挑战：如何挖掘非结构化数据中的价值，甚至把它转化为结构化的数据。

其三，数据的组织发生了巨大的变化。以前针对同一个对象不同侧面的数据分散在多处，形成一个个数据孤岛。以个人数据为例，阿里巴巴记录了我们的购物行为，新浪微博知道我们的朋友关系和言论，医保部门了解我们的就医情况，公安部门有我们的犯罪记录——但这些数据之间是不连通的。最近，通过一些政策、资本、产品和技术手段，针对个人、家庭、企业、产品等的多源数据正在被打通。例如“信用中国”项目正在尝试打通个人和企业在数十个部委办的数据记录，阿里巴巴从2015年起开始利用新浪微博的数据提高淘宝广告推送的准确度。针对同一对象不同数据的跨域关联，有巨大的社会经济价值。例如，金融机构可以获得更完整的征信记录，税务部门可以全面了解个人和企业的涉税信息，民政部门可以开展更精准的扶贫行动，公安部门可以实时掌握流动人口及涉毒涉服人员全面的信息，商业机构能够投送点击率更高的广告，等等。与此同时，数据的跨域关联带来了隐私和安全方面的巨大挑战，因为分析人员更容易通过多源立体的数据反向挖掘出个人和家庭的隐私信息，而关联数据出现的安全问题带来的毁坏会远远大于单一数据集。这些隐私和安全的挑战和应对在本书的最后还会强调。简而言之，大数据时代的第三个大挑战，就是如何在隐私安全可控的前提下充分应用跨域关联的数据，形成“1+1>2”的效果。

2020年4月9日，中共中央、国务院联合印发的《关于构建更加完善的要素市场化配置体制机制的意见》，首次将数据认定为新型生产要素，明确指出要加快培育数据要素市场，推进政府数据开放共享，提升社会数据资源价值，强调要健全要素市场化交易平台，引导培育大数据交易市场，支持各类所有制企业参与要素交易平台建设。这一对于数据“经济地位”掷地有声的新说法，以及产业界愈发积极的回应，将助推一个正在萌芽的新趋势。

其四，高价值易流通数据将逐步要素化。从产业需求来看，各领域对数据的需求增长迅猛。在科学研究方面，人工智能、生物科技、智能装备等领域的研究需要大量的科研数据，以支撑对关键算法和核心技术的探索和实现；在社会治理方面，智慧城市、智慧治理需要大量的社会数据与政务数据相结合，形成更为科学有效的监管模式；在产业创新方面，不管是工业、农业、传统服务业还是新兴的互联网，各领域都需要在大数据基础上实现模式创新，以BAT等互联网公司为例，每年在数据清洗、标注等数据加工服务方面的支出超出上亿元人民币。借力政策利好，随着数据确权、数据产品登记、数据评估与定价方法、数据资产化和资本化的会计准则、数据质量控制、安全与互信等数据流通中关键机制的成熟，越来越多的数据将实现要素化，通过多次流通在并非该数据产生的多个地方产生价值。

总体来说，只有数据充分价值化和要素化之后，我们才能真正进入“大数据时代”。

三、大数据的核心理念

在简单介绍了大数据的基本概念和发展趋势之后，笔者还特别希望各位读者能够记住有关大数据的两个理念。

首先，大数据的“大”在于价值大。2006年德国世界杯八强赛，德国队对阵阿根廷队。时任守门员教练科普克用下榻酒店的便笺纸写了一张纸条给守门员莱曼，里面按顺序列着阿根廷队最可能踢点球的球员和他们最常用的点球方式。比赛后来进入点球大战，阿根廷队出场的前四名队员正好就是科普克纸条上的前四名，顺序完全一致。更可怕的是，他们踢点球的方式也和科普克的预测完全一致。因此，莱曼四次扑救都非常准确，只是有些球速度太快且角度刁钻，所以只扑出了两个点球。即便如此，莱曼依然一战封神，而阿根廷队连罚第五个点球的机会都没有就被淘汰了。后来科普克揭秘说，他自己看了阿根廷队所有队员可以找到的点球记录（其实也不多，就是两三百个），并且相信一个球员在一场特别重要的比赛中会按照自己最熟悉的方式踢点球。笔者讲这个例子是想说明，尽管这个数据非常小，但是对重大决策起到了关键性的支撑作用，因此也是典型的大数据。数据规模大，只能说明存储、传输和处理的成本高，真正重要的，是这些数据价值要大。

其次，大数据的首要作用是用客观定量的方式描述事实。我们常常把大数据和人工智能放在一起谈论，似乎这两者是一枚硬币的两面。因为没有人工智能，大数据的价值无法挖掘；没有数据，人工智能便成了“巧妇难为无米之炊”。实际上，这种理解是错误的。人工智能很多重要方法不依赖数据，或者只需要“小数据”①。反过来讲，大数据的很多价值都不需要深度挖掘，而只需要数据告知真相。2017年前，杭州停车问题非常突出。王坚博士在解决该问题时发现，大量公共停车场数据未录入，更没有进入各类导航系统。这就使得即便在医院门口以及杭州大厦、杭州银泰等停车最难的地方，很多“隐匿的停车场”依然有大量闲置停车位。通过四年的努力，杭州接入导航系统的公共停车场车位从20万个左右提升到了120万个，杭州停车难问题得到了解决。从这个例子可以看到，只要数据能够反映甚至调动真实的资源，很多问题就迎刃而解了。

四、大数据的重大价值

大数据对政府治理、产业发展、科技创新等都有重大价值。下面简要举几个具体的例子。

第一，大数据可以帮助维护社会的安全和稳定。通过网络、通信、遥感等多渠道的数据分析，可以实时、精准地感知社会态势，对一些重大事件进行提前预警。在隐私可控的前提下，通过对可能带来重大安全隐患的若干重点人群的行为进行分析，可以提前发现异常，将风险扼杀于摇篮之中。与此同时，需要注意的是，数据安全意识的缺失和数据安全管理的松懈，也可能给国家安全带来重大隐患。

第二，大数据可以提升政府的治理能力和决策能力。通过数据资源目录和数据标准的建设，以及跨部门数据的融通，可以大幅度提高政府的社会服务和治理能力，既包括普通公民办理政务手续的用户体验改进方面，也包括交通管理、土地规划、科技计划、税务管理、人才建设、公共治安、应急管理、纪检反腐、安全生产、扶贫脱贫等多个方面。与此

---

① CHAHALH, TONER H, RAHKOVSKYI. Small data's big AI potential [EB/OL]. [2022-05-25]. https://cset.georgetown.edu/publication/small-datas-big-ai-potential/.

同时，数据的统计分析，可以帮助主要决策机构和决策人准确了解政府在教育、医疗、产业、人才等方面的资源配置现状和发展态势，并对医保、税收、教育等牵涉大量公民利益的重大政策调整所带来的直接结果进行定量化政策仿真。在决策完成后，数据分析可以帮助政府实时掌握决策的社会经济影响，包括各种正面和负面的重大舆情。

第三，大数据可以助力打赢疫情防控战。在流行病调查阶段，可以利用亮码、扫码和手机定位数据，精确再现关键高风险人员的时空轨迹，为快速排查重点区域和重点人员，以及精细化人工流调提供支撑。在重点人员分类管控方面，可以根据人员在高风险区域的停留方式和时间，与高风险人员的接触方式和接触时间，估算人员感染概率，并按照流行病学分类方法与感染概率大小，对重点人员进行精细分类与高效管控。特别地，有了大数据不仅可以找到密接人员、次密接人员……，还可以根据具体情况对密接/次密接人员进行更细致的分类管理。在资源优化调度方面，大数据能够帮助我们了解检测需求与检测资源的关系、隔离需求与隔离资源的关系、治疗需求与医疗资源的关系等，从而帮助城市管理者优化配置资源，提升老百姓的获得感。

第四，大数据可以挖掘传统行业内在的创造力。大数据已经在一些数据密集型行业，例如金融和电子商务，发挥了巨大作用。事实上，针对一些尚处于信息化初级阶段的行业，大数据有望发挥更大的作用。例如：可以通过具有近场通信能力的工卡，记录产业工人的工作情况；通过具有短程通信能力的传感器，采集生产设备的温度、压力、转速、振动强度、电流强度等信息；进一步通过数据综合分析，优化生产流程，提高产业工人平均生产效率，监控大型制造设备的运行情况，实现故障的提前预警，等等。这些措施可以提高制造业的生产效率，降低事故风险。类似的技术手段还可以应用在农业生产等传统行业中。

第五，大数据可以催生全新的商业模式。除了和传统行业深度结合，大数据还可以催生以数据共享和交易为核心的新商业模式。尽管大部分可以通过公共渠道获得的数据资源存在数据陈旧、数据噪音大、数据非标准化等缺陷，且高质量的政务数据又不能直接售卖，但通过数据的增值加工形成的数据产品，是具有商品价值的。随着数据市场的逐步成熟，数据供需双方信息会进一步透明化，数据的定价会变成逐步成熟的市场行为。当数据被赋予价格甚至资本化后，数据的商品价值和金融价值非常可观，数据交易本身会成为一种具有巨大经济价值的新商业模式，并且通过数据的流通从整体上促进科技和产业的创新。

第六，大数据可以改善人民的生活水平。随着数据深度、广度、真实性和实时性的持续提升，政府和市场化机构可以更好配置有限资源，为老百姓提供匹配度更高的服务，从而在交通、医疗和教育等老百姓最关注的民生领域，显著提升老百姓的获得感。例如杭州城市大脑通过接入所有公共停车位并进行智能导航，以及对交通信号灯实行实时优化控制，大幅度降低了老百姓出行的拥堵程度。又如基于个人基因测序数据和蛋白质组学数据的个性化医疗已经被用于多种重大疾病的诊疗并显著提高预后效果。一些发达国家和地区已经开始有计划地采集老百姓的医疗数据以期提升医疗服务能力，如英国国家卫生服务局预计2020—2025年英国全基因检测人数将从10万人增加到500万人①。再如利用线上教育平台和个性化内容匹配与推荐技术，可以把教育先进地区优质的教育内容精准发送给相对落后地区的孩子，实现千人千面的万人课堂②，提高教育均衡化水平。

第七，大数据可以推动科技创新。整个科学技术领域都在向着数据密集和计算密集的方向发展，实际上，大型科学仪器，例如粒子对撞机和射电望远镜所产生的数据量是惊人的。例如大型强子对撞机（LHC）在2015年每秒产生的数据量超过1GB，年产生数据量约为30PB，2020年产生超过100PB的数据，最终将达到每年产生400PB的数据。大量激动人心的物理学和生命科学的发现都是基于巨量数据和计算资源的，以前那种依靠纸笔就能做出的重大发现越来越少了，甚至在社会科学、管理科学、心理科学等传统上主要使用定性和半定量研究方法的学科，数据驱动的研究占比也越来越多③。垂直方向④和综合性⑤的科学数据中心在科学研究中起到了创新引擎的作用。

读者正在读的这本书，主要阐述了大数据在营销与创业方面的应用——这实际上是大数据应用最为成熟的领域。笔者的博士研究中有相当一部分人涉足推荐系统领域⑥，而第一家创业公司（北京百分点集团）也曾深耕这个领域，所以有很深的感情。另外特别值得一提的是，本书还花了一定的笔墨专题介绍初创企业可能遇到的各种陷阱、危机和解决方案。有一些可能是营销类的企业需要特别关注的，例如品牌危机的处理方式，但还有一些是所有初创企业的共同问题，例如融资与股权结构的问题等。初创企业的创始人团队往往被炙热的梦想驱动，很难真正冷静地意识到这个世界上绝大多数其他人并没有梦想，或者至少拥有不一样的梦想，所以渴望用自己的梦想点燃世界——哪怕世界的一小部分，都是非常困难的。因此，创业的过程中会遇到远远超过最初设想的困难，这就需要如本书所建议的，对于这些风险有提前的预判和预案。希望各位读者能够通过阅读本书直观了解典型的大数据创新实践，并举一反三，快速理解甚至创新大数据在其他领域的应用。如果读者恰好是营销领域的创业者、从业者或者研究者，并且还能于本书中有所得，那我们就更高兴了。

周　涛
四川省决策与咨询委员会委员
电子科技大学大数据研究中心主任
教授、博士生导师
2022年6月

---

① Ernst & Young Global Limited Realising the value of health care data: a framework for the future [R]. London: Ernst & Young, 2019.

② 罗清红. 大数据时代的万人课堂 [M]. 北京：人民日报出版社，2017.

③ GAO J, ZHANG Y-C, ZHOU T. Computational Socioeconomics [J]. Physics reports, 2019 (817): 1-104.

④ 如国家基因组科学数据中心（https://ngdc.cncb.ac.cn/.）。

⑤ 如极客数据（http://www.geeksdata.cn.）。

⑥ LÜ L Y, MEDO M, YEUNG C H, et al. Recommender systems [J]. Physics reports, 2012, 519 (1): 1-49.

序言三

迎面而来的大数据，正在改变我们的生产生活方式。那么我们应该如何利用大数据的相关理论和实践经验提升企业的营销效果、降低创业风险呢？本书通过重点介绍基础理论与实践应用的思路脉络，用通俗易懂的语言将“数据思维”广泛植入市场营销以及初创企业的管理等方面。虽未详细讲述数据的采集、储存、分析等具体方法，却探索了大数据描述、分析、预测功能的商业变现能力。

作为全国万人创新创业导师，我曾多次指导学生参加创新创业大赛，在指导学生的过程中，我深刻感受到大数据的发展给初创团队带来的机遇与挑战。新时代要求学校培养掌握创新创业专业知识的创新型人才，这些人才是社会发展的动力和基础。因此，各高校积极开展创新创业教育，但是创新创业教育在理论体系和实践经验方面都比较缺乏——缺乏系统化的教学模式，只是单纯地传授理论知识，没有通过实践认证，学生也不能很好地感受到创新创业的实质，无法调动学生参与创新创业教育的积极性。所以，在创业教育学习中要做到创业观念树立、理论知识学习、创业实践模拟相结合，从而为学生顺利地进入后期创业实践带来有效帮助。在信息化时代，需要增强科学化、实践化教育的观念；就创新创业教育而言，需要将大数据科学应用到创业教育实践中，引领学生树立创新创业教育实践观，使学生的创新创业思维与大数据思维有效结合，培养创业者的综合能力和大数据技术的使用能力。《大数据营销与创业实战》（第二版）不仅包含了最新创业实践案例，还对大数据营销技术的应用进行了讲解，可以帮助初创者，特别是能帮助在校学生全面了解创业者面临的问题，并从中汲取相应的经验使自己的创业之路更加顺畅，在参加创业竞赛时也可以少走弯路。

各类创业竞赛不仅是为了取得最后的创业成果，更是为了在创业实践中培养学生的创业意识和实践技能。教师在创业竞赛中也不是旁观者的角色，而是能通过数据分析创业竞赛实践中学生暴露出来的问题，对其加以整理、反馈，促进高校创新创业教育专业化。“以赛促创”模式不但能激起学生的良性竞争，规范学生的创业实践活动，提高学生的创业实践水平，而且能为有优秀创意和创新项目的学生提供技术支持、行动分析和专业咨询，实现优秀成果转化，帮助走出校门后的学生在面对创业困难时保持清醒的头脑，完善校内至校外的一站式孵化服务，为人才流入社会的运行过程做出贡献。《大数据营销与创业实战》（第二版）中丰富的创业实战案例，能让学生从中看到自己的缩影，从而进行总结和反思。

本书选题新颖，以大数据营销为主干，以初创企业经营管理数据中需要解决的各类问题和创业实战需要注意和防范的风险为支干，用案例和实践指导大学生走上创新创业之路，这对初创团队和没有创业经验的学生来说具有积极的参考和借鉴意义。另外，本书将“大数据”“营销”“创业实战”进行跨界融合并创新，将使各类初创者受益。并且，本书用简单的语言阐述了不同场景下大数据的使用方法，既起到了传递认知的作用，又不会让读者陷入技术难题。同时，大量营销模型的阐述和经典市场案例的分享明确指出了传统营销模式和大数据时代营销模式的差异，总结出大数据时代的精准营销之道，是一本不可多得的理论学习和实践参考书。

苗　苗

西南交通大学教授

“三创赛”全国总冠军指导老师

国家级双一流创业课程负责人

2022 年 6 月

专家推荐

在四川加快建设现代服务业强省的大背景下，《大数据营销与创业实战》（第二版）的出版对于提高从业者现代商务素质、内外贸一体化技术技能，特别是加强大学生创新创业教育和实践具有积极的参考和借鉴意义。

高司华

四川商务职业学院院长

全国外经贸职业教育教学指导委员会委员

中国高等教育学会职业技术教育分会常务理事

中国（四川）自贸试验区综合研究院客座教授

大数据时代给营销提供了新的场景和工具，也提出了新的挑战。如何在大数据时代充分利用数据资源实现更有效、更精准的营销，助力创业成功，本书给出了理论的分析、案例的解读，有着很强的参考价值和指导意义。

黄　文

西南财经大学经济与管理研究院党委书记

金融科技国际联合实验室高级研究员

无论是实践创新创业的学生、创客，还是正在从事大数据营销及管理工作的人士，都不太会像《大数据营销与创业实战》（第二版）的编写团队那样，对大数据时代和创新创业的首要原则进行如此细致和深入的思考。这本书给了我们一个机会，而不仅仅是一种指导。这本书以其卓越的洞察力为我们提供了在大数据时代变革环境下一个了解自己和探究自己思想和行为、影响他人的机会。这或者是一本能改变青年人命运的神奇著作。

王释德

知名商业策划人

畅销书《人生六大真相》作者

YOL（Young Originality Lab）China 自由创想实验室创立人

在商业领域，我一直身兼法律顾问和创业者的双重身份，不断探索行业的创新与开拓。产业转型升级使我们从空间竞争格局上升为人才竞争格局，从资源竞争格局转变为服务产品竞争格局。《大数据营销与创业实战》（第二版）让我们在转型创新方面有了新的启发和力量。

曹　蕾

北京市柯杰律师事务所合伙人

众多数字化技术当中，餐饮企业最关心的是大数据、人工智能以及物联网，这些技术目前在餐饮行业已经广泛应用并初具成效。大数据可以应用于从客户精准营销到餐厅新店选址的各方面，人工智能让机器人和AI系统给顾客带来更好的用餐体验，而物联网技术赋能餐饮企业精简供应链从而降低成本。数字化转型影响到餐饮企业的全局，涉及企业运行的各个层面，这个过程不仅涉及实现技术应用的本身，还会是一个持续投入的过程。本书立足大数据营销和创业实战，为创业者和营销人员快速认知数字化开启了一条快速通道。

陈　刚

四川小龙坎控股集团有限公司董事、副总经理

《大数据营销与创业实战》（第二版）能够与时俱进，紧扣市场发展脉搏，将大数据与营销、创业实战融合，以科学理论指导实战经营，精准预测市场现状，让实战经营产生裂变。

严　龙

四川省火锅协会执行会长

随着创新创业的普及和深入，大数据得到广泛应用。该书把大数据、营销、创业实战三者跨界融合，为创新改革、产业升级注入了新的活力，为企业管理者在市场预测、精准营销、决策分析等诸方面提供了多种解决方案，是具有实践意义的好书。

高　朴

四川省烹饪协会秘书长

第二版前言

2018 年 10 月，《大数据营销与创业实战》正式发行，新书发布会在西南财经大学光华财经书城成功举办。2019 年 5 月，由崧燁文化出版的《大數據行銷與創業實戰》在中国台湾、中国香港等地区发行。四年来，《大数据营销与创业实战》走进全国众多孵化器、众创空间、高等院校和初创企业，帮助无数创业者和大学生度过了艰难的初创时光。《大数据营销与创业实战》在全国“双创教育”教材建设方面迈出了大胆的一步，其跨界融合“大数据”“营销”“创业实战”的首创意识，更是填补了该领域的一项空白。

2020 年以来，新冠肺炎疫情对各国经济社会发展造成了严重影响，加上技术变革、消费升级与产业转型的刺激，以及初创企业商业模式的快速迭代与营销策略的多元发展，让编写团队意识到：教材要紧随国家高等教育创新创业改革发展方向，要充分把握大数据与市场营销最前沿的思维理念，要充分呈现当下初创与小微企业最新研究案例。正如著名财经作家吴晓波在《影响商业的 50 本书》所言：“一本伟大的教科书需要具备三个特点：清晰而严谨的理论架构，精准的概念定义和与时俱进的迭代能力。”为此，编写团队邀请国内外 20 位专家，结合实战经验、教学过程与科研成果，融合多方资源广泛调研和深度思考，决定出版《大数据营销与创业实战》（第二版）。

《大数据营销与创业实战》（第二版）共分 10 章，以用户行为与特征分析开篇，以企业开展精准营销信息推送、活动营销为承接，以监测竞争对手和品牌传播、品牌危机和融资风险为切入点，以企业筛选重点客户、大数据改善用户体验、SCRM 客户分级管理和发现新市场新趋势为支撑点，最后以市场预测与分析决策为落脚点。编排逻辑从用户出发，以初创企业经营管理过程中的实际业务切入，最后回归创业的初衷和管理本质。在策划论证与编写过程中，主要体现以下四个创新：

一是重新组建了编写团队。我们更加注重邀请在“大数据”“市场营销”“创新创业”理论研究与实战方面卓有建树与成效的专家学者与企业高管参与本书的编写。他们分别是国家级创新创业大赛优秀指导教师、省级创新创业大赛评委、马来西亚国立大学博士张藜山，四川省决策与咨询委员会委员、成都市科技顾问、电子科技大学大数据研究中心主任周涛教授，西南财经大学西部创新创业研究中心执行主任、西南财经大学工商管理学院副教授、美国罗格斯大学博士陈桓亘，中国管理科学研究院高级创新创业导师、国家级创新创业大赛优秀指导老师、四川省烹饪协会常务理事、十方轻安新饮食空间创始人孙小涵，西南财经大学金融学专业优秀大学生黎纯逸。他们的加入为本书注入了新鲜的血液。

二是重新梳理了原理理论。我们更加注重“大数据”“市场营销”“创新创业”前沿理论的研究与探索，将国内外最新的研究方向、研究方法和研究成果贯穿每个章节。尤其是将周涛教授在“复杂性科学与大数据挖掘算法”，陈桓亘教授在“创业学、创业金融与新创企业成长”，张藜山老师在“市场营销、农村电商与双创辅导”，孙小涵老师在“企业经营管理、新消费品牌和创新消费升级”等方面的研究成果与经验植入教材，更加系统、科学地帮助广大创业者与大学生掌握最前沿的理论知识与方法工具。

三是重新构建了章节体系。在第一版的基础上，编写团队将原第五章“品牌危机与管理支持”调整为“初创企业品牌危机与融资风险管理”，其主要原因在于初创企业在经营管理过程中除了要应对品牌危机，还要处理与其紧密相关的融资风险、企业战略、股权结构、核心业务等事务。加之资金短缺属于初创企业普遍存在的问题，所以我们在第二版的编写过程中，将品牌危机与融资风险进行了融合，尤其是将融资风险作为第二版的重难点进行介绍。

四是重新完善了数据案例。第二版在策划与编写过程中，我们尤其强调数据和案例的实效性、真实性、客观性和趣味性，书中所有数据都是截至2021年的新数据，甚至部分数据更新到2022年第二季度。我们之所以这样，是希望通过对数据的挖掘、分类和研究，帮助创业者和大学生解决工作与学习中的实际问题，更重要的是帮助读者树立一种数据思维，通过分析数据打通经营管理过程中的“任督二脉”。书中的所有案例都是编者近年来连续跟进研究、实际走访调查、亲自经营管理的真实项目，案例所涉主体大部分都属于初创和小微企业。选择这些样本，旨在帮助广大创业者在学习时增强体会。

完成此次再版工作，历时四年。付梓之际，编写团队衷心感谢所有支持和帮助我们的专家学者、领导老师、家人朋友们。你们的指导和支持让我们能在最前沿的领域探索，在最一线的实践平台精炼，在结合学术目标与实践目标的双标准体系下，为读者带来理论与实践相融合的教材。本书可作为普通高等院校专、本科（含高职及成人教育）创新创业课程的教学用书和工具用书，也可以作为初创企业和创业团队参赛的参考用书。

本书配套内容翔实的数字教学资源——包括知识点讲解视频、案例分析视频、企业访谈视频、章节配套课件和其他教学资源等，方便读者学习使用。整体数字教学资源包放置在西财出版网的出版资料栏，可搜索“西财出版网”直接下载。

本书编者虽然进行了积极的工作和不懈的努力，但是书中难免存在一些疏漏和错误，敬请各位专家、广大读者批评指正，以便不断完善和提高。

硅谷投资人本·霍洛维茨在《创业维艰》一书中曾说道：“在我担任 CEO 的 8 年多时间里，只有 3 天是顺境，剩下的 8 年几乎全是举步维艰。”商业世界瞬息万变，创业更是九死一生，如果只是怀着对成功的渴望，初出茅庐的大学生们，很难应对真实商业社会的考验。这些年来，在辅导双创项目的过程中，我们看到无数的大学生憧憬创业，激流勇进。我们也期待看到这些年轻的力量为今天的商业世界注入多元的活力。与此同时，惟愿《大数据营销与创业实战》（第二版）伴您前行、保驾护航！

张藜山　孙小涵

四川大学商学院

2022 年 · 春分

目录

第一章
用户行为与特征分析

学习目标

通过本章的学习，我们可以：

- 掌握用户行为分析的概念和意义
- 了解用户行为分析的方法和工具
- 了解用户特征的基础细分方式
- 熟悉用户画像的内容和优势
- 了解用户画像在金融行业的具体应用

本章重难点知识视频

开篇案例｜拼多多的增长秘籍：把握用户心理法则

现今社会有个奇特的现象：大型游戏厂商和大型电商平台往往会高薪聘请心理学专家参与产品设计，通过设置一系列的内容反馈与激励机制来提高用户黏性。在日益白热化的电商竞争中，拼多多凭借其对人性本质的深度挖掘，配合多种新颖的运营与营销手段，硬生生地从各大电商巨头口中抢了原本属于他们的“猎物”。

根据拼多多2021年3月发布的2020年年度报告可知，拼多多年活跃买家数由2019年的5.85亿快速增加至2020年的7.88亿，年增长率达34.65%，年活跃买家数超过阿里巴巴的7.79亿，成为全球用户规模最大的电商平台。拼多多究竟是如何实现快速增长的？单靠低价商品就能短时间内超过京东和淘宝吗？

其实不然。相较于提供低价的商品，拼多多更擅长挖掘用户痛点与揣摩用户心理。拼多多近年来年度活跃用户数量的快速增长与一个词语密不可分。这就是“社交裂变”——通过用户分享，实现拉新、促活、促复购、拉回流等诸多目的，可谓对人性的理解和产品运营的理解达到了极高的层次。

为达到提高用户分享率的目的，拼多多采取了如下几条措施：

一、游戏化，让活动更好玩

拼多多通过运营免费、简单且能为用户提供实际利益的游戏（例如：多多果园种出的水果用户是能实际免费获得的），在一定程度上促成了用户留存。此外，拼多多还善于

"以点带面"，即通过运营某些特定的游戏去打造一整套的用户运营模板。比如，用户在多多果园中偷水滴的行为能促进活动品牌曝光，而游戏中水滴与化肥等道具的获得则能够服务于平台签到促活、拉新、促复购的运营目的（图 1.1）。

图 1.1　拼多多游戏界面

二、多样性，避免用户疲劳

拼多多的推广文案层出不穷，变化莫测，常做常新：一方面要控制运营成本，另一方面又要完成拉新的 KPI 指标。因此拼多多就像"魔术师"一样，不断更新"欺骗"受众眼睛的手法，不断增加玩法的多样性，不断让用户感到活动很容易达成并愿意分享，最大限度地避免用户疲劳。

三、实效性，营造紧迫氛围

通过设置活动的截止日期，让用户产生一种紧张感。用户对于这种错过了时间就错过了天大优惠的感觉是非常强烈的，这就是所谓的"损失厌恶理论"。同时，相较于主流的倒计时模式，拼多多倒计时的计时单位是 1/10 秒而非 1 秒，这种数字飞速跳动、时间飞速流逝的感觉更会让这种紧张感愈来愈强烈，从而进一步影响用户的决策。

四、用户控制，让用户主动选择

心理学中有一个理论叫"禀赋理论"，指的是一个人拥有一件东西后会高估它的价值。拼多多巧用此心理现象，在诸多运营活动中增强了用户的"选择权"，例如对于拉新好友"零元购"的活动用户可以通过选择卡牌来确定邀请用户的数量、拼单返现活动中用户通过抽签以确定返现的标准。此类活动给予了用户控制感，让用户感觉结果由自己的选择决定并不断高估自己选择的价值；此外，活动奖励的不确定性又刺激用户分泌多巴胺以获得成功的快感。

但事实上，用户并未真正获得此类活动的选择权，真实的活动标准早在用户做出选择前就已经由算法确定了，但这多出来的、对结果毫无意义的步骤，却又给了用户掌控选择权的假象，有效地影响了用户的行为（图 1.2）。

图 1.2　拼多多“助力享免单”活动界面

五、降准入门槛，防止用户过快流失

电商领域有这样一个公式：用户参与意愿 = 用户预期收益-用户预期参与成本。

在预期收益方面，拼多多善于用“诱惑性”的语言拔高用户的收益预期，譬如通过“800 元免费提现”“分享产品免费拿”等口号吸引用户；在预期参与成本方面，拼多多采取低门槛战略，对用户的参与结果及时反馈，例如在砍价活动中拼多多一开始就给你一张四折砍价券，并通过刮红包、领现金等活动让你能在活动前期以较低的成本快速获得部分奖励。

但本质上此类活动的门槛并未降低，即使用户通过前期的分享使任务进度达到 99%，只要拼多多调控剩余 1%的难度，就可高效控制活动运营的成本（图 1.3）。

图 1.3　拼多多好友分享界面

六、利用损失厌恶心理，先给予用户一些甜头

有实验证明，人在损失金钱时感到痛苦的程度与获得 2~3 倍该金额时感到喜悦的程度相当。正因为人的本性厌恶损失，所以利用人性把人放到损失的框架下才会更有利于影响人的行为。拼多多正是充分利用了人性对损失的厌恶，使得用户天天陷入领现金的活动而无法自拔：用户进入活动页面后仿佛进入了微信红包的页面，系统提示得到了 100 多元的红包，但要满 200 元才能提现。拼多多利用损失厌恶的心理，让用户觉得已经获得了 100 多元的红包，自己不领取的话，就相当于损失了 100 多元，加倍了损失的痛苦，用户为避免这种“损失”而“自愿”为拼多多的活动宣传。

但拼多多这种褒贬不一的营销手段也在近期引起了争议。2021年3月，上海的刘律师收到了同事发来的“砍价免费拿”链接，出于好奇就参加了拼多多的“砍价免费拿”活动，并选择了一款价值2 799元的手机。通过砍价，拼多多显示刘律师离免费拿仅差0.9%。为了完成活动，刘律师又邀请了多位好友助力，甚至还买了9.9元的砍价加速包，但进度依旧卡在差0.9%，始终无法再进一步。费尽心思，却得到如此的结果，刘律师不免质疑起该活动的真实性，毕竟邀请砍价的朋友以及9.9元的砍价加速包都是货真价实存在的。

事虽小，但意义不凡，若商家存在欺骗消费者的行为却不能被制止，甚至还能从中获利，那未来只会有越来越多的商家效仿，造成劣币驱逐良货的局面。刘律师认为，拼多多的目的并非在于让消费者真正砍价，而是为了提高拼多多APP用户活跃度和收入。拼多多在提供网络服务时，违背了诚实守信的原则，使用虚假数据，隐瞒规则，欺骗消费者。于是，刘律师将拼多多诉至法院，希望法院判令拼多多公开活动的真实规则。2021年12月21日，上海市长宁区人民法院就刘律师诉拼多多案开庭进行了审理（图1.4）。

案由	网络侵权责任纠纷		
案号	（2021）沪0105民初7416号	开庭日期	2021-12-21 09:00
地区	上海	排期日期	-
承办部门	商事审判庭（互联网案件审判庭）	审判长/主审人	[redacted]
原告	刘宇航		
被告	上海寻梦信息技术有限公司		
法院	上海市长宁区法院	法庭	第一法庭

图1.4　上海市长宁区人民法院受理刘律师诉拼多多案

根据知乎用户提供的文章原文，在案件审理中，针对刘律师（刘宇航）的起诉以及由此引发的质疑，拼多多表示，由于页面显示的百分比位数有限，因此平台方把小数点后有6位数以上的百分比，省略显示为0.9%，砍价页面显示的0.9%不是0.9%，而是0.999 642 7%。当被问到为什么不显示完整的百分比时，拼多多则表示因为显示屏有限，并且该百分数是无法除尽的，因此做了省略。

在该案的细节曝光后不久，不少消费者也纷纷响应。很多人在该话题下留言表示支持刘律师：“拼多多不能把锅推给算法，算法也是由人来操作的。”“这个代理人给的理由，我感觉他已经很努力才编出来的，毕竟也没有啥好理由可以编了。”针对此事，拼多多表示，“砍价免费领”活动是真实有效的，本活动期内共有1 200余款商品加入，已有709万件商品被送出。针对刘律师邀请多人砍价而砍价进度条未变化的现象，拼多多法务部高级总监唐江荣解释称：“因为部分免费砍的商品金额较大，拉少量用户砍掉的金额不足以让百分比变化，会让消费者以为砍价没有变化。”

本案仍在审理中，但无论最终判决如何，对未来商家采取何种手段进行营销都将产生重大的影响。

思考：

1. 拼多多营销的成功利用了用户的哪些心理？
2. 拼多多是如何精准定位用户并挖掘用户需求的？
3. 企业该如何有效应对大数据技术相关的伦理问题？又该如何审慎使用营销手段？

思维导图

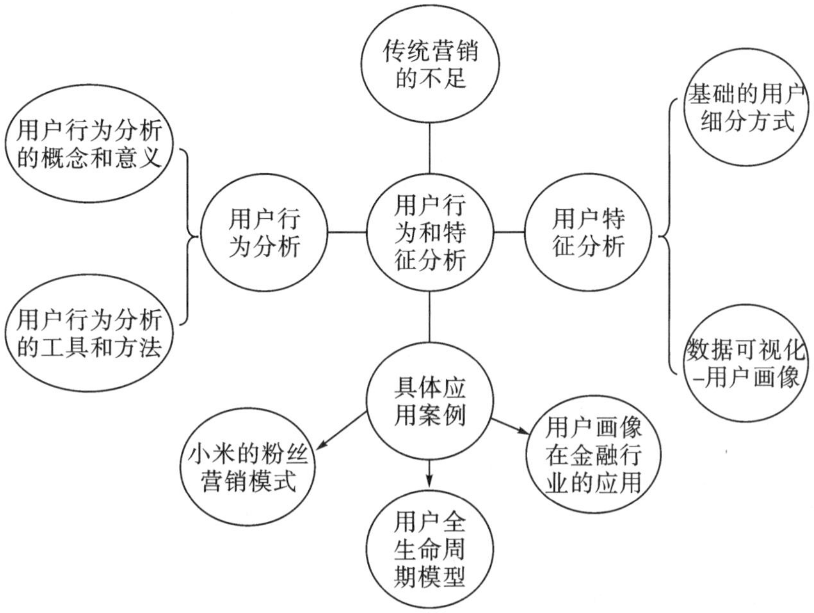

本章提要

4P 理论的核心是产品，4C 理论的核心是客户，然而传统的营销套路总是想出很多花招来引起消费者的注意、兴趣、欲望，在达成产品的成交后，很少关注用户的消费体验。在传统营销的线下销售中，产品需要经过庞大而复杂的销售网络，比如区域代理商和经销商，最终消费者在零售商的网点买到产品。这就导致了生产厂家并不能及时了解到消费者对于产品的评价及建议、要求。因此在产品的销售过程中厂家无法对客户的购买行为进行了解和分析。如今“80 后”“90 后”“00 后”通过 PC 以及移动终端在网上购买产品，并将自己的消费体验广泛传播，他们的购买行为在网络都留下了数据。因此可以用 PV、UV、跳出率、访问深度、停留时长、热力图等来分析用户在网上的购买行为。除了这些统计指标以外，数据可视化技术的发展和应用，用户在互联网上的行为以及行为背后的各种特征，通过不同的维度深度还原用户消费能力、习惯、偏好和场景，构建出精细、完整的用户画像。提升厂家感知市场需求变化的能力，有利于厂家对产品和服务进行迭代和优化，提升用户的消费体验和品牌忠诚度。

第一节　用户行为分析

一、传统的营销模式

在传统的营销模式下，为了满足市场需求，开发一款热销产品，首先要组织专业的市场调查团队对消费者进行调研，确认市场的需求；其次是对市场进行细分，分析目标市场的开发潜力，确认产品定位；再次是根据产品的定位，对产品进行设计和研发，新产品研发成功后，经过样品试制和调试，小批量生产新品并投放市场试水，如果产品热销，才大规模生产，以降低产品成本；最后通过营销策划和推广，配合营销渠道对外销售产品。想成功开发一款新品，需要准确的市场调研、高效的产品研发和生产团队、完备的销售网络以及优秀的市场营销策划和销售人员。然而如此烦琐的开发过程和流通环节不仅会降低产品迎合市场需求的时效性，还会增加产品的流通成本。

工业化体系下发展壮大的企业，其市场营销的本质是一种基于交易的营销模式，将尽可能多的工业化标准商品和服务卖给消费者。传统的市场营销策略是 4P 理论——产品（Product）、价格（Price）、促销（Promotion）、渠道（Place）。这种理论的核心是企业的产品、价格、促销和渠道都是为营销产品服务的手段。产品是否迎合消费者的需求并不重要，根据企业的实际情况制定相应的营销战术，利用消费者信息不对称、容易被忽悠、爱占小便宜和从众心理，总是能把产品卖出去。非常经典的传统营销案例就是“把梳子卖给和尚”，在没有需求的目标市场去创造需求，从经济学的角度，没有实现资源最优配置，而是在浪费资源。如果其产品研发脱离了市场需求，忽视了消费者需求的变化，这样的企业迟早要被市场淘汰。曾经占据全球三分之二摄影产业市场份额的柯达胶卷，拥有 1 万多项专利技术，1975 年就发明了第一代数码相机。然而在摄影市场的需求发生明显变化，即摄影技术从胶片化向数码化转型时，柯达胶卷仍然专注于传统胶片，故步自封，最后只能被数码相机打败，走向没落。

随着私人定制产业的扩大和市场个性化需求的增加，传统营销在对市场进行“STP”分析时，发现细分市场越来越多，想确定一个有开发价值的目标市场越来越难。传统的工业生产为实现规模化带来的低成本优势，更倾向于提供标准化的产品。如果以增加产品线的方式去满足不同目标市场的需求，那么势必会增加生产的成本和管理的难度，从而导致经营成本的上升。随着时间的推移，消费者的需求个性化趋势必然不断增强，定制化产品的市场竞争力会远高于标准化产品。除此以外，传统市场营销的另一大成本是销售渠道的建设成本。传统的市场受地理条件和交通工具的限制，构建一个覆盖全国或地区的市场网络需要花费大量成本。我国许多上市公司的招股说明书中，上市融资的一项主要资金用途就是建设和扩张销售网络，刺激销售收入的增长。

在利用大数据指导市场营销之前，营销的套路大同小异——相关人员只需掌握营销的 4P 理论，把控好产品的质量，以限时降价促销的方式刺激消费者购买，撰写营销软文刷新消费者的认知，再用口语化的广告词不断重复加深印象，简单粗暴地完成销售。在传统的线下销售商业模式下，厂家除了组织市场调研和接听用户投诉电话外，并不直接接触消费者，所以厂家对市场需求的变化反应迟钝，无法掌握用户的购买行为数据。因此在产品的销售过程中厂家无法对客户的购买行为进行分析，只好采取如下策略：广告轰炸（Promotion）——广撒网，不断重复，抓住消费者的心理；打价格战（Price）——利用人们爱占小便宜的心里抢占市场份额；拓宽渠道（Place）——构建完备的销售网络，快速铺货，同广告形成联动。

史玉柱——传统营销的集大成者

一直以来，人们对史玉柱的评价褒贬不一。但我们必须承认的是，中国商业史始终绕不开这位有争议、具有传奇色彩的人物。

史玉柱何许人也?

史玉柱，巨人集团创始人，脑黄金、脑白金、黄金酒品牌创始人，《我的营销之道》作者，中国十大改革风云人物之一，中国最具影响力的50位商界领袖之一。

之所以称史玉柱为传统营销的集大成者，是因为他洞悉了人性的弱点，看穿了营销的本质——营销是为了找到潜在的付款者，而不是找到用户，然后激发人性的欲望。史玉柱明白，针对性的需求往往更能打中用户，同时，掏钱的人和使用的人往往并不是同一人。

于是就有了这样的现象：

在宣传保健产品“脑黄金”时，史玉柱用了“考！考！考！先健脑”“今年过节不收礼，除非巨人脑黄金”这两条广告语。其中一条旨在让那些望子成龙的家长看到，另一条送给想要送礼、想要体面却不知道送什么的人。

史玉柱在推广减肥产品“巨不肥”时，开场就用诱人的促销活动吸引用户，打出“第二天见效”“请人民作证”等这样“耸人听闻”的广告语，精准地拿捏住了减肥者急于求成的心态。

在推广网游《征途》时，他将目光盯向了下沉市场。在那个年代，小城市网吧系统已经成形，小城市有大量闲散的年轻人，也有一些虽然有钱却无处花费的中年人，娱乐方式极度匮乏。而网游则是一种最常见的消遣，他们不在意游戏的品质，网吧老板更在意我推广你的游戏是否能赚更多钱，闲散且没什么钱的年轻人更在意游戏是否免费，有钱有闲的中年人则更在意在游戏里自己是否能够“高人一等”。于是史玉柱团队走进网吧，《征途》的大幅海报拍在吧台上，告诉老板，只要卖《征途》的点卡就能得到10%的抽成，海报上也写着“永久免费”四个大字，然后在游戏内植入排行榜，玩家充钱越多，玩家的游戏装备越好，玩家在排行榜的排名也越靠前……

深刻洞悉用户的需求，利用人性的弱点精准营销，单从营销的结果来看，无疑是成功的。

【案例分析】4P营销理念的核心是产品。本案例中，史玉柱各类产品的营销模式大致可总结为四点：引起注意、诱发兴趣、刺激欲望、促成购买。这种以产品为核心的营销在过去之所以能取得成功，最主要的原因还是彼时的营销主导权被传统媒体所控制，广告作为彼时最主要的营销工具，无论如何创新，其重心终究要落在产品上。此外，由于过去营销渠道的匮乏，消费者要获得产品的推广信息，只能被动接受以产品为核心的广告。

而随着互联网的发展，各类产品通过互联网的传播形成口碑，似乎比传统媒体的广告更具公信力和参考价值。营销学大师科特勒（Philip Kotler）对互联网时代的市场营销的定义是“为客户创造产品价值，才能实现产品价值的交换，获取利润，还要让客户成为粉丝，传播产品和品牌价值”。在互联网时代，市场营销早已不是传统的广告洗脑教育，已过渡到品牌和消费者情感共鸣的互动，并逐步转向营销的价值传播。换而言之，市场营销的目的已经从“让消费者知道我的产品/服务”转变为“让消费者主动帮我将产品/服务信息传播出去并影响其他潜在用户的购买行为”。这就是现阶段以客户为核心的4C营销理论与传统的以产品为核心的4P营销理论的本质区别。4C营销理论强调的是营销者需要站在消费者的视角去思考问题，即：如果我是消费者，我喜欢怎样的产品/服务；我厌恶怎样的产品/服务；我习惯用哪些产品/服务；我想要我喜欢的产品/服务以怎样的形式展现出来；我不想要我喜欢的产品/服务以怎样的形式展现出来；我的真实需求到底有哪些；我喜欢怎样的营销创意；我买产品/服务的真实原因到底是什么……

4C理念和4P理念的根本区别在于侧重点不同，史玉柱过去的营销能大获成功，除了他本人在营销上惊人的天赋以外，也离不开时代的特殊性。但随着消费者消费理念的日益成熟，消费者需求个性化逐渐显现，以及消费者自我意识的逐渐苏醒，依然坚守4P营销理念显然有点跟不上时代。虽然以用户为核心的4C理念更加符合时代的潮流，但这种营销模式要依靠大量的消费者行为数据进行分析和挖掘，以消费者行为数据为营销基础不断优化、迭代产品/服务，但这同时也对4C营销理念提出了全新的挑战。

产品是传统4P营销理论的核心，而4C营销理论的核心是客户。目前，80/90/00后更倾向于在移动终端的APP上进行在线购物和消费。传统媒体在信息传播过程中的受众被互联网分流，通过互联网的传播形成产品口碑，似乎比传统媒体的广告更具公信力和参考价值。营销学大师科特勒认为，互联网时代市场营销最重要的意义是要为客户创造产品价值，才能实现产品价值的交换，获取利润，还要让客户成为粉丝，传播产品和品牌价值。因此，在移动互联网时代，营销的逻辑已经得到了根本性的变化，从原先单纯的广告洗脑教育转向到品牌与消费者的情感共鸣互动，以及营销的价值传播功能。换言之，营销的逻辑已经从从“如何让消费者看到我”到“如何让消费者主动帮我传播并影响其他潜在消费者的购买行为”。

仅靠吸引消费者积极参与产品设计开发，停留在传播企业品牌的层面，这达到了传统营销模式的极限。如何才能找到新的突破口呢？在进行市场调研、思考商业模式、为目标市场设计营销方案时，一定要站在目标消费群体的角度去思考：他们是什么样的人？他们有什么样的性格？他们喜欢什么？他们厌恶什么？他们的行为和他们的真实需求是什么？他们的偏好和习惯是什么？他们接收信息的方式是什么？他们愿意接受的价格是多少？他们喜欢的广告和创意是什么？他们的产品认知是什么？他们凭什么要购买我们的产品？

要回答这些问题，没有客户的购买行为数据的支撑，是根本得不到正确答案的。在消费者需求越来越个性化的环境下完成消费者洞察，需要依靠大数据对客户行为的分析和挖掘，才能及时感知市场需求的变化，对产品和服务进行迭代和优化，降低企业的试错成本，提升用户的消费体验。

二、用户行为的相关概念

用户使用互联网留下的所有数据都会被保存记录。这些数据有用户的浏览记录、浏览时间、点击率、地理位置、注册地址、关注度、购买情况、个人信息和收货地址等。互联网每天产生的数据高达 1EB（约 10 亿 GB），这些数据不仅庞大而且极其分散、维度众多。对用户行为的分析，可以从年龄、性别、职业、月收入、资产、负债、学历、信用评分等角度进行，也可以从网上浏览的时间、登录的频次和点击量进行。

用户喜欢与否：其代表的本质是产品是否切合用户的需求，用户是否愿意花时间和金钱使用你的产品。这是一个动态的过程，我们在具体考核用户喜欢与否的时候可以通过考察用户的使用频率和使用间隔时间进行定量考核。

用户用了没有：是指用户使用产品的具体过程体验。具体目标是考察用户对产品的参与度。具体可以按用户平均使用时长和用户关联搜索进行定量考核。当然这不是单一指标，这背后有品牌和产品力等因素左右。在分析的时候，我们可以设置一个均值，以量表的形式进行考察。

用户行为归纳起来可以用 5W2H 来表示：Who（谁）、What（具体行为内容）、When（具体时间段）、Where（地点）、Why（行为原因）、How（什么样的形式）、How much（用了多长时间、花了多少钱）。

用户行为分析通过对用户行为的零散信息进行归集分类，变成结构化信息。按预先设置的模型对数据进行清洗、筛选、分类、储存。选择相关数据进行分析挖掘，将数据分析的结果与企业的产品策略和营销策略匹配。或是从用户的行为数据中发现问题，并改良产品和服务，实现更精细和精准的运营，从而获得良好的市场表现。

为什么要进行用户行为分析？

（1）新产品迭代开发。通过分析用户行为，定位目标用户人群，通过用户画像等手段挖掘用户需求，提高开发新产品的成功率。

（2）精准营销，为已生产的商品定位目标客户。在记录用户的行为数据时，给用户贴上标签，向特定的用户群体推送广告。比如某个用户在某个时间曾购买婴儿车和奶粉，从这个时间点开始该用户就被贴上“有小孩”的标签，然后商家就能以定向广告的方式给用户推荐其他母婴产品。

（3）数据挖掘。聚类分析是一种比传统的市场细分更准确的分类方式，按电脑设定的参数将关联度最接近的用户分为一类，将多维数据降维。关联分析的一个典型例子就是分析电商网站的购物篮中不同物品之间的联系，判断用户的消费习惯和偏好是否一致，哪些产品的组合下单的频次最多，这种产品之间的相关性可以帮助制定营销策略。这类似于沃尔玛超市放婴儿尿布的货架旁会放啤酒一样，当用户的某个购买行为发生后，用大数据预测下一个购买行为是什么。

（4）个性化推荐。当用户使用过百度搜索商品和服务，或者浏览过相关商业网站、购买过某些商品，这些浏览记录和关键字就会储存在电脑的浏览器 cookie 中，当你在访问某些网站时，这些网站的广告位会读取你的 cookie 数据，从而实现精准化的广告推送。

（5）获客成本提高。互联网在普及过程中，网民数量一直保持增长，大家在获取用户和促进 DAU（每天的活跃用户）是比较容易的。2012 年，一个 App 用户的获取成本平均为一角钱，而现在的获客成本飙升到 30~50 元；2014 年公众号获取粉丝的成本为几角钱，现在也上涨到 5 元钱一个粉丝。近几年随着移动互联网用户增长的红利消退，竞争越来越激烈，几乎所有互联网公司都感受到了流量的压力。每个流量渠道，都是一个池塘，池塘里的用户数是一定的，最先进入的互联网公司获客成本最低，收益最大，后进入的公司边际收益递减。

图 1.5 只是有效点击进入网页带来的流量成本，从流量到注册的转化率过去能达到 10%，现在的比例大约为 7%。对于互联网平台来说，传统的数据分析主要针对结果类的数据进行分析，而缺乏对产生结果的用户行为过程的分析，因此数据分析的价值具有局限性，这也是近几年很多企业感觉做了充分的数据分析，但却没有太大效果的原因。通过对用户行为进行 5W2H 分析可以掌握用户从哪里来、进行了哪些操作、为什么流失、从哪里流失等等，从而提升用户体验，加强用户与平台的黏性，用精细化运营实现业务增长，才能覆盖高昂的营销成本。

价格查询 ▾ 理财

“理财”查询结果：

Baidu百度		Google		360搜索	
第一页	第二页	第一页	第二页	第一页	第二页
33.6元/天	16.8元/天	33.6元/天	16.8元/天	10.08元/天	5.04元/天

图 1.5　百度的关键词搜索的推广成本

三、用户行为分析的工具与方法

（一）用户行为分析的工具

以前只有 IBM、Google、微软这样的公司有能力做大数据的挖掘，现在已经有越来越多的创业公司进入这个领域，下面让我们来介绍一下国内外的大数据分析平台。

1. Google Analytics Mobile（GA，谷歌分析）

（1）优点

Google Analysis 工具是当前网站的运营商使用最多的网站统计工具，Google Analysis 在免费工具中提供了可以和收费工具媲美的功能。分析人员可以根据自己的需要对数据进行转化和组合，过滤筛选出自己需要的数据。工具的学习门槛较低，Google 的官方网站上有大量的用户指引，方便用户了解数据分析工具的使用方法。过去，GA 最实用的功能是用户细分功能，如今该功能更加强大，并且还完善了其他一些数据分析功能，比如用户访问路径分析、用户行为回放、自定义变量（维度和指标）、数据的输入输出等。GA 逐渐成为一款实用的网站用户行为数据分析平台。

（2）缺点

Google 已经退出了中国市场，且 GA 服务器不在国内，使用不方便，容易出现数据丢失；在使用免费版的时候，数据的访问量过大，GA 会对整体数据采样，输出基于采样的数据分析结果；另外，它的高级功能要求分析人员掌握计算机编程和数据挖掘的专业化技能，高级应用的使用门槛较高。

2. 百度统计

百度统计提供几十种图形化报告，可以全程跟踪访客的行为。同时，和 Google 分析一样，百度统计也集成百度推广的数据，帮助用户及时了解百度推广效果并优化推广方案。

（1）优点

其他平台看不到百度的关键词流量情况，百度统计可以看到，所以这个工具在做百度投放优化上非常实用，而且免费。

（2）缺点

百度的维度之间的交叉分析功能很差。功能全面性还有所欠缺，没有归因分析，也没有电商设置等。

3. 数极客

数极客是一家由曾服务于阿里集团的产品与研发人员创办的专门针对用户行为数据分析的平台，采用实时多维细分、用户群分析、漏斗分析、对比分析等超过十种数据分析方法为互联网经营者提供获客、活跃、留存、转化、用户行为等分析数据，是国内同类产品中最先支持 SAAS① 的平台。

（1）优点

数极客在用户行为分析方面是很强的，在漏斗分析，获客，活跃，留存，转化等用户行为数据分析上支持所有平台的整体分析。尤其是数极客的五大转化率分析工具，通过高级漏斗、用户流向、智能路径等宏观转化工具，可以发现影响转化的环节，而通过表单分析、五大热图分析、行为视频回放可以找出发生问题的原因，是目前国内做得最好的转化率分析工具。数极客对用户数据的分析做到了极致，可以直接查看用户明细和用户的所有浏览行为，并附带用户浏览视频，数据可视化的功能极强。与其他收费的数据分析平台相比，数极客的性价比很高。

（2）缺点

事件分析中拥有全维度的选择，分析体系比较强大，因此数极客适合拥有一定基础知识的高级运营人员和产品人员，初学者还不能充分认识到这款产品的价值。②

---

① SAAS（Software As A Service）：中文简称“软件即服务”，指厂商将软件部署在自己的服务器，客户可以根据自己的需求向厂家订购应用软件服务，按订购的服务和使用时间向厂商支付费用。类似于软件服务的租赁，客户不用购买服务器和维护软件的运行。

② 盘点国内外主流用户行为分析工具［EB/OL］.（2017-10-25）［2018-06-06］. http://www.kejixun.com/article/171025/384237.shtml.

（二）数据指标与名词含义

（1）流量来源：流量来源的意思是网站的访问来源，比如用户是来自知乎还是来自微博等，主要用来统计分析各渠道的推广效果。

（2）PV（Page View）：页面浏览量或点击量，指页面刷新的次数，每一次页面刷新，就算作一次PV流量。

（3）UV（Unique Visitor）：独立访客数。在同一天内，UV只记录第一次进入网站的具有独立IP的访问者，同一个IP地址的重复访问只计一次。PV与UV的比值在一定程度上反映产品的黏性，比值越高表明网站或产品的黏性越高。

（4）IP数：独立IP的访问用户数，指1天内使用不同IP地址的用户访问网站的数量。IP数与UV之间有一定的区别（可大可小可相等）。

（5）日活/月活：每日活跃用户数（DAU）/每月活跃用户数（MAU），反映的是网站或者App的用户活跃程度，代表用户黏性。

（6）用户留存：在单位时间内符合有效用户条件的用户数与实际导入的用户流量的比率。

（7）次日留存/次月留存：次日留存、次月留存反映的是网站或者App的用户留存率。

（8）转化率/流失率：转化率一般用来统计两个流程之间的用户的转化比例。其中用户流失率=总流失用户数/总用户数。

（9）跳出率：指用户打开网站后，仅浏览了一个页面就离开的访问次数（PV）与所有访问次数的百分比。跳出率越高说明用户对网站的产品和服务越不感兴趣。

（10）退出率：对某一个特定的页面而言，从这个页面离开网站的访问数（PV）占这个页面的访问数的百分比。跳出率适用于访问的登录页（即用户访问的第一个页面），而退出率则适用于任何访问退出的页面。

（11）使用时长：每天用户使用的时间。对于游戏或者是社交产品来说，使用时间越长，说明用户越喜欢。

（12）热力图：以特殊高亮的形式显示访客热衷的页面区域和访客所在的地理区域的图示。有时访客经常会点击那些不是链接的地方，那么你就应该在那个地方放置一个资源链接。比如：如果你发现人们总是在点击某个产品图片，你能想到的是，他们也许想看大图，或者是想了解该产品的更多信息。

（13）ARPU：Average Revenue Per User，在一定时间内每个用户带来的平均收入，ARPU=总收入/用户数。

（三）用户行为的分析方法

1. 内外因素分析

该方法有助于快速定位问题。例如一款金融类产品UV下降，快速分析相关原因。内部可控因素：改变销售推广渠道，或者调试刚上线的新版App，改善用户体验；内部不可控因素：公司战略变更。外部可控因素：销售淡旺季；外部不可控因素：政府监管。具体请参见图1.6。

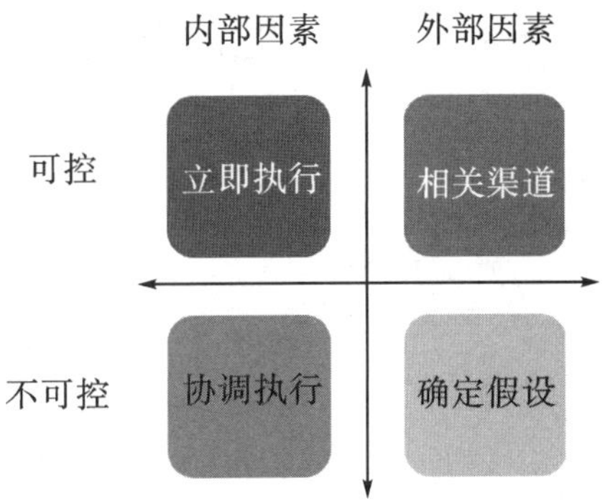

图 1.6　内外因素分析模型

2. 事件分析

事件维度：用户在产品中的行为以及业务过程。

事件指标：访客的数量、地址、浏览量（PV、UV）、停留时长。

趋势分析：分析各个事件指标的趋势，比如分析用户的在线时长、点击事件、下载事件等等，然后描绘用户的行为趋势，从而对用户的行为有初步的了解。

具体请参见图 1.7。

图 1.7　事件分析模型

3. 漏斗模型

漏斗模型是最常用的分析方法，可以广泛应用于流量监控、产品目标转化等日常数据运营工作中。哪些业务场景需要用到漏斗分析呢？比如用户注册过程、下单过程和支付订单这些主要流程，就需要用漏斗模型进行分析，应重点分析用户在哪个环节流失最严重并找到问题，对业务流程进行优化和改进，提高用户的转化率。

具体请参见图 1.8。

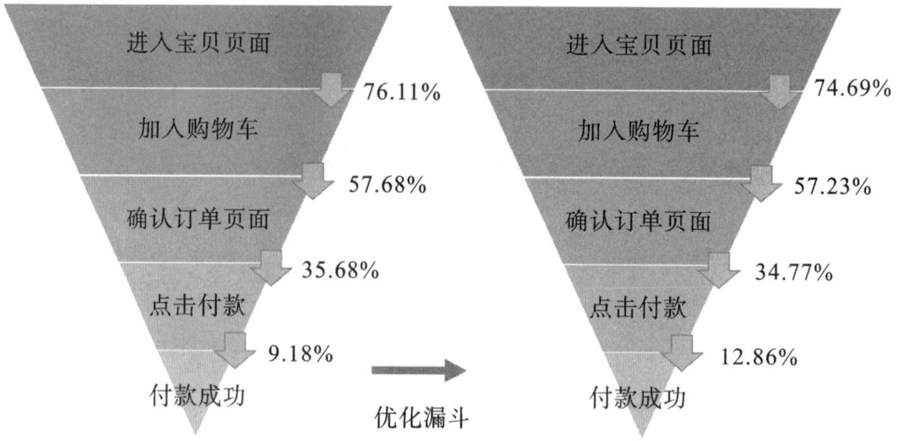

图 1.8　漏斗分析模型

4. 留存分析

留存分析是一种用来分析用户参与情况和活跃程度的分析模型，统计首次访问或购买的用户有多少人会进行重复访问和购买的行为。这是用来衡量产品对用户价值高低的重要方法。

具体请参见图 1.9。

日期	新用户	第2天	第3天	第4天	第5天	第6天	第7天
2018-3-22	50	24%	18%	22%	14%	16%	22%
2018-3-23	43	20.93%	18.60%	11.63%	13.95%	16.28%	16.28%
2018-3-24	43	20.93%	11.63%	11.63%	16.28%	20.93%	20.93%
2018-3-25	52	13.46%	13.46%	15.38%	19.23%	13.46%	15.38%
2018-3-26	34	17.65%	23.53%	17.65%	20.59%	17.65%	20.59%
2018-3-27	36	22.22%	13.89%	16.67%	19.44%	22.22%	16.67%
2018-3-28	38	18.42%	21.05%	18.42%	23.68%	26.32%	15.79%
2018-3-29	41	19.51%	14.63%	26.83%	14.63%	7.32%	17.07%
2018-3-30	33	30.30%	27.27%	24.24%	15.15%	24.24%	0%

图 1.9　留存分析模型

留存分析可以帮助回答以下问题：一个新客户在未来的一段时间内是否完成了你期待的用户行为，比如客户下单并支付订单就是商家期待的客户行为；某个社交产品改进了新注册用户的引导流程，期待改善用户注册后，用户注册数量是否上涨，如何验证此次改进是否有效，比如 3 月份改版前，该月注册的用户 7 天留存只有 15%，但是 4 月份改版后，该月注册的用户 7 天留存提高到了 20%，这表明此次注册流程的改善卓有成效。[①]

四、用户行为分析的展望

用户行为分析是一门科学，不仅需要掌握不同的分析方法，还要熟悉业务，将数据与业务相结合才能给出有价值的分析结果。用户行为数据分析，往往是在行为发生之后进

① 产品经理如何做用户行为分析［EB/OL］.（2017-12-18）［2018-06-06］. http://www.sohu.com/a/211180014_554380.

行，而产品、运营都是通过经验进行决策，一旦决策失误就会造成难以挽回的结果。因此如果能在产品、运营方案上线前，通过用户分流 A/B 测试进行小范围验证，选择其中最优的方案发布，就可以大大提高决策的科学性。Google 每年通过运行数万次 A/B 测试优化产品、运营，为公司带来了 100 亿美元的收益。

用户行为分析的另一个目标是提高经营效率。目前在利用这些分析工具发现问题、分析问题、解决问题的过程中还需要人工制定运营策略；当策略改变时，需要重复这一过程，影响运营效率。如果未来的人工智能通过深度学习代替数据分析的重复工作，自动诊断和分析，并给出解决方案，那么运营人员可以将工作重心转移到制定营销策略上。

第二节　用户特征分析

互联网已经渗透人们生活的方方面面，就像水和电一样成为我们生活的必需品。我们每天都在享受网络提供给我们的各种各样的服务，可以在网上购物，看网上的新闻，玩网络游戏，用微信和 QQ 进行社交互动……我们在网上的一切行为都是可以被记录的，所以互联网时代沉淀了许多工业化时代不易获得的客户行为数据，就像工业化时代的石油，但大数据是另一种类型的绿色能源，不会像石油那样终会枯竭而不可再生。大数据技术能够把用户大量碎片化的行为数据进行整合分析，使得企业能够通过互联网便利地获取用户更为广泛的特征信息，快速地分析用户行为习惯，实现精准营销。

一、用户特征分析的概念

用户数据中包含用户行为特征。用户行为特征分析就是从累积的海量用户历史数据中挖掘出用户的特征规律。[①] 它是客户关系管理（CRM）的重要组成部分。

根据用户的行为特征可以将用户细分成各种类型。因为用户行为各异，行为统计指标各异，分析的角度各异，所以如果要对用户做细分，可以从很多角度根据各种规则进行各种不同的分类，对用户特征进行分析的维度不同，得出的结果也就不同。但如果要让数据分析的结果对企业做营销决策有帮助，就要在做用户细分前确定分析的目的，明确业务层面的需求才能明确某些用户分类群体的特征与其他用户群体的差异。

二、基础的用户细分方式

电子商务的发展大大降低了企业收集用户行为数据的成本，使企业对用户的分类变得更准确。传统的用户细分的类别有很多：当前用户、新老用户、活跃用户、流失用户、留存用户、回访用户等（表 1.1）。

---

① 武冠芳，崔鸿雁. 基于大数据的用户特征分析［D］. 北京：北京邮电大学，2017.

表 1.1　基础的用户细分类别

用户细分的类别	内容和作用
当前使用用户	这就是我们平常所说的 UV，也就是网站的登录或者使用用户数。用于体现网站的当前运营状况
新用户	首次访问或者刚刚注册的用户，那么不是首次来访的用户就是老用户。用于分析网站的推广效果或者成长空间
活跃用户	活跃用户的定义千差万别，一般定义有关键动作或者行为达到某个要求时的用户为活跃用户。每个网站应该根据自身的产品特性定义活跃用户
流失用户	流失用户是指那些曾经访问或者注册过的用户，一段时间内未再次访问或登录过的用户。不同网站对于流失的定义可能各不相同，比如微博和邮箱的用户，超过1个月未登陆就视为流失；而对于电子商务，可能3个月未登录或者半年内没有任何购买行为的用户才被认定是流失用户。而那些未流失的用户叫作留存用户，可以通过总用户数减去流失用户数计算得到
回访用户	指那些之前已经流失但之后又重新访问你的网站的用户。用于分析网站对挽回流失用户的能力。比如你常常会收到某些招聘网站给你发的邮件，提醒你有 HR 给你发来了面试邀请，你登录后发现自己被忽悠了。这些措施就是招聘网站在挽留那些很久没有登陆的用户

通过统计以上这些用户类别的数据，经过计算可以得到一些关键的用户指标：活跃用户数、新用户比例和用户流失率。

活跃用户数是真正对这个网站或者产品感兴趣、有意向去使用或者持续关注的用户的数量。但需要注意划分活跃用户的标准，比如宽松的标准是访问页面数超过 2 页或者停留时间超过 30 秒就视为活跃用户；而严谨的定义会导致活跃用户“减少”，比如微博将平均每天发送微博数量超过 2 条的用户定义为活跃用户。所以，不同的标准影响着活跃用户的数量，严谨的定义让数据显得更加真实可信。

新用户比例反映着网站或产品的推广能力。新用户比例是评估市场部门绩效的一个关键指标，但只看新用户比例是不够的，需要结合用户流失率一起分析。两者的差值反映了网站或者产品保留用户的能力，即新用户比例反映的是用户“进来”的情况，用户流失率反映的是用户“离开”的情况。结合这两个指标会有下面 3 类情况——分别代表 3 种不同的产品发展阶段：新用户比例大于用户流失率，代表产品处于发展成长阶段；新用户比例与用户流失率持平，代表产品处于成熟稳定阶段；新用户比例低于用户流失率，代表产品处于下滑衰退阶段。

三、用户画像

在高度标签化的商业社会，消费者越来越追求“小众”而不是“大众”趋同。随着大数据技术的发展，企业对用户特征分析提出了更高的要求，为了实现精准营销服务，进而深入挖掘用户细分市场的商业价值。于是，“用户画像”的概念应运而生。用户画像（Persona）的概念最早由交互设计之父 Alan Cooper 提出：“Personas are a concrete representation of target users.”它是指真实用户的虚拟代表，是建立在一系列属性数据之上的目标用户模型。用户画像，即用户信息标签化，就是企业通过收集与分析消费者社会属性、生活习惯、消费行为等主要信息的数据之后，完美地抽象出一个用户的商业全貌，是企业应用大数据技术的基本方式。用户画像为企业提供了足够的信息基础，能够帮助企业快速找到精准用户群体以及用户需求等更为广泛的反馈信息。提取用户画像的成本很高，但是为了适应市场营销环境的变化，打破传统营销的极限，许多公司还是花费大量时间和人力，对自己企业的用户数据进行处理、收集、储存和分析。

（一）用户画像的好处

1. 精准营销

营销推荐的途径有电子邮件、短信、App 消息推送、个性化广告等，而精准营销就是研究在恰当的时间（When）把什么内容（What）发送给谁（Who）。用户画像是实现精准营销的基础，京东和阿里通常基于用户浏览、点击、咨询、加关注、放购物车等一系列动作为用户贴上多维度标签，然后以邮件、短信、Push、站内信等方式将适合的信息发送给用户。

我们通常会遇到以下场景：用户想买的商品刚好没货，用户设置了到货提醒，我们在提醒到货的时候该如何推送？用户浏览了某类目的商品却迟迟没有购买，为了促成购买，我们该如何推送？

我们可以根据用户平时购买的商品品类、使用代金券的情况、购物车的商品分析用户的性格，对价格的敏感程度、是否理性消费等，采用有针对性的营销策略向用户推送，促使用户下单购买；或者在提醒到货的时候加上一些从用户画像的分析得到的、与客户的潜在需求相关的商品网页链接，适当的推送不仅会让用户点击、促进成交，也会因为帮助用户节省时间、获得更优的产品体验而使他们增加好感并产生依赖。

2. 用户研究

指导产品优化，甚至做到产品功能的私人定制。用户研究就是根据大量的用户行为数据，将相关性很强的人群进行归类。比如通过购买口罩、空气净化器等类目的订单表和用户表可以得到不同的雾霾防范指数，这些行业分析报告就是为网民提供描绘电商大数据的成果，迎合相应的 IP 热点和社会效应可以加强品牌影响力的传播。其中京东指数和阿里指数就是基于大量的数据而生成的用户信息、行为数据、媒体标签数据等，帮助品牌、店铺更了解自己产品的受众人群，明确在行业中的竞争关系和优劣势。

3. 个性服务

个性化推荐、个性化搜索等。“喜欢什么东西的人往往还会喜欢什么”“或者做了这件事的人往往还会做什么”这些场景为用户进行恰当的推荐。这个功能在我们去京东或淘宝网购时都能看到。比如：“为你推荐”“有好货”等推荐栏目，会根据用户画像为用户私人定制相关的推荐商品、商铺和文章。

（二）用户画像的内容

用户画像的重点工作就是给用户贴“标签”。多维度的用户数据记录着大量的生活、消费、社交、爱好等行为，给这些维度的用户行为贴上标签，形成有价值的结构化数据并保存在存储器。用户画像就是对这些数据的分析而得到的用户基本属性、购买能力、行为特征、社交网络、心理特征和兴趣爱好等方面的标签模型（图 1.10、表 1.2）。

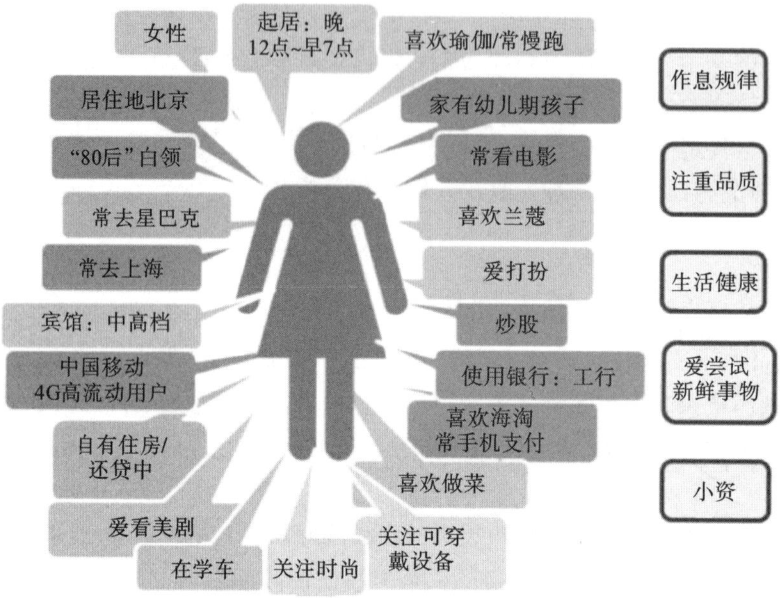

图 1.10　用户画像模型

表 1.2　用户画像的数据标签模型

用户画像的标签类别	具体内容
基本属性	性别、职业、月收入、有无车等标签，通过用户注册信息和多维建模获得
购买能力	用于描述用户收入潜力和收入情况、支付能力。帮助企业了解客户资产情况和信用情况，有利于定位目标客户。客户职业、收入、资产、负债、学历、信用评分等都属于信用信息
行为特征	用于描述客户主要消费习惯和消费偏好，寻找高频和高价值客户。为了便于筛选客户，可以参考客户的消费记录将客户直接定性为某些消费特征人群，例如差旅人群、旅游人群、餐饮用户、汽车用户、母婴用户、理财人群等
社交网络	社交关系网、公司关系网等标签，通过收货地址、活动地址等信息来判断，还有用于描述用户在社交媒体的评论，这些信息往往代表用户内心的想法和需求
兴趣爱好	用于描述客户具有哪方面的兴趣爱好，在这些兴趣方面可能消费偏好比较高。帮助企业了解客户兴趣和消费倾向，定向进行活动营销。兴趣爱好的信息可能会和消费特征中部分信息重复，区别在于数据来源不同。消费特征来源于已有的消费记录，但是购买的物品和服务不一定是自己享用，但是兴趣爱好代表本人的真实兴趣。例如户外运动爱好者、旅游爱好者、电影爱好者、科技发烧友、健身爱好者、奢侈品爱好者等。兴趣爱好的信息可能来源于社交信息和客户位置信息

做用户画像不能闭门造车，要考虑业务场景、业务形态和业务部门的需求。从公司的产品和业务层面出发，为了理解消费者的决策和用户的购买行为，才需要用户画像。用户画像一般按业务属性划分多个类别模块。除了常见的人口统计、社会属性外，还有用户消费画像、用户行为画像、用户兴趣画像等。具体的画像得看产品形态，在金融领域，还会有风险画像，包括征信、违约、洗钱、还款能力、保险黑名单等。用户画像的标签可以通过两种形式获得：一种是基于已有数据的分类和组合构成事实标签，一种是按一定规则加工形成模型标签。图 1.11 列举了标签的加工过程，最上层的策略标签是针对业务场景的具体运用，运营人员可以挑选多个与业务相关的模型标签找到目标用户群，实现精准营销。

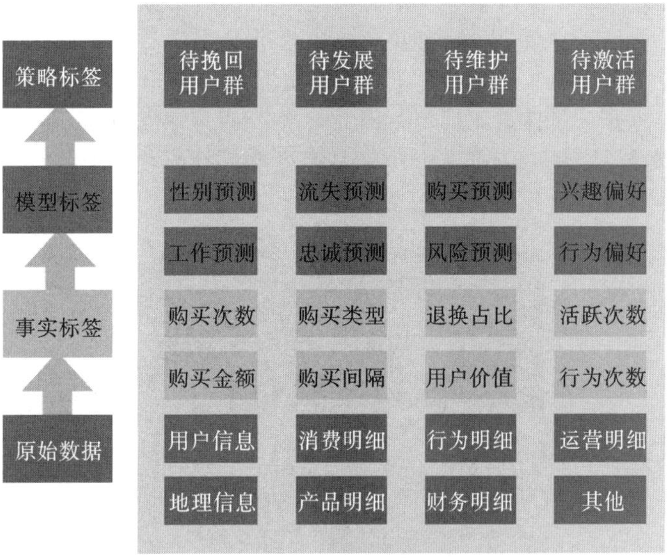

图 1.11 标签生成模型

（三）用户画像的价值

在过去传统的生产模式中，企业始终奉行“生产什么就卖什么给用户”的原则。这种闭门造车的产品开发模式，只会增加企业的试错成本，降低新品开发的成功率，带来糟糕的用户体验。如今，“用户需要什么企业才生产什么”成为主流，众多企业把用户真实的需求摆在了最重要的位置。以用户需求为导向的产品研发中，企业通过获取到的大量目标用户数据，进行分析、处理、组合，初步搭建用户画像，从而设计制造出用户喜好、功能实用、更加符合市场需求的新产品，为用户提供更加良好的体验和服务。

网易云音乐：大数据比你更懂自己

2018 年新年伊始，朋友圈就被网易云音乐的年终听歌报告“轰炸”了。H5 显示：在 2017 年你听了多少首歌，累计花了多长时间，哪首歌是你的最爱，你对哪个歌手情有独钟，哪天又熬夜了……这无疑是对用户行为和用户心理需求的又一次深刻洞察（图 1.12）。

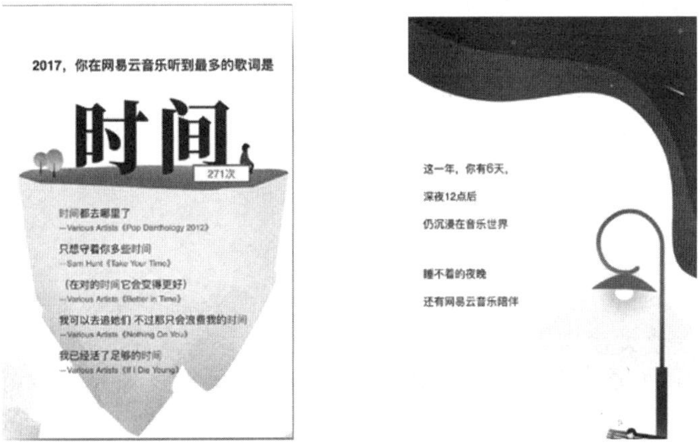

图 1.12 网易云音乐年度听歌报告 H5

在朋友圈网易云音乐年度听歌报告刷屏的背后，实则隐藏着大数据分析带来的巨大营销价值，即通过大量的用户数据驱动营销策略，让营销手段更加多元化和个性化。许多人选择使用网易云音乐是因为其别致的“日推”，而网易云音乐大概也是国内首个尝试用大数据做个性化推荐的音乐软件。不同用户的“日推”内容不尽相同，“根据你的音乐口味生成，每天6:00更新”，网易云音乐通过用户大量使用过的数据来推测用户喜欢的音乐类型，从而推荐用户可能喜欢的歌曲（图1.13）。

图1.13　网易云音乐日推送

通过大数据分析，网易云音乐甚至还推算出音乐市场和用户听歌行为的十大规律和现象：

（1）听歌不再是单纯的娱乐、放松行为，用户听歌看评论已经成为流行的听歌行为；

（2）大部分听歌用户已被个性化推荐覆盖，用户利用个性化推荐的功能发现自己喜欢的音乐的可能性大大提高；

（3）独立音乐人异军突起，音乐人通过互动快速“涨粉”；

（4）“90后”已成为音乐消费主力人群；

（5）消费者付费意识显著增强，平台保有的付费会员数量和数字专辑售卖量高速增长；

（6）用户的音乐偏好依然受到综艺与影视的影响，热门歌曲榜单中仍有70%的歌曲源自综艺或影视；

（7）音乐喜好跨入多元化时代，电音、二次元音乐、民谣等快速崛起；

（8）偶像流行音乐依然保持高热度；

（9）一种新的评价体系正在建立，音乐的评论数量成为评价歌曲热度的重要指标；

（10）男歌手受喜爱度高于女歌手，女歌迷消费群体消费能力提升。

在本案例中，音乐平台将用户按大数据分类。平台根据用户行为产生的数据为每一个用户提供了个性化的服务，并通过情怀营销让用户有较强的参与感和获得感，最终用户黏性提高，实现了精准营销。

第三节　用户行为和特征分析的应用案例

一、传统营销模式的巅峰

传统营销理论的核心是产品和用户。小米手机将这两点做到了极致，是传统营销在互联网时代的集大成者。小米非常重视企业与用户的黏性，几乎所有的用户都是产品的粉丝，在和粉丝的交互中不断对产品进行优化、升级和迭代，完全满足了用户的需求。古语有云：得民心者得天下。对于小米来说，这句话也许要改为：得粉丝者得天下。

传统营销与互联网时代的碰撞

传统营销理论的核心是产品和用户。前有小米手机作为传统营销在互联网时代的集大成者，利用粉丝文化得天下；后有蜜雪冰城在新式茶饮的激烈厮杀中另辟蹊径，以接地气的价格和“洗脑”的营销斩获大批粉丝，成为中国现制茶饮领域首个拥有超 10 000 家门店的品牌。蜜雪冰城对自身品牌的定位有明确的认知，区别于走“高大上”路线的“喜茶”“奈雪的茶”“茶颜悦色”等一众品牌，蜜雪冰城专心做下沉市场，以亲民的价格打造爆款，以丰富的营销吸引眼球，以快速的迭代更新产品，走出互联网时代蜜雪冰城特有之路。

1. 低价爆款，主攻下沉市场

蜜雪冰城对自身做了明确的品牌定位：下沉到三四线城市，瞄准青年和学生群体，选址靠近学校，俘获大量“囊中羞涩”的学生群体的心，全国各地门店齐开花，3 元一杯的摩天脆脆，4 元一杯的柠檬水，6 元一杯的摇摇奶昔，是许多小镇青年与学生群体的快乐回忆，相较于其他品牌动辄十几二十元一杯的奶茶，蜜雪冰城显然是没有消费负担的甜蜜（图 1.14）。

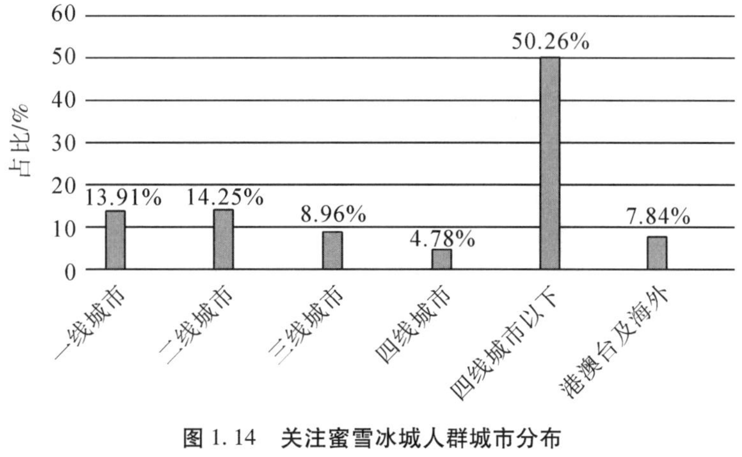

图 1.14　关注蜜雪冰城人群城市分布

注：统计时间 2020 年 1 月 1 日—10 月 26 日

（数据来源：微热点大数据研究院）

创始人张红超与张红甫家境贫寒，为了赚钱做过诸多尝试却又无疾而终。无意间张红超发现老家十分流行的刨冰在郑州却极为少见，两人一合计，拿出压箱底的 3 000 元钱，租下了郑州城中村里一间 $2\sim3m^2$ 的门面，开了一家刨冰店，蜜雪冰城的前身就此诞生。

2006 年，创始人张红超在郑州汇宝大厦里无意间发现一家进口冰激凌店。这家店的冰激凌美味又好看，但缺点也很明显——一支冰激凌竟然要卖到 20 元，而那年郑州居民月均可支配收入也不超过 1 000 元。这让出身贫寒的张红超感到震撼，但在震撼的同时他立刻就发现了隐藏的商机。他淘来一台二手冰激凌机，通过在网上查阅有关冰激凌制作的相关资料，凭着自身对冷饮的理解愣是琢磨出了几个配方。而后他又自己动手研制起蛋筒的做法。几经折腾，最终测试成功。2006 年秋天，这种长相酷似火炬的冰激凌上市，定价仅 2 元，还大量赠送 1 元优惠券。火炬冰激凌一上市就迅速引爆市场，大获成功，张红超和张红甫也凭借这一爆款，开启了蜜雪冰城的加盟模式。靠着消费者的耳口相传，短短数月内就有 26 家加盟店开业，并且两位创始人也成功开展了连锁管理店业务。

2. 推陈出新，大力开展活动营销

亲民的价格加上优秀的品质，让蜜雪冰城拥有了一批忠实的用户，但蜜雪冰城显然不满足于现状，因为年轻消费者的口味是善变的，只有不断推陈出新才能满足年轻消费者群体多样化的需求。因此，蜜雪冰城坚持每月上新的战略，同时开展各种新颖的营销活动，例如 2019 年 5 月的“手捣满杯香橙”活动、2019 年 6 月的三拼霸霸奶茶“致敬父亲节”活动、2020 年蜜雪冰城的周年店庆推出的重回 1997“1 元吃冰激凌”活动。此类营销活动能不断强化消费者对品牌的现有印象，保持品牌的话题度和活跃度，保持消费者对品牌的新鲜感，大大提高了复购率。

3. 经典 IP 打造，增强品牌认同感

2021 年 6 月，蜜雪冰城将品牌主题曲 MV 上传至哔哩哔哩网站，MV 里两个胖乎乎的雪人（蜜雪冰城官方称其为“雪王”）拉着手转圈，并不断重复吟唱“你爱我，我爱你，蜜雪冰城甜蜜蜜”。这首歌旋律轻快，歌词朗朗上口，不论是谁听过后都能哼上几句，这首歌由此在互联网上热传（图 1. 15）。

图 1. 15　蜜雪冰城主题曲 MV

而站在这首热传的主题曲背后的，则是国内深耕于广告营销多年的华与华上海营销策划公司（以下简称“华与华”）。2018 年，创始人张红甫找到华彬与华楠兄弟，以为品牌“打造超级符号”为核心目的，对蜜雪冰城的品牌形象、Logo、IP 形象等进行全方位的升级与改造，创作出一个头戴皇冠、手持火炬冰激凌的“雪王”符号，同时确定了红色与白色的主色调。自那以后，蜜雪冰城的品牌形象、店面设计、物料、运营周边、店员服饰、营销活动等，全部围绕“雪王”形象来制定，蜜雪冰城也由此进入全新的品牌 IP 化运营时代（图 1.16）。

图 1.16 蜜雪冰城最新品牌形象

纵观蜜雪冰城的发家史和营销史，其凭借的是其对市场敏锐的洞察能力和精准的定位策略，但其实说到底是对用户特征深入到骨髓的剖析——明白用户想要的究竟是什么。

二、AARRR 模型

做好用户行为分析，应该掌握“用户行为全程追踪”。在互联网领域以数据分析驱动增长的 AARRR 模型已经比较成熟（图 1.17）。

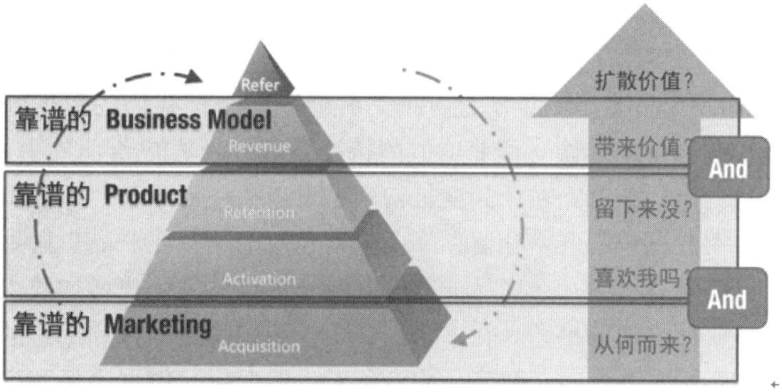

图 1.17 AARRR 模型

AARRR 模型是基于用户的完整生命周期来做用户行为分析的应用。AARRR 是 Acquisition，Activation，Retention，Revenue，Refer 五个单词的首字母缩写，分别对应用户生命周期中的 5 个重要环节（表 1.3）。

表 1.3　用户生命周期中的 5 个环节

用户的生命周期	内容和作用
获取用户（Acquisition）	运营的第一步是获取用户，也就是大家常说的推广。在营销推广中，首先要思考的是选择什么样的渠道，这些渠道的流量转化率、用户的质量、每单位用户的营销成本如何。通过系统的访问数据分析每一个流量渠道的留存、转化效果，可以甄别优质渠道和劣质渠道，有效提高渠道的投资回报
激活用户（Activation）	好的推广渠道可以精准作用于目标用户，提高用户的转化率；另一个重要的因素是产品给用户的第一印象，在最初使用的几分钟内以良好的体验来抓住用户。DAU（日活跃用户）和 MAU（月活跃用户）两个数据代表当前的用户群规模，而每次启动平均使用时长和每个用户每日平均启动次数则代表用户的忠诚度
用户留存（Retention）	激活用户后，下一步的关键是如何留下用户。如今一款产品要获得成功的关键因素是提高用户留存率。Facebook 平台存在“40-20-10”留存法则。即日留存率应该大于 40%，周留存率和月留存率分别大于 20%和 10%，所以留存率也是检验渠道的用户质量的重要指标。每个营销人员都知道保留一个老客户的成本要远远低于获取一个新客户的成本。在老用户可能出现流失之前，可以采取一些手段激励这些用户继续使用。比如共享单车为了保障新用户在注册后不会白白流失，会采取一些激励措施——每周骑行 3 天，每次 5 分钟，即可领取 1.88 元支付现金红包奖励
获取收入（Revenue）	关于收入，最常用的观察数据是 ARPU（平均每个用户的月收入）。实现收入是每个公司生存的根本，即使对用户免费，也需要考虑从第三方盈利的商业模式。对于不同的商业模式，获取收入的来源有依靠广告将用户流量变现，电商通过收取交易佣金等。无论是以上哪一种，收入都直接或间接来自用户。所以提高活跃度、提高留存率是为了扩大用户的数量，用户的基数与收入的增加成正比
自传播（Refer）	在获客成本高昂的今天，产品在用户中的良好口碑，通过社交网络的传播，已经成为获取用户的一个新途径，可以给企业带来较高的收益。基于社交网络的病毒式传播，不仅成本很低而且效果有可能非常好

AARRR 增长模型是一套工具方法论，但是我们不能忘记我们的数据分析的起点和初衷：产品和市场，业务持续增长（商业价值的持续变现以及客户价值的平衡）。在产品生命周期中重点关注的指标如下：在产品成长初期，重点关注用户激活率和留存率；在产品成长爆发期，重点关注用户获取率和留存率，追求高效增长；在产品口碑爆发期，重点关注传播推荐，尝试病毒式增长；在产品成熟收割期，重点关注用户增加收入和留存率，维持客户价值和商业价值变现的平衡。在这个周期中，我们需要保持和用户的沟通交互，监控用户的行为数据指标，并及时了解市场中竞争对手的变化，根据市场和产品的变化调整产品策略、运营策略。

三、用户画像的现实应用

进行用户行为数据和特征的分析，目的在于帮助企业找到用户，驱动企业的业务扩张。金融企业内部信息较多，积累了大量的高价值数据，但是这些数据分布在不同的信息管理系统中。例如人口属性信息主要集中在客户关系管理系统，信用信息主要集中在交易系统和产品系统，消费特征主要集中在渠道和产品系统。为此，应参考金融企业的数据类型和业务需求，构建和利用用户画像寻找到目标客户，并发现客户个性化的需求，实现产品的精准营销，挖掘数据中的商业价值。

（一）银行用户画像实践介绍

1. 银行数据资源的特点

银行的数据大部分是结构化数据，数据质量高于别的行业，因此数据清洗和甄别比较容易，只需要打通银行内部的信息孤岛，将数据结构标准化。这些大量的交易数据、个人属性数据、信用数据和客户数据，可以很好地勾勒出客户的行为特征。虽然银行有客户的交易数据，知道客户在某个商家的消费金额，但是却没有具体的消费数据，不知道客户消费的商品和服务是什么，需要引入银联和电商的数据来丰富消费特征信息。并且我国目前的征信体系的数据还不完善，银行还需要借助互联网公司的数据收集和挖掘能力，补充征信体系中缺失的用户信用数据。最后银行还缺少一些极具商业价值的外部数据，比如用户的社交数据和兴趣爱好等，需要引入移动大数据的位置信息来丰富客户的兴趣爱好信息。因此要构建较为完整的用户画像，银行还需要和外部的第三方数据平台合作，引入外部信息来丰富客户画像信息。

2. 银行的用户画像构建和数据场景变现

银行的业务需求主要集中在消费金融、财富管理、融资服务，在构建用户画像时要从业务需求出发，从强相关数据出发，从业务场景应用出发。用户画像涉及数据的纬度不是越多越好，需要同业务场景结合，这些数据维度主要以人口属性和信用数据为主，其次是强相关信息和定性数据。信用数据是用户画像中重要的信息，人口属性数据可以帮助金融企业联系客户，将产品和服务推销给客户。强相关信息就是同业务场景需求直接相关的信息，可以是因果关系信息，也可以是相关性很高的信息。比如客户的年龄、学历、职业、地点对收入的影响较大，所以和收入数据是强相关关系，而用户的身高、体重、姓名、星座等数据，很难从概率上分析出其对消费能力的影响，这就是弱相关信息。构建用户画像的目的是为产品筛选出目标客户，但是定量的信息不便于对客户进行筛选，需要将定量信息转化为定性信息，通过信息类别来筛选人群。例如可以按年龄段对客户进行分类，18~25 岁以内定义为年轻人，25~35 岁定义为中青年，36~45 岁定义为中年人；也可按个人收入的情况将客户定义为高收入人群、中等收入人群和低收入人群。

银行的客户数据很丰富，数据类型和数量多，内部管理系统也很多。可以先利用数据仓库将数据集中，筛选出强相关信息，对定量信息定性化，生成 DMP[①] 需要的数据。利用 DMP 进行基础标签处理和应用定制，结合业务场景需求，进行目标客户筛选或对用户进行深度分析。同时利用 DMP 引入外部数据，完善数据场景设计，提高目标客户精准度。选择接触客户的方式，对客户进行营销，并对营销效果进行反馈，衡量数据产品的商业价值。利用反馈数据来修正营销活动和提高 ROI，提高市场营销的效率，实现数据商业价值变现的目的。

DMP 翻译为中文就是数据管理平台，它负责收集、存储、管理企业内部和外部的数据。数据的整合、价值评估和强大的分析能力是 DMP 的核心，如此便能根据不同的业务

① DMP（Data Management Platform，数据管理平台），是把分散的多方数据进行整合纳入统一的技术平台，并对这些数据进行标准化和细分，让用户可以把这些细分结果推向现有的互动营销环境里的平台。

场景需要来开发设计产品。下面简单介绍一些 DMP 可以做到的数据场景变现，详见表 1.4 所示。

表 1.4 银行业的 DMP 数据场景变现业务

业务场景	数据应用和营销方式
寻找分期客户	利用银联数据+自身数据+信用卡数据，发现信用卡消费超过其月收入的用户，向用户推荐消费分期偿还业务
寻找高端资产客户	利用银联数据+移动位置数据(别墅/高档小区)+物业费代扣数据+银行自身数据+汽车型号数据，发现在本银行资产较少而在其他行资产较多的用户，为其提供高端资产管理服务
寻找理财客户	利用自身数据（交易+工资）+移动端理财客户端/电商活跃数据，发现客户将工资/资产转到外部但是电商消费不活跃客户，其互联网理财可能性较大，可以为其提供理财服务
寻找境外旅游客户	利用银行卡消费数据+移动设备位置信息+社交爱好等强相关数据，寻找境外游客户并为其提供金融服务
寻找贷款客户	利用个人征信(人口属性+信用信息)+移动设备位置信息+社交购房/消费强相关数据，寻找即将购车/购房的目标客户，为其提供金融服务（抵押贷款/消费贷款）

（二）保险行业用户画像实践

保险行业的产品是一个长周期产品，保险客户再次购买保险产品的转化率很高，经营好老客户是保险公司一项重要任务。保险公司内部的交易系统不多，交易方式不是很复杂，数据主要集中在产品系统和交易系统之中，客户关系管理系统中也包含丰富的信息，但是数据集中在很多保险公司还没有完成，数据库建设可能需要在用户画像建设前完成。

保险公司主要数据有人口属性信息、信用信息、产品销售信息、客户家人信息，缺少兴趣爱好、消费特征、社交等信息。保险产品主要有寿险、车险、保障险、财产险、意外险、养老险、旅游险。保险行业 DMP 用户画像的业务场景都是围绕保险产品进行的，简单的应用场景如表 1.5 所示。

表 1.5 保险行业的 DMP 数据场景变现业务

数据应用的业务场景
利用个人属性数据+外部养车 APP 活跃情况，为保险公司找到车险客户
利用个人属性数据+移动设备位置信息-户外运动人群，为保险企业找到商旅人群，推销意外险和旅游险
利用家庭信息数据+个人属性数据，为用户推荐理财保险、寿险、养老险、教育险
依据个人属性数据+外部数据，为高端人士提供财产险和寿险服务

◇ 创业问答 ◇

Q：你的用户是谁？哪些是你的种子用户？

A：在你创业之前，要把这个问题想明白。比如小米在创业之初的定位就是为“发烧”而生，第一批用户就是手机发烧友，他们追求更极致的体验，但又希望通过自己的研究探索与努力，尽可能提高手机的性价比。小米公司的工程师在推出第一代 MIUI ROM 手机操作系统时，一个一个地联系刷机爱好者和发烧友，经过不断的努力，先后共有 100 名用户成为 MIUI 第一版的首批内测体验者。这 100 名用户就是小米的种子用户，他们的专业性强，喜欢交流和传播，容易成为网上社交群体的意见领袖，带来强大的自传播效应。

Q：怎样从网上获取社交数据？

A：社交数据就是客户在社交媒体上发表的言论和行为，可以是评论、文章、图片，甚至可以是表情符号、音频和视频。社交数据可以依靠第三方平台，在社交网站上利用爬虫技术获得（Spider）。

◇ 关键术语 ◇

用户行为分析：通过对用户行为的零散信息进行归集分类，将其变成结构化信息。按预先设置的模型对数据进行清洗、筛选、分类、储存。选择相关数据进行分析挖掘，将数据分析的结果与企业的产品策略和营销策略匹配，或是从用户的行为数据中发现问题，并改良产品和服务，实现更精细和精准的运营，从而获得良好的市场表现。

用户行为特征分析：从累积的海量用户历史数据中挖掘出用户的特征规律。

用户画像：其实质就是用户信息标签化，它是指企业通过收集与分析消费者社会属性、生活习惯、消费行为等主要信息的数据之后，完美地抽象出一个用户的商业全貌，它是企业应用大数据技术的基本方式。

AARRR 模型：AARRR 增长模型是一套工具方法论，包括用户生命周期中的获取用户（Acquisition）、激活用户（Activation）、用户留存（Retention）、获取收入（Revenue）、自传播（Refer）5 个重要环节。

DMP（Data Management Platform）：数据管理平台，是把分散的多方数据进行整合纳入统一的技术平台，并对这些数据进行标准化和细分，让用户可以把这些细分结果推向现有的互动营销环境里的平台。

◇ 本章小结 ◇

用户行为是由具体的行为人与环境、时间、空间、关联人的互动。用户行为分析通过对用户行为的零散信息进行归集分类，将其变成结构信息。在高度标签化的商业社会，消费者越来越追求“小众”。随着大数据技术的发展，企业对用户特征分析提出了更高的要求，通过预先设置的模型对数据进行筛选、分类，从数据中找到相应的规律，并且与企业的产品策略、营销策略进行匹配，从中发现问题，提升用户的消费体验，更好地为用户提供有针对性的服务，实现产品的精准营销，为企业创造最大的商业价值。

◇ 思考 ◇

1. 用户行为分析的概念和意义是什么？
2. 用户行为分析的工具和方法是什么？
3. AARRR 模型是什么？
4. 用户画像的概念和优势是什么？

第二章
如何开展精准营销

学习目标

学习完本章后，你应该能够：
- 掌握精准营销的定义
- 理解精准营销的实施过程
- 了解“羊毛党”对企业实现精准营销的影响
- 分析阿里巴巴大数据系统建立的逻辑
- 熟悉互联网广告的模式和特点
- 掌握 Retargeting 广告的原理

本章重难点知识视频

开篇案例 | 互联网营销的迭代

广告，作为商业社会最传统的营销方式，已经诞生很长时间了。

20 世纪 60 年代，来自美国密歇根州立大学的教授——麦肯锡，提出了著名的 4P 营销理论（the marketing theory of 4Ps）。长久以来，该理论指导着市场营销的发展与应用。原始的营销方式侧重于产品与销售，希望将更多的产品与服务传递给更多的客户。随着第一次互联网浪潮的到来，广告行业如大海鱼虾，被这股巨浪裹挟着前进与发展（图 2.1）。

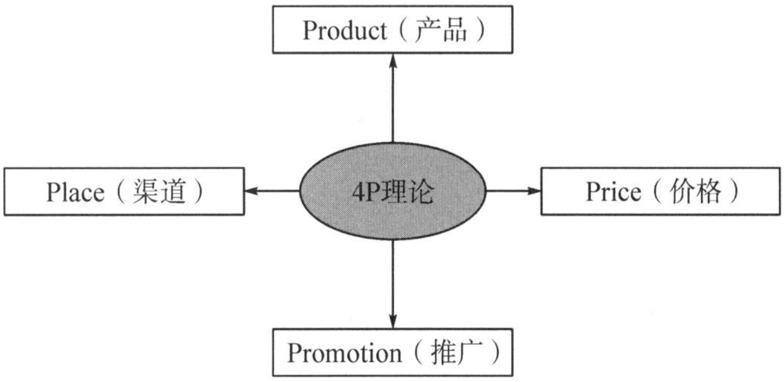

图 2.1　4P 营销模型

在时代列车的汽笛响起的那一刻，互联网营销与这趟列车一样飞速前进。互联网营销大致经历了四个阶段的发展迭代，时至今日，互联网营销仍如市场需求一样，瞬息万变。

互联网营销的 1.0 时代基于门户网站。以新浪、搜狐、网易为主的门户网站为企业提供产品信息的展示，广告的媒介开始从纸媒、电视转为网页，消费者被动地接受网页上的广告展示。广告投放计费主要以 CPM（cost per mille，千人成本）①、CPT（cost per time，每时间段成本）为主。2.0 时代的到来，得益于互联网的普及，谷歌、雅虎、百度等搜索引擎的发展，使得消费者可以通过主动搜索来获取需要的信息，以百度为首的“竞价排名搜索”广告型态开始出现。广告计费方式以 CPM 和 PPM（pay-per-impression）② 为主。这意味着互联网广告带来了第一次革命性改变。随着移动互联网时代的到来，广告营销进入到 3.0 时代。消费者花费更多的时间在互联网社交上。一开始是大批的论坛、博客和各种聊天工具涌现出来。随后，微信、微博等移动社交 APP 的普及与应用更是拉开了社交媒体广告时代的帷幕。2006 年，Facebook 最早推出了信息流广告，穿插在内容中，用户体验感相对提升（图 2.2）。

图 2.2 Facebook 信息流广告

2008 年，YouTube 推出了视频贴片广告，它让广告主可以根据用户标签进行精准投放。信息流广告的诞生可以说是精准营销的启程。信息流广告运用大数据获取用户信息，

① CPM 是一种媒体或媒体排期表（SCHEDULING）送达 1 000 人或“家庭”的成本计算单位。

② PPM 代表广告收费以曝光量计费，通常以千次为单位计算。

比如用户浏览的内容、停留的时间、用户输出的内容、用户的喜好、生活习惯、对某一款产品的分享以及评分情况等，广告主更能精准匹配投放广告。这大大提高了广告投放的投资回报率。(图2.3)。

图2.3　YouTube 贴片广告

直到今天，从社交媒体到自媒体再到私域社群，用户获取信息的平台广泛而又分散。精准营销变得更为精细化与多元化。大数据具有采集、分析的功能。通过多维度、多渠道的采集，以及完善、成熟的系统算法，企业可以清洗、整合数据，从而更精准地分析用户。大数据可根据用户实时的行为以及外部变量，设计营销策略，自动化执行，进行多样化配置。

思考：

1. 传统广告的缺陷是什么？

2. 互联网营销经历了几个阶段？特征分别是什么？

思维导图

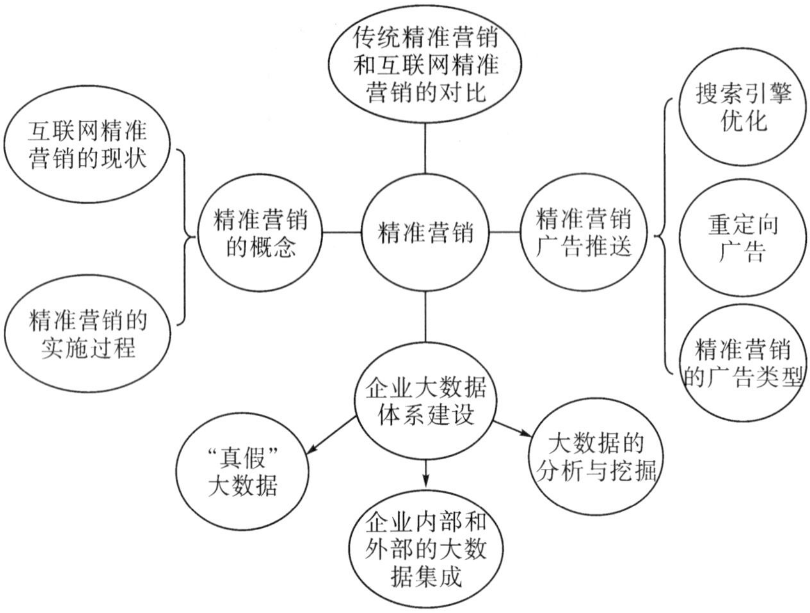

本章提要

传统企业为了实现精准化营销，会利用一些“特殊”渠道获取目标人群的信息。然而这种精准营销方式很多时候会让人反感，因其对客户的私生活构成了严重的骚扰。虽然互联网广告同样会利用用户的隐私数据来提高营销的精准度，但却把对用户的侵扰程度降到最低。很明显，精准营销可以帮助互联网广告发挥更佳的作用。目前精准营销的实现还面临很多困难。比如：“羊毛党”“刷客”制造假数据和作弊流量；企业内部存在数据孤岛，大多数企业没有建立 DMP 系统；大数据分析人才稀缺，数据挖掘的算法还有提升空间；没有高质量的互联网全景大数据支持……然而不可否认的是，互联网广告走到今天，虽然还有很多不足，但确实提升了企业的获客能力，减少了营销费用的浪费。在 Web 3.0 时代，互联网广告行业的新生态是程序化广告，而程序化广告是企业实现精准营销的主要途径。

第一节　精准营销的概念

在 2005 年的时候，营销大师科特勒就曾提出精准营销这个概念。他表示，企业应该采用更加精准、可预测的营销手法，应该制订以结果为导向的营销方案，直接触达目标受众，提升营销的 ROI。

精准营销的前提条件是分析市场与消费者。传统的营销方式中，我们通过观察受众和市场调研，将消费者分类为几种（segmentation，市场细分），将最适合的那一类作为企业的目标受众（targeting，目标市场选择），企业的产品和服务要在目标受众的心中形成“最××”或“第一××”的形象（positioning，定位）。当传统营销依据 STP 理论做到最理想的状态时，依然能完成精准营销。伴随大数据时代的到来，营销洞察运用的是全样本数据分析结果，这意味着企业在投放户外广告、电视广告或网络广告时，将为更精准的目标受众推送，使转化率达到最优，减少广告成本。

一、传统营销

传统营销从 P(probe）开始，以市场调研的方式感知市场环境；按 STP 营销理论选择目标市场，进行市场定位；结合 4P 营销战术完成产品的研发、推广与销售。这是传统营销的基本流程。

营销的目的是要让企业产生有效的、健康的可持续性收益。这个目的包含两层意思：一是让企业通过价值创造获取利润，二是能持续获取正收益。从营销的本质来看，营销就是要抓住用户（消费者）的需求，并快速把需求商品化，为客户创造价值。传统营销认为，消费者的购买决策过程需要经历以下五个阶段，如图 2.4 所示。

确认需要 ⇨ 收集信息 ⇨ 评价选择 ⇨ 决定购买 ⇨ 购后行为

图 2.4　消费者的购买决策过程

贯穿消费者的购买决策过程，高效的营销主要由识别市场机会、开发新产品、吸引客户的注意力、培养客户的忠诚度、完成交易这五个板块组成。它们之间环环相扣，相互支撑，是实现营销目标、快速将需求商品化的过程。

传统企业为了实现精准化营销，会利用一些“特殊”渠道获取目标人群的信息。当你购买了一辆汽车，各类保险公司的电话随之而来；当你有了孩子，你一定会接到早教机构的电话；当你的孩子快到上学年纪，你一定会接到各种教育机构和培训班的电话。这些是线下的精准化营销。从客户的角度说，电话营销对客户的私生活构成了严重的骚扰。传统时代的这种精准营销方式很多时候会让人反感，从而降低营销的成功率。

大数据面前，我们都是“赤身裸体”

刚跟朋友说想吃蛋糕，在抖音上就刷到附近蛋糕店的推荐；和父母商量打算国庆去新疆旅游，打开手机，全是新疆旅游的短视频。在大数据的“监视”下，“有心人”利用人们暴露在平台上的个人信息，足以精准地从 14 亿人中将“你”找出来。比如，他们从人们遗留在网页上的使用痕迹，可精准分析出“你”是什么样的一个人。将这些碎片化的数据进行整合、清洗与梳理，“我”甚至可以预测出“你”下一步的行为。每年“双十一”购物狂欢节是淘宝最盛大的节日，消费者竟然可以在下单几分钟后就收到快递。当今天的我们享受着大数据带来的高效、智能与便利时，一个现实而迫切的问题摆在了我们面前——如何保护用户隐私。

科技是一把双刃剑。2012 年以来，Facebook 多次被指控“侵犯用户隐私”。2019 年 4 月，美国联邦贸易委员会（FTC）与 Facebook 达成和解，Facebook 缴纳 50 亿美元罚款。2021 年 6 月 10 日，中国首部针对数据安全的法律《中华人民共和国数据安全法》正式通过，并于9月1日起实施。随后，许多款手机输入法APP在应用商店中突然下架。2021年10月8日，国家市场监督管理总局对美团开出34亿元的罚单。打开美团APP的隐私政策中，我们可以看到如下内容（图2.5）。

我们不会与美团以外的任何公司、组织和个人共享您的个人信息，但以下情况除外：

1、获得您明确同意或授权的共享。

2、基于法定情形下：根据法律法规的规定、诉讼争议解决需要，或行政、司法等有权机关依法提出的要求。

3、与关联公司共享：为向您提供一致化服务以及便于您进行统一管理，我们可能会将您的个人信息与我们的关联公司共享。但我们只会共享必要的个人信息，如果我们共享您的个人敏感信息或者关联方改变个人信息的使用目的，将再次征求您的授权同意。

4、与合作伙伴分享：我们可能会向业务合作伙伴共享为您提供服务所必要的订单信息、账户信息、支付信息等。我们的业务合作伙伴包括以下类型：

供应商/服务合作商。仅为实现本政策中声明的目的，我们的某些服务将由业务合作伙伴提供。以保障为您提供的服务顺利完成，我们可能会将您的个人信息共享给上述合作伙伴，包括配送业务、技术服务、支付服务、金融业务等。其中可能包括您的联络信息、订单信息、支付信息、地址信息等，以保障为您提供的服务顺利完成。例如在您使用我们的外卖服务时，我们必须与配送服务合作商共享您的订单和配送信息，以保证订单的安全准确送达；又如我们需要将您的订单号和订单金额与第三方支付机构共享以实现其确认您的支付指令并完成支付等。**其中您的联络信息和地址信息属于个人敏感信息，我们已经采取了默认开启的“号码保护”、单据上的“地址隐藏”等举措尽全力保护您的个人信息。**

图2.5　美团APP中的隐私政策

数据是为人服务的。任何时候消费者都应该拥有自主决定权，基于用户隐私保护下的精准推送服务于用户，可是在用户不知情的情况下，非法收集甚至贩卖个人数据，是必定会遭到谴责的。

在中国，《中华人民共和国网络安全法》《中华人民共和国数据安全法》和《中华人民共和国个人信息保护法》是保护我们数据安全与隐私的“三驾马车”。其中，《中华人民共和国个人信息保护法》更是对准了侵犯用户隐私的诸多违法行为，比如明确否定了近年来广大用户深受其害的“大数据杀熟”现象与平台对个人信息的泄露、转移以及倒卖行为，并制定了相应的处理办法。

2021年第一季度，中国人均APP安装量达63款，我们在下载及使用APP时，一定要注意如下三点：①仔细阅读隐私政策；②仔细查询授权范围；③了解法律法规，维护自身权益。

二、互联网精准营销

20世纪80年代，关于“大数据”一词的解释在托夫勒《第三次浪潮》一书中第一次被提及。伴随计算机与互联网信息技术的发展以来，出现了移动互联网、物联网、云计算等一系列新兴技术。这些技术被广泛应用于人类的工作和生活，以及企业的智能制造和创新型商业模式。企业生产管理产生的数据和人们日常生活产生的数据可以被轻易地采集和记录，这使得全球数据量呈爆发式增长态势，给大数据的发展带来了机遇和挑战。大数据挖掘和分析的工作好比在河沙中淘金，多达80%的时间要用在数据的清洗和整理上。数据量越大难度越大，对计算机的算力要求越高，因此想挖掘大数据内在的商业价值，将数据变现，任重而道远。

（一）精准营销的现状

第一章曾提到用户画像是实现精准营销的基础，阿里巴巴与京东通过分析用户浏览、点击、留言、关注、加入购物车等一连串行为，给用户贴上全方位的标签，随之将更为精准的广告信息，通过电子邮件、短信、Push、站内信等方式推送给用户。

抖音如何实现精准营销

企业运用精准营销，是希望通过大数据采集用户信息，了解用户特征、用户行为，从而进行用户喜好分析及用户购买行为预测，实现有效转化的目的。5G 时代的开启，意味着营销方式将进一步迭代。

短视频行业无疑是当下最火热的赛道。2020 年的短视频行业数据显示，短视频正在向中老年受众渗透，实现全年龄段发展。64%的用户，每天会用 1 个小时以上的时间浏览短视频。短视频平台上的创作内容也越来越多元化。

截至 2021 年 12 月，中国的短视频用户规模达 9.34 亿（图 2.6）。

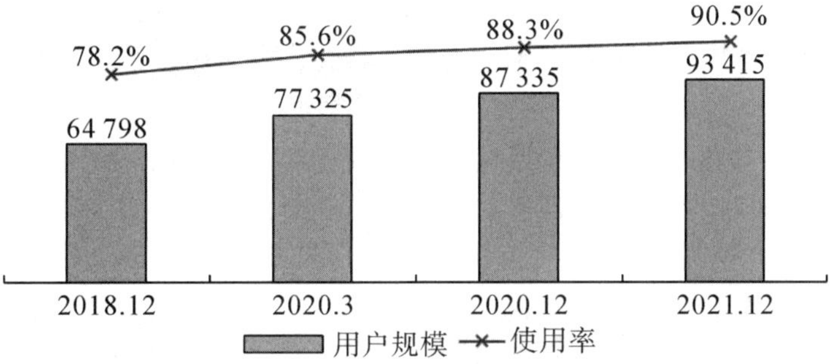

图 2.6　2018—2021 年短视频用户规模及使用率（单位：万人）

而在“短视频”这座流量高地，抖音无疑是时下最炙手可热的宠儿。抖音的本质是以音乐短视频为内容形成的一个创作者平台及社交平台。由于抖音的用户量多，数据量丰富，潜在消费者数量庞大，有不少企业优先选择在抖音上投放广告（图 2.7）。

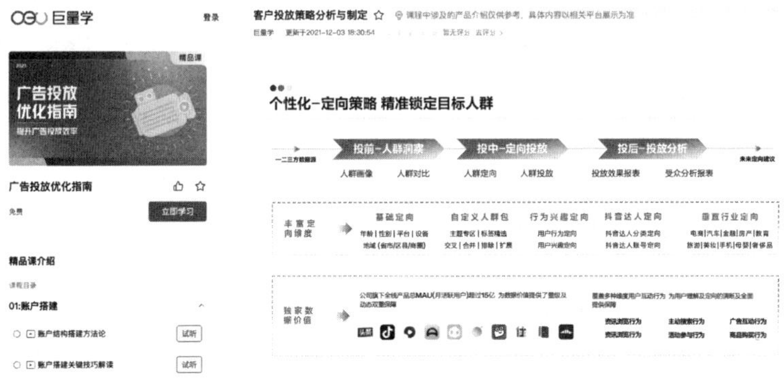

图 2.7　个性化投放策略

那么抖音的精准投放究竟是如何实现的呢？首先，抖音会收集以下几个维度的用户特征：用户身份特征，如年龄、性别、地区、学历；用户的喜好特征，如兴趣、浏览内容、停留时间、评论/转发；用户的行为特征，如去了哪里、做了什么、消费记录等。由此生成一个立体的用户画像。一个用户身上会有很多个标签，比如“80后”“程序员”“爱玩游戏”“爱喝星巴克”“自有住房还贷中”“爱看日本动漫”“爱看数码开箱视频”“购买基金”等。在用户使用抖音APP的过程中，系统会进一步对用户观看内容的停留时长、评论率、转发率、完播率等数据进行统计，不断完善用户画像，生成最准确的用户标签。

根据同一个用户的不同标签，平台进行广告投放。投放的形式有短视频推荐、直播间推荐、话题推荐、挑战推荐，产品还可依托KOL（key opinion leader，关键意见领袖）和带货直播，使得营销的生动性和对产品的信赖度大大增加。除了起到精准投放的作用，与用户进行互动，也在不知不觉中影响消费者的行为。

抖音还会与其他购物平台进行合作。用户在购物平台浏览商品后，会在抖音收到同类型商品的推送，从而达成交易。

精准营销的实质是挖掘和满足用户的需求，而非简单的标签数据关联。在微博、微信等社交平台上，如果推送的广告信息能接近用户的兴趣和偏好，基本上做到人们对广告不厌恶，这只是精准营销的第一步——“满足相关”，迈出这一步仅仅说明你抓住了用户的兴趣或偏好，但你并不能确定用户看到广告后是否会在未来做出购买决策。如果你真正抓住了用户的“真实需求”或“心理需求”，那么你根据“用户需求”进行的广告推送就是在帮用户做决策。当推送的广告信息接近人们的内在需求，人们可能会喜爱、依赖甚至信任这类广告，并且会根据这些推送做出购买行为，此时才算做到了真正的精准营销。

（二）精准营销的定义

精准营销，英文名为precision marketing。“precision”的含义是“精确的”“精密的”“可衡量的”。精准营销就是在精准定位的前提下，借助ICT技术构建个性化的受众交互服务体系，实现企业可衡量的低成本扩张战略。精准营销模式可以概括为5W营销分析框架，即在合适的时机（when），将合适的业务（which），通过合适的渠道（where），采取合适的行动（what），对合适的客户开展营销（who）。在整个过程中贯彻“以客户为中心”的理念，实现营销管理的持续改善。

精准营销包含三个层面的意义：第一个层面是通过现代信息技术手段开展个性化营销活动；第二个层面是进行定量分析并采用个性化沟通技术（大数据分析和信息推送方式）；第三个层面是降低精准营销的成本，提高营销的ROI。精准营销的目标是提升企业的效益，表2.1显示了精准营销实施的五个阶段。

表2.1　精准营销实施的五个阶段

序号	阶段名称	精准营销实施的具体内容
1	客户信息搜集与处理	大数据是精准营销的基础。知己知彼，百战不殆。一个合格的指挥官需要搜集与战场相关的天时、地利、人和等数据信息，做战前准备，多算胜，少算不胜。商场如战场，将存在于企业内部各管理系统中的内部数据和企业外部数据（如市场调查、第三方数据等）整合后，做好数据安全的储存，用DMP系统对大数据进行管理

表2.1(续)

序号	阶段名称	精准营销实施的具体内容
2	客户细分与定位	大数据的用户画像技术，可以从不同的维度对客户进行细分，结合企业的特定业务场景对不同的客户细分群体开展差异化的营销，甚至精确定位到每个用户，提供满足用户个性化需求的私人定制产品或服务
3	营销策略制定	对用户有了准确的细分和定位后，营销人员需要结合公司战略、公司的业务和资源优势、市场环境等因素，找到能够为用户创造价值和获取利润的商业机会，为不同的用户建立个性化的营销方式，或者为目标用户群体制定高效的营销策略
4	营销方案设计	目标客户是精准营销的方向，营销策略是实现目标的思路，营销方案的设计是达成目标的操作过程。优秀的营销方案必须聚势聚焦，将营销费用花在刀刃上
5	营销结果反馈	营销活动结束后，应对营销活动执行过程中搜集到的各种数据进行综合分析，对营销活动的执行、渠道、产品和广告的有效性进行评估，总结经验和教训，寻找需要改进和优化的关键点，为下一阶段的营销活动打下良好的基础。简言之，评估是营销活动的终点，也是下一轮精准营销活动的起点

B站的精准营销

各大互联网公司发布的2021年第二季度财报显示，广告收入大幅增长。国内知名视频弹幕网站哔哩哔哩（B站），二季度广告营收突破10亿元，达10.5亿元，同比增长201%，占总营收的23%（图2.8、图2.9）。与此同时，国外互联网公司的广告营收同样增长迅猛，如谷歌同比增长69%，亚马逊同比增长87.5%，YouTube同比增长84%。相比传统媒介，互联网公司广告业务十分火爆。我们以B站为例。B站上的up主接单率同比上升超过100%，企业在B站上的广告复投率高达75%。除了得益于互联网公司通过大数据取得的高效率算法与网站丰富的广告产品形态以外，互联网广告已经完成从传播影响力到精准找到消费者再到创造消费者的3.0迭代。

图2.8　哔哩哔哩2021年第二季度财报

图 2.9　哔哩哔哩 2021 年第二季度营收同比增长情况

大数据将消费者拆解为一个个不同的需求方，根据不同的使用场景与用户偏好，推送不同的广告来触发用户不同的需求。例如一位二十五岁的男性用户在 B 站上可能会关注游戏解说、3C 产品开箱与美食烹饪这三类视频 up 主。男性用户在游戏方面消费频次高，价格高；3C 产品消费频次低，价格高；美食消费频次高，价格低。因此，同一个用户有着不止一个的消费喜好和消费档次。平台针对一个用户可以投放三类不同的广告：一类从功能出发，比如手机、单反相机；一类从使用场景出发，比如约会、游戏；还有一类可以从个人标签出发，比如发烧友、程序员、职场白领。在这样“一个用户多种需求”的市场情况下，广告的内容必定更加精准，数量也会爆发式增长。

【案例分析】同一个用户在选择必需品、消费品与娱乐品时，他的消费水平显然是不同的。如果我们忽略用户的消费喜好、消费场景与消费目的，仅仅针对一种用户画像来推送广告，推送同一价位的产品广告，或者针对他的一种身份不停推送一类产品的广告，那转化率一定不理想。广告行业已不再是单纯靠创意取胜，或只追求品牌曝光度。平台方需要不断更新算法和方式，提高算法销量，制造用户精准需求，才能推动其持续增长。

实现精准营销的前提是大数据的质量，大数据的分析结果对细分用户和定位目标用户的影响很大。此外，用户隐私数据的商业价值很高，同样会影响精准营销的效果。为了有效整合企业的内部数据和外部数据，需要清洗无用的垃圾数据，采集有价值的数据，在 DMP 的框架下实现统一标准的大数据管理，保证大数据存储的安全性。第二节将重点阐述企业如何构建自己的大数据体系——企业大数据的质量高低会直接影响精准营销的准确程度。

第二节　企业大数据体系建设

一、“真假”大数据

流量是过去互联网时代商业模式的内核。一切互联网商业模式和思维，本质上都是争夺用户，争夺流量。而互联网和移动互联网催生的大数据时代到底有多少大数据是真实可信的呢?

曾经在知名电商平台上搜索“刷流量”等关键词，可以轻易找到报价 1~5 元/万次播放量的刷量产品。比如：腾讯、乐视 2 元 1 万次；搜狐 5 元 1 万次；优酷 8 元 1 万次；爱奇艺 20 元 1 万次。从刷量产品的报价上，可以大致估计各平台对刷量行为的打击力度，其中以优酷和爱奇艺最为严格。不过，现在淘宝已经将所有刷量产品的关键词屏蔽（图 2. 10）。

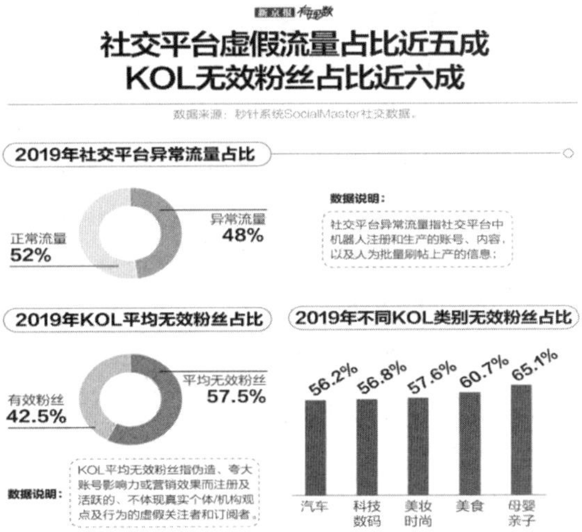

图 2. 10　刷量产品的报价明细

假的流量并不表示对方是真正的目标客户，而是被黑客操纵的“僵尸粉”。对于想获取真正目标客户的企业主来说，虚高流量产生的大笔广告费没有任何效果。企业并不能从这样的流量数据中获得任何有价值的用户信息，也无法转化成商品销售收入，这是大数据时代实现广告精准营销推送的一大障碍。

网络不正当竞争的典型手法——“刷单”

尽管通过“刷单”获得的流量是假流量，并不具有实际意义和价值，也很难转化为有效订单，但企业在最初进入某平台时，为了获取客户的信任从而促成第一笔订单的达成，往往自愿选择通过“刷单”、虚假评论等方式提高店铺“人气”。

市场是由供需关系决定的，“需求”催生“生产”。一大批以“刷单”为生的团伙活跃于互联网世界。2021 年 7 月，国家市场监督管理总局曝光了 10 多起互联网虚假宣传不正当竞争的典型案例，其中包含三种不同类型的“刷单”方式。

方式一：利用"网红"虚假评论等方式"刷单炒信"。

大众点评网2003年成立于上海，是中国最大的生活服务电商平台，也是全球最早建立的第三方消费者评价网站。大众点评网为用户提供商户信息、消费点评及优惠活动等信息服务。2015年，大众点评网与美团网宣布合并成立新公司"美团大众点评"。据悉，2019年，大众点评网日活跃用户已达到1 317万，入驻商家更是不计其数。

消费者在大众点评网上可以通过商户的各项评分以及真实消费评价迅速筛选自己喜爱的店铺。特别是打算到外地旅游或出差时，可以提前通过大众点评网的当地推荐与排名以及榜单来选择商户，以防"踩雷"。有很多年轻人喜欢在大众点评网上寻找新开的"网红店铺"，与朋友专门前往"打卡"。

当消费者变得依赖大众点评网的帮助时，结果往往大失所望。很多店铺通过"刷单"人群组织网站上的"大V"到店吃"霸王餐"后，发布图文并茂的好评吸引"粉丝"和消费者前往。好评数量越多、写评论的账号等级越高，商户获得的分数也越高，不管在店铺星级和店铺排名上，都能取得更好的成绩。大众店铺的评分标准还受到店铺"粉丝数""浏览量""点赞量"等因素的影响，而这些数据对于刷单人群来说都是"小菜一碟"。这种人为刷单+机器刷单的行为已经严重影响到了平台的生态健康，误导消费者的选择，破坏了市场的公平竞争（图2.11）。

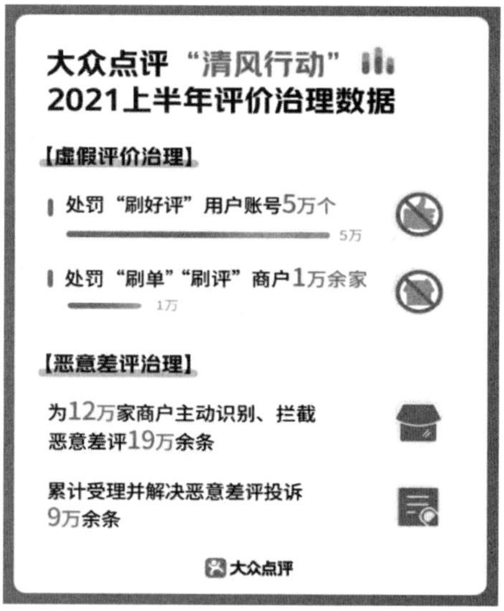

图2.11　大众点评网发布"清风行动"信息

方式二：利用科技手段，伪造虚假订单与评论。

伴随直播带货热潮的席卷，直播电商无疑是时下最火热的新消费场景。图文等传统信息流广告，已经不足以吸引消费者的眼光，带货短视频与直播电商等新的推送方式，快速占据用户内心，抖音和快手的日活跃数量都已破亿。随之而来的，是越来越多的明星、"网红"瞧中这块大蛋糕。

淘宝2020年的数据显示，参与直播带货的商家数量同比增长了220%，其中还包含300多位明星、400多位企业家。2020年，天猫"双十一"成交额同比增长85%，薇娅直播间观看人次达到 8 200 万，销售额超过 11 亿元。2020 年，“双十一”期间，淘宝直播成交额达 1 亿元的直播间高达 28 个。

流量成为主播与品牌方之间博弈的筹码。谁拥有更多的流量，谁就拥有更大的话语权。但事实真的如此吗？电商直播中的观看量、粉丝量、销售量全都能造假。不少品牌方都表示，很多主播看似粉丝多，直播间观看量多，但成交量寥寥无几，甚至有一些品牌方还出现了货卖出去后遭遇大规模退单的惨状。

数据显示，中国已有上千家大大小小的刷单平台，产业人员规模高达 900 多万。虚假流量已经渗透到各个平台。刷单公司利用平台的漏洞，通过一台电脑，就可模拟出平台与服务器之间的通信，相当于电脑上下载了很多个平台 APP，虚构了很多个不同的用户进入直播间，形成一个批量操作系统，电脑可同时操控多达 20 000 台手机。在线观看、点赞、评论互动，都可以通过系统自动完成（图 2. 12）。

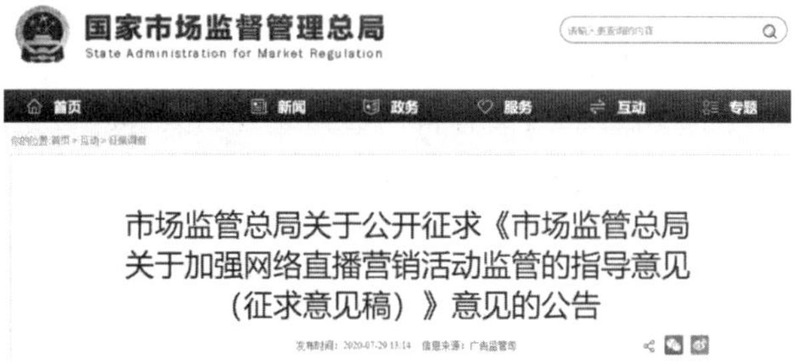

图 2. 12　国家出台相关政策

方式三：组织员工、亲友等熟人“刷单炒信”。

电商平台上极为普遍的一类刷单行为就是组织企业员工及自己的亲友刷单。他们在平台上下单，店铺实际并不发货，待商品查收后，撰写虚假好评，再通过其他渠道，将商品购买费用退还给他人，另外再支付额外的刷单佣金。

【案例分析】“刷单人群”和互联网平台之间既有斗争，也有合作，即使这种合作是不能见光的潜规则。有时候互联网公司会故意留下漏洞，就是为了增加注册量和业务量，因为每个公司内部都有两股势力在博弈：有时运营人员和高管，也需要给领导呈报“漂亮的数据”；有时候是高层和风险投资人，他们需要向投资人证明业务增长超出预期，以提高公司的估值。互联网公司会主动找到“刷客”，让他们帮忙完成一定的注册量。这些刷出来的客户和流量数据，全是没有价值的垃圾数据，给大数据的采集和清洗工作带来了极大的困难，影响大数据的整体质量，从而影响营销的精准程度。

在互联网平台和“刷单人群”的反欺诈斗争中，精准营销的实现与大数据的质量息息相关。那么企业的营销费用带来了多少真正的流量？精准营销的转化率到底有多大？要提升企业大数据的质量，这需要企业建立自身的大数据管理系统，整合内部和外部的数据，同时与专业的“黑产”情报公司合作，获取手机“黑号”识别服务，从自身的企业大数据中剔除虚假数据。

二、企业的大数据建设

大数据精准营销要解决的首要问题是数据整合汇聚。企业目前运用大数据实现精准营销的一个重要挑战是数据的碎片化，即内部的管理信息系统各自为政。

（一）连接企业内部的数据孤岛

企业内部的管理信息系统和生产设备产生的运营数据都可以算作企业内部的大数据。管理信息系统的数据包括 CRM 的用户数据、传统的 ERP 数据、库存数据等；生产设备产生的数据包括呼叫记录、工业设备传感器信息、设备日志等。传统企业的内部数据所面临的最大问题是数据孤岛的问题。

数据孤岛是指企业内部的管理信息系统各自为政，各个部门之间的数据无法共享，因此每条业务线的数据库像孤岛一样不兼容，不能为企业的运营和决策提供实质性的帮助。数据孤岛主要有以下两种：

（1）逻辑性数据孤岛——公司内部各业务部门各自定义数据内容和结构，没有统一的数据标准，限制了跨部门的数据合作。

（2）物理性数据孤岛——数据在不同部门间独立存储，独立维护，彼此间相互孤立。

因此，许多公司内部的数据都是碎片化的信息，难以挖掘价值。面对这些静态、孤立的“原始”信息数据，企业信息部门只有将这些孤立且不兼容的数据库连接共享、统一数据标准，才能够进一步去分析和挖掘大数据的内在价值。

（二）寻求企业外部的大数据

社交和互联网数据就是企业外部的大数据，通常情况下属于结构化数据的内部数据占比为 20%，而外部的非结构化数据占比为 80%。企业的很多外部数据大部分都被 BAT 三家数据平台包揽，这三家互联网公司的数据质量都很高。从数据挖掘来看，腾讯和百度的大数据价值更大，但阿里的数据更容易变现。下面我们简单介绍一下这三家平台的数据特征（表 2.2）。

表 2.2　企业外部大数据的特征

企业外部的大数据	数据特征
百度的用户搜索数据	搜索巨头百度围绕数据而生。它对网页数据的获取、网页内容的组织和解析，通过语义分析对搜索需求的精准理解进而从海量数据中找准结果，以及精准的搜索引擎关键字广告，实质上就是一个数据的获取、组织、分析和挖掘的过程，商业价值高
阿里巴巴的电商数据	电商的交易数据和信用数据，商业价值很高，容易变现，而且阿里的数据源很广泛，从交易数据到浏览数据和购物车数据，还有商家的信用数据和评价信息，除此之外阿里还通过对外投资掌握了部分社交数据和移动数据，比如新浪微博和高德地图
腾讯公司的用户关系数据	QQ 和微信的用户社交网络关系数据是非常精确的用户隐私数据。腾讯公司在初创时期就很重视用户行为的分析，而如今腾讯公司拥有的 8 亿多用户所产生的大数据，已足够分析人们的生活和行为，从中挖掘出政治、社会、文化、商业、健康等领域的信息

（三）企业内部和外部的大数据集成

数据孤岛的存在导致很多企业对数据的利用程度很低，只有财务经理会简单分析财务数据和报表，撰写财务报告给领导层汇报公司的整体经营情况，缺乏企业内部数据的管理和规划，缺少专业的数据挖掘人才。为此，需要打通企业内部的数据孤岛，实现企业内部数据的有效管理，整合企业外部的大数据资源，加快企业内外部的数据融合，保障数据安全，实现企业大数据的集成管理。阿里巴巴是怎么从一家电子商务平台向大数据科技公司转变的？

阿里巴巴作为一家大数据科技公司，在大数据的应用上已经取得了不少成果。它自己研发的互联网架构和软件、数据应用成就了"'双十一'购物狂欢节"。在充分保证数据安全的前提下，深度应用了人工智能、机器学习、虚拟现实、云计算、移动互联网等技术，让电商平台能够精准地满足商家和消费者的需求。2017 年的"双十一"，天猫的销售额高达 1 628 亿元，全天订单数达到 8. 12 亿，支付宝的支付峰值已经达到 25. 6 万笔/秒。大数据是阿里巴巴的底层基础，大数据也帮助阿里巴巴建造了世界上最大的零售平台。淘宝网大约有 30 亿个网店，10 亿件在线商品信息，平均每天数以千万计的订单和上千万次的用户搜索请求，而淘宝的网页浏览和商品搜索可以做到在 20. 8 毫秒内响应。

阿里的数据工程师每天要处理百万级规模的离线数据。如何建设高效的数据模型和体系，避免重复建设，保证数据的规范性？如何做好数据质量保障？如何保证数据服务的稳定，保证其性能？如何设计有效的数据产品以服务于网店商家和公司内部员工？——企业应如何构建自己的大数据体系？

2013 年，阿里巴巴成立了大数据委员会，成员包括底层数据负责人、支付宝商业智能负责人、无线商业智能负责人和一名数据科学家。数据委员会主要以统筹和协调的方式来指导各个部门形成合力，实现从大数据管理到大数据应用的转变（表 2. 3）。

表 2. 3　阿里巴巴的大数据建设之路

企业大数据建设过程	具体内容
成立数据委员会	阿里巴巴的数据来自各个部门，无论是数据的质量、数据的分析，还是数据安全，都不是单个部门能完成的，需要做全局性安排，需要一个组织结构进行管理和维护。阿里巴巴的数据委员会成立后，从确保数据安全、保证数据的质量、统一各个部门数据的标准到获得外部数据，完成了企业内外部数据的系统集成
数据清洗	保障数据质量是大数据体系建设的第一步，数据的准确性和稳定性是数据科学管理的基础，如果无法满足这两点，在业务决策上就会存在很多问题。淘宝网早期的数据质量良莠不齐，存在很多虚假数据。过去，同一个用户通过手机号、邮箱、信用卡等可以创建多个淘宝账号，导致数据库中的用户数量虚增；还有模拟器刷量、"羊毛党"刷量制造的大量噪音数据。这需要做产品界面测试，以鉴别出不活跃的账户和虚增的账户；还要进行反作弊识别，将刷客制造的垃圾数据过滤掉；最后将清洗的数据按统一的标准和规范上报，审核通过后传输到大数据平台
统一数据标准	阿里巴巴下属各个部门业务重点不同，对数据的理解不同，因此数据标准往往各不相同；为了规范数据的口径并考虑到各部门数据的兼容性，就必须统一标准。阿里内部将这种统一的数据体系和工具简称为"OneData"，阿里巴巴的大数据工程师在这一体系下，构建统一、规范、可共享的全域数据体系，避免数据的冗余和重复建设，规避数据烟囱和不一致性
引入外部数据	在阿里巴巴平台上，大多时候搜集的是顾客的显性需求数据，如购买的商品和浏览内容等数据，为了获取公司外部很多有价值的社交大数据，阿里进行了一系列的股权投资。2013 年 4 月，阿里巴巴收购新浪微博 18%的股权，获得了新浪微博几亿用户的社交数据。5 月，阿里巴巴收购高德软件 28%的股份，分享高德用户的手机地理位置、交通信息数据以及用户行程数据。还有阿里对墨迹天气、友盟+、美团、虾米、快的、UC 浏览器等互联网企业的战略投资，构建了一幅囊括互联网与移动互联网、涵盖用户生活方方面面的全景数据图

表2.3(续)

企业大数据建设过程	具体内容
数据安全	很多淘宝网店希望阿里巴巴能加大数据开放的步伐，事实上这并不是一件容易的事情，因为这关系到商家和消费者的隐私。商家不希望竞争对手获得自己的机密信息，消费者也不希望被更多干扰。企业有哪些种类的数据，这些数据的安全等级是怎么样的，是否和个人信息相关……针对这些问题，阿里内部专门成立了一个小组，来判断数据的公开与否，把握数据使用的权限——“谁应该看什么，谁不应该看什么，哪些数据可以下载，哪些数据禁止下载”

三、大数据库分析与挖掘

为了让数据发挥价值，企业应对大数据进行深入的挖掘和分析。数据挖掘是从大量的、不完全的、有噪声的、模糊的、随机的真实数据中提取人们不知道的但又是潜在有用的信息和知识的过程。利用大数据的力量，我们可以直接得到答案，打破常规的逻辑思维定式，直接识别出用户的需求偏好（图 2. 13）。

图 2. 13 医疗大数据的分析与挖掘

数据挖掘是一种新的商业信息处理技术，其主要特点是对商业数据库中的大量业务数据进行抽取、转换、建模分析处理，从中提取辅助商业决策的关键性数据。按企业既定业务目标，对大量的企业数据进行分析，揭示隐藏的、未知的或验证已知的规律。比如阿里巴巴针对消费者购物行为进行研究，并进行商品的个性化推荐（图 2. 14）。

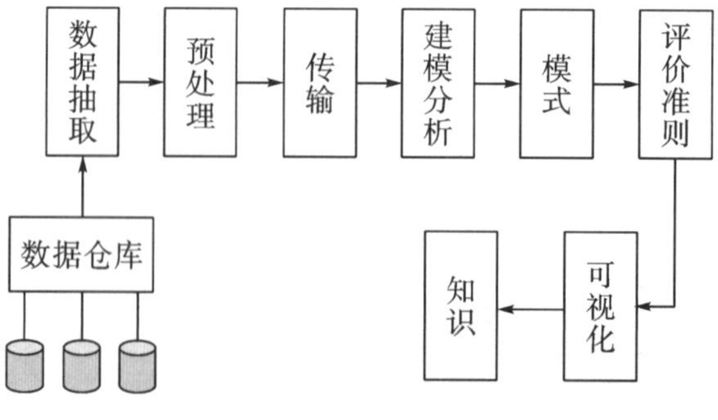

图 2. 14 大数据分析和挖掘的一般流程

目前数据挖掘方法主要有两类：一种是机器学习，如神经网络、决策树等；另一种是数理统计，如回归分析（多元回归）、判别分析（贝叶斯判别）、聚类分析（动态聚类）等。传统的大数据建模分析结果晦涩难懂，所以应当利用大数据可视化技术将复杂的大数据分析结果图像化，借助人脑的视觉思维能力，指导大数据分析和挖掘的方向，揭示出大量数据中隐含的规律和发展趋势，提高大数据的预测能力以实现精准营销。

第三节　精准营销的信息推送

一、利用大数据实现精准营销

当顾客在沃尔玛超市结账时，收银员会提醒顾客："有几种餐饮佐料正在促销，在商场的某某位置，您是否要购买?"这时，顾客也许会惊讶地说："是的，刚才一直没找到，我现在就去买。"为什么收银员会知道顾客的需求？这是因为沃尔玛超市的 POS 机连接着大数据分析系统，当顾客的购物车中有不少啤酒、红酒和食物时，根据企业大数据的分析结果，可知该顾客大概率还需要购买餐饮佐料和小菜，那么大数据管理系统就会向 POS 机发送提示信息，收银员看到后就会向顾客提出建议，这既满足了顾客的需求，又促进了商品的销售。这就是利用大数据实现精准营销的方式之一。

对互联网社群的"意见领袖"① 的营销也属于精准营销。通过对社交大数据的分析，挖掘用户的社交关系，营销人员可识别社交网络中的"意见领袖"、跟随者以及其他成员，将营销的目标定位在"意见领袖"，并利用"意见领袖"在社交圈的影响力提升产品的销售额和市场口碑。这同样是利用大数据实现精准的营销洞察。谈到对大数据的分析和应用，亚马逊应当是典范。作为一家长期以来都未实现盈利的大数据公司，亚马逊的股价一直被广大投资者看好，这是因为亚马逊致力于大数据的研究，以数据驱动公司运营，现已占据美国大数据分析市场60%的份额，拥有非常强大的大数据分析能力。亚马逊能够持续提供优质的服务，创造愉悦的用户体验，得益于他们对数据的长期聚焦。

"二手"数据更精准——闲鱼

闲鱼是阿里巴巴旗下的闲置物品交易平台。用户只需要使用淘宝或支付宝账号登录，无需繁杂的开店流程就可以一键转卖淘宝账号购买的商品以及自主上传需要卖出的闲置物品。闲鱼依托支付宝的信用评价体系，建立信用机制（图 2. 15)。

得益于阿里庞大的数据系统，当用户在淘宝上留下真实的购买信息后，闲鱼的推送无疑更加精准。用户的个人信息、浏览记录、点击记录以及消费频次，通过淘宝的大数据采集、整理与分析，为用户提供更加精准的服务。在闲鱼上，一件商品可实现多次流通（图 2. 16、图 2. 17)。

---

① 意见领袖：在互联网的信息传播过程中，经常为社交群体成员提供建议、对他人的行为施加影响的积极分子。

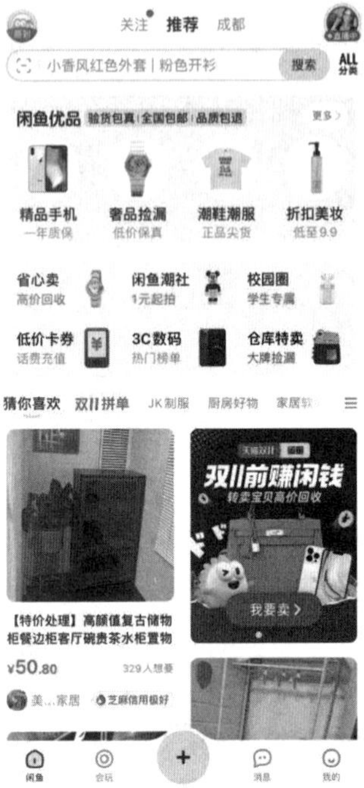

图 2.15　闲鱼 APP 首页截图

图 2.16　淘宝宝贝一键转卖

图2.17　基于大数据系统的转卖预估价

数据显示，闲鱼的用户量以每年 30%的速度递增，目前已达 3 亿，GMV 已超 1 000 亿元。2019 年，有 1.4 亿件商品被一键转卖到闲鱼。有 40%的用户会转卖 1 个月内购买的商品(表 2.4)。

表 2.4　闲鱼的大数据应用

大数据应用	功能介绍
闲鱼推荐	根据用户在淘宝上的浏览记录，咸鱼会自动推荐相同的二手商品以及同类商品。甚至当用户在淘宝搜索某款商品时，如果淘宝可供选择的商品较少，或没有此类商品，淘宝也会出现闲鱼的商品信息，用户点击后会直接跳转到闲鱼平台
闲鱼预测	闲鱼会根据用户在淘宝的购买记录以及在闲鱼的浏览痕迹给用户推送信息——“有人正在卖”“有人求购”。此外，当用户登录闲鱼后，会在发布列表中选择“一键转卖”自己在淘宝上已购买的商品，无需其他操作。帖子会自动匹配商品图片、商品信息，自动预估商品二手价格。根据商品品牌、品类的不同，闲鱼会根据平台已成交数据，给出建议的售卖价格——通常是过往成交价的平均值
闲鱼社群	闲鱼的社交，一开始是以“鱼塘”的形式，为你推荐周边的、兴趣相投的圈子。更新后的闲鱼，将“鱼塘”取消，新增了“会玩创作中心”。用户可在“会玩创作中心”发布帖子，帖子内容越优质，就会获得越多的流量扶持，商品的成交率就越高。“会玩”常常塑造一个真实生动的卖家形象，形成一个垂直 IP，卖家可通过发布“知识输出”“兴趣分享”等多类型的帖子内容吸粉，与买家形成互动，从而增加双方的“黏性”

由于二手商品的特殊性，且闲鱼并不参与商品交易的过程，卖家只需简单的信用担保就可发布商品。平台仍然存在“鱼龙混杂”的现象，导致闲鱼面临着用户信任度低、成交量低等问题。用户满意度也有待提升。

二、精准营销的信息推送方式

（一）信息流广告

在本章的开篇案例中曾提到，信息流广告标志着精准营销的开端。而进入移动互联网时代后，信息流广告更是主要的变现形式。信息流广告主要指出现在社交媒体的用户好友动态、资讯媒体和视听媒体内容流中的广告。信息流广告的主要形式有图文、视频等。信息流广告基于庞大的用户数据与信息流生态系统。它的优点是个性化投放、精准触达用户、用户接受度高。

腾讯的信息流生态

腾讯是国内领先的互联网增值服务提供商。它依托海量的用户与平台数据，为11亿以上的互联网用户提供多元化的服务。腾讯拥有丰富的流量平台，覆盖用户的各个使用场景（图2.18、表2.5）。

图2.18　广告投放智能化服务

表2.5　腾讯信息流广告模式

广告模式	内容
微信	微信广告是出现在微信朋友圈、公众号及小程序中的一种广告形式，也是腾讯广告中最常见的一种形式。朋友圈广告以一种模拟好友原创内容的模式发布在朋友圈中，可以起到推广品牌活动、推广商品、推广公众号、派发优惠券等作用。由于微信的用户数据极其庞大，无论是大品牌还是附近商家，朋友圈广告都是他们的首选
QQ	QQ是国内最早占领市场的聊天软件。QQ广告可分为手机QQ广告和QQ空间广告。QQ拥有庞大的年轻受众群体，将广告融入社交、娱乐、游戏中；将广告精准投放于特定人群，与年轻用户深度互动。QQ广告的呈现形式有兴趣部落文底大图、QQ天气消息页、QQ购物橱窗、QQ购物图文
腾讯视频	腾讯视频是国内领先的视频平台，月活跃用户超5亿。腾讯广告的形式有：以图片和视频形式出现在APP启动页的闪屏广告；以视频形式出现在正片内容播放前的贴片广告；以原貌出现在APP内容流中以及播放页底部“为你”推荐位置
腾讯新闻	腾讯新闻是业界领先的新闻资讯平台。广告根据用户浏览记录、兴趣爱好精准投放。依托内容营销提升品牌与消费者之间的情感。广告可直接跳转到制作页面，转化率高

表2.5(续)

广告模式	内容
腾讯看点	腾讯看点广告拥有 QQ 浏览器、天天快报和 QQ 看点广告三大客户端。构成“社交×资讯”的流量矩阵，提高内容分发率。QQ 浏览器在手机浏览器的市场占有率中排名第一，月活跃用户 2.8 亿。QQ 浏览器的广告模式有闪屏广告、视频流广告、视频暂停大图广告、信息流广告、内容页广告。广告自然融入资讯内容，贴合受众观看习惯，有效利用碎片化时间提升曝光率，提供多种广告呈现形式
腾讯音乐	腾讯音乐是国内排名第一的在线音乐平台。其包含 QQ 音乐、酷我音乐、全民 K 歌三大音乐平台，为品牌方提供多元化、多维度、生动形象的营销场景。QQ 音乐围绕音乐娱乐生态圈，为品牌提供内容合作、线上线下全场景覆盖、IP 授权等整合方案。全民 K 歌“音乐+社交”的属性为品牌方提供精准的用户匹配。除了其他端口可提供的广告呈现形式以外，腾讯音乐还提供歌单底部图文 banner 展示、焦点图展示等方式

（二）精准营销广告类型

在 Web 3.0 时代，互联网广告行业的新生态是程序化广告，程序化广告是大数据精准营销的必经之路。美国宝洁已将 75%的数字广告预算用于程序化广告的购买投放，而美国运通甚至把这个比例提高到 100%。在我国，一号店、海尔、陆金所也都或多或少地进行了程序化广告购买的尝试。

网络广告不断发展，但广告主的诉求其实一直都没有发生变化——找到用户，把商品卖出去。用户是来自大媒体还是小媒体，广告主并不是很关心，只要营销的 ROI 符合要求就行。一家广告商所拥有的用户量是比较少的，无法满足众多不同行业的广告主对流量的要求，因此就需要一个重要的 Ad Exchange（互联网广告交易平台）。它联系着 DSP（买方平台）和 SSP（卖方平台），各路媒体把自己空闲的广告位在 Ad Exchange 中登记售卖，而广告主则委托 DSP 在 Ad Exchange 中为在这些位置上展现自己的广告而不断竞价。依托互联网交易平台诞生了四种广告模式，如表 2.6 所示。

表 2.6　互联网广告的模式和特点

互联网广告模式	特点
传统的互联网广告	事先确定了广告的排期计划（位置和时间），然后谈好价钱，广告的效果就是“靠天吃饭”，虽然可以实时统计和查看广告的产出，但却无法进行干预
RTB 广告	RTB 是“real time bidding”的缩写，意思就是“实时竞价”。广告主购买的是给受众展示广告的机会，RTB 的特点是不确定广告位、不确定广告价格，但是广告效果可以实时干预。广告位上出现什么广告，取决于互联网用户的特征。比如，理论上说如果某人正怀着孩子，那么网页的广告位就会出现婴儿奶粉广告
PDB 广告	PDB 是“private direct buy”（私有直接购买）的缩写，这与传统的广告采买方式大致相同，但与传统广告的区别在于广告素材的展现逻辑不同。PDB 就是你购买的广告位采用程序化的方式进行广告展现，针对不同的人来展示不同的广告素材，系统自动通过用户标签来抓取素材，DSP 会评估向用户展示的广告是属于有效流量还是无效流量
PD 广告	PD 是“preferred deal”（优先购买）的缩写，这是 PDB 广告的缩减版。广告费用比 PDB 低，广告位的流量是 PDB 广告流量使用完以后的剩余流量，但 PD 的流量推广优先级高于 RTB

为了加深对程序化广告的理解，简单举个例子。某快消品公司有一款新洗发水上线，且新洗发水分为男款和女款。使用 RTB 的购买方式，可以实现跨媒体定向广告投放，通过技术手段实现针对男性推送男款洗发水广告、针对女性推送女款洗发水广告，但是广告推送的前提是在 PDB 的广告位流量使用完毕且在非 PD 的广告位才能看到这款洗发水的广告。如果使用 PDB 的广告，就有专属的广告位，但 PDB 的广告和手机的流量套餐一样有上限，凡是符合广告主要求的有效流量都会减少专属广告位的流量余额，直到 PDB 的流量推广限额使用完毕。所谓无效的流量是指广告的受众不是广告主要求的目标用户，比如广告主要求不推送广告给 18 岁以下的群体，那么 18 岁以下的网民的有效点击和浏览就不扣减专属广告位的流量。如果使用 PD 的购买方式，功能和 RTB 类似，只是广告推广的优先级高于 RTB，有可能和 PDB 的广告主共享一个广告位，但是广告的优先级低于 PDB。不过 PD 广告的优势是推广流量没有上限。

（三）精准营销广告应用

1. Retargeting 广告

Retargeting 广告的原理很简单。每个人上网的时候都或多或少地点击过广告，有时是出于对广告的兴趣，有时是误点击，但都会进入广告所链接的网页。这类用户的点击行为都被理解为对广告感兴趣的人，一部分人会产生购买行为，而另外一部分人没有任何表示就离开网站。Retargeting 广告就是对这些默默离开的人反复推送广告。由于 Web 端有 Cookie 进行追踪，Retargeting 广告的服务商会在你的网站上加上他们的代码，然后跟踪这些人。当这些人在互联网上打开了其他的网站，而这些网站上正好又有这个服务商的广告位，那么 Retargeting 广告服务商就会给他们再次推送你的广告。Retargeting 广告的原理如图 2. 19 所示。

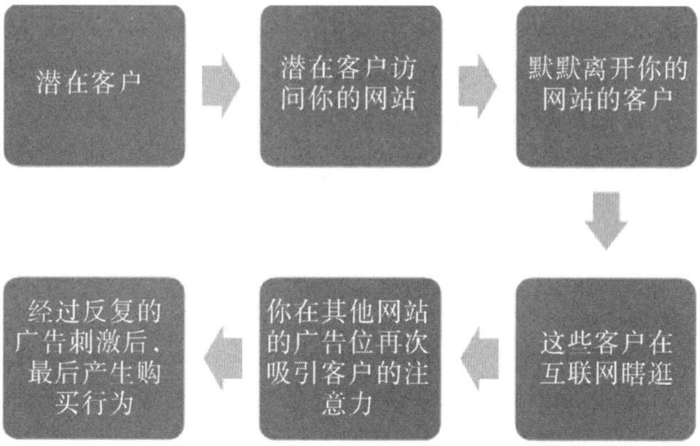

图 2. 19　Retargeting 广告的精准营销逻辑

2. 利用企业的 DMP 数据定向投放广告

提取企业建立的 DMP 系统内用户画像的数据，利用大数据挖掘的算法，去互联网上找跟用户画像相似的潜在客户群体，我们称之为 Look-Alike 定向广告投放。

定向广告的精准投放效果取决于很多因素。这些因素包括但不限于：①企业的 DMP 系统内用户画像数据的质量，尤其是人口属性、兴趣和行为数据的准确性；②去互联网投放定向广告时广告商提供的流量渠道，即广大受众的数据的真实性和准确性；③ Look-Alike 算法对潜在用户的识别能力；④定向投放的媒体广告的位置和数量。

三、总结

互联网广告走到今天，虽然还有很多不足，但确实提升了企业的获客能力，减少了营销费用的浪费。程序化广告的优势在于让企业实现有选择性地向不同消费者投放广告。广告主甚至可以不用提前做好所有的广告创意文件，利用系统对用户行为和数据的识别，就可以动态生成广告创意并精准推送到自己的广告位。虽然广告创意的设计仍然需要广告公司来完成，但当系统监测到某个企业的目标客户出现的时候，用什么样的创意元素来组合成一个私人定制版的创意广告，引发目标客户的兴趣，促使用户做出购买行为，才是真正的精准营销广告推送。企业要实现真正的精准营销，还需要互联网全景大数据的支持，需要消灭作弊产生的虚假流量，需要更优秀的大数据算法。

◇ 创业问答 ◇

Q：在朋友圈和 QQ 群里发表广告是不是精准营销？

A：很明显这种想法是不正确的。虽然上文中的这种有针对性的营销是正确的，但是朋友圈或者 QQ 群往往是一个用户群体，而且这些用户的需求是有差异的，虽然你在某些 QQ 群或者微信朋友圈里发布的广告可以直达用户，但这些广告推送不一定刚好符合用户的需求并让他们做出购买的决策，这种广告推送方式还可能会侵占用户的碎片时间，引起用户的反感，甚至直接被踢出 QQ 群。所以，即便是针对朋友圈或者 QQ 群发布广告，那也不能叫作精准营销。只有对这些 QQ 群或者朋友圈的用户进行了详细的调查和了解，然后根据调查的结果进行有针对性的营销，才算是精准营销。

Q：在相关的行业 QQ 群里进行营销是不是精准营销？

A：很多营销人员认为到一些行业 QQ 群里进行营销属于精准营销，比如生产沙发的企业去家具行业群里做营销，这种方式看起来正确，但事实上在行业群里进行营销并不能够实现精准营销，其营销的效果并不好，你的营销对象几乎都是同行，只有在招募代理商和经销商时可以使用这种营销方式。

◇ 关键术语 ◇

精准营销：在精准定位的基础上，依托现代信息技术手段建立个性化的顾客沟通服务体系，实现企业可度量的低成本扩张战略。

数据孤岛：当企业发展到一定阶段时，各个部门各自存储数据，部门之间的数据无法共享，这导致这些数据像一个个孤岛缺乏关联性。

数据挖掘：从大量的、不完全的、有噪声的、模糊的、随机的真实数据中提取人们不知道的但又是潜在有用的信息和知识的过程。

意见领袖：在互联网的信息传播过程中经常为社交群体成员提供建议，对他人的行为施加影响的积极分子。

搜索引擎优化：研究搜索引擎公司的排名算法规则，通过了解各类搜索引擎如何抓取互联网页面、如何进行索引以及如何确定特定关键词的搜索结果排名的研究，来对网页内容进行相关的优化。

◇ 本章小结 ◇

互联网广告走到今天，虽然还有很多不足，但确实提升了企业的获客能力，减少了营销费用的浪费。真正的精准营销=挖掘或满足用户需求。当你真正抓住了用户的真实需求或心理需求时，你根据用户需求进行的广告推送就是在帮用户做决策，当推送的广告信息接近人们的内在需求时，此时人们可能会喜爱、依赖甚至信任这类广告，并且会根据这些推送产生购买行为。互联网广告的未来是程序化广告，程序化广告可以让企业实现有选择性地向不同消费者投放广告。然而程序化广告想做到真正地精准推送，还需要互联网全景大数据的支持，需要消灭作弊产生的虚假流量，需要更优秀的大数据算法。

◇ 思考 ◇

1. 精准营销的定义是什么？
2. Retargeting 广告的原理是什么？
3. 互联网广告的模式和特点分别是什么？
4. 企业应当如何建立自身的大数据体系？
5. 请按照精准营销的五个阶段，实施一个产品或事件的营销。

第三章
活动营销投用户所好

学习目标

学习完本章后，你应该能够：

- 理解活动营销的内涵
- 明确活动营销对企业的意义
- 了解活动营销的分类和实施步骤
- 学会在创业中使用活动营销策略

本章重难点知识视频

开篇案例丨《北京冬奥会火炬网络护跑手》

2022 年 2 月，第二十四届冬季奥林匹克运动会在北京拉开帷幕。时隔 14 年，中国再一次成为奥运会的主办方，迎来世界的瞩目。而本届冬奥会也不负众望，成为迄今为止收视率最高的一届冬奥会，在多个方面创造了历史第一。

冬奥会期间，百度发布了《百度热搜·北京冬奥会大数据报告》。该报告显示，近 30 天内，对赛事相关词条的浏览量大幅上涨 276%，相关提问量上涨 162%，“滑雪需要注意什么”“滑雪服品牌排行榜”等与滑雪运动相关的趣味问题也一同登上热搜。由此可见，大众对冰雪类运动开始从观望到学习再到参与其中（图 3.1）。

奥林匹克运动会系一项盛大的国际赛事，往年，大众只能以“观众”的身份参与进来。而此次北京冬奥会，组委会特别发起了“争当网络护跑手，陪伴火炬迎冬奥”为主题的火炬网络宣传推广活动。本次活动联合微博、微信、抖音、快手、B 站等互联网社交平台共同举办。网友们通过在线上参加冬奥知识问答、制作分享冰雪运动短视频、参与火炬传递话题互动等方式，可获得具有唯一编号的官方电子证书，成为本届北京冬奥会的网络火炬护跑手（图 3.2）。

截至 2 月 2 日上午，冬奥会官方微信视频号浏览人数达到 9 356.7 万，阅读、合拍、点赞、转发、评论等人次超过 6 亿。13 天时间内，超过 4 000 万网友参与进来，成为网络护跑手，仅微博一个平台的讨论次数就超过了 62.8 亿。此次活动的热度可以说是空前绝后，本届冬奥会的成功也可见一斑。

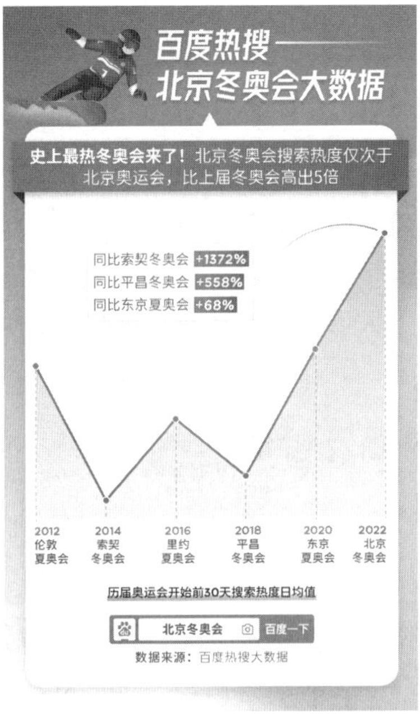

图 3.1　百度热搜北京冬奥会大数据

图 3.2　火炬网络护跑手活动报告

思考：

1. “冬奥会网络火炬护跑手”活动获得成功的原因是什么？
2. “冬奥会网络火炬护跑手”的成功带给我们什么启示？

思维导图

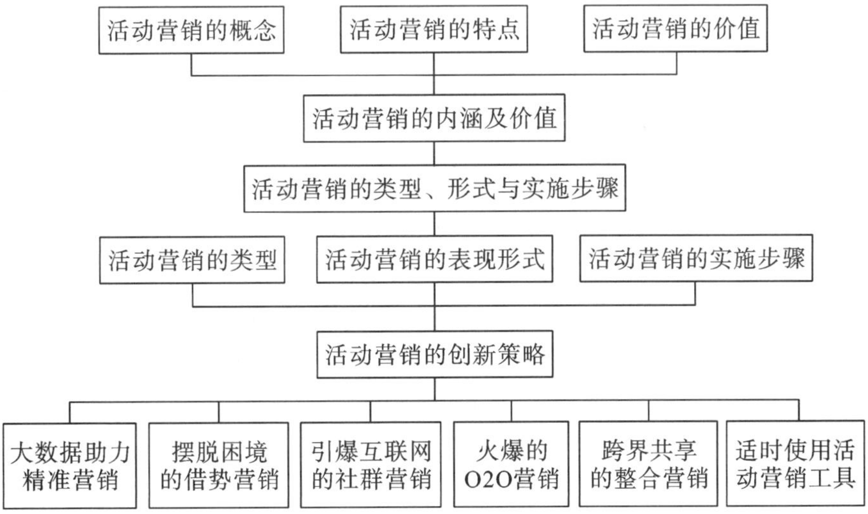

本章提要

在当今激烈的市场竞争中，企业要将品牌和产品推广成为焦点、网红，针对用户特征和需求实施精准的活动营销显得尤为重要。基于对活动营销内涵的深刻理解，采取形式多样的以用户互动和参与为前提的活动营销，通过创新营销策略，达到增强用户黏性，提高用户忠诚度的营销效果，从而实现企业有效建构关系、促进销售和传播品牌的最终目标。

第一节　活动营销的内涵及价值

一、活动营销的概念

随着市场经济的发展变化，企业的营销战略不断调整，营销观念、营销方式也在市场环境中加速创新，多维度拓展。作为营销方式的重要分支，活动营销与当下的社会市场营销观念高度契合，在这个新消费时代展示出独特优势。尤其在互联网背景及社群语境下，企业成功策划运作一次活动营销，将收到非常显著的效果。

（一）什么是活动营销

所谓活动营销，是指企业围绕营销目标，通过介入社会重大活动，或整合自身资源精心策划运作活动，达到契合社会热点、激发消费者参与热情、引发强烈反馈效应的传播目的，使得企业知名度、美誉度和影响力迅速提升，从而影响用户购买行为、促进产品销售的一种综合性的营销方式。

简单地说，活动营销是围绕活动而展开的营销，以活动为载体和手段，充分融入产品信息，以吸引目标消费群体关注，最终使企业获得品牌的提升或者产品销量的增长。在这个概念中，活动是营销的实施形式，营销是活动开展的最终目标，两者相互依存、互为前提。

（二）活动营销与事件营销的不同

活动营销的英文为 event marketing，与“事件营销”的英文一样，这让很多人误以为只是叫法不同，其实这是两种营销方式，从操作层面看，两者有着本质上的不同。

事件营销是借势捆绑营销，通过对某个突发的社会事件或者有名的历史事件进行策划，吸引公众的关注，产生强烈的新闻效应，从而提升品牌的知名度和公众对品牌的好感度。因此，事件营销对时间点的要求很高，策划人要善于发现热点事件，抓住活动时机，并根据事件的进展不断调整活动实施节奏和方向。突发事件的不可控性，使得营销过程缺乏互动和反馈，营销效果更是深受事件本身效应的影响，具有较大风险。

活动营销的发力点则是造势。要开展一项有影响力的活动，企业需要经过长时间的酝酿，从调研、策划方案到组织实施，充分准备才能确保实现之前制定的营销目标。所以，活动营销实施前有计划性，在实际操作中有可控性，风险较小。总体来说，活动营销与事件营销在适用范围、运作成本、互动参与、可控性、风险性等方面有着明显的区别。

二、活动营销的特点

（一）体验性强

传媒发展使得营销信息传播更加广泛，但平面的、抽象的产品信息只能在消费者脑海中短暂停留，难以抵达内心。同时，营销信息的直接传播很容易引起消费者的反感情绪，难以收获认同感。而活动营销能给受众带来很强的体验感，让受众的情感需求得到满足，激发受众更多地参与热情，让受众立体地认知活动中融入的产品或营销信息、感受企业的精神和文化，从而提高受众对品牌的忠诚度。

（二）互动性强

活动营销区别于一般营销的最大特点，就是改变营销信息的单向传播形式，直接跟消费者互动。通过消费者数据分析锁定目标受众，策划出独具新意的活动以吸引他们主动参与，让消费受众与品牌零距离接触。这种互动性有助于企业从情感上与受众交流，引导受众更积极地参与活动。在互动过程中，受众能更直观地认知产品，商家也能直接收集到受众的反馈意见，全面了解其参与感受，以便对产品或服务进行改善。因此，互动性成为判断活动营销成效的重要指标。活动营销要发挥出最大效果，关键是要让消费者广泛参与，提升活动的互动性。

（三）传播力强

活动是参与者体验与分享的天然载体，能让参与者成为自觉的传播者，将企业要传达的目标信息传播得更准确、详尽。如果消费者在活动中产生好的体验，可能会通过社交媒体进行分享，这是一种有价值的口碑传播，能够产生连锁传播效应。因此，企业在活动营销中要集中优势资源进行策划创意，触及消费者的兴趣点和情感区，引导消费者主动分享对品牌有利的信息。

为了加强受众参与性，活动营销的主题大多跟环保、节能等贴近群众生活的内容相关，很容易获得广大消费者的认同。有的活动策划还引入了公益性，这既能带给参与者精神层面的满足，也将活动升级为具有传播价值的媒介事件，在吸引公众关注的同时大幅度提升了活动的传播到达率。

三、活动营销的价值

（一）提升品牌的影响力

一个好的活动营销不仅能够吸引消费者的注意力，还能传递出品牌的核心价值，进而提升品牌的影响力。活动营销为品牌和消费者的持续互动搭建了平台，让品牌与消费者直接沟通，企业将品牌精神内涵融入活动营销的主题中，让消费者深切感受到品牌的核心价值，引发消费者共鸣，品牌的知名度和影响力自然就建立起来了。

小米改 LOGO 了！

2021 年 3 月 30 日，小米创始人雷军在其官方微博发布消息称“新十年，新形象，今天小米发布了新 LOGO”。消息一出，雷军的微博评论区便炸开了锅，“小米改 LOGO”迅速爬升为微博热搜 TOP1。原来，小米的新 LOGO 看起来只是在旧 LOGO 的基础上由正方形变得更接近于圆形。而更让人讶异的是，如此“大费周章”的新 LOGO 是出自“日本平面设计教父”——原研哉之手。据说，新 LOGO 的设计费为 200 万元人民币（图 3.3）！

新　　　　　　　　旧

图 3.3　小米新旧 LOGO 对比

原研哉表示：新 LOGO 只是普通的圆形，实则是通过严谨的数学方程式 $|x|^n+|y|^n=1$ 演算而来。从 24 种不同比例中，最终选择了介于圆形和方形之间的 $n=3$ 的图形，并公布了设计稿与设计解读视频。“吃瓜群众”顿时哑口无言，并且纷纷发挥想象，进行新 LOGO 原创设计，一时之间，网络上出现了无数个版本。小米这次可谓赚足了眼球（图 3.4）。

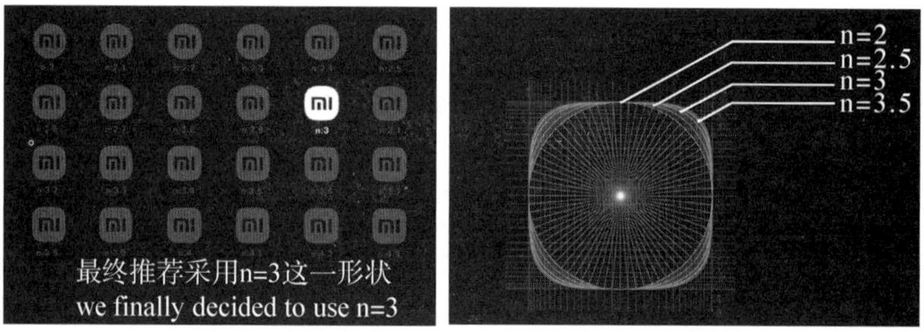

图 3.4　小米新 LOGO 设计逻辑

（二）提升消费者的忠诚度

增强用户的忠诚度与转介绍力度，是活动营销的一大目标。品牌与消费者之间感情的建立和互动，已成为消费者品牌忠诚度的关键所在。活动营销专为消费者互动参与打造，通过吸引消费者广泛参与，提高互动活跃度，强化其对产品和品牌的认同感，进而增加用户黏性和忠诚度。维护用户忠诚度，对于处于初创期或成长期的企业而言意义重大，用户对品牌的忠诚度是事业上升的不二利剑。

蜜雪冰城“洗脑”神曲

2021 年 6 月 3 日，国内知名茶饮品牌蜜雪冰城在视频网站 Bilibili 上发布了此前已经发布过的品牌主题曲，瞬间引爆全网。主题曲改编自大家耳熟能详的美国乡村民谣 *Oh! Susanna*。不断循环的音乐旋律加上简单、重复的歌词“我爱你，你爱我，蜜雪冰城甜蜜蜜”，再搭配蜜雪冰城的代表形象“雪王”的动画舞蹈视频，让人很难不跟着哼唱起来（图 3.5）。

图 3.5　蜜雪冰城品牌形象“雪王”

网络上的“改编”视频铺天盖地而来，不仅如此，这场营销活动的“战场”还从线上延续到了线下。部分门店参与了“演唱主题曲免单”活动，吸引消费者纷纷参与进来。在多个短视频平台上，蜜雪冰城的主题曲改编视频、门店唱歌娱乐视频纷纷刷屏。

“战火”蔓延得如此迅速，与蜜雪冰城清晰、专注的“下沉市场”定位密不可分。蜜雪冰城在全国拥有近 2 000 家门店，覆盖 27 个省、直辖市，市场估值超过 200 亿元人民币。借这次事件，蜜雪冰城的品牌创始人及品牌故事再一次被提及。由于蜜雪冰城的产品价格大多不超过 10 元，比如招牌柠檬水 4 元一杯，甜筒 2 元一支，蜜雪冰城“接地气”“亲民”“不矫情”的品牌形象伴随着这首洗脑神曲深入人心，成功“出圈”。

（三）提升媒体的关注度

互联网的飞速发展给活动营销带来了巨大契机。通过网络，一个事件或者话题可以更轻松地进行传播和引起关注，成功的营销案例开始大量出现，活动营销的价值也得以彰显。活动营销作为营销中的公关传播与市场推广手段，集新闻效应、广告效应、公共关系、形象传播、客户关系于一体，为新产品推介、品牌展示创造了机会，有助于企业快速提升知名度。

第二节　活动营销的类型、形式与实施步骤

一、活动营销的类型

（一）互动型活动

互动型活动的特征表现为形式大众化，潜在的参与对象多数有着相关经历，而且需要和活动发起方针对主题进行互动交流。比如微博段子手经常发起的话题“你最想去的地方是哪里”“你遇见的最奇葩的分手理由是什么”等。

支付宝“在吗”

2021 年情人节前后，支付宝推出了一个互动活动——在支付宝首页搜索“在吗”就会收到一首情歌，歌曲随机生成，每一位用户在不同的时间搜索“在吗”得到的情歌也会不同。活动一推出，几个小时内就吸引了上百万用户参与，成为支付宝热搜榜第一，并在

朋友圈等社交平台“刷屏”(图3.6)。

图3.6 支付宝热门话题

歌曲还搭配了浪漫、暖心的文案，就像是收到了情人寄来的情书一样，连“单身狗”也过了一把恋爱瘾。歌曲主要是大家熟悉的流行音乐，歌曲激发了用户的共鸣。在情人节这样特殊的日子，不管是对过往感情的留恋、怀念还是对没来得及开口的暗流涌动，都为用户提供了情绪价值。这些歌曲还可一键分享给好友或生成图片（图3.7）。

图3.7 支付宝搜索页面

这次活动是一家手机铃声服务商与支付宝合作推出的，如此简单、低成本的活动方式，却起到了这么大的传播效应，可以说把用户的心理拿捏得死死的，大大提升和增强了用户活跃度与黏性。

（二）猎奇型活动

猎奇型活动的特征表现为活动内容和形式独特、新奇甚至怪诞，用户一看就有想要关注、参与的欲望。

给“饿了么”改一万个名字

外卖市场的两大巨头“美团”“饿了么”一直处于胶着的“厮杀”状态。2020年10月，饿了么推出“改名”活动，先是一部“洗脑”宣传片，视频的开头出现一句话“饿了么？不止饿了么?”紧接着一连串的问题轰炸：作业写完了么？卷纸用完了么？养生了么？自力更生了么？脱发了么？其实视频中的每一个问题都呼应了一个主题——“饿了么”不只送餐，什么都能送（图3.8）。

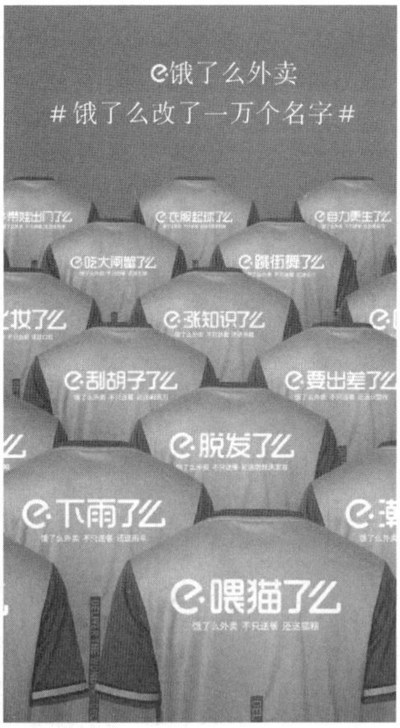

图 3.8 “饿了么”活动海报

而后上海地铁 9 号线的通道全是活动的系列宣传海报，简单直接的几个大字就向用户传递了品牌的定位：饿了么不仅是外卖平台，更是一站式生活服务平台。这样“线上+线下”的投放方式，让品牌理念深入人心，更加深了与消费者的互动（图 3.9）。

图 3.9 饿了么上海地铁广告

（三）体验型活动

体验式营销，是从消费者的感官、情感、思考、行动、关联五个方面重新定义、设计营销的思考方式。此种方式突破传统上“理性消费者”的假设，认为消费者消费时是理性与感性兼具的，消费者在消费前、消费中、消费后的体验，才是研究消费者行为与企业品牌经营的关键。

体验型活动和互动型活动有一定的相似性，但互动型活动一般是参与用户和活动方交流互动，而体验型活动则是用户在活动方创造的条件下展开体验。

十方轻安不仅是餐厅更是人文空间

十方轻安新饮食空间是一家无国界餐厅，主要提供以西餐为形式，融合东南亚风味与在地风味的多元餐厅。十方轻安致力于成为提供原产地高山茶的极具仪式感的用餐体验与场景，为消费者传播健康的生活方式，帮助消费者正确认知食材，为消费者提供温馨的人文空间（图 3.10）。

图 3.10　十方轻安新饮食空间

十方轻安新饮食空间位于成都市邛崃市，当地市场对传统欧陆料理和中国茶的认知较弱，没有形成正确的消费理念与消费习惯。因此，开业之初，餐厅通过高频次的沙龙活动，邀请客户参加体验活动，如手工比萨体验、手冲咖啡沙龙、端午手做香包活动、珠宝品鉴活动等，不仅推广了国际化的料理文化，更为当地消费者提供了丰富多彩的人文活动，快速树立品牌形象，获得市场的认可，成为大众点评邛崃市 TOP1 西餐厅（图 3.11）。

图 3.11　十方轻安新饮食空间大众点评榜单

（四）隐私型活动

隐私型活动虽然饱受争议，但传播效果明显这一特征使很多企业对其爱恨交加。隐私型活动的关键是要注意分寸和尺度，如操作不当，很容易受到举报和投诉。当然，充满正能量的隐私活动还是很受追捧的。

隐私型活动大多与两性话题或不便公开的内心隐私相关。比如“洗澡洗到一半没水了怎么办?”“压力释放大赛”等。

（五）认同型活动

认同型活动抓住受众的认同心理，在微信端相当活跃，通常以 H5 的形式出现。比如春节期间推出的“测测你今年的运势”“今年的关键词”“十年后的你将是怎样的?”“你的朋友圈得分是多少”等。

二、活动营销的表现形式

活动营销是企业营销策略中不可缺失的一环。企业通过举办线上、线下等营销活动，以活动为抓手，以活动现场或网络媒体为媒介，通过多种活动形式，最终达成提高品牌知名度、提升品牌美誉度、加强与消费者互动与联系的目的。活动营销不仅能强化品牌形象、增强用户黏性，也是向消费者传递品牌形象与理念的重要机会。

2018 年起，全国范围内掀起了一股“酱酒热潮”。这股热潮从消费市场传到资本市场，许多酱酒品牌涨幅不断，茅台的股价也一路攀升。这场热潮再次引发了大众对酱酒的关注，许多中腰部品牌也乘着这股热潮，重新崭露头角。以高端酱酒品牌“衡昌烧坊”为例，这家始创于 1929 年的百年品牌店，通过多场活动营销，焕发了新的活力。

（一）产品推介会

衡昌盛宴

产品推介会是企业活动营销中最常见的一种形式。2021 年开始，衡昌烧坊相继在多个城市举办主题为“衡昌盛宴”的线下活动。半年时间，活动覆盖了咸阳、昆明、成都、上海、西安、石家庄、济南、佛山、青岛、天津等国内多个城市。“衡昌盛宴”邀请了当地经销商、合作商、行业专家、媒体以及消费者共同参加（图 3.12）。

图 3.12 “衡昌盛宴”天津站

活动现场，透过极具辨识度与定位精准的IP形象展示及文化氛围营造，既为受众带来了酱酒知识分享、歌舞表演、才艺展示等节目，又起到了与B端、C端客户面对面交流和沟通的作用，可以说是品牌形象的一次“强输出”。

（二）主题活动

DIY调酒体验沙龙

每个企业针对其VIP客户都有着不同的管理模型，但相同的是，VIP客户是企业的一大无形资产，他们通常可以为企业创造50%以上的利润，对于产品，他们甚至也拥有不小的话语权，企业重视他们的想法与意见，更是使出浑身解数将他们服务好。在衡昌烧坊举办的“衡昌盛宴”中，专门开设了一个分会场，为VIP客户提供DIY调酒体验沙龙（图3.13）。

图3.13　DIY沙龙现场

每场沙龙定向邀约20位客户，通过对酱香型白酒生产原料、酿造工艺、口感风味的知识分享，以及展示7个不同批次的酱香型白酒样酒，让客户动手调制一瓶属于自己的衡昌烧坊，并装瓶封存留作纪念。沙龙现场，甚至有客户互赠自己的“作品”，这样的沙龙不仅使客户增强了对企业的文化共鸣、对匠心情怀的情感共鸣，更为VIP客户提供了一场“高质量社交盛会”，一举多得。

（三）赞助赛事/论坛

衡昌烧坊·胡润百富榜

活动营销中，为了提升品牌形象，也可通过赞助或冠名高端赛事、论坛的方式，帮助企业快速传播在目标客户群中的影响力。2020年10月，衡昌烧坊与胡润百富宣布达成战略合作协议，联合发布了《2020衡昌烧坊·胡润百富榜》，这是1999年胡润研究院发布“胡润百富榜”以来首次与酱酒品牌达成合作。

胡润百富是追踪记录中国企业家群体变化的权威机构，是中国推出的第一份财富排行榜，也是现在国内财经榜单里影响最大的一个榜单。显而易见，衡昌烧坊正式瞄准了胡润百富在高端圈层、高净值人群中的影响力。

近年来，中国高端消费者越来越青睐酱香型白酒，更把酱酒作为商务宴请的首选酒类。衡昌烧坊另辟蹊径，没有选择白酒品牌营销中的惯用手法——名人代言，而是通过与胡润百富强强联手，更为精准地覆盖企业家人群，提升品牌形象。

（四）签约仪式

地产+白酒=酒旅融合？

在商业竞争越来越激烈的市场环境下，营销早已不是市场行为的最后一环。战略布局中，营销有时甚至被作为“第一步棋”，起着至关重要的作用。许多项目还未正式启动之初，营销就已开始“蓄水”。而“签约仪式”往往担任着“第一步棋”的角色。

2021 年 5 月，贵州省仁怀市人民政府与融创中国·环球佳酿酒业集团在茅台镇举行“酱香型白酒生产基地建设项目框架协议签约仪式”。此次签约，宣布衡昌烧坊的所属集团公司——环球佳酿将牵手融创中国，拟在仁怀市投资超 100 亿元，建设项目占地超 1 000 亩（1 亩≈666.67 平方米，下同）的生产基地、酒庄，正式拉开“酒旅融合”的序幕（图 3.14）。

图 3.14　**酱香型白酒生产基地建设项目框架协议签约仪式**

此前，网上关于“融创入局酱酒”之类的消息早已满天飞。这次签约便“实锤”了双方的合作，更向外界展示了双方的雄心。这场盛大的签约仪式，在酒行业、地产行业、文旅行业中均激起了不小的浪花，可谓赚足了眼球。

（五）其他形式

除了以上几种形式，活动营销还有投票评比、选秀比赛、微博抢“沙发”、征文征稿、用户访谈、产品试用等形式，在此不再一一举例。

三、活动营销的实施步骤

活动营销从策划到执行，大体分为八个步骤（图 3.15）。

（一）确定活动营销目标

企业出于新产品上市、扩大市场份额或者清理库存等目的开展活动营销，那么在活动开展前，一定要确认此次活动营销的具体目标。这个目标不仅要具体，还要可量化，活动营销围绕目标进行，才能达到预期效果。比如以新产品上市营销造势为目的的活动营销，就要确认将要覆盖的人群数量、人群细分以及营销效果等关键业绩指标。

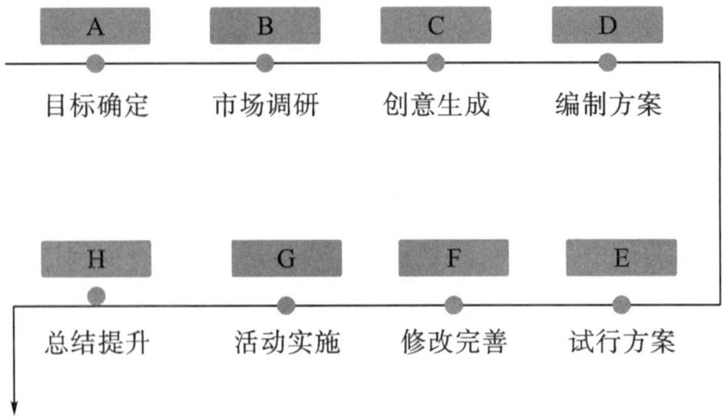

图 3.15　**活动营销实施步骤示意图**

（二）资料搜集和市场调研

如何开展好活动？除了确定目标外，还要确定活动面向的对象，也就是目标用户。通过充分搜集数据资料对目标用户进行细致分析，了解其需求，策划出既为用户创造参与价值也让企业产生商业价值的活动，这是活动营销中的关键一步。

至于如何做市场调研，企业有各自不同的观点和步骤，这里援引微信创始人张小龙的分享观点。张小龙说，他是通过很多企业家都忽视的微博来感受用户追求时尚的趋势，了解用户的需求。他认为，在微博上的用户帖子，才是真实场景的反映。当然，这只代表部分人的观点，传统的用户调研一般由用户分组（访谈对象）、访谈大纲、访谈报告（定性分析）、调查问卷、调查报告（定量分析）、调研报告（活动规划）六个方面组成。

在掌握了大量用户数据的基础上形成的调研报告，能指导整个活动的策划和执行，活动营销就显得游刃有余了。

（三）生成活动营销创意

创意是活动的灵魂、引入用户的关键，活动营销如果创新力度不够，就不能让用户广泛地参与进来，不仅会影响营销效果，还会增加营销成本。在深研市场需求的基础上，找准企业、受众诉求的结合点，明确活动主题和实施环节。不论是公益活动还是商业类活动，活动主题都必须有冲击力，并且在创意策划阶段就要对主题进行预判，让后续活动的主题体现出延续性。活动实施环节要有针对性，以新颖独特的创意吸引目标受众关注，激发他们参与互动，最终实现营销目标，这是创意的出发点和归宿点。

（四）编制活动营销方案

当创意生成后，就要进入活动方案的写作环节了。活动方案需要千锤百炼，起到承前启后的作用：既能跟前期确定的量化目标紧密关联，又能保证后期活动执行的过程顺畅。好的活动方案，甚至可以直接带来病毒式传播效果，为活动的宣传预热打下坚实的基础。一个完整活动营销方案应包括活动主题、宣传文案、目标受众、时间地点、活动流程、参与规则、人员安排、物资清单、经费预算、注意事项等内容。方案在编制的过程中，要尽量详细、周全、具体，具备操作性和传播度。尤其是活动的主题和宣传文案写作，需要精雕细琢，从用词到内涵都要贴切、吸引人、亮点突出。

（五）试行活动营销方案

很多活动营销没有试运行这一环节，导致不少企业损失巨大。这和做程序设计需要进行测试一样，精心制作的活动方案能否产生预期效果、是否接地气、受众是否喜欢，很有必要在小范围内（或公司内部）进行测试。要确保活动营销顺利开展，取得实效，试行的步骤不能省略。

（六）完善活动营销方案

在测试过程中，要是发现了具体操作环节与方案制作过程中存在差异，那么再次修改活动方案是必不可少的。如果方案通过测试，在实施过程中利大于弊，那么方案继续加以完善。如果方案经过测试，弊大于利，而且也无法改进，那么宁愿放弃这一活动营销，进入先期止损。如果形势所需，必须实施活动营销，那就要回到方案策划阶段，重新审视活动创意和策划环节是否准确有效。

（七）执行活动营销方案

当活动方案通过上一阶段改进完善后，经市场检测是完全可实施的，那么接下来就要按照最后执行方案来开展活动营销。完整、完美地执行是活动成功的保障，在这个阶段要严格按照制订好的方案来执行，在预算层面，也要按照预期的计划来推进。执行阶段需要全员的通力配合、上下一心，“上下同欲者胜”。活动的主要负责人还要不断加强对活动的监督、指挥、协调和沟通，以保障活动营销效果的达成乃至超越预期。

（八）总结提升与后续开发

在活动营销完成后，“后营销”是必要的。

一是对活动的开展进行分析、总结、评估，更深入的就是复盘。复盘囊括了整个活动过程，包括准备阶段、策划阶段和执行阶段，具体内容包括：最初确定的活动目标是什么；对照目标检查方案执行的完整性与实效性；深入分析原因，总结经验和教训；为下次活动开展做有效的支撑和准备，以期提升类似活动营销的成功率。

二是注意活动营销的延续性，注重活动结束后的商业开发。如果活动只在前期预热和造势，把活动逐步推向高潮，但之后却再无下文，这就会造成巨大的资源浪费。成功的活动营销应该是打组合拳，形成活动系列，通过持续举办活动积累品牌口碑、操作经验与社会资源，为活动营销打下后续的基础。此外，完整的活动营销除了事前策划准备、事中组织实施，还要重视事后的价值开发。将活动的价值延伸扩展开，形成活动营销的良性循环，这将有助于企业增强受众黏性，提升品牌影响力。

第三节　活动营销的创新策略

互联网时代，市场营销环境不断变化，新的营销渠道与营销策略层出不穷。企业常常面临诸多挑战，尤其是初创企业，大多存在营销资源整合能力不足、营销意识跟不上市场变化等营销问题。如果盲目效仿大企业的活动营销手法，不考虑自身企业情况和产品属性，那么试错成本将会很高，资源浪费巨大。

当下的同质化活动很多，真正出彩的很少——虽然花费了大量资金、精力，结果却不尽如人意，没有发挥出活动营销的价值。策略性的品牌活动营销，是和目标受众在精神层面的互动与沟通，是对品牌核心价值的演绎和传递，绝不是一次性消费和简单的促销。因此，有效运用活动营销的创新策略，满足新时代的用户变化需求，是企业实现产品销售及品牌构建的首要任务。

一、大数据助力精准营销

大数据对企业的重要性不言而喻，越来越多的企业开始借力数据分析的巨大商业价值，走向更广阔的营销舞台。大数据营销分析是整体取样，综合处理多种形态的信息，既能够关注群体又能够关注个体，既宏观又微观。大数据应用到营销的价值也得以体现，它能对整体营销行为进行数据化、精准化的处理，使得营销行动目标明确、可追踪、可量化。不难预见，大数据应用处理将成为未来营销市场的主流技术和推动力。

要开展有效的活动营销，首先要确定目标受众，充分了解其需求，投其所好，以吸引受众广泛参与。在大数据时代，谁掌握了用户数据，谁就掌握了市场和主动权，因为数据的优势就在于反映出用户的真实行为和需求。活动前，要对用户信息数据库进行分析，按用户需求、喜好、购买习惯分类，精准地覆盖目标受众，这是活动营销的前提与起点。活动结束后，要注重数据的收集更新，分析不同受众的数据指标，并以此为依据确定以后的活动项目，开展有针对性的活动来吸引并留住不同圈层的用户。

移动互联网催生新的消费模式，消费者行为也在不断变化，在消费者需求最强烈的"黄金时间"内及时展开营销，收效最为显著。大数据的技术手段能帮助企业充分了解用户的需求，准确把握用户心理，对活动营销的时间、内容、形式等进行预判，有针对性地推广营销策略，真正发挥出活动营销在商业营销上的作用，给企业带来远超以往的营销效果。

"孩子王"的会员管理

"孩子王"是一家以数据驱动、基于用户关系经营的创新型新家庭服务平台，专门为准妈妈及0~14岁儿童提供全渠道一站式商品解决方案、育儿成长及社交互动服务。2021年10月，"孩子王"在深交所创业板顺利上市，成为中国婴童行业第一家上市公司，市值超200亿元（图3.16）。

图3.16 "孩子王"小程序截图

“孩子王”拥有超2 000万的会员，依托“线上APP+线下门店”的模式，采用重度会员制进行管理。基于会员数据，“孩子王”为顾客提供可根据自身消费能力和功能性需求自由选择的差异化产品服务：满足会员备产、孕期、分娩、产后、婴幼儿5大阶段的个性化需求服务，满足不同年龄段的不同需求的多元化社交互动活动，提供集玩、教、学于一体的本地化成长陪伴服务。

“孩子王”依托丰富的会员数据，设置了400个以上的用户标签和1 000个以上的智能模型，形成“千人千面”的服务方式；基于会员的身份信息、消费行为、消费数据的采集和分析，精准掌握了会员的行为特征与真实需求，实现了全面数字化管理。

同时，“孩子王”通过线上数据的反馈，实时调整线下门店；线上、线下数据同步整合，预测会员需求，精准推送相关产品与服务，与会员形成深度捆绑。

二、摆脱困境的借势营销

初创企业和小规模企业都面临着营销资源与规模的劣势，而营销资源直接影响活动营销成效和品牌塑造能力。因此，企业要摆脱困境，需要采用巧妙的营销手法，以小博大，争取更好的营销结果。在整合自身营销资源的基础上，善于借势也是一种创新的营销策略。大企业有着强大的营销资源，而中小企业在活动创新和作战激情上有一定优势，可与大企业形成单一角度上的互补效应。小企业借势大企业，有助于达成活动营销的高效性。

除了向平台和大企业借势，小企业还可以利用社会热点借势营销。在网络时代，丰富的载体让社会热点加速更新、传播，特别是核心热点，其爆发力超出想象。企业应该加强对社会热点的关注，利用热点为活动营销的传播助力。在借势热点营销上，需要注意以下几个方面：一是热点与活动营销的有机结合。借势热点要符合营销的基本准则和要求，不能为了借势而借势，否则会失去营销的意义，也容易造成相反的效果。二是保持借势营销的高效性。互联网时代下的热点往往转瞬即逝，抓不住势头，就会错失好的营销机会。这要求企业提高对重要时间节点、行业、社会热点及时谋划的意识，以速度换结果。三是运用好新的信息传播模式。当受众能够在网络上自由地表达意见后，一些积极活跃、善于表达观点的人，逐渐成为多元化话语体系的中心节点，拥有众多的追随者。微博“大V”就是社交媒体的中心节点，他们拥有庞大的粉丝群，具有强大的号召力。在活动营销中，企业需要关注社会网络的中心节点，他们是群体间传播的关键，利用中心节点的传播力引曝目标受众，能有效扩大活动的影响力。

珠宝店和消费者的对赌游戏

佩里（Alan Perry）在美国的北卡罗来纳州开了一家小珠宝店，名叫Wilmington。2010年，为了迎接即将到来的圣诞节，佩里绞尽脑汁，最终想到了个奇招。他向大家宣布，在圣诞节前两个礼拜，如果有人到店里购买了珠宝，圣诞节当天，距离Wilmington 500千米远的小镇要是下起了雪并且积雪超过3英寸（1英寸=0.025 4米，下同），所有顾客都可以来退款，——他将一分不少地退回当初购买珠宝的钱。消息一出，佩里的珠宝店瞬间就被挤爆了。这样的好事儿，一传十，十传百，小镇上的每个人都想来捡个大便宜，这种火爆，整整持续了两个礼拜。

圣诞节当天，极少下雪的小镇竟然下起了鹅毛大雪，积雪整整覆盖了6英寸。Wilmington瞬间再次被顾客挤爆，捡便宜的人们，纷纷前来退款。果真如佩里承诺的一样，来退款的顾客，都收到了自己的钱。一天之内，佩里退回了40多万美元。这下可怎么办，大家可能会想，这不是"赔了夫人又折兵"吗？本想大赚一笔，谁知人算不如天算。可更让人意料不到的是，佩里早已为两个礼拜的销售额购买了天气险，保险公司承担了他所有的损失。

佩里用这种"剑走偏锋"的营销方式，大获成功——不仅是这次圣诞节的销售额大幅上涨，更是整个店的知名度上升，后来连CNN都报道了这次活动。这个故事后来成为经典营销案例。佩里不仅利用了人人都想捡便宜的"赌徒心理"，增加了购买行为的趣味性，还赢得了消费者的信任与尊重。

三、引爆互联网的社群营销

在《认知盈余》中，克莱·舍基曾这样表述："有趣的是，任何特殊团体内部关心的东西在外人眼中似乎都是毫无价值的，但对于有着共同兴趣爱好的团体内部成员来说，其他人眼中不值得花时间去考虑的东西却是他们最在意的东西。"这形象地说明了有着相同兴趣的人可以集合成一个群体，这就是移动互联网时代的营销热点——"社群"。

互联网社群，是以共同爱好、价值观、利益点聚合于网络上的圈子，有QQ群、微信群、论坛、线上俱乐部等具体的承载形式，有的还延伸至线下互动。网络社群营销，是基于圈子、人脉、社交网络产生的营销模式。如"成都圈层"微信公众号，就是基于"把社群的兴趣圈打造成消费家园"的理念而建立的。它依据圈层成员的自有生态，采用会员机制，形成了丽人类、茶语咖啡类、基础服务类、高品质生活类四大类企业端的细分组织，并集中开发了圈层的微商城，为会员提供商品展示和交易的集中平台。同时，结合圈层的特性实时推出和成都相关的政策解读、行业资讯、地域文化等文章，强化圈层的价值，使得成都圈层的价值得到最大延伸。

作为网络时代新型的营销法则，社群深受企业青睐，但社群的闭环特性及强力的互动参与能力决定了其营销路径的不同。因此，社群营销提出了新的4C法则：在适合的场景（conditions）下，针对特定的社群（community），通过有传播力的内容（content）或话题，利用社群的网络结构实现人与人之间的链接（connection），加速信息的扩散与传播，以促进和提升有效的商业传播及价值（图3.17）。

图3.17　新4C法则示意图

活动营销可以将场景、社群、内容整合起来，以利于品牌与社群积极互动，吸引社群持续关注，在促进社群文化建设的同时达到营销目的。参与性强、影响力大的活动不仅能为企业吸纳人气、增加产品销量，还有助于企业树立品牌，为他们营造良好的外部环境，搭建起公关平台。

中小企业以社群营销模式构建自身的营销体系，有助于实现以用户为中心反推产品销售，不断提升产品与用户之间的关联度，加速推进产品的持续更新。在异军突起的手机市场小米就是创新营销模式的代表企业。小米手机在企业规模尚未成型时，将发力点放于用户本身，关注用户的需求和痛点，持续加强与用户的沟通，及时响应用户反馈。这种以满足用户需求为产品输出的核心准则的做法，使得用户对企业品牌的认知不断深化，用户与企业从单一的产销关系上升到产生共同价值观，形成情感共鸣。用户成为“米粉”，小米社群进一步壮大和成熟，真正实现对品牌的高黏度和高品牌忠诚度。

在移动互联网时代，社群经济被推上风口浪尖。对企业而言，建立社群很简单，关键是如何让社群充满活力，如何让社群运营与产品有效链接起来。社群营销对很多企业来说仍是未知的挑战。

玩好社群营销，美术馆也能门庭若市

在大家的固有认知里，私人美术馆大多是很安静、很私密的地方。或许偶尔办办展，但频次不高，看展的人也是一些艺术爱好者，展览吸引的大多是圈子里的人，或者是一些艺术从业者。

然而苏州的本色美术馆，作为一间私人美术馆，跌跌撞撞走到今天，竟成长为苏州的地标，成为国内私人美术馆的标杆，也成为很多人的旅游目的地，甚至还有很多游客为了一睹本色美术馆的芳容，专门规划了到苏州的行程（图3.18）。

图3.18 苏州本色美术馆

本色美术馆最具标志性的活动，就是它的“本色东西桥市集”。东西桥市集的定位非常清晰——东方美学生活集群。市集跨越一座桥，围绕着美术馆，沿着河的两岸展开。市集上所有的摊位都有着自己的风格与调性，正如它们的摊主一样。摊主们来自全国各地，摊位大多都是展示、售卖与茶相关的手工艺品，比如有茶、茶器、茶人服以及其他与东方美学契合的物品，大多数物品都是摊主自己的手工作品。市集通过几年时间的沉淀，在茶圈子里的影响力很大，拥有很强的号召力与话语权，已经成为一个月一次的“茶人们的聚会”（图3.19）。

图 3.19　东西桥市集夜市

本色美术馆坐落在苏州原来的工业区，原本只是一块空地。出于对艺术和东方美学的热爱，老板将地买下之后，一开始只想开设一个私人美术馆。可“独乐乐不如众乐乐”，这份热爱感染了身边的朋友，大家都愿意为建设这样一座艺术殿堂出一分力。老板依靠自己的艺术资源与人脉初步建起了核心社群，吸纳了很多同好为其赋能、助力。当时国内根本没有这样一个容纳茶文化的灵魂栖息地和集群。本色美术馆的出现，正是恰到好处地弥补了这方面的空白。很多默默无闻的“做茶人”“陶作家”，也需要一个窗口，让自己的作品被看到、被欣赏、被理解。本色美术馆精准的人群定位，正是他们愿意前往的原因（图 3.20）。

图 3.20　东西桥市集茶水铺

摊主们几乎都认识对方，有些人每个月都来，这件事仿佛已融入他们的生活。每月一次，一次三天，好几百个摊位，每次都会吸引数万游客买票参观。除了可以逛市集，每次活动还会轮流邀请一些茶人在室内开设“茶水铺”，游客可以买票入场饮茶；参加各类体验课程，比如“煎茶课”“香道体验”“陶瓷修缮课”等；观看东方音乐舞蹈演出；参观主题展览；参加摊主们的夜宴；等等。很多游客都是爱茶人，从全国各地聚集过来，大家约着一起来玩儿。这些活动如此高频率、大流量地稳定举办，我们从中看到了本色美术馆的成功。

社群营销的力量带来本色美术馆的成功。今天，本色美术馆不仅是每位茶人“朝圣”的地方，也是文艺爱好者的“打卡”热门地，在苏州这片江南水乡里熠熠生辉。

四、火爆的 O2O 营销

说到互联网时代的创新营销，O2O 无疑是一个最好的例证，没有一个企业会否定 O2O 的火爆程度。O2O 是线上与线下互动的一种营销模式，其理想状态是全渠道、全投入，无所谓线上线下，根据顾客体验要求而定。互联网企业与传统企业不同的是，产品售出后，商家与用户的关系不是终止，而是开始。小米打造的社群运营也建立在 O2O 模式上。在还没有足够的资源投放广告时，小米就尝试自己开发媒体平台，从而开创了小米论坛。在线下响应的还有同城会，小米官方每隔一两周就会举行一次线下同城会。小米粉丝都知道，小米热衷于造节，如“米粉节”，以此加强与粉丝的互动，增加其黏性。小米公司最大的创新点是运用 O2O 模式完成“去渠道化”，由此创造出一种独特而崭新的商业模式，构建起自身的商业生态圈，也获得了极大的商业价值。

再来看看以乐友为代表的 O2O 模式运用。乐友的发展轨迹体现出清晰的战略规划。从 2001 年北京的第一家实体店“乐友孕婴童”开始，乐友便开启了连锁店模式。2014 年，乐友率先启动 O2O 电商战略，打出了连锁店与网店相结合的全渠道经营大牌。到 2015 年，在实体店增加海淘和智能产品体验专区，为用户提供充满科技感的人机互动购买体验服务。目前，乐友通过线上流量数据扩充线下产品线，同时依托线下门店资源促进线上交易，形成闭环，加强 O2O 布局，产生了较好的运营效应。O2O 模式的具体操作方式有很多，例如独立 B2C+门店、线上工具+线下实体、微商+门店，还有普遍的线上社区+线下活动以及常见的线下购物+网络移动支付。可见，虚拟经济与实体经济的融合已是大势所趋，线上以线下落地，线下以线上传播，线上线下共生共赢才是企业的生存法则。

初创企业在活动营销的组织中，可以遵循线上优于线下但不能抛弃线下的原则。线上的活动组织成本低、流程简单、操作容易，对于初创公司来讲可谓高性价比。然而，一味进行线上活动是行不通的。在适当的时间、场景推出线下活动非常必要。比如，可以每月、每周、每日的活动在线上开展，年终推出一个老客户回馈交流的线下活动，一是对全年营销活动进行总结，二是拉近和用户的距离，让企业品牌真实可感。

在活动营销中，初创企业还要遵循免费优于付款但不能放弃付款营销的原则。初创企业由于营销经费有限，可以考虑优先采用免费的 QQ 营销、微信营销、论坛营销、邮件营销等线上社会化媒体（SNS）营销手段，同时结合线下的引流，比如开办各种经验交流分享会、技术沙龙等形式，让线上线下有效融合。在付费推广层面，根据活动的特性及营销推广经费的情况，可以选择采用 CPC、CPS、CPM 三种形式其中一种或者多种有效组合，以提高活动的影响力和参与度。

五、跨界共享的整合营销

随着物质生活的极大丰富，消费已由简单的商品买卖上升为整个消费过程的价值体验，消费者的个性化需求和情感需求被不断放大。在逐渐盛行的以用户为中心的营销时代，跨界营销应运而生，成为企业营销推广的一把利器。以用户需求为导向，以活动为载体，通过跨界连接加深品牌与消费者的沟通，能为企业带来新的商业机遇。

通过营销资源的整合进行品牌关联，实现资源共享、用户共享，建立起多渠道、多维度的营销推广方式，发挥品牌强强联合的协同效应。对缺乏营销资源的中小企业和初创企业来说，与更多品牌一起跨界营销是营销模式的创新，既有助于控制成本，也容易取得实效。但跨界营销的实施，应该基于正确的认识。跨界营销的本质在于品牌关联和资源互补。品牌关联，强调品牌属性、基调的统一性和品牌定位的匹配度，只有关联的品牌匹配度高、相对统一，才能确保跨界营销的合作效率与执行效果。资源互补，涉及企业的产品特性、传播渠道、销售渠道、用户类型等多方资源的均衡和整合，这是资源跨界的基础。

跨界营销通过行业间、品牌间的相互渗透和相互融合，加强了品牌的立体化、纵深感，有助于用户对品牌从被动接受转为主动认可，在有效解决品牌与用户融合问题的同时，也大大提升和增强了合作企业的品牌形象和传播力。因此，跨界营销已被越来越多的企业运用到实践中，并产生了意想不到的积极效果。

意想不到的跨界合作

大白兔奶糖作为国民品牌是很多消费者童年的回忆。在国潮当道的今天，许多本土品牌为了焕发新的活力，成功“出圈”，纷纷使出了十八般武艺。艺高人胆大，谁也没有想到，大白兔不按常理出牌，与香氛品牌“气味图书馆”联手推出“快乐童年”香氛系列产品，开售仅 10 分钟，便销售 14 000 多件，微博话题日热度超 2.5 亿，许多明星纷纷晒照，一时之间，全网都在“回忆童年的味道”（图 3.21）。

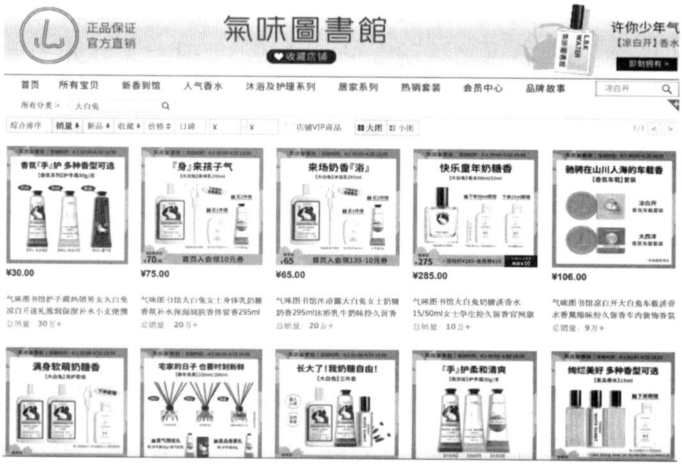

图 3.21 “快乐童年”香氛系列产品

这次跨界正值大白兔成立 60 周年、气味图书馆成立 10 周年之际。近年来，大白兔奶糖一直面临着国外进口糖果和国内年轻品牌的左右夹击，为了使品牌打破“老土”形象，拉近与年轻消费者的距离，大白兔选择与气味图书馆联名。这个国民香氛品牌，一直扎根细分领域，专门研发许多表达情感的香氛产品，成为年轻人“猎奇”的选择。早在 2018 年，气味图书馆就推出过一款“凉白开”味道的香氛，这种利用“怀旧”情结打造爆品的思路，与大白兔一拍即合（图 3.22）。

图 3.22　气味图书馆

线上通过天猫旗舰店、微博话题、抖音、小红书等平台大力造势，线下通过商场专柜的主题陈列，还摆放了“抓糖机”，吸引消费者排队参与。这样差异化的营销思路，引起了消费群体的情感共鸣，激发了消费者的“孩子气”，让大家为这份久违的“童真”买单。

六、适时使用活动营销工具

新形式的活动营销不仅需要创意策划，还需要得心应手的辅助工具。比如在调查阶段，可以使用“大数据导航”掌握企业自身、对手和行业的相关情况；在创意阶段，可以使用“百度脑图”等便捷的方案编辑工具；在制作阶段，可以使用“石墨文档”等简单高效的团队文档协作工具；在执行阶段，可以使用“易企秀”等 H5 活动页面制作工具。

除了上述的诸多阶段性操作工具，企业还可以重点关注目前国内已有的“活动树”“活动盒子”这些活动营销工具，它们能为活动提供高效的数字化管理平台，帮助企业简化活动流程，更便捷、高效地收集数据，打造出“线上集客—线下体验—线上分享”的完整营销流程。

“活动树”是先进的活动管理平台，它能为活动提供受众报名参与的入口，为企业微信公众账号搭建专属活动频道，便于直接向目标受众推送活动信息，受众也能通过频道直接反馈活动感受。在活动现场，活动树平台能记录下参与者的电子签到情况，参与者还可以使用手机参与投票、内容分享、调查问卷、抽奖等活动环节。此外，活动树能让企业掌握所有活动信息及数据，对用户属性及参与活动情况进行分析，帮助企业瞄准活动中的意见领袖，有效实施社群营销策略。

“活动盒子”是一款基于用户数据分析的精准、高效、点对点的活动运营工具，有助于企业实现活动运营的数据化、精准化、自动化，从而提高活动营销价值。活动盒子通过数据驱动开展目标受众统计分析和活动对象细分推断，帮助企业找寻活动营销的突破口，为企业提供自动化营销解决方案的服务。

目前，我国活动营销工具还处于开发阶段，相信随着互联网技术的发展和活动营销模式的完善，活动营销工具的科学性、实用性会越来越强。

◇ 创业问答 ◇

Q：如何确定活动营销的参与用户群体？

A：关键是确定具体活动的目标人群，分析预判哪些人更有可能参与这项活动，这样才能针对目标用户进行活动预热宣传。比如小米的活动，基本都在微信、微博和社区论坛中造势传播，因为它的活动对象都是为发烧而生的年轻人，而上述渠道正是年轻群体的集聚地。

Q：活动最好采用什么样的互动模式？

A：怎样和用户互动，取决于活动规则的设置。规则设置要根据活动主题来确定，主要满足两个要求：简单、有趣。简单就是以最直接、便捷的方式让用户参与到活动中来，简化参与步骤，避免用户流失。有趣的活动才有吸引力，抓住了用户的兴趣点，就能引起用户的强烈关注，产生积极互动。

◇ 关键术语 ◇

活动营销：简单说就是围绕活动展开的营销，以活动为载体和手段，充分融入产品信息，以吸引目标消费群体关注，最终使企业获得品牌的提升或者产品销量的增长。

KPI 指标：关键业绩指标（key performance indication），是衡量流程绩效的一种目标式量化管理指标。KPI 是现代企业中受到普遍重视的业绩考评方法。

社群营销：社群是建立在互联网基础上的新型人际关系，是以社交为基础，依据人们的兴趣爱好、人生价值观等建立起来的圈子。比如喜欢金融的在一个社群，同是某个行业的老板在一个社群。在商业上，社群有着重要意义，由此引发的商业行为，就是社群营销，社群营销实现了社群的商业价值。

圈层：一种逐渐兴起的潮流文化，如今已经被当成投资，越来越多的企业家、企业高管、成功人士都在加入高端的商务圈层，它能为加入圈层的人带来更多的价值，以及事业和生活上的种种收获。

O2O：Online to Offline（在线离线/线上到线下），是指将线下的商务机会与互联网结合，让互联网成为线下交易的平台，这个概念最早来源于美国。O2O 的概念非常广泛，既可涉及线上，又可涉及线下，可以通称为 O2O 模式。

跨界营销：指根据不同行业、不同产品、不同偏好的消费者之间所拥有的共性和联系，把一些原本毫不相干的元素进行融合、互相渗透，进而彰显出一种新锐的生活态度与审美方式，并赢得目标消费者的好感，使得跨界合作的品牌都能够得到最大化的营销。

H5：Html5，是万维网的核心语言、标准通用标记语言下的一个应用超文本标记语言（HTML）的第五次重大修改。

CPC：Cost Per Click，是指在网络推广过程中，平台按照用户点击次数进行收费的模式。

CPS：Cost Per Sale，是指按照实际的销售收入支付销售提成费用的模式。

CPM：Cost Per Mille，是指按照每千人看到或听到广告的量进行付费，计量单位为每千次浏览单价。

◇ 本章小结 ◇

活动营销以活动为载体，使企业获得品牌提升和销量增长。在移动互联网时代，用户已成为市场营销环境中最重要的一环。吸引用户广泛参与，与用户直接、快速、有效地沟通，是活动营销成功的保障。

活动营销的类型丰富，表现形式各有不同，企业在活动运营中要根据用户需求，以目标为导向选择最佳的活动方案，从准备、策划、执行到复盘，系统筹划，严格执行。活动营销是企业的营销必修课，在创业中要恰当使用活动营销策略，提高创业的成活率。

◇ 思考 ◇

1. 在活动营销的时间选择上有什么考量？
2. 创业公司怎样实现低成本、高曝光的活动营销？
3. 请选择两三种适合的营销形式开展一次营销活动。

第四章
竞争对手监测与品牌传播

学习目标

学习完本章后，你应该能够：

- 了解竞争对手监测的内容和角度
- 了解品牌传播的特点和方式
- 制订基于竞争对手监测和品牌传播的营销实施方案

本章重难点知识视频

开篇案例 | 可口可乐与百事可乐的世纪 C 位之争

可口可乐与百事可乐经过半个世纪的商业大战，形成了如今双雄鼎立的局面，成为两家市值超 2 000 亿美元的商业巨头，全球每天消费的饮料有 10 亿多瓶来自这两家公司。纵观百事可乐与可口可乐的百年竞争历史，可以看出其实质上是两家公司对彼此精准的监测和对品牌定位的有效突围（图 4.1）。

图 4.1　百事可乐与可口可乐图标

可口可乐诞生于 1886 年的美国佐治亚州，它的发明者约翰·彭伯顿是一名药师，最早期的可口可乐含有咖啡因和可卡因，开始被当作药物售卖，并且由于禁酒令的实施，可口可乐逐渐成为人们对酒的替代品并迅速火遍全国，最终在资本的运作下于 1911 年上市。1898 年，另一位叫布拉德·汉姆的药师研制出一种助消化的胃药，并将胃药调制为可乐味以便卖得更好，由于汉姆炒期货爆仓以及企业的经营不善，两次破产的百事可乐被卖到了美国最大的糖果连锁店 Loft 的老板查理斯·古斯手中，这家连锁店一年能卖掉 400 万瓶可口可乐，但由于在与可口可乐的商业谈判中出现了摩擦，古斯一气之下买下了百事可乐，并将全国连锁店的可口可乐均换成百事可乐，而正是这一举动引发了可口可乐与百事可乐的世纪大战。

我们选取百事可乐与可口可乐世纪大战中涉及的“竞争对手监测与品牌传播”的内容进行分析。

对于挑战者百事可乐而言，品牌效应根本无法和可口可乐相提并论，古斯通过对竞争者的监测发现，可口可乐和可口可乐的其他效仿者均定价为 5 美分一瓶，而 5 美分一瓶的可乐对于刚经历经济大萧条的美国普通人来讲还是太贵，于是百事可乐将价格下降一半，以 2.5 美分一瓶的价格销售，亲民的价格配上魔性的广告，让百事可乐迅速点燃市场热情，实现了每年两百万美元的净利润，百事可乐也从一个濒临破产的小企业摇身一变成为全美第二大汽水公司，可口可乐行业老大哥的地位因此受到挑战，可口可乐一家独大的格局也由此被打破。

而因为第二次世界大战爆发，可口可乐公司成为美军的供应商。据统计，第二次世界大战期间可口可乐公司共卖出 100 亿瓶可乐，其中超过 50%的可乐都提供给了军方。第二次世界大战期间，可口可乐总利润超过了 12 亿美元，而被美国大兵大量消费的可口可乐也因此和爱国、家庭、传统紧密联系在了一起，让士兵每喝一口可口可乐都有回家的感觉，这样一来，这些人成为可口可乐的终身粉丝，为后续的品牌营销奠定了客户基础。

既然爱国、家庭和传统是可口可乐对品牌传播的定位，百事可乐没有选择和可口可乐正面对抗，而是另辟蹊径，选择将自身的品牌价值与年轻消费群体绑定。20 世纪 50 年代随着电视在美国的普及，百事可乐聘请了当时最受年轻人喜欢的明星为百事可乐打广告、做代言，这些明星包括但不限于迈克·杰克逊、麦当娜、贝克汉姆、张国荣、周杰伦、王菲等，并在包装上大刀阔斧改革，做成年轻人最喜欢的模样，口味也比可口可乐更甜，符合年轻人的口味习惯。时间来到 1970 年，软饮市场可口可乐的市场占有率达到了 29.7%，而百事可乐也追到了 19.8%，市场也为两家公司打上了特有的标签：可口可乐代表传统、经典、家庭，而百事可乐代表自由、叛逆、年轻和活泼。

思考：

1. 请分析百事可乐和可口可乐在价格策略上的差异及定价原因。
2. 请分析百事可乐和可口可乐品牌价值定位成型的具体过程。
3. 请分析百事可乐和可口可乐在“竞争对手监测与品牌传播”过程中的失败决策。

思维导图

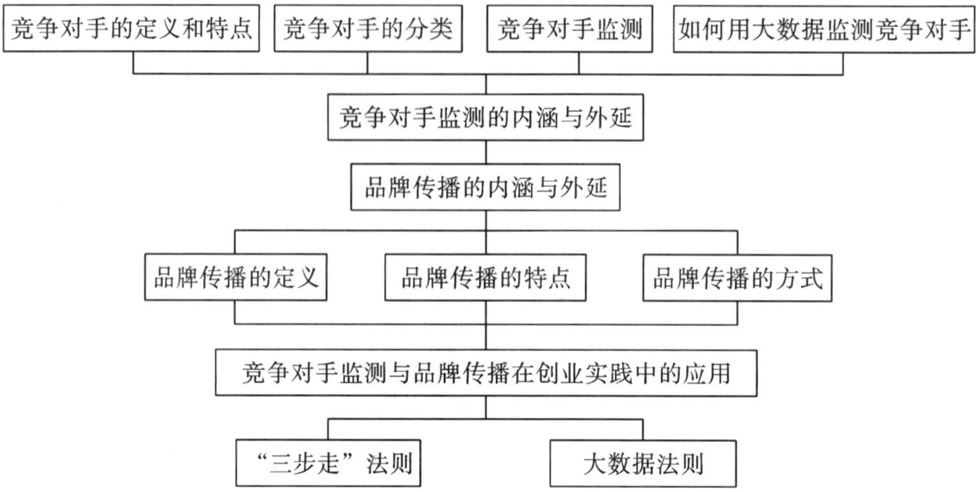

本章提要

《孙子兵法》有云：“知己知彼，百战不殆。”“商场如战场。”信息时代的市场竞争更加激烈，广告战术、人海战术等粗放式、低效能的经营模式已经落后了，“一招鲜”的经营方式在新经济时代已无立足之地，企业间的竞争已经升级为供应链之间的竞争。那么该如何充分发挥“一个头脑（互联网思维的头脑）、两个工具（大数据和云计算）”的作用，在新经济、新模式、新技术时代提升企业品牌知名度、美誉度和忠诚度？本章将通过理论讲解、案例分析和创业问答系统学习竞争对手监测和品牌传播的相关知识。

第一节　竞争对手监测的内涵与外延

大数据时代，我们依然还会看到有些现代企业找错竞争对手，把对方看成假想敌：中国移动曾在很长一段时间视中国联通、中国电信为自己的竞争对手，后来才发现最大的竞争对手是腾讯；有些汽车品牌把宾利、玛莎拉蒂等视为竞争对手，殊不知双方的战场根本就不在一个地方。如今，企业间的竞争更加公平、公开、公正，同时也潜藏着许多看不见的竞争对手，一旦他们制订好周密的作战方案，可能双方还未正式交兵，战争就已经结束了……

一、竞争对手的定义和特点

（一）竞争对手的定义

谁是你的竞争对手？竞争对手就是和你抢夺各种资源的那些人或组织。其中对资源掠夺性最强的人或组织就是核心竞争对手。资源的涵盖范围非常广，包括生产资源、人力资源、顾客资源、资金资源、人脉资源等，角度不同竞争对手就不同。

竞争对手是指在某一行业、领域或相近的市场中，拥有与你相同或相似的资源（包括人力、资金、产品、环境、渠道、品牌、智力等）的个体或组织，并且该个体或组织的目标与你相同，做出的行为会影响你的利益。从目标客户群的角度来看，所有与本企业争夺同一目标客户群的企业都可视为竞争对手，但事实上只有那些与企业势均力敌、有能力与本企业抗衡的竞争者才是真正的竞争对手。

对企业而言，竞争对手通常也称为市场竞争者，广义的竞争者是来自多方面的，企业与其供应链上下游之间，都存在着某种意义上的竞争关系。

（二）竞争对手的特点

对企业而言，找到竞争对手不难，但找准竞争对手不易。那么竞争对手有哪些特点呢？

1. 多样性

竞争对手的呈现形式具有多样性，例如接下来在竞争对手分类部分我们就要讲到，根据不同的分类方式，其呈现的形式也不尽相同。

2. 区域性

由于企业的市场布局有线上线下。线上有不同的平台，线下有不同的区域，所以竞争对手也具有区域性，因为没有任何一家企业会把自己的市场布局到线上的所有平台和线下的所有区域。

3. 变化性

由于消费需求随时随地都在发生变化，市场同样也会受到影响，参与市场竞争的企业也会对自己的业务做出调整。有可能目前你们是竞争对手的关系，但接下来你们也有可能成为战略伙伴的关系。

二、竞争对手的分类

（一）根据竞争对手的出现时间分类

按此标准，竞争对手可分为现实的竞争对手和潜在的竞争对手。其中现实的竞争对手又可分为直接竞争对手、间接竞争对手和替代性竞争对手。

（1）直接竞争对手：本行业、产品相同、目标客户群相同的竞争对手。

（2）间接竞争对手：相关行业、产品相似、目标客户群相同的竞争对手。

（3）替代性竞争对手：其他行业、替代产品、目标客户群相同的竞争对手。

（4）潜在竞争对手：一是行业相关者，包括横向产业相关者、提供大致相同的产品或服务的企业、纵向产业相关者（上下游企业）；二是非行业相关者，他们本身拥有强大的实力，受到利润的诱惑，加入竞争者的行列。

判断现实的竞争对手比较容易，其主要是指行业内或相关行业那些旗帜鲜明的竞争对手。判断潜在的竞争对手则比较困难，其威胁性也更大（有时甚至是致命的）。因此，判断潜在竞争对手就显得特别重要。潜在竞争对手可以参照其他信息从下列企业中识别出来：不在本行业，但不费力气就可以进入的企业；进入本行业可以产生协同效应的企业；其战略的延伸必将导致加入本行业竞争的企业；可能发生兼并或收购行为的企业。

（二）根据竞争对手的市场定位分类

按此标准，竞争对手可以分为品牌竞争者、行业竞争者、需求竞争者、消费竞争者。

品牌竞争者：企业把同一行业中以相似的价格向相同的顾客提供类似产品或服务的其他企业称为品牌竞争者。如电视机市场中，生产三星电视、长虹电视、创维电视等企业之间的竞争关系。品牌竞争者之间的产品相互替代性较高，竞争非常激烈，企业会因为抢夺市场打价格战，导致行业走向“微利时代”，各企业均以培养顾客品牌忠诚度作为争夺顾客的重要手段。

行业竞争者：企业提供同种或同类产品，但产品规格、型号、款式不同的企业称为行业竞争者。所有同行业的企业之间存在彼此争夺市场的竞争关系，如个人电脑与商用电脑的生产企业、山地车与城市车的自行车厂家之间的关系。

需求竞争者：提供不同种类的产品，但满足和实现消费者同种需求的企业称为需求竞争者。如航空公司、长途汽车公司都可以满足消费者外出旅行的需要，当火车票价上涨时，乘飞机、坐汽车的旅客就可能增加，相互之间争相满足消费者的同一需求，呈现出此消彼长的关系。

消费竞争者：提供不同产品，满足消费者的不同愿望，但目标消费者相同的企业称为消费竞争者。如很多消费者收入水平提高后，可以把钱用于旅游，也可用于购买汽车，或购置房产，因而这些企业间存在相互争夺消费者的竞争关系，消费支出结构的变化，对企业的竞争有很大影响。

（三）根据竞争对手的市场地位分类

按此标准，竞争对手可以分为市场领导者、市场挑战者、市场追随者、市场补缺者。

市场领导者：指在某一行业市场上占有最大市场份额的企业。大多数行业都存在一家或几家市场领导者，我们称之为“寡头”，他们处于全行业的领先地位，其一举一动都直接影响到同行其他厂家的市场份额，他们的营销战略成为其他企业挑战、仿效或回避的对象。如软饮市场的领导者可口可乐、日化市场的宝洁、微波炉市场的格兰仕、手机市场的苹果等，市场领导者通常在产品、价格、渠道、促销等方面处于主宰地位，市场地位是在竞争中形成的，但不是固定不变的。

市场挑战者：指在行业中处于次要地位但又具备向市场领导者发动全面或局部攻击的企业。如百事可乐是软饮市场的挑战者，联合利华是日化市场的挑战者，美的是微波炉市场的挑战者，三星和华为是手机市场的挑战者。市场挑战者往往试图通过主动竞争提高市场占有率和增长率。

市场追随者：指在行业中居于次要地位并安于次要地位，在战略上追随市场领导者的企业。在现实市场中存在大量的追随者。在技术方面，它不做新技术的开拓者和率先使用者，而是做学习者和改进者。在营销方面，它不做市场培育的开路者，而是搭便车，以减少风险和降低成本。市场追随者通过观察、学习、借鉴、模仿市场领导者的行为，不断提高自身技能，不断发展壮大。

市场补缺者：多是行业中相对较弱小的一些中、小企业，它们专注于市场上被大企业忽略的某些细小部分，在这些小市场上通过专业化经营来获取最大限度的收益，在大企业的夹缝中求得生存和发展，对满足顾客需求起到拾遗补阙、填补空白的作用。市场补缺者通过生产和提供某种具有特色的产品和服务，赢得发展的空间，甚至可能发展成为“小市场中的巨人”。

三、竞争对手监测

企业在经营管理过程中会发现竞争对手的销量突然暴增，给自己来个措手不及。如果不仔细分析，完全不知道竞争对手做了什么。随后企业会采取相应的应对和补救措施，但结果往往不尽如心意。可见如果缺少对竞争对手的监测，很有可能到嘴边的“肉”被抢走，不能及时捕捉到市场竞争变化的信息。

（一）竞争对手监测的定义

竞争对手监测，是对和本企业相关的竞争对手的企业信息和数据进行全面汇总，进行前瞻性预判，从而为本企业的发展提供有益参考的整个过程。竞争对手监测需要明确以下几个问题：谁是你的竞争对手，竞争关系如何，竞争实力如何。

（二）竞争对手监测的内容

1. 监测竞争对手的战略目标

企业要长期关注并监测竞争对手的战略目标，因为监测竞争对手的战略目标可以预判竞争对手的发展方向。例如竞争对手缺少对苹果战略目标的长期监测，苹果公司则从第一次收购开始，就会关注那些可以尽快融入自己产品线的小公司。截至 2014 年，苹果共进行了 66 次不同的收购：1997 年以 4 亿美元收购 NeXT，然后将技术核心嫁接到我们现在熟知的 OS 和 iOS 系统；2002 年以 3 000 万美元收购 eMagic，使用其音乐软件和音频编曲技术开发数字音频工作站 GarageBand 软件，这个软件就是现在 iLife 套件的一部分；2010 年，收购专门从事人工智能研究的 Lattice Data，最终我们看到了 Siri 首次被应用在 iPhone 4S 中；2013 年收购以色列 3D 传感技术公司 PrimeSense，然后将其融入 3D 面部识别技术。

苹果的历次收购让很多行业竞争者经历了三个阶段：看不起、看不懂和跟不上。首先是看不起，对苹果高价收购一些小企业嗤之以鼻、不屑一顾；然后是看不懂，收购完成之后看不懂苹果对技术和产品转化、整合、融入的战略意图；最后是跟不上，竞争对手在苹果技术壁垒和商业模式确立后已经跟不上其发展步伐。

2. 监测竞争对手的战略途径

企业要随时监测竞争对手的战略途径，因为企业的战略途径是通过具体方法和结果呈现出来的。例如，从营销战略的角度来看，本田以小型汽车切入美国市场，提供尽可能多的小型汽车产品型号，提高产品吸引力，在小型汽车站稳脚跟后再向大型车市场渗透；在新产品开发上，本田建立摩托车新形象，使其与哈雷戴维森粗犷的风格相区别，最终大获成功。从产品战略的角度来看，农夫山泉最开始以弱碱性的矿泉水主打健康牌深入人心，在矿泉水市场一直以单一产品与其他企业竞争，在竞争对手毫无防备的时候，农夫山泉先后推出农夫果园、水溶 C100 等果汁饮品，抢夺果汁饮料市场，随着消费者个性化需求的变化，随后又推出神奇的东方树叶、打奶茶、婴儿水等产品，当竞争对手发现农夫山泉的产品线布局的时候纷纷上马对应产品，农夫山泉已通过与 G20 杭州峰会的合作，推出 G20 杭州峰会指定用水与果汁产品进一步拉高品牌定位。至此，农夫山泉实现了从纯净水到果汁、从茶饮到功能性饮料的健康产品全覆盖，并辅之以寻找水源地、形象宣传片、保护自然纪录片等形式进一步巩固其市场领导者地位。

3. 监测竞争对手的战略能力

企业要长期监测竞争对手的战略能力，因为战略目标实现都是以企业能力为基础，这涉及企业如何规划自己的战略以应对竞争。如果企业本身具有竞争优势，则不必担心发生冲突。如果企业本身缺乏甚至没有竞争优势，那么企业只能做如下四种战略选择：跟随、转移、合作或者退出。

所谓跟随是指企业不触怒竞争对手，甘心做一个跟随者，争取“大河有水小河满”的状态；所谓转移是指企业可以转移到次级市场，不跟竞争对手在主战场打持久战和对抗战，采取迂回作战的策略主攻竞争对手的薄弱环节；所谓合作是指企业被竞争对手收购，成为竞争对手的命运共同体，共同发展，实现资源共享、风险共担、利益共分；所谓退出是指企业在全线或者所到之处皆不能和竞争对手抗衡，只有退出该竞争领域，寻求其他发展机会。

（三）竞争对手监测的角度

对竞争对手的监测最好从产品与市场出发，这样既能够对标竞争对手产品或服务，又能够看到产品或服务在市场上是否是彼此的竞品；如果产品与市场两个方面的相似性和替代性都很高，那么这个企业就是自己的竞争对手。

1. 从所属行业角度监测竞争对手

除开完全垄断市场，其他三类市场（完全竞争市场、寡头垄断市场、垄断竞争市场）都会存在竞争对手，各企业通过向市场提供产品或者服务参与市场竞争，这些产品或服务具有相似性和较高的替代性。例如家电行业、饮用水行业、服装行业、巧克力行业等。由于价格杠杆的影响，当一种商品的价格发生变化，很有可能会影响企业自身或者其他企业产品的定价策略或销售业绩。例如，洗衣液作为日常生活用品价格普遍上涨，消费者可能会更多地选择洗衣粉；如果一家企业的洗衣液价格上涨，那么消费者可能会选择其他品牌的洗衣液作为替代品。而手机作为通信产品，当苹果、三星等价格普遍上涨，消费者可能会倾向于选择性价比更高的华为、VIVO 等国产品牌手机。因此，企业需要从行业的角度去监测竞争对手，这样才能制定有针对性的竞争战略。

2. 从消费需求角度监测竞争对手

企业还可以从消费需求的角度监测竞争对手。和互联网时代相比，大数据时代行业的壁垒在不断削弱，只要满足的是同一目标消费市场的需求，那么无论对方与自己是否属于同一行业，这个时候他都是你的竞争对手。例如在10年前大家都认为沃尔玛的竞争对手是家乐福、欧尚等大型商场或超市，经过这10年的变化，我们发现，它的竞争对手是互联网行业里的京东、天猫，虽然双方属于不同的行业，但是它们都满足了消费者便利购物的需求；而中国移动、联通和电信三大运营商属于传统的通信行业，当它们还在为资费、套餐等精心布局的时候，4G时代的到来彻底改变了行业生态，移动互联技术的发展和流量的开放，给互联网行业插上了竞争的翅膀，微信的面世让企业客户的视频会议变得更加简单，让老百姓的交流更加便捷。从满足消费者需求出发监测竞争对手，可以从更广泛的角度识别现实竞争对手和潜在竞争对手，有助于企业制定来自异业的竞争战略。

3. 从市场细分角度监测竞争对手

为了更好地发现竞争对手，企业可以同时从行业和消费需求两个角度，结合产品细分和市场细分监测竞争对手。例如口红市场是一个产品相似度极高的行业，假设市场上同时销售了来自美国、法国、日本、韩国和中国的五个口红品牌产品，针对消费需求，我们可以把市场进行不同的细分。例如根据上唇效果可分为哑光、丝绒、釉面、双色、珠光等，根据使用场合可分为工作、逛街、参加聚会等，根据颜色可分为红色系、橙色系、裸色系和紫色系，根据价格可分为几个不同的价格区间。所以企业当要进入某一个细分领域的时候，就要充分考虑该细分市场的容量、现有竞争对手的实力和市场占有率。从细分市场出发监测竞争对手，可以帮助企业制定更具体、更明确的竞争战略。

（四）竞争对手监测的价值

1. 衡量竞争实力

通过对竞争对手的监测结果进行研究和分析，企业能够找到自己与竞争对手在产品策略、价格策略、渠道策略和促销策略等各方面的实力差异和差距，能够对比产品之间的特点、优缺点，能够衡量服务之间的差距和特色，从竞争对手角度审视企业自身的不足与缺陷。

2. 发现市场机遇

监测竞争对手的经营过程，可以帮助企业深入分析消费趋势，能够从不同的维度发现新的产品需求、消费习惯等；可以帮助企业进行科学决策，制定新的4P策略。这些新的产品需求和新的消费习惯就是市场的蓝海。

3. 防范潜在危机

监测竞争对手的经营状况，可以让企业自身多一双观察市场趋势的"眼睛"和倾听市场需求的"耳朵"。随着消费的不断升级，消费趋势逐步呈现个性化、多元化和快速迭代化趋势，商业模式升级必须与市场趋势变化保持同步，才能防范潜在的风险与危机。

四、如何用大数据监测竞争对手

大数据时代的竞争，不是劳动生产率的竞争，而是知识生产率的竞争。数据就是信息的载体、知识的源泉，所以数据能够帮助企业创造价值和利润，同时也表明大数据时代我们正面临着更广泛、更深层的开放和共享，还意味着更精准、更高效、更智能的管理革命。数据是企业的核心竞争力，企业不能再拿着"大刀"与竞争对手的"大炮"作战，而应该依靠大数据来做竞争对手的监测工作，人力则负责对这些数据进行深度研究和分析。

（一）监测竞争对手的企业背景

监测竞争对手是认识竞争对手的出发点，可通过大数据抓取企业的基本信息，包括竞争对手的基本信息（企业名称、法人、注册资本、成立时间、营业期限、登记机关、经营范围、股东及出资信息、主要人员等）、行政许可信息、行政处罚信息等。监测途径包括“国家企业信用信息公示系统（http://www.gsxt.gov.cn/corp-query-homepage.html）”“天眼查(https://www.tianyancha.com/)”等（图 4.2）。

图 4.2　国家企业信用信息公示系统

对于竞争对手的企业概况、企业文化、组织架构、联系方式、人才招聘、主营业务等信息，监测途径主要是企业官方网站、百度百科、百度地图和社会化检索（http://socialmention.com/）等。

除此之外还包括竞争对手在行业的排名情况、企业实力、品牌传播渠道、产品结构、团队结构尤其是骨干成员背景、线下门店分布情况尤其是城市布局情况、重点店铺经营状况、产品成本情况、产品毛利率、电商定位和电商布局等。这些信息都是企业要监测的重要信息。监测途径可以是行业协会年报、企业年报、大数据公司监测报告等。

（二）监测竞争对手的供应链

现在的企业竞争已经上升为供应链之间的竞争，所以对竞争对手企业本身监测之外，还要监测其供应链上下游的情况。例如竞争对手的 OEM 产品所占比例、OEM 关键厂商信息、竞争对手的产品定位、主打材质、成本结构甚至设计趋势、竞争对手的消费者特征（年龄层次、职业分布、消费时间、消费力度等）、主要经销商经济实力、经营时间、分布情况和经营业绩等。

对供应链的监测难度要远远大于对企业本身的监测，因为它涉及的接触点多且复杂，所以在对供应链监测的时候我们通常的做法是做描述性分析和预测性分析。描述性分析主要是指对供应链上下游企业的官网数据、行业协会数据进行总结并发现其规律；预测性分析主要是指对供应链上的关键企业重点监测，预测未来的发展趋势。

（三）监测竞争对手的店铺

监测竞争对手的店铺能够最直观地反映出竞争对手的经营状况，因为店铺经营模式综合反映了竞争对手的企业文化、产品结构、价格区间、服务流程等有价值的信息，所以对店铺的监测数据主要分为经营状况、线下分析、线上分析、CRM 分析和客服分析。

1. 经营状况

监测竞争对手的店铺经营状况，可以通过店铺本身显示的基本信息和市场行情看到对应内容，还可以利用一些第三方网站查到对应的一些信息。了解竞争对手的经营情况才能知道自身和竞争对手的差距（表 4.1）。

表 4.1　经营状况监测表

监测维度	经营状况				
	上月营业额	上月销量	上月滞销量	上月畅销量	上月客单价
竞争对手一					

2. 线下分析

线下分析主要是监测竞争对手的店铺促销方式、导购方式、经营时间以及竞争对手的主打产品和价格，从中找出差异化的方向（表 4.2）。

表 4.2　线下分析监测表

监测维度	线下分析							
	开店时间	所在区域	促销方式	导购方式	主打品类	主打价位	上新情况	SKU 数量
竞争对手一								

3. 线上分析

通过线上搜索、选择、对比产品已经成为消费者在购物前的一个消费习惯，所以线上渠道的监测更为重要，无线的工具也在不断地增加，一些相关的工具并不适用于所有的商家，所以主要是统计以下通用的维度（表 4.3）。

表 4.3　线上分析监测表

监测维度	线上分析				
	导航栏	详情页设计	促销方式	报名活动	互动模块
竞争对手一					

4. CRM 分析

竞争对手的老客户对于某一店铺也是新客户，通过对竞争对手 CRM 的分析，企业能获取店铺的客户的兴趣爱好，从而能针对竞争对手制定自己的 CRM，抢夺客户市场（表 4.4）。

表 4.4　CRM 分析监测表

监测维度	CRM 分析			
	会员制度	社群分析	传播渠道	会员互动玩法
竞争对手一				

5. 客服分析

企业可在不同的时间段测试竞争对手的客户服务情况，了解其服务流程、服务质量和响应时间，然后从服务上寻找差异化的服务体验（表 4.5）。

表 4.5　客服分析监测表

监测维度	客服分析			
	响应速度	导购能力	签名	快捷语
竞争对手一				

最后，企业将这些数据定期更新，就能够全面了解竞争对手的情况。记录好现有的各个维度，能有效地指引店铺未来的发展方向，而且能从中获取一些对于店铺发展有效且可以借鉴的运营方法，避免走弯路，更能了解到客户的需求和运营的差异化。

第二节　品牌传播的内涵与外延

品牌传播是品牌走进消费者，提高品牌能见度、认知度、美誉度和忠诚度的重要途径。品牌的有效传播，能够使消费者和社会公众对品牌产生认知，使品牌可以迅速发展。同时，品牌的有效传播还可以帮助企业实现品牌与目标市场的对接，为品牌及产品开拓市场奠定基础。什么样的品牌传播是有效的呢？如果企业选择错误的传播方式，就容易适得其反，所以品牌传播对象的确定、传播方式的选择和传播内容的设计是品牌传播三大组成部分。

一、品牌传播的定义

品牌传播是指企业以品牌核心价值为原则，在品牌识别的整体框架下通过广告宣传、公共关系等方式，创建企业的文化、价值观、形象等品牌资产，并将这些品牌资产传递给目标消费群，以期获得目标消费群认可、认同的过程。

品牌传播也可以指企业告知消费者品牌信息、劝说购买品牌以及维持品牌记忆的各种直接及间接的方法。“酒香不怕巷子深”的时代已经过去了，产品不仅要做得好，而且还要“吆喝”好。所以，品牌传播是企业核心战略，其传播的最终目的是要发挥创意的力量，利用各种平台在市场上形成品牌话题甚至品牌声浪。品牌传播是企业唤起消费者欲望、满足消费者需要、影响消费者决策、培养消费者忠诚的有效途径。

二、品牌传播的特点

（一）受众针对性

品牌传播的受众是具有针对性的，这主要源于品牌产品和市场在做 STP 的时候就已经明确了自己的客户在哪、客户是谁、客户需要什么。所谓受众针对性，是指企业在经过品牌活动策划后，通过特定的传播渠道向特定的消费群体传递和表达品牌价值、品牌诉求等内容。对于企业而言，选择有时候会大于努力；选错了客户，即使通过正确的传播渠道，依然存在较大的市场风险。例如运动鞋企业，针对老年人的宣传重点应该是舒适、防滑、柔软、轻便等元素，对年轻人的宣传重点则应该是时尚、科技、美观等元素。因为消费者的诉求没有对错，只有不同，所以企业在结合自身产品特点和品牌文化进行传播的过程中一定要有针对性。

（二）渠道多元性

品牌传播的渠道是多元的。所谓传播渠道就是企业与消费者之间的媒介，大数据时代的传播媒介是多元化的，有传统的电视、电台、报纸、路牌、灯箱等媒体渠道，还有众多互联网媒体、自媒体等现代传播渠道。有线上的渠道，也有线下的渠道。在通信技术越来越发达的今天，新传播渠道的诞生与传统渠道的新生，共同构建了一个传播渠道多元化的格局，这为品牌传播提供了新的机遇，也对渠道多元化整合能力提出了新的挑战。例如，“衣邦人”一直致力于打造个性化服装定制平台，其传播方式包括电梯广告、微信传播、网站推广等传播渠道。要使传播成本最低的同时效果最佳，就需要创业团队具有较高的多元化传播渠道整合能力。

（三）内容系统性

品牌传播的内容是系统性的。品牌传播的内容是品牌资产的信息聚合，其传播的内容包括品牌名称、Logo、包装、口号等表层内容，也包括品牌特点、品牌利益、产品服务、品牌认知和联想等深层次内容，这些内容聚合在一起便形成系统的、有机的内容聚合。例如运动品牌“NIKE”传播给我们的内容包括 NIKE 的符号、口号“JUST DO IT”、科技感十足的产品等，还包括自强不息的竞技体育精神、先进的产品设计理念和制作工艺、各大相关体育赛事等深层次内容。

（四）形式互动性

品牌传播的形式应该具有互动性，它是大数据时代品牌传播的特色。用户思维使得企业在实施品牌传播的过程中不得不考虑用户的反应。传统的传播渠道是企业讲故事，客户当听众。但是大数据时代随着草根营销的兴起和自媒体时代的到来，企业越来越注重传播反馈信息和互动环节，因为互动性是考量传播效果的最好佐证，企业要追求长远的品牌效应，就必须遵循形式互动性的原则。例如“快手”在进行品牌传播时，都是通过让用户做主角，用实际行动去践行“每个人都值得被记录”的品牌理念，在放大每一个人价值的同时，提升用户幸福感，才会赢得粉丝的不断参与和转发。

（五）费用透明性

品牌传播是需要付费的，因为企业经营管理的目标是企业在本身获取利润的同时为社会创造效益，那么品牌传播这种商业行为就会产生一定的费用，同时这种费用由于选择渠道不同、传播范围不同，费用也不尽相同。品牌传播的费用主要包括广告设计制作费用、媒体宣传推广费用等，这些费用的标准对于每一个行业都是公开透明的，并且传播费用呈逐年上升的趋势。

三、品牌传播的方式

（一）传统品牌传播方式

1. 公共关系传播

在中国传统的营销观念中，很多人依然认为公共关系就是吃饭、拉关系等，产生这种认识是由于对公共关系传播缺乏系统的认识，同时缺少对理论的研究。公共关系传播是指企业为了提高自身的能见度、认知度、美誉度通过塑造形象、平衡利益、协调关系，开展一系列传播活动的工作。作为品牌传播的一种方式，公共关系传播同样需要有明确的传播对象和符合公众利益的传播内容，其最终的目的是赢得公众对品牌的认可和忠诚，实现经济效益与社会效益的双赢。

2. 人际关系传播

人际关系传播是通过人与人之间的直接沟通，企业人员通过讲解咨询、操作示范等方式，向公众介绍品牌文化、产品和服务等。因为人具有社会属性，所以任何人都离不开跟他人的沟通和交流，在人际交往过程中，人们传递、交换各种意见、情感、观念等信息，从而会产生认识、认可、吸引的人际关系网络。

人际关系传播可以分为直接传播和间接传播两种形式。直接传播是双方不借助媒体而是面对面沟通和交流的过程，间接传播包括电话、网络、书信等形式。两种方式各有优势和劣势，企业主要针对不同的需求采用不同的传播方式。

3. 电视广告传播

由于电视是集语言、音乐、画面和色彩于一体的传播要素集合，电视广告具有创造力和冲击力，能够非常好地塑造品牌形象，加之电视广告覆盖面广、可以反复播出从而加深受众的印象，因而电视广告依然是各大企业品牌传播的首选渠道。

中央电视台广告经营管理中心

中央电视台广告经营管理中心的英文简称为 CCTV Advertising Center（官方网址为 http://1118.cctv.com/chinese/）。广告经营管理中心是全面负责中央电视台广告统一经营与管理的部门，其主要职能包括：研究央视广告的发展战略与经营策略，策划实施公关传播与市场推广活动，建立央视广告的产品、价格、客户和渠道体系，开展央视广告客户的营销、服务和管理工作，完成央视广告的审查、编辑、播出等（表 4.6）。

表 4.6 2022 年央视网虎啸合作方案报价表

资源权益	服务类型			"虎"力全开	如虎添"亿"	一"虎"百应
合作项目	合作资源	频次	单位	全年服务基础包（大事件营销和大型活动二选一）	组合服务基础包（话题营销和探厂/店二选一）	单次服务基础包（线下活动和微探厂/店二选一）
品牌联动	项目具有公益性质，可申请品牌联动	1	次	选配	/	/
IP联动	可授权IP名称使用	1	次	√	√	/
主题策划	根据品牌客户需求，策划品牌整体主题推广方案，可组合线下活动/短视频/访谈节目等形成完整解决方案	1	次	选配	选配	选配
大事件营销（根据某个重要时间节点或大事件策划品牌全年整体解决方案）	事件策划	1	次	"大事件营销"和"大型活动"二选一另一个合作项目可选配	选配	选配
	线下活动	1	次			
	直播服务	1	次			
	央视网演播室（如品牌方有指定录制地点，费用另计，不含舞美、现场布置费用）	1	次			
	短视频	2	支			
	主持人出镜	1	次			
	央视网矩阵传播（矩阵推广消耗总体硬广和社媒账号资源包）	/				
大型活动（盛典）举办（说明：舞美费用另计）	活动策划	1	次		选配	选配
	节目制作	1	场			
	嘉宾邀请	1	名			
	央视网演播室（如品牌方有指定录制地点，费用另计，不含舞美、现场布置费用）	1	次			
	主持人出镜	1	次			
	专业导播团队服务	1	次			
	活动宣传片或活动ID	1	支			
	央视网矩阵传播（矩阵推广消耗总体硬广和社媒账号资源包）	/				
话题营销	话题营销方案	1	次	√	"话题营销"和"探厂/店"二选一另一个合作项目可选配	选配
	社媒话题	1	次	√		
	精品短视频	2	支	√		
	央视网矩阵推广（矩阵推广消耗央视网社媒账号资源）	/		√		
探厂/店	节目策划	1	次	选配		选配
	节目制作	1	次			
	主持人出镜	1	次			
	嘉宾邀请	1	名			
	精切短视频	3	条			
	央视网矩阵传播（矩阵推广消耗总体硬广和社媒账号资源包）	/				
线下活动（说明：搭建费用另计）	活动直播服务	1	场		√	"线下活动"和"微探厂/店"二选一另一个合作项目可选配
	央视网演播室（如品牌方有指定录制地点，费用另计，不含舞美、现场布置费用）	1	次		√	
	主持人出镜	1	次		√	
	精切短视频	2	条		√	
	央视网矩阵传播（矩阵推广消耗总体硬广和社媒账号资源包）	/			√	
微探厂/店	节目策划	1	次	选配	选配	
	节目制作	1	次			
	主持人出镜	1	次			
	精切短视频	2	条			
	央视网矩阵传播（矩阵推广消耗总体硬广和社媒账号资源包）	/				
高端访谈节目		1	期	选配	选配	选配
精品访谈节目		1	期	√	√	选配
广告片		1	支	选配	选配	选配
微纪录片		1	支	选配	选配	选配
精品短视频		1	支	选配	选配	选配
短视频		1	支	选配	选配	选配
精切短视频		1	条	选配	选配	选配
慢直播服务		1	场	选配	选配	选配
移动直播服务		1	场	选配	选配	选配
接信号直播服务		1	场	选配	选配	选配
黄金硬广位		刊例价		不低于实付1.5倍	不低于实付1.3倍	不低于实付1.1倍
社媒账号资源		刊例价		不低于实付0.8倍	不低于实付0.7倍	不低于实付0.6倍

电视广告传播虽然有很多无法替代的优点，但是对于初创企业而言，其高昂的费用、精良的拍摄及制作技术等因素也让很多初创企业望而却步，所以很多企业在初创阶段一般会选择地方电视台或者其他方式进行传播。

4. 纸质媒体传播

杂志广告、报纸广告等传播方式都属于纸质媒体广告。杂志具有高度的客户差异化（图 4.3、图 4.4），因此公司在选择做杂志广告时，通常会考虑该杂志的确切读者是谁。例如，《南航杂志》的广告针对的是机上高资产客户，所以他们投放的广告多是贵州茅台等奢侈品（图 4.5）；《时尚芭莎》杂志广告定位的人群为追求时尚、重视生活品质者，所以投放的广告多是葡萄酒等时尚奢华的产品（图 4.6）；韩国的 *Life* 出现的广告多为日常高频消费品，面向生活爱好者（图 4.7）。

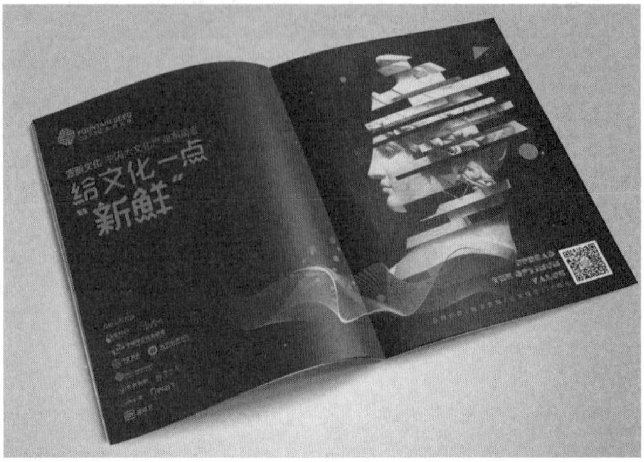

图 4.3　源新文化的杂志广告

图 4.4　福特汽车的杂志广告

图 4.5　贵州茅台在《南方航空》杂志投放的广告

图 4.6　和悦优品在《时尚芭莎》杂志投放的广告

图 4.7　韩国料理品牌“汉阳馆”在 *Life* 杂志投放的广告

虽然报纸广告的印刷质量不如杂志广告，产品给人的视觉较差，但报纸广告比杂志广告具有更强的时效性，有助于企业做好推广工作。

5. 户外广告传播

户外广告涵盖多种形式：建筑物外表、街道、橱窗、车身、广告牌、楼梯、公交站牌等户外公共场所。户外广告的最大特点是尺寸大、冲击力强、内容简洁，能够快速建立品牌联想，形成客户认知。户外广告的载体具有多样性：可以小到推车，大到楼宇外墙 LED 屏；可以是城市移动的公共汽车，也可以是人流量高的公交站台。所以户外广告是企业选择面最多的品牌传播方式。如图 4.8 所示。

图 4.8　建筑物外立面广告

（二）移动互联品牌传播方式

1. 自媒体传播

传统媒体的传播通常都是采取“自上而下”的方式。随着个人用户对互联网的深度使用，论坛、博客、微博、播客等自媒体传播方式成为品牌传播的新兴载体，它打破了这种不对等的格局，自媒体环境中，每个人都是传播者。

目前，中国的微博用户大概为 3 亿人，微信用户为 5 亿人。谢娜的微博粉丝量达到 1 亿，杨颖的粉丝量在 8 000 万左右，位居第二。数据显示，排名前十的微博粉丝量都在 5 000 万以上，这是任何一家传统媒体都很难在短时间达到的。

初创企业采用自媒体传播通常会涉及 3 个关键内容：UGC、PGC 和 OGC。UGC（user generated content）是指用户原创内容，常见于个人自媒体；OGC（occupationally-generated content）是指品牌生产内容，常见于企业自媒体；PGC（professionally-generated content）是指专业生产内容，常见于个人自媒体的变现转化（图 4.9）。

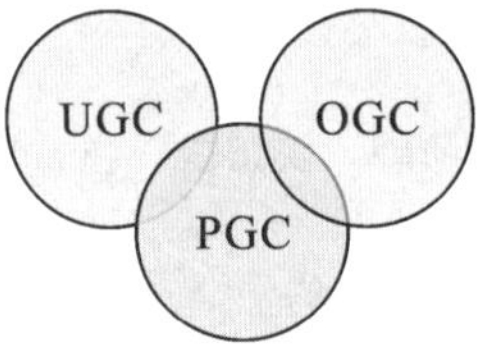

图 4.9　UGC、PGC、OGC 三者关系图

UGC 与 PGC 的区别在于传播主题在所传播内容的领域有无专业的知识和资质；PGC 和 OGC 的区别在于是否领取相应报酬，前者主要出于爱好，后者主要以职业为前提，其创作内容属于商业行为；UGC 和 OGC 一般情况下不会产生交集。

我们常用的微博、朋友圈、知乎等都属于 UGC 型。由于 UGC 是用户的原创内容，缺乏一定的专业知识和商业包装，其传播的内容就类似于杂货店的商品，参差不齐；而 PGC 的内容经过一定的包装变成了品牌店的东西，例如曾经红极一时的“凡客体”就属于 PGC 型，我们平时使用的优酷、土豆等视频网站也属于 PGC 型。

2. 微信传播

大数据时代，门户网站、搜索引擎、社交网络三驾马车并驾齐驱。在全球范围内，Facebook、Twitter 和 YouTube 是最典型的互联网传播方式。在中国，微信成为最流行的传播方式，2017 年微信用户数据报告显示微信在全球共计有 8.89 亿月活跃用户，公众号平台拥有 1 000 万个。微信这一年来直接带动了信息消费 1 742.5 亿元，相当于 2016 年中国信息消费总规模的 4.54%。微信公众平台可以实现品牌宣传推广、会员快速注册、推送分享、支付收款等功能，企业通过微信进行品牌传播具有高到达率、高曝光率、高接收率和高便利性。

国产美妆品牌的崛起——完美日记的“完美营销”

2019 年“双十一”，全网销售额达到历史最高的 4 101 亿元，而完美日记作为国产品牌首次以超 5 亿元的日营销额拿下天猫“双十一”彩妆类品牌第一名。这样的数据其实并不令人意外，因为早在 2018 年的天猫“99”大促中，完美日记就以彩妆行业销售额第一的成绩崭露头角；2018 年“双十一”，开场仅仅 1 小时 28 分钟便成为天猫首个成交额破亿的品牌；2019 年天猫“618”，完美日记销售增速更是达到 1 193%，位居美妆类目第一；而在 2019 年“双十一”，均价 53 元的完美日记依旧占据彩妆榜单第一位，排在其后的则是美宝莲、雅诗兰黛、兰蔻等一线国际品牌（图 4.10）。

图 4.10　完美日记 2019“双十一”战果

2019 年 9 月 11 日，完美日记完成了 C 轮融资，高瓴资本领投，红杉中国和华人文化跟投，此轮融资的估值超 10 亿美元。这个创立于 2017 年，仅有 3 年多发展历史的彩妆品牌竟有如此魔力能获得诸多资本的青睐，归根到底还是和其品牌传播方式密不可分。

（1）巧用线上渠道，精准定位用户

完美日记合伙人 Christy 曾说：追逐个性的“95 后”是品牌的主要消费群。根据数据统计，“85 后”“90 后”及“95 后”消费者是美妆的核心消费群，而“95 后”消费者的销售额和人数同比增速表现突出，说明“95 后”美妆消费潜力正在爆发。相较于其他年龄段的人群，“95 后”更加注重品牌的个性化和便捷度，消费方式也从炫耀式消费转变为体验式消费，他们已不再过多追求奢侈品品牌的巨大 Logo，而是选择更具有个性的产品。

互联网时代的急速发展也让标准化、大规模的产品逐渐成为过去。

完美日记凭借其敏锐的洞察力发现了消费者的需求转变，而相较于国际一线大牌，完美日记则能以更灵活的姿态针对“90后”消费群体量身打造新的彩妆形式。对便捷度的要求使得“90后”更愿意选择网络化的购买模式，因此，线上渠道便成为完美日记这一新兴国产彩妆品牌的首选。

（2）多渠道运营推广，多元化玩法升级

既然将主要消费群体定位为“95后”，完美日记则需要定制更契合“95后”的营销策略。相较于将重心放在微博和微信这种相对“传统”的渠道的品牌营销模式，完美日记则将目光锁定到小红书和B站——目前，小红书用户量已经突破2亿人，用户群体主要为“90后”“95后”新生代女性，美妆类的用户数在各个栏目也排名第一。这无疑是完美日记最佳的营销渠道，在小红书上有十万余篇有关完美日记的笔记分享，而这些笔记也各司其职，明星负责种草，美妆KOL负责引导，素人通过分享使用心得进行二次传播；而根据相关统计数据，B站是用户忠诚度最高的平台，用户群体80%以上是“90后”，50%以上来自一线城市，有一定的经济基础，而这又恰恰与完美日记的目标销售群体重合。同时，对于厌烦了传统植入式广告的年轻群体，B站的弹幕互动也可以成为吸引他们注意力的广告位，B站up主发布测评视频，弹幕又可以继续营造引导性的氛围，这样便造就了B站颇高的营销投入产出比（图4.11）。

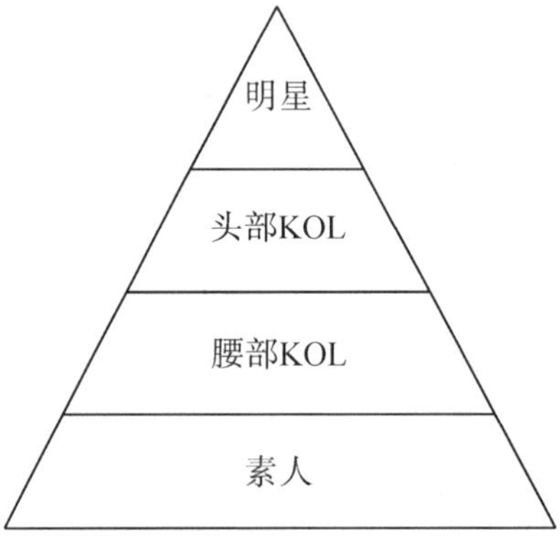

图4.11 完美日记投放策略

（3）巧用明星和KOL，丰富产品，打造爆款

除了在小红书和B站上积极营销，完美日记也没有忘记微博、微信等营销阵地。

在微博上，完美日记携手流量明星朱正廷推出小黑钻系列唇膏，将粉丝经济最大化。粉丝的参与感和互动感非常强烈，小黑钻限量礼盒开卖3秒便全部售罄；签约歌手吴青峰作为护肤品系列中的安瓿能量大使，其粉丝群体相较于流量明星的粉丝群体平均年龄更大，消费水平更高，对于护肤的需求更强，“能量满满”的产品口号也与吴青峰的形象一致；在推出“浮光系列”香水期间，完美日记又与日本知名导演岩井俊二合作拍摄广告片，并签约新生代演员文淇并聘其担任灵感大使，把香水和文艺少女巧妙地定位在一起。

完美日记还和美妆KOL、口红一哥李佳琦合作推广完美日记自己的产品，并在2019

年“双十一”联手李佳琦推出了小粉钻口红，“李佳琦亲选色”的“缎色柔光粉钻唇膏”传播声量达到了2.5万次，为国货最高。

对于完美日记的案例，我们不妨思考一下，完美日记利用营销成为现象级的国货美妆品牌，其品牌传播方式有何特色？高明的营销手段最终还是要服务于高品质的产品，那完美日记在未来又该何去何从？

（三）其他品牌传播方式

1. 专业展会传播

专业展会是属于“政府搭台、企业唱戏”的传播方式。近年来，全国各地的家居展、车展、婚博会、糖酒会、茶博会等一系列展会都在帮助企业集中宣传推广。企业通过参加展会不仅为市场加盟拓展、品牌产品推介提供了机遇，也让广大消费者通过展会认识了品牌。

例如，四川省商务厅为加快构建全方位、多层次、宽领域的开放型经济体系，牵头开展“惠民购物全川行动”“川货全国行”和“万企出国门”三大活动，实现三个市场（川内、国内、国外）一起拓展，三种贸易（省内、国内、国际）一起抓，提升四川产品的知名度、扩大川货的市场占有率，形成“千军万马”跑市场、赶市场、抢市场的生动局面。

近年来，四川省通过西博会推荐城市品牌，通过茶博会推介四川茶叶品牌，通过糖酒会推介川酒品牌，通过婚博会推介四川婚庆品牌。企业通过参加展会提升了品牌知名度，拓展了产品销售渠道，助推了企业经营管理持续发展。

2. 电影电视节目传播

好莱坞电影的商业模式已经成为众多国家和地区纷纷效仿的榜样，其电影的商业化运营模式值得借鉴，影视剧和电视节目中的广告植入让品牌形象更加生活化、艺术化，能够更加深入人心，尤其是影视剧中的明星效应可以起到很好的传播作用。

《你好，李焕英》品牌植入案例

2020年春节档的口碑电影《你好，李焕英》讲述了主人公贾晓玲在经历“子欲养而亲不待”的悲痛之后，意外穿越时空回到1981年，见到年轻的父母，从而展开一段笑中带泪的亲情故事。《你好，李焕英》让无数人泪洒影院。观众感慨母爱伟大的同时又会发现，这部电影中悄悄地植入了很多品牌，让各大品牌通过场景再现的方式给观众留下深刻印象。

如今，影视剧中植入的品牌广告，已经成为各大品牌热衷的营销方式之一。不过，在用户注意力日益下降的当下，品牌主想要保持品牌关注度已经愈发困难——若植入不当，往往会适得其反，甚至遭到消费者厌弃。那么，《你好，李焕英》片中的品牌是如何获得消费者好感的呢？其不外乎遵循了这样两个原则：融入式植入——在观众观影过程中，将广告悄无声息地植入进去，和剧情完美地融合在一起；场景化植入——将产品植入戏剧场景中，并深度融入内容，推动剧情发展。

贾晓玲穿越后，做的第一件让妈妈高兴的事，就是抢购电视——让妈妈成为全厂第一个拥有电视机的人。30年前，电视机可是有钱都买不到的抢手货，很多人甚至要找关系才能拿到“电视票”，影片中选用的正是合肥无线电二厂生产的“兴海牌”电视（图4.12）。

图 4.12　电影《你好，李焕英》截图中的“兴海牌”电视

沈腾在彩排节目时假装摔倒这一段中，沈腾脚上穿的是“回力牌”运动鞋。“回力”是中国历史最悠久的轮胎品牌，改革开放后，“回力”并入了上海胶鞋公司，该商标于 1935 年 4 月 4 日作为运动鞋的品牌被注册。这个品牌在近几年也掀起了小小的“复古风潮”，成为很多小众青年圈里的“潮流单品”（图 4.13）。

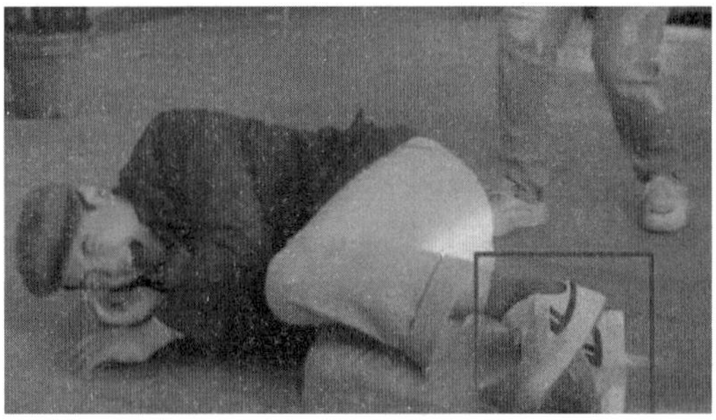

图 4.13　电影《你好，李焕英》截图中的“回力牌”运动鞋

电影中，沈光林明明不会骑自行车，却要成天推着走，是因为拥有一辆“二八”自行车也是 20 世纪 80 年代的炫耀资本（图 4.14）。

图 4.14　电影《你好，李焕英》截图中的“二八”自行车

从上面的案例我们可以看出，无论是电影还是电视剧中的品牌广告植入，通常情况下都会提升产品的知名度，观众会因为持续的品牌刺激，有可能转化成品牌的潜在顾客。

再比如，2021 年，由“四特东方韵”赞助的《圆桌派》第五季再度回归，这次回归也毫无例外地引发了观众的共鸣，同时也进一步深化了用户对“四特东方韵”“世界因我而不同”的品牌形象的印象。据悉，此前“四特东方韵”与《圆桌派》已合作过两次。在娱乐为王的真人秀节目领域，《圆桌派》似乎是一股清流，以文化聊天为节目的主旋律，紧跟时事，将多元视角价值解读并传递给观众，话题选择颇接地气但又不失思考的价值，坚持没有标准答案的多元思维碰撞，与“四特东方韵”的核心价值观完美契合，两者相得益彰，将在高品质指引下追求多元品味的价值诉求有效推介给了更多消费者。

3. 赛事活动传播

品牌通过赛事和活动赞助进行传播的方式也比较常见。赛事和活动赞助不仅能够增加品牌的能见度，而且能够拓展和深化品牌内涵。赛事和活动传播，能够提升品牌形象、建立品牌知名度、促进品牌产品销售。

361°——首个奥运官方支持商的中国体育品牌

赞助奥运会的运动品牌有很多，但 361°却在 2016 年里约热内卢奥运会上首个成为奥运会全球合作伙伴、官方支持商及官方供应商的中国运动品牌。此前连续三届奥运会上，官方支持商的地位一直被阿迪达斯垄断。据悉，里约热内卢奥运会及残奥会正式比赛和所有测试赛的技术官员、医疗人员、赛会服务人员、火炬传递者及其他工作人员的整套专业装备均由 361°提供，总量超 100 000 件。

361°倡导“多一度”热爱的品牌精神，不仅是里约热内卢奥运会的赞助商，在支持中国体育赛事方面，361°也是不遗余力。2011 年，361°作为深圳世界大学生夏季运动会全球合作伙伴，让中国民族体育品牌开始被世界级体育组织认可。

361°是怎样的一个品牌？和大部分国产鞋品牌一样，361°成立于福建晋江。相较于安踏的破釜沉舟、李宁的壮阔起伏，一路走来的 361°却稳中求进，显得有点波澜不惊。早年的 361°主要以 OEM 出口代工为主，相较于其他国产运动品牌，361°在国际市场的开拓上要好不少。管理层敏锐地意识到精准的市场定位和高效的品牌营销对企业发展的重要意义。仅 2004 年，361°就花掉了 4 000 万元用于品牌营销；2008 年成为央视体育频道的服装指定供应商；2012 年被评为伦敦奥运会最佳营销品牌（图 4.15）；2014 年，361°大举开拓巴西市场，布局里约热内卢奥运会，迄今 361°在巴西已有超千家门店。

在用户定位方面，18~30 岁的年轻人是 361°的主要目标人群。其精准切中了年轻人“囊中羞涩”却又想“花小钱穿大牌”的消费心理。相较于李宁、特步和安踏，361°的 Logo 并不显眼，早期的 361°通过参考其他品牌的设计理念、大牌产品三分之一的价格和优质耐穿的质量，在下沉市场中收获颇丰。361°财报显示，2015—2019 年公司营业额分别为 44.587 亿元、50.277 亿元、51.582 亿元和 56.32 亿元，毛利分别为 18.230 亿元，21.099 亿元、21.562 亿元和 22.696 亿元，二者逐渐上升趋势不变，但增速明显放缓。

图 4.15　361°伦敦奥运会广告

中国的运动产品消费市场虽然足够大，但 70%～75%的消费人群都是来自不到 30%的都市年轻群体，且这部分群体对阿迪达斯、耐克等国际品牌更加偏爱。在过去，包括 361°在内的绝大多数中国品牌，为了避免与国际品牌的正面交锋，以生产廉价、低科技含量的产品，争夺三、四线城市为主。但随着消费升级和安踏、李宁等国产品牌的转型与崛起，业绩增速不断放缓的 361°开始尝试寻找转型之路。自 2014 年 4 月开始，361°把产品、零售渠道和品牌塑造作为三个改变重点，以“国际化和年轻化”为转型目标。2014 年，361°成立国际线，高薪聘请“运动鞋教父”林炳煌操刀国际线业务，同时大力支持自主研发，研发费用从 2014 年的 9 570 万元上涨到 2017 年的 1.73 亿元，鞋类研发人员也从 2016 年的 134 名增加至 2017 年的 326 名。迄今，361°已在巴西、美国、欧洲等地拥有千余个销售网点。2018 年年底，361°发布标价为 899 元的全新系列产品 M1°RO，在天猫发售不到一天就被抢购一空，361°也开始摆脱旗下产品“低端”“廉价”的传统印象（图 4.16）。

图 4.16　林炳煌及其研发团队

同时，为适应“年轻化”战略，361°还在童装和电竞领域同时发力。到 2017 年，361°童装营收额达到了 7.1 亿元，占企业总体营收的 13.8%。2018 年 3 月，361°赞助国内知名电竞团队 QG 俱乐部，成为第一个开启电竞战略系统化运作的中国体育品牌（图 4.17）。

图 4.17　361°和 QG 电子竞技俱乐部签约现场

从 2010 年的广州亚运会，到 2012 年伦敦奥运会和 2016 年里约热内卢奥运会，再到 2018 年的雅加达亚运会，从 OEM 出口代工到自主战略研发，从中低端下沉市场到品牌国际化、年轻化转型，361°的一系列营销与战略不仅树立和提升了品牌的专业化形象，还引起海内外市场的广泛关注，提升了品牌知名度。但随着国潮爆款的百花齐放、层出不穷，叠加 2021 年的新疆棉花事件，中外体育用品品牌的竞争态势日益激烈，体育用品行业逐渐成为中西方对抗的焦点领域之一。作为力挺新疆棉花的国产品牌，361°在如此竞争格局下该如何布局未来的产品格局？又该如何提高其品牌影响力？让我们拭目以待。

四、品牌传播的保障措施

品牌传播的过程是将理性的品牌资产转化为客户语言的过程，同时要在情感层面建立高认可度的客户联系，与客户产生情感共鸣是品牌传播的最高境界，是维护和提高品牌忠诚度的不二法宝。

（一）了解客户

品牌传播首先要思考能为客户创造什么价值，能够满足客户什么个性化需求。随着消费不断升级，老百姓的消费已经逐步由衣、食、住、行上升到健、美、乐、智，从物质性消费发展为精神性消费。企业要系统了解客户的需求，才能根据 5W1H 理论开展品牌传播。Luckin Coffee 就是了解客户需求，对比竞争对手的产品和服务，找到细分市场的发展空间，选择正确的传播方式和内容，才获得了市场的认可。

（二）行胜于言

品牌商品应同时具备两个属性：价值和使用价值。品牌传播的内容是告诉客户品牌的价值、概念、口号等精神层面的属性，但是无论是奢侈品还是日常生活用品，在消费品领域同样也要具备使用价值，而且要让客户在使用的过程中形成较好的客户体验。要想品牌化，就要文字化；要想文字化，就要标准化。这是做品牌的思路，但是打磨产品的思路应该是并行的：要想品质化，就要人性化；要想人性化，就要细节化。只有这样，方能让市场看到企业不仅“说”得好，而且“做”得更好。

（三）口碑营销

传统的品牌传播内容以硬广告为主。品牌也能从客户端得到反馈，但这种反馈的信息量不大，渠道也比较单一（图 4.18）。

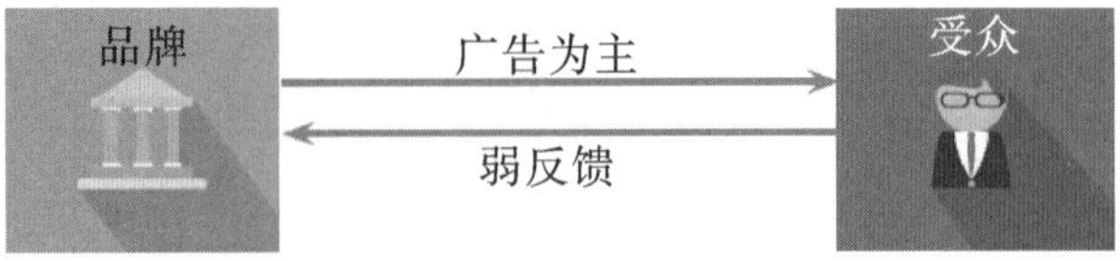

图 4.18　品牌传播传统模式

大数据时代的品牌传播内容主要以软广告为主，传播精确度更高，客户的反馈大大增强，更重要的是客户的身份已经不只是“受众”，他们也是传播主体，能把对品牌的评价通过口碑传递给其他潜在客户。所以企业在品牌传播的过程中要努力让客户成为品牌的代言人，帮助企业宣传推广（图 4.19）。

图 4.19　品牌传播互联网模式

第三节　竞争对手监测与品牌传播在创业实战中的应用

我们回到本章开始的问题：摩尔百货的竞争对手是王府井百货、万象城等商场和购物中心吗？沃尔玛的竞争对手是人人乐、家乐福吗？从狭义的竞争对手角度来讲是竞争对手，但是从品牌传播的角度来说，可以说行业外的宜家、1 号店等可能是他们的竞争对手。那么结合本章的知识点，我们如何在创业实战中去应用呢？我们将通过本节的梳理告诉创业者应对之法。

一、“三步走”法则

（一）开发好“两种人群”

竞争对手的监测与品牌传播离不开两类人群：一种人是企业的员工，另一种人是企业的客户。通过员工监测竞争对手，通过客户传播企业品牌。

一方面，企业经营管理者要经常关注企业的人才招聘信息，同时留意相关的猎头公司网站和招聘网站。我们经常讲企业之间的竞争是供应链之间的竞争，其根本是人才之间的竞争。企业经营管理者要思考自己的员工离职之后去了哪里，去得最多的是哪一家企业，这家企业为什么能够吸引员工趋之若鹜，是薪酬水平和福利待遇、是工作环境和交通便捷还是学习机会和晋升空间。企业经营管理者就很容易找到自己的竞争对手，且无论这家企业是否同行，它都是自己的竞争对手。理由很简单，这家企业在和自己抢夺同一类型的人力资源。

很多企业经营管理者容易在做大做强后产生这种错误的想法：员工去留无所谓，你找得到单位，我也招得到人，现在人才市场这么多人在找工作，还怕自己给钱找不到人？事实上真的会出现拿着钱找不到合适人才的情况。企业如果不想让自己成为一个培训学校，就一定要让想做事、能做事的人才留在企业，发挥他们的能量，为企业创造价值。

另一方面，企业经营管理者要想方设法让客户成为自己的品牌传播者。曾经有一个企业管理者说过这样一句话：企业就好比一个教会，经营管理者是教主，员工是自己的传教士，而客户是自己的信徒。这种观念是狭隘的，员工的能量是有限的，我们应该让客户通过传教士的影响，成为企业新的传教士，客户的口耳相传能够让企业的品牌传播效果取得更好的效果。

（二）发掘好“三类商品”

竞争对手的监测和品牌传播离不开三类商品：一是同品类商品，二是替代类商品，三是互补类商品。

首先，要做好同品类商品。做不好同品类商品，企业就不会有稳定的业务，更谈不上可持续的收入。初创企业缺资金、缺技术、缺人才，在这种情况下就更应该做好自己的基本业务。该理论适用于所有企业——无论可口可乐如何开发新产品都不会放松和放弃最基本的产品“可口可乐”，无论 85℃ 如何开发新产品都不会放松和放弃做好最基本的产品“面包”。企业无论大小、成立时间长短，在同业竞争的领域，都应做好基本产品，才能让企业有立足之地、立身之本。

其次，我们需要扩大替代品的种类。可以通过品牌传播来稳定和扩大公司与市场的联系。例如，滴滴打车和花小猪出行是拼车的先行者。滴滴公司开发了相关的替代方案，以提高用户对拼车的忠诚度，为价格敏感的消费者提供了另一种选择——花小猪出租车（图 4.20）。

图 4.20　花小猪打车 Logo

最后，要强化与互补类商品的关系。互补类商品与同品类商品属于共荣共衰的关系。互补类商品发展得好，同品类商品也会发展得好，两者之间相互依赖、形成互利共赢的关系。例如剃须刀架和刀头、牙刷和牙膏就属于互补关系。所以在品牌传播的时候，可以通过联合互补类商品的生产企业，整合企业资源优势，形成战略联盟共同开发市场。

（三）掌握好“四种资源”

市场竞争中的资源具有有限性和时效性，所以，竞争对手的监测和品牌传播离不开四种资源：一是营销资源，二是生产资源，三是物流资源，四是公共资源。

首先，要掌握好营销资源。营销资源具有排他性和独占性。例如媒体广告和户外广告在某一时段被一家企业掌握，那么该时段其他企业就无法占有。所以，营销资源对于竞争对手而言至关重要，尤其是在同一时段、同一媒介有做品牌传播的企业。

其次，要掌握好生产资源。如果发现企业之间争夺的是同一类生产资源，那么两者之间就属于竞争关系。例如星巴克和所有以咖啡为生产原料的厂家都是竞争关系，“豪虾传”和所有以小龙虾为食材原料的餐饮企业都是竞争关系。

再次，要掌握好物流资源。物流资源是企业服务质量的关键，而服务质量直接关系到客户的满意度。尤其是近年来的“双十一”尤为明显，物流公司的承载力濒临崩溃的边缘，一边是网民线上的狂欢，一边是物流公司的分拣配送，另一边是客户对到货速度的抱怨。所以物流资源是企业加快经营发展的瓶颈。

最后，要掌握好公共资源。公共资源包括政府、职能部门、律师等资源，企业在经营管理过程中，要熟悉国家的方针政策和战略布局，要了解与企业自身业务相关的职能部门，要强化法律意识和知识产权保护意识，对公共资源的整合，能够让企业健康、持续发展。

在运用“三步走”法则的时候，初创企业要避免掉进一个陷阱：发现全世界都是自己的竞争对手，甚至有时把行业领导者列为核心竞争对手。

二、“大数据”法则

（一）通过数据分类确定竞争对手

企业只有对数据进行分类加工才能找出有价值的信息，因为各部门关注的数据类别不尽相同。例如，财务关注收支和利润数据，生产部门关注原材料供应数据，销售部门关注市场销售数据。对数据进行分类，才能够明白竞争对手目前在做什么、做得如何、计划做什么（表 4.7）。

表 4.7　竞争对手数据分类表

数据类别	数据来源
媒体数据	新闻报道、企业财务报告、行业分析报告
工厂数据	工厂数量和布局、生产计划
组织数据	组织架构、关键人员、员工数据、招聘数据
经营数据	财务数据（三大报表）、客户数据、市场份额
销售数据	商品数据、价格数据、促销数据、渠道数据

（二）通过数据渠道进行品牌传播

竞争对手的数据获取渠道也是品牌传播的渠道，这个渠道包括消费者每天使用的微信、微博，也包括企业的官方网站和门店等。那么，企业进行品牌传播的渠道有哪些呢？请参看表 4.8。

表 4.8　企业品牌传播渠道表

渠道类别	品牌传播渠道
线上渠道	公司年报、新闻报道、关键词搜索、招聘广告、员工社交工具、问卷调查
网络工具	百度文库、百度指数、谷歌趋势、淘宝指数、优酷指数、微指数
线下渠道	行业分析报告、论坛会议、门店、产品、客户调查、专业机构调查

需要注意的是，百度文库是网友上传并经百度审核发布后的资料平台，包括教育、PPT、专业文献等。通过百度文库的资料，我们可以进行品牌推广。百度指数则可以通过关键词搜索查看公司排名，公司可以利用百度指数进行宣传推广，同时还可以看到不同区域搜索量的分布情况，这样企业能够更精准地进行市场开拓与产品投放。

◇ 创业问答 ◇

Q：如果我想创业经营咖啡馆，能够做得比其他咖啡馆好吗?

A：不少想创业经营咖啡馆的人，容易掉进一个怪圈：去看竞争对手的咖啡机型号、什么牌子的牛奶、哪种类型的豆子，然后不断调整自己咖啡的口味，从而提升自己的竞争力。这个思路不是不对，但是走偏了。咖啡馆之间的竞争最重要的不是咖啡好不好喝，而是咖啡馆的氛围营造，也就是我们说的“好看”。咖啡是舶来品，除了极少数单品咖啡馆外，很多咖啡馆的竞争主要强调氛围，也就是你的环境营造、背景音乐、店铺文化和餐具感觉等，好的摆设一定比单一的好喝更重要!

Q：竞争对手监测为什么对于初创企业依然重要?

A：初创企业刚进入市场，无论是经营管理者的经验还是其他方面，都和该行业的老牌企业有一定差距，伴随行业市场的发展壮大，势必会在经营管理过程中出现自己的竞争对手，如果缺乏竞争对手监测，甚至是选错了竞争对手，很有可能使企业出现“显微镜看对手，放大镜看自己”的情况。例如优衣库监测的对象就不会是ZARA，因为他们的消费人群、品牌定位、产品风格完全不一样。

◇ 关键术语 ◇

完全垄断：指在某一市场领域完全没有竞争者，一家企业完全控制一个广阔市场的状态。这种市场状态在市场导向型经济中是极少的。

完全竞争：完全竞争和完全垄断是两个相对的极端概念，完全竞争也被称为纯粹竞争，是一种不受任何阻碍和干扰的市场结构，指那些不存在足以影响价格的企业或消费者的市场。完全竞争也是经济学中理想的市场竞争状态。

STP：市场定位理论，包括三个层面——市场细分、目标市场选择、市场定位。企业在一定的市场细分基础上，选择自己的目标市场，最后把产品服务定位在目标市场上。

知识生产率：在一定条件下，人类在改造物质世界时，所利用的知识的经济效果=产出/知识投入。

供应链：生产及流通过程中，涉及将产品或服务提供给最终用户的活动的上游与下游关联企业所形成的网链结构。

◇ 本章小结 ◇

移动互联网走到今天，所有的红利几乎都已经被消耗完。当移动互联网变成国家的基础设施后，企业该怎么做？初创企业品牌营销最核心的是什么？老用户不愿意裂变拉新，怎么办？“抖音”的红利期是否还可以延续？本章分别从竞争对手监测与品牌传播的内涵与外延两个方面展开讲解，梳理竞争对手监测，分析竞争对手监测的定义、内容、角度和价值，让初创企业掌握基本的竞争对手监测理论知识；然后就品牌传播的定义、特点尤其是品牌传播的不同方式展开讲解，结合不同行业的案例分析品牌传播的效果和具体操作方法；最后站在企业经营管理者的角度，分析两者在创业实战中的具体应用方法。

◇ 思考 ◇

1. 监测竞争对手的目的和意义是什么？
2. 请选择一种竞争对手分析工具，开展一次竞对分析。
3. 请结合你自己的产品和服务，制订品牌传播方案。

第五章
初创企业品牌危机与融资风险管理

学习目标

学习完本章后，你应该能够：

- 理解品牌危机的内涵与外延
- 理解品牌危机的产生及其影响
- 掌握品牌危机的应对方法和品牌重塑的关键环节
- 理解企业融资风险的内涵与外延
- 理解企业融资风险的产生及其影响
- 掌握初创企业融资风险管理的方法

本章重难点知识视频

开篇案例｜知名网红品牌“李子柒”的危机与风险

2015 年，来自四川绵阳的女孩李子柒（原名“李佳佳”），开始在 YouTube 上发布美食烹饪短视频，凭借个人对中国传统文化的独到理解与诗意表达，吸引了大量的粉丝。爆火以后，李子柒于 2017 年开始组建团队，并与杭州微念品牌管理有限公司（以下简称“杭州微念公司”）携手，成立了“四川子柒文化传播有限公司”（以下简称“四川子柒公司”）。自此，“李子柒”凭借着其高质量的文化输出以及独树一帜的美学体系，赢得了越来越多的关注，全球粉丝量更是高达 1 亿。2020 年，网红品牌“李子柒”的产品年销售额已超过 16 亿元。

伴随李子柒爆火而来的是广大消费者所不能接受的食品安全问题。据了解，“李子柒”的大热网红产品螺蛳粉每袋成本 3 元左右，其毛利可维持 70%，在月销售额约 4 000 万元的高销量、高利润之下，店铺中参差不齐的评价却显得有些“扎眼”。超 2 万人次为“李子柒”螺蛳粉打上“口感味道差”的标签。根据投诉数据，不少消费者表示在该款螺蛳粉中吃出异物，包括塑料、钢丝、蟑螂、苍蝇等，这表明该产品存在着严重的食品安全隐患。尽管如此，商家对反馈意见的处理却显得有些“马马虎虎”和“漫不经心”，在未与消费者达成一致的情况下，许多投诉竟被自动标记为“已处理”。许多消费者在对“子柒食品”（图 5.1）不再如当初那么热衷的同时，也对“李子柒”这个 IP 产生了怀疑。但对于“李子柒”品牌打造者的李佳佳而言，她也是一筹莫展、爱莫能助，因为她根本没有任何办法干涉或影响“子柒食品”的生产销售过程。

图 5.1　京东商铺“李子柒螺蛳粉”商品广告图

“李子柒”账号在 2021 年停更近 2 个月后，品牌创始人李佳佳被爆出与杭州微念公司纠纷不断，双方甚至走上了法庭，“李子柒”账号也停止了运营。这究竟是怎么回事呢？这就要从李佳佳个人、四川子柒公司、杭州微念公司这三者的关系说起了。

李佳佳负责“李子柒”账号的内容输出，而杭州微念公司则负责“李子柒”账号的商业运营，包括旗下食品销售等。不难看出，仅内容输出是无法盈利的，真正的商业环节由杭州微念公司把控。李佳佳个人仅对四川子柒公司持股 49%，对杭州微念公司持股为零，但杭州微念公司却对四川子柒公司持股 51%（图 5.2）。

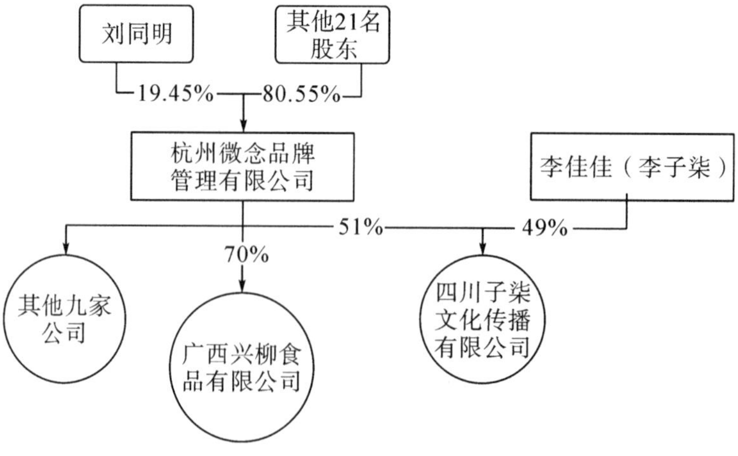

图 5.2　四川子柒文化传播有限公司及其关联方股权结构

李佳佳主要的收益在于品牌授权费，即四川子柒公司将“李子柒”品牌提供给杭州微念公司使用，杭州微念公司则以收益的一部分来交换。但由于李佳佳对杭州微念公司并不持股，她的收益并不与子柒食品的销售额直接挂钩（图5.3）。也就是说李子柒从一个创业者变成了打工人，收益与她个人所带来的流量是极不对等的。

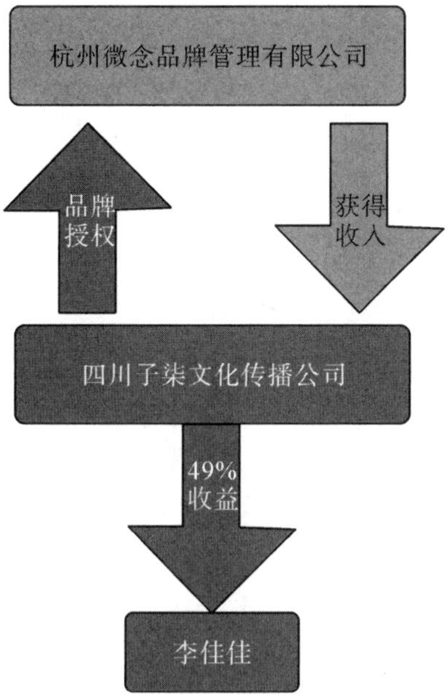

图5.3　“子柒文化”的品牌收益来源

在四川子柒公司的融资组建过程中，合伙人间的股权分配埋下了矛盾的种子，加之经营管理模式的问题，李佳佳并不直接参与食品销售，收益空间被压缩。管理层的纠葛导致“李子柒”个人账号的维护一度停摆，对于网红来说，离开内容制作的“李子柒”曝光量锐减，时至今日，还有多少人愿意为“李子柒”这个品牌买单呢？

由此可见，“李子柒”的危机既是品牌危机又是融资危机，因为“李子柒”这个品牌的质量和收益都和公司经营管理直接挂钩，但是李佳佳本人却无法控制甚至无法监督、管理公司的经营。同时，“李子柒”也不像其他成熟品牌OEM生产有着严格的标准，它显然没有标准可言。这就不可避免地产生了结构性风险——不仅“子柒食品”的质量得不到有效保障，而且其利润到底是多少不得而知，中间是否存在大量造假和利润转移也不清楚。在这样的股权结构和经营管理模式下，李佳佳本人确实不知情，也难以有效实现其设立“四川子柒公司”的初衷。

思考：

1. 失去李佳佳的“李子柒”品牌是否还能让消费者为它买单？

2. 离开“李子柒”的李佳佳又将如何召集原来的粉丝，为自己的下一个IP建起热度？

3. 作为“子柒文化”创始人的李佳佳，其股权性融资结构为其带来了哪些无法掌控的风险？

4. 初创企业一方面确实难以离开股权性融资，另一方面又该如何有效规避股权性融资的“陷阱”？

思维导图

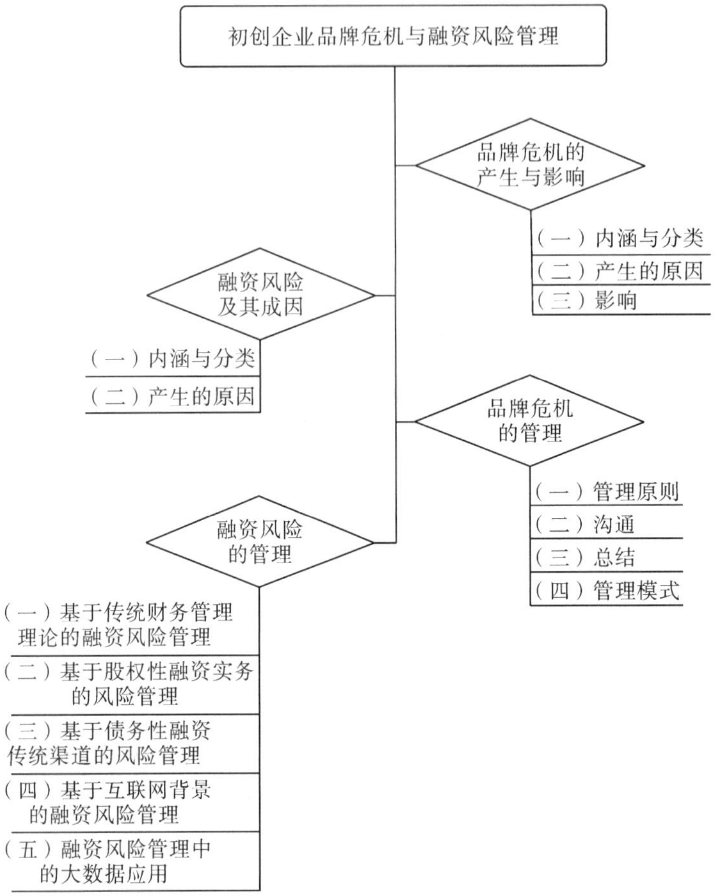

本章提要

危机公关与风险管理是任何企业都将面临的问题。在本章中我们聚焦于企业危机中的品牌危机，以及风险管理中的融资风险管理。

企业应全面了解品牌危机产生的原因和可能给企业带来的灾难性影响，熟练运用各种管理手段让品牌不受侵害，充分借助大数据有效监控危机的传播趋势及其负面影响，及时启动危机预警，有效识别关键原因及传播路径，进而最大限度保护企业、产品的声誉。

融资风险是企业融资带来的一系列风险，是企业在生产经营过程中面临的诸多风险的一种，它由非系统性风险和系统性风险两部分构成。尤其是初创企业对经营规模及其效益的永恒追求，负债规模、负债期限结构以及企业流动性的内在诱因，不断推动着企业融资。随着互联网、大数据、云计算等现代技术的广泛应用，企业如何将自身所面临的融资风险程度降至最低，是初创企业不得不面临的必修课。

第一节　品牌危机的产生与影响

什么是品牌危机？品牌危机产生的原因是什么？它又会带来怎样的影响？

品牌危机的发生往往是从一个事件开始的，该事件损害了相关群体的利益，事件双方在博弈过程中没能达到彼此的期望，事件经过网络发酵被公众所关注，因为舆论的引导成为一种社会事件，该品牌及其关联企业、产品等信誉度降低，经营业绩严重下滑，产品被市场抵制甚至抛弃。系统、深入地了解品牌危机的产生原因、影响及后果，可以帮助我们理清思路、找到方法，有利于企业经营决策者在危机防范与应对中做到有的放矢。

一、品牌危机的内涵与分类

（一）危机的定义

从字面来解读危机，其意思简单明了，即：危险和机会。危机与门槛类似：跨过便为门，迎接新的机会；跨不过便成了槛，带来危险。危机在商业领域始终伴随着企业的整个发展过程，它无时不有、无处不在，它影响着企业经营管理的方方面面。

“现代危机干预之父”凯普兰最先提出了危机的概念：每个人都在不断努力保持一种内心的稳定状态，这种稳定状态旨在保持自身与环境的平衡与协调；当重大问题或变化发生使个体感到难以解决、把握时，这种平衡就会被打破，内心的紧张程度不断加剧，继而出现无所适从甚至思维与行为紊乱，进入一种失衡状态，即通常所说的危机状态。凯普兰的定义为今天的危机管理奠定了基础，但是这个定义强调个人而忽略了团体和社会这两个主体。

巴顿则认为，危机是“一个会引起潜在负面影响的具有不确定性的大事件，这种危机及其后果可能对组织及其员工、产品、服务、资产和声誉造成巨大的损害”。巴顿的这一阐述与凯普兰相比，将危机的影响范围扩大到了人和组织，他认为沟通交流和形象管理是必要的。但企业在面临、处理危险的同时也面临着机遇，这说明危机具有两面性。

在大数据时代背景下，在企业竞合过程中潜藏的危机无时不有、无处不在。危机使企业的声誉和形象受到影响，严重损害企业的信用，使企业的市场占有率和销售业绩下滑，甚至使员工的战斗力与忠诚度、企业上下游客户关系都受到严重影响。

危机具有以下几个特点：

1. 意外性

危机被引爆的具体时间、发展态势、影响深度、波及规模等，都是不可预测的。危机爆发的时间、态势、规模和深度，都是事先不曾预料的。

2. 传染性

在信息时代，危机的传播速度要远远快于危机本身的发展速度。媒体的介入会让危机像传染病一样波及社会的方方面面。

3. 破坏性

危机不管其规模和性质如何，都会给企业造成不同程度的破坏、混乱或恐慌。此外，信息不对称等因素的客观存在，往往会带来决策的滞后、失误和难以估量的损失。

4. 紧迫性

危机一旦被引爆，其能量惊人、蔓延迅速，若不及时采取果断措施进行有效处理，企业将遭受惨重损失和无穷祸患。

5. 全局性

处理危机需要组织上下通力合作。企业不仅要有应急预案，还要针对预案成立专门的应急团队，调动各类资源应对危机。

（二）品牌危机的内涵

品牌危机是指在企业经营管理过程中，由于政治性因素（如国家政局变动或者政策调整）、市场性因素（如行业变革、产品迭代）、管理性因素（如管理失误、工作疏漏）等，公众对该品牌的不信任感突然增加，品牌美誉度遭受严重打击，品牌在市场的认可度降低甚至毫无影响力，出现企业经营业绩严重下滑等现象。

产品质量、售后服务、市场管控、经营管理和公共关系处理等问题都会在一定程度上诱发品牌危机，导致企业的经营业绩下滑，品牌信誉和形象受损。抓住这个线索有利于我们找到诱发品牌危机的种种原因，从而更好地防范和应对危机。

品牌危机的产生源于与品牌相关的一系列事件，企业在应对客户和公众的时候，针对每个事件都会产生思维层面和行为层面的差异，但双方针对这些事件的处理期望值又不尽相同。倘若双方信息不对称或沟通不畅，加上媒体基于事实或基于虚构报道使企业成为舆论的焦点，则会“众口铄金，积毁销骨”，客户与公众对品牌的再认知将受负面宣传的影响，给品牌形象与声誉带来损失。所以说危机的根源、客户的期望、企业的措施、公众的看法和泛媒体的关注构成了一个品牌事件发展到品牌危机的主线。

（三）品牌危机的分类

对品牌危机进行分类，有助于我们更好地理解品牌危机的机理结构，从而能够从另一个角度弄清品牌事件是如何演化发展为品牌危机的；有利于我们加深对品牌危机内涵的理解，更清晰地了解各因素的相互影响关系，为防范和应对品牌危机提供理论支持。下面对几种常见的品牌危机做简要介绍。

1. 产品危机

产品危机是指因产品质量问题而发生的对企业运转和信誉乃至品牌产生重大威胁的紧急或灾难事件。大多数情况下，企业危机是指产品质量或功能问题带来企业—消费者纠纷甚至造成消费者重大损失，从而使企业面临巨额赔偿或被勒令停产的事件。这种情况主要是由产品生产技术、工艺落后，生产流程不科学，产品质量危机意识欠缺或者产品质量管理体系不规范等原因造成的。企业一旦面临产品质量诱发的品牌危机，应做好如下工作：首先，迅速将问题产品召回；其次，抚慰和关心受害者；再次，召开新闻发布会，通报事情原因，诚恳表明态度；最后，对问题产品进行处理，对受害者进行赔偿，对造成问题的相关人员进行问责、处理。

2. 形象危机

形象危机是指在企业的生产、运行过程中，企业家自身形象受损、内部管理不善或发生不当竞争等行为，使得社会公众与消费者对该企业产生负面评价、对该企业的信任度下降。

形象危机的产生主要有如下原因：

（1）缺乏正确的企业文化引导；

（2）缺乏危机意识与危机预警机制；

（3）缺乏科学、系统的理论指导；

（4）缺乏深刻的认识和正确的处理技巧。

应对形象危机的措施具体如下：首先，企业应该构建形象危机管理预警系统；其次，召开新闻发布会澄清事实并表明企业态度；再次，通过网络媒体等渠道进行正面报道；最后，对问题根源进行清查处理、梳理总结。

3. 公共关系危机

公共关系危机，是指存在于组织内部或外部社会环境中的某些事件突然发生，给企业带来不良影响甚至灾难，对组织声誉、服务声誉、相关产品等产生负面影响，使得组织的公众形象受到极大损毁的现象。诱发企业公共关系危机的主要因素包括环境问题、劳资问题、产品质量、公众谣言等。在处理公共关系危机的过程中，要始终秉承及时、准确、诚恳三大原则。其中，及时是首要原则，诚恳是关键，准确是前提。其目的是真实传播、挽回影响、减轻损失、趋利避害、维护声誉。

二、品牌危机产生的原因

品牌危机产生的原因比较复杂，例如市场、产品、品牌、渠道、组织和管理因素等，有可能是某一个因素引起，也可能是几个因素综合作用的结果。品牌危机管理要求企业系统、全面和深刻地把握危机产生的原因。分析原因可从企业内部和外部两方面进行。

（一）企业内部原因

1. 产品、服务因素

首先，产品质量问题是品牌危机的一个重要原因，表现为对产品的质量不重视甚至恶意逐利，比如以次充好、缺斤少两、偷梁换柱等。在现实中，某些企业为追求经济效益，把质量不好的产品甚至是低劣的二等品、三等品乃至等外品拿来出售，致使企业原先的红火场面慢慢冷清，从而毁了品牌，“秦池”“三鹿”就是惨痛的教训。某些企业只顾追求眼前利益，产品质量不好，缺斤少两，致使产品乃至企业形象在消费者心中大打折扣，信誉度降低，销售业绩急速下滑。有的企业甚至哄骗、欺瞒消费者，销售积压和变质的产品。其次，服务质量问题是品牌危机的催化剂，因为优质的服务是维系老客户和开发新客户的重要手段。某些企业为了完成销售工作，向顾客承诺其售后服务非常周到和人性化等，一旦完成销售工作，对客户反映的问题处理不够及时，推脱责任，企业内部推诿“踢皮球”甚至置之不理，导致客户对企业的形象大打折扣，其市场口碑自然越来越差。

2. 品牌定位因素

品牌定位包括形象定位、市场定位、人群定位、价格定位、地理定位和渠道定位等。精准的品牌定位有利于企业在激烈的市场竞争中扩大消费群体。国产品牌“美特斯·邦威”于2008年底推出旗下高端城市品牌“ME & CITY”（中文名“米安斯迪”），起初还邀请“越狱”男一号米勒和巴西超模布鲁娜代言，但“ME & CITY”的门店都是以“店中店”的方式上市推广，这种将母品牌和子品牌捆绑在一起的做法会拉低“ME & CITY”的定位水平，使得消费者难以将其与中高端消费联系起来，带来定位模糊的问题。“定位不明确”无疑会给品牌针对的消费者带来负面效应。其究竟主打哪个风格？针对哪个年龄段的哪类人群？中学生穿可能显得老气，大学生穿可能又太职业化，白领穿又可能会出现面料款式显得廉价的问题。如此一来，这种子品牌的出现不仅无法达到扩大目标消费群体的目的，反而还可能使原来聚集的消费群体不断流失，造成品牌的忠诚度下降、市场份额缩减等不利后果。

金笛服饰的品牌转型升级之路

四川省金笛服饰有限公司成立于2007年，坐落于风景秀丽的金堂县九龙服装工业园。公司集服装设计、研发、生产于一体，长期以来，致力于为客户提供全方位的解决方案。公司拥有全套德国进口生产线、严格的质量控制体系、完善的销售网络以及朝气蓬勃的员工队伍，专业生产品质优良、价格公道的各类服装。公司所生产的西服、衬衫、职业装、羽绒服、棉衣、风衣、户外服以及高级定制服装等深受国内外客户的好评。

经过多年发展，公司已经通过ISO 9001国际质量体系认证、ISO 14000环境管理系列标准认证、ISO 18000职业健康安全管理体系认证、商品售后服务评价体系认证以及BSCI国际商业社会标准认证（图5.4）。

图5.4　金笛服饰官网截图

近年来，随着国外流行品牌的纷纷进驻和国内年轻品牌的异军突起，金笛服饰的品牌定位曾一度模糊不清，呈现出不上不下的状态，产品市场占有率和市场增长率大幅下降。公司决策层决定以金笛服饰为基础，进行品牌重塑。公司在充分调研市场同业竞争者的前提下，开发出四个子品牌——HelloPocket、D&DOWN、Zoophilist-Tailor和GY.GIORGIAP。子品牌定位不同且独立运营。HelloPocket专注于奢侈品质的多功能商旅鹅绒服，产品材质均来源于日本，独特的自有工艺造就了世界上最轻最暖的鹅绒服，无论何时何地，总有一款是您的爱。D&DOWN主要开发全球轻奢运动品牌。Zoophilist-Tailor主要开发全球首个专属于动物保护人士的服饰品牌，“拒绝杀戮”与动物和谐相处是品牌的自创精神，所有材质均不会采用动物皮毛，主打天然、环保、创造和回归。GY.GIORGIAP 蕉雅是专为高级商务人士量身定制的意大利合作品牌。

公司借助于精准的市场定位和丰富的产品线，逐步打开了市场，并在羽绒服领域占据一席之地。目前，市场布局已经遍及北、上、广等一线城市以及河南、云南等地的许多二线城市。同时，公司创始人创新性地将蜀绣这一非物质文化遗产融入产品中，通过商务部搭建的商贸平台，成功步入欧美市场，得到了国际社会的广泛认可。

3. 宣传推广因素

“酒香不怕巷子深”的商业模式已经不能完全应对今天的市场竞争。宣传推广能够帮助企业在消费者和社会公众心中树立形象，塑造品牌，但不合时宜的宣传推广内容、方式、时段和渠道往往会带来适得其反的效果。曾经，丰田“霸道”汽车做了这样的广告：山地陡峭而坡道崎岖，丰田“霸道”越野车飞驰而上，一辆酷似“东风”的卡车被铁链拖在其后；路旁的两只石狮恭敬地对一辆驶过的丰田“霸道”越野车垂首，并伴以“霸道，你不得不尊敬”的广告语。广告播出，一时间激起极大的民愤。广告中的卡车酷似我国军车，其侮辱我国军车的意图昭然若揭；同时，石狮在我国代表着权利和尊严，其“垂首敬礼”的模样是对民族尊严的挑战。丰田作为一个日本品牌，无视中国人民的文化痛点，发出这种轻浮、不严肃的广告，再次粗暴触及中华民族的历史伤疤，必然遭受中国人民的抵制。

（二）企业外部原因

1. 宏观环境变化

影响宏观环境的因素包括政治因素、经济因素、社会因素等。国家之间的政治关系恶化就可能酿成品牌危机。宏观环境变化还包括国家方针政策的变化、新法律条文的颁布、战争、恐怖主义、经济全球化加剧、国际金融市场震荡波动以及突发自然灾害等。

2. 行业市场变革

行业市场的变革主要包括行业标准提高、行业模式迭代等原因致使企业生产的产品突然从“正品”变成了“赠品”，使企业遭遇突发性的品牌危机。例如 20 世纪很多企业在显像管电视、VCD、BP 机等市场出现恶性竞争，这些企业降价促销无异于慢性自杀。但是行业竞争格局在发生改变：做到行业老大的显像管电视却成为背投、平板电视的“赠品”，做到行业领头羊的 VCD 企业突然发现自己的产品成为搭载 HDMI 接口的蓝光播放器的“赠品”，做到行业最高标准的 BP 机企业发现市场上的手机已经取代了自己的地位。这些鲜活的例子告诉我们，商业模式的迭代导致行业市场发生翻天覆地的变化，企业唯有跟上市场和技术的发展脚步，以消费需求的变化为风向标，才能在市场变革中泰然处之。

千禾味业的战略转型之路

由千禾味业官网可知，该企业是中国专业酿造高品质健康酱油、食醋、料酒等调味品的股份制企业，是由四川恒泰（原名恒泰实业）整体变更设立的股份有限公司。恒泰实业于 1996 年成立，公司刚成立时主要从事焦糖色等食品添加剂的生产和销售。2016 年 3 月 7 日，千禾味业在上海证券交易所上市。

目前，千禾味业主要的调味品产品按品类划分（图 5.5）。

产品系列	产品	价格	规格
	380天	27.8元	500ml
零添加酱油	280天	22.8元	500ml
	180天	28.2元	1000ml
千禾有机酱油	天元有机酱油	29.8元	516ml
东坡红	特级头道老抽	32.8元	500ml
	有机醋	49元	500ml
	窖醋10年	27.8元	500ml
零添加食醋	窖醋6年	42.8元	1000ml
	窖醋5年	15.8元	500ml
	窖醋3年	11.8元	500ml
零添加料酒	6年料酒	17.8元	500ml
	3年料酒	13.8元	500ml

图 5.5　千禾味业核心产品

（1）酱油：有机酱油、零添加酱油（头道原香、御藏本酿等）、鲜味酱油（鼎鼎鲜、味极鲜等）、红烧酱油（东坡红等）等产品。

（2）食醋：有机窖醋、年份窖醋、糯米白醋等产品。

（3）料酒：糯米料酒等产品。

近几年来，居民收入水平的不断提高以及消费升级意识的觉醒，使得人们对调味品的需求更加多元化。目前，调味品行业产品价格 10~30 元的居多。行业龙头海天味业通过产能优势带来的高性价比巩固主流价格带的优势；千禾味业重点布局中高端产品，凭借“零添加”概念，加速抢占高端酱油市场；中炬高新旗下主要有两大品牌系列——“美味鲜”和“厨邦”，主打高鲜酱油，多年来已由东南沿海地区逐步发展到全国。

其实千禾味业最初并不是做酱油的，而是做焦糖色生意的。1996 年 1 月，27 岁的伍超群成立了千禾味业的前身——四川省恒泰食品添加剂实业有限责任公司（简称恒泰实业），主要从事焦糖色等食品添加剂的研发、生产和销售。所谓焦糖色，其实是白砂糖、葡萄糖等糖类通过化学反应褐变得到的天然色素。焦糖色主要作为食品添加剂给老抽上色，但随着酱油市场中生抽及鲜味酱油的快速发展，老抽在酱油市场中的占比逐年下降，使得焦糖色的市场需求量及毛利润急剧下降，即使恒泰实业想方设法地降低成本，也依然无法改变公司发展的颓势，此时公司面临自创立以来第一个战略转型的难题。

经过慎重的考虑和艰难的选择，公司将目光投向了下游毛利润更高的调味品加工，而在下游子行业中，酱油的生产原料之一就是焦糖色，恒泰实业选择转型做酱油业务。虽然转型的过程异常艰难，但经过长时间的技术攻关和董事长的层层把关，恒泰实业生产的酱油不仅在技术上有了全新的突破，品牌的知名度也在不断提高，2008 年，恒泰实业旗下的“千禾”商标被认定为四川省著名商标。

千禾味业虽然以黑马的姿态杀进了酱油生产领域，但此时的酱油市场已然巨头林立，行业龙头海天味业凭借深厚的渠道优势以及密集的分销网络，打造了多个调味品子品类大单品，在营收和利润节节攀升的同时，不断抢占其他竞争对手的市场份额。危机四伏，竞争激烈，千禾味业的管理层深知如果一直坚持保守的品牌策略，是不可能从其他酱油巨头

"虎口夺食"的，此时的千禾味业迫切需要二次转型。通过深度的市场调研，何超群和他的团队发现调味品行业正处于消费转型、消费升级的关键阶段，消费者不满足于单一、廉价的调味品，逐渐转变为对更高品质、更健康、更细分产品的需求。最终，伍超群力排众议，选择了在当时并非属于主流市场的高品质健康调味品——零添加有机酱油，作为主打方向进行转型，主攻高端产品。经过长时间的技术攻关和生产调试，2008 年，千禾味业推出首款"零添加"产品——"头道原香"，一举进入 15 元/500ml 的高价格带，借此形成了高端健康调味品的品牌形象。千禾味业凭借在零添加市场的先发优势，在高端酱油市场站稳了脚跟，并持续推出多个"零添加"和"有机"新品，包括窖醋、料酒等（图 5.6）。

图 5.6 千禾味业首款"零添加"产品"头道原香"（官网截图）

经过数年的快速发展与精准的品牌转型，千禾味业 2017 年的销售额达到了 9.48 亿元，其中占总体销售收入 53.38%的酱油类，销售额达 5.06 亿元，而 6 年前的 2012 年只有 1.19 亿元。自 2012 年到 2017 年，千禾味业连续 6 年的复合增长率达到 11.58%，其中酱油类的复合增长率竟达 32.14%。

3. 其他品牌的冲击

随着我国对外贸易交流日益扩大，外国介入我国的经济活动日趋频繁——或是在我国投资建厂生产外国知名品牌，或是同我国企业合资，利用强势品牌文化对我国品牌形成强烈冲击。受此影响，我国一些品牌的地位摇摇欲坠。跨国品牌 ZARA、H&M、优衣库对国产快时尚品牌形成了强烈的冲击。国外品牌的汽车进口以及合资建厂生产的汽车对长城、BYD、奇瑞、吉利等本土品牌带来严峻挑战。同时，本土品牌也面临竞争格局的提升。农夫山泉从一家独大到如今诸侯割据，VOSS、Acqua Panna、依云等国外品牌纷纷进入，昆仑山、百岁山、冰川时代等后起之秀正在对行业老大形成品牌合围之势。格力在空调行业的霸主地位也逐步受到来自美的、海尔等企业的挑战。

4. 竞争对手或社会恶意攻击

有时，竞争对手、公众或其他组织出于各种目的，会通过污蔑、陷害等伤害活动使企业遭受破坏和损失，来使自己获利或满足自己的报复心、嫉妒心。最经典的案例莫过于"金龙鱼事件"。2010 年，《金龙鱼，一条祸国殃民的鱼!》一文在网络上突然被疯传，该文以批判的笔触大力呼吁民众抵制金龙鱼食用油，声称该品牌置国民健康于不顾，炼油原料是“有害的”转基因大豆。这是典型的竞争对手恶意攻击事件，对金龙鱼品牌造成的损失并非单单58万元的商品声誉损失这样简单，其后续的影响更是难以估量、不可挽回的。该事件也给食品企业敲响了警钟，警示他们一定要守住道德底线，远离不正当竞争，以免导致行业内相互效仿、互相抹黑，否则不仅会使品牌形象受损，还会在业内形成恶性循环，扰乱市场秩序，给公众带来莫须有的恐慌。

5. 媒体报道

媒体报道主要基于一些偶发性事件，媒体对涉事企业的产品、服务等生产经营活动进行公开报道。这些报道可能部分属实、完全属实或完全虚假，但不管具体情况怎样，其直接后果是给企业长期以来好不容易塑造起来的品牌形象带来负面影响。企业对此如果掉以轻心或者处理不力，其品牌形象和社会声誉会受到严重损害甚至出现“断崖式”下跌。

三、品牌危机的影响

受品牌危机波及的方面错综复杂。品牌危机对企业自身、社会消费群体、供应链上下游企业、行业市场、竞争对手等都会产生不同程度的影响。但在预防和应对品牌危机时，往往大多数企业只考虑到了企业本身、消费者和竞争对手，而忽视了供应链上游的企业和社会公众，使得企业很难在危机应对后重新恢复和塑造自己的行业地位和品牌形象。

（一）对消费者的影响

品牌危机会深刻影响顾客的消费行为，使其发生相应转变。例如，“瘦肉精”事件使得消费者减少了对“双汇”品牌食品的购买；“回锅油”风波使得顾客对南京“俏江南”产生怀疑，减少了在该店的就餐行为。

（二）对企业自身的影响

无论是因为产品质量问题还是竞争对手恶意攻击，品牌危机都或多或少会对企业自身造成影响，包括企业的决策层、管理层和执行层。首先，如果企业决策层在防范和应对危机的过程中缺乏危机意识和有效的决策效果，其不仅会失去对员工的领导力，还会致使企业亏损和破产。其次，如果管理层缺乏一定的协调和管理能力，部门员工将会在危机面前失去战斗力和凝聚力。最后，在危机应对的过程中，企业员工会对企业的风险防范和应对能力做出个人评估，如果员工发现企业无法应对风险，有可能会出现员工离职潮。

（三）对行业市场的影响

品牌危机的爆发，无论是因为企业经营管理问题还是外部恶意攻击，都会对企业所在的行业市场以及供应商产生影响，这种影响会引发连锁反应。如果汽车企业因为产品质量问题出现品牌危机，供应商肯定会受到牵连。如果零售企业因为产品价格或其他原因出现销售问题，生产厂商也会因为资金回笼滞后出现经营困境。例如2017年10月，日本神户钢铁造假事件，不仅坑害了全球200多家企业，还使企业本身甚至整个日本制造业遭遇危机。

（四）对竞争对手的影响

竞争对手在品牌危机旋涡中的态度，在一定程度上成为决定企业能否走出危机的关键。同时，由于企业应对品牌危机的过程也会对竞争对手产生影响，在不同情况下，竞争对手会扮演不一样的角色。在单一的品牌危机下，当负面宣传出现时，竞争对手可能会与危机企业划清界限；当情势可能演变为全行业危机时，竞争对手为了避免自身受到殃及，可能会帮助危机企业走出危机。由于单一品牌危机较后者出现的可能性更大，因此大部分竞争对手都会抓住机会从危机企业手中抢夺市场份额。

第二节　品牌危机的管理

品牌是企业的一项重要资产，企业应当极力保护这一资产并实现其增值。品牌危机管理是指当企业的品牌正在面临危机或即将面临危机时，企业为了防范化解这一危机而采取的有计划、有组织、有步骤的干预控制等一系列措施。企业在品牌危机管理过程中，以防范危机发生为首要目标，这类似于中医的“治未病”；当危机现实发生时，要想方设法将危机有效控制，着力将其影响和损害降至最小，这类似于医学上的“治已病”。所以说，企业在日常经营管理过程中首先要树立品牌危机管理意识，同时要打好防范管理、危机预警、应急处置等一系列“组合拳”，使企业品牌危机逢凶化吉、转危为安，以增强和提升社会公众对品牌的信任感和忠诚度，持续发挥出品牌的溢价效应。

一、品牌危机的管理原则

恒丰纸业的品牌危机处理——责任担当

牡丹江恒丰纸业集团有限责任公司（以下简称“恒丰纸业”）是在原牡丹江造纸厂基础上组建的。20 世纪 50 年代，恒丰纸业的主营业务是生产卷烟纸、打字纸、美浓纸、道林纸和胶版印刷纸，厂区规模并不算大。公司经过 60 余年相对独立的经营，已拥有 13 条机制纸生产线和 1 条制浆生产线，是国内烟草行业卷烟配套用纸的一流供应商，同时也是国内首家通过科技部和中国科学院认证的造纸行业重点高新技术企业。现阶段，恒丰纸业的产品涵盖了卷烟纸、氧化锌版纸原纸以及滤嘴棒成型纸等各类特种纸共几十种，公司的拳头产品“天鹅”牌卷烟纸更是销往国内 130 余家卷烟厂和 70 多家卷烟材料厂。2007 年，世界权威机构雅哥贝利咨询有限公司对恒丰纸业进行了评估。结果显示：恒丰纸业生产能力位居世界第三，仅次于施伟策-摩迪国际集团公司以及瓦腾斯公司，公司无论是产品质量还是生产成本的控制都已跻身国际一流水平，具备参与国际竞争的实力（图 5.7）。

图 5.7　恒丰纸业官网截图

曾经的恒丰纸业也面临过一次品牌质量危机。2005 年 5 月，恒丰纸业与广州第二卷烟厂达成首次合作，随后恒丰纸业向广州第二卷烟厂提供了 3 000 余盘于 6 月 24 日生产的卷烟纸。8 月 2 日，广州第二卷烟厂的供应部部长向恒丰纸业反映，他们购买的卷烟纸中其中一盘用到一半卷出来的烟就明显变黑，并表示双方第一次合作就出现质量问题，对未来双方的合作关系表示担忧。

就如何解决这次质量危机，恒丰纸业内部出现了分歧：有人表示，可以出钱解决这次问题，当前公司投入大量资金用于研发和市场拓展，现金流也比较紧张，没有更多的时间与精力顾及这件事；也有人表示，问题比较严重，广州第二卷烟厂是公司进入广东的首站，如果未能妥善处理容易引起对方的不满，那就不仅仅是失去一个战略伙伴这么简单，还会影响公司向广东甚至全国的战略拓展，而这样战略上的损失是无法用金钱衡量的。

最终，恒丰纸业选择了严肃对待这个问题。首先，恒丰纸业销售部广东片区销售经理赵双发送传真给广州第二卷烟厂致歉，随后赴卷烟厂供应部车间沟通协商，在拿到出问题的卷烟样本后，回到公司仔细排查出问题的原因，在找到故障原因后，恒丰纸业秉持“客户至上，信誉至上”的经营理念，召回其尚未使用的 3 564 盘纸（尽管这批卷烟纸并无质量问题），并免除一切运输费用为其重新生产并配发 3 564 盘卷烟纸。恒丰纸业凭借其积极的处理态度获得了广州第二卷烟厂的认可，双方就此延续了合作关系。

（一）快速反应，表明立场

当今世界，信息技术广泛应用，信息传播渠道丰富多样，信息传播速度异常快捷。坏事不只会“传千里”，还极易在瞬间传遍全球。企业如果对品牌危机重视不够、处置拖沓，那么好不容易塑造起来的品牌便会功亏一篑，企业发展也可能遭受灭顶之灾。所以，企业要第一时间积极应对，通过媒体向社会公开披露企业掌握的真实情况，旗帜鲜明地表达企业的态度和立场：敢于直面问题，披露事实，承认错误，加强沟通；营造公开透明的工作环境，邀请媒体、公众和消费者、行业协会甚至政府部门现场参与，了解真实的生产经营管理过程。同时，这类危机公关由企业高层人员出面的效果会更好，社会各界会觉得企业很重视、有诚意，这对于品牌危机的化解非常关键。

（二）上下统一，全员参与

企业应对品牌危机要做到远近结合、标本兼治、整体推进、重点突破。企业内部必须首先做到思想认识统一、宣传口径统一、工作步调一致。所谓思想认识统一，就是指当面临危机时，企业全体员工要切实增强利益共同体意识，做到同舟共济，任何人都不能置身事外当“看客”。所谓宣传口径统一，就是指由指定的新闻发言人或危机公关机构统一对外披露公众关切的有关信息，不能多头对外发布信息以避免自相矛盾，任何人都不能七嘴八舌当“说客”。所谓工作步调一致，就是指企业内部各部门之间要加强沟通，管理者在开展工作的同时还要进行情绪疏导，争取员工的理解和支持，大家共同按照危机公关方案确定的时间节点、工作内容和工作方式，有序发挥好集体智慧。

（三）坦诚沟通，化解敌意

品牌危机一旦爆发，公众和顾客都急于想知道危机背后的事实真相及其原因。此时，企业如果想挽回品牌形象重获信任，则一定要体现出最大的诚意。企业管理者一定要明白“欲盖弥彰”和“精诚所至、金石为开”的道理，隐瞒只会引起负面舆情的深度发酵，唯有真诚沟通和负责任的言行，才能重新赢得顾客和公众的认可。此外，还要尽可能减少欺瞒、猜疑引发的各种次生危机。

企业还应该考虑品牌危机发生过程中的受害者、新闻媒体、渠道商、供应商等特殊群体。当负面消息传播、媒体记者出现在企业门口时，千万不能有保安及其他员工粗暴阻挡记者采访的行为，或者说出“恕不接待”“无可奉告”等推诿、回避和不负责任的话。相反，应通过主动、积极的沟通，对不同群体有不同的沟通重点，化解他们的疑虑和担心。只有这样，才不会延误最佳时机，才不会辜负顾客、供应商、公众对自己的期盼，使企业获得应对危机的情感支持，从而扭转被动局面。

（四）主动承担，重建信任

品牌危机一旦爆发，企业应首先考虑到维护好受害者、顾客和社会公众的利益，主动承担应有的责任，同时还要对危机事件带来的不利影响进行科学研判、准确预估，快速确定危机处置工作方案。俗话说“是祸躲不过”，企业面对品牌危机如果进行一味回避的冷处理，或者采取以谎言掩盖事实真相的热处理，都只会适得其反酿下更大的危机。企业必须秉承顾客就是上帝、消费者权益高于企业自身利益的理念，着眼企业长远发展，主动承担企业责任，才能够在危机中获得外界特别是顾客的理解和支持，重新赢得社会对企业品牌的信任。

二、品牌危机的沟通

品牌危机的沟通是指企业为了化解品牌危机而与有关方面进行沟通所采取的一系列措施及其过程。有效的危机沟通既可能会化危机为转机，还可能会化危机为商机。品牌危机沟通的渠道有两个：一是企业内部的沟通，二是企业与外界尤其是利益相关方的沟通。

（一）成立项目组，选定发言人

品牌危机一旦爆发，企业就应该及时成立危机沟通项目小组。其组长一般由企业最高领导人担任，小组成员一般应当吸纳直接责任部门、公关部门、财务部门、人力资源管理部门、法务部门（或法律顾问）以及外宣部门的负责人。同时，为了提高项目组的工作效率，其组织结构应尽可能扁平，以确保信息沟通高效、议事决策高效、执行落实高效。

项目组成立后，应该有指定的发言人，所以价值认同、形象气质和沟通技巧是选择发言人的首要标准。发言人必须参与分析决策工作，能够准确、全面理解决策的目的和意义，同时能够以不同的表达方式与顾客、媒体等社会各界进行沟通。

（二）培训发言人，明确沟通流程

对媒体发言人进行系统性培训可以有效降低品牌危机的应对风险，其意义在于确保发言人能够将准确、重要的信息适时、适度传播。培训内容包括公司战略、利益相关者分析和受害者利益等；培训者包括公司高层、相关部门负责人等。对发言的培训重点在于提升发言人的媒体应对能力和意见引导能力，尽量使社会舆论朝着有利于维护品牌良好形象的方向发展。

发言人培训完毕后，公司还必须明确信息沟通（包含企业内部和外部两个方面）的具体流程和工作准则。由于公司任何一名员工都可能最先发现危机相关信息，为了保证信息发现者后续行为规范有序，应当建立危机处置的“树状结构图”，该图由每位员工熟练掌握，以确保其在发现危机相关信息后能知道应该做什么、向谁报告等。对外部沟通流程，要界定听众的范围和不同听众的侧重点，针对不同听众明确应该由谁出面、发言的内容要突出什么。

（三）危机评估，预先演练

在没有充分弄清情况的时候，一定不能仓促回应社会关切，否则便是典型的“先开枪、后瞄准”。所以，在完成上述两步之后，项目小组应尽快对危机的严重程度和影响范围进行仔细评估，确认危机爆发的根本原因和导火索，界定危机的性质、波及范围、后果和影响。

在危机爆发后，启动危机应急预案就成了当务之急。危机涉及部门按照品牌危机处理原则实施预演，确保市场、产品、公关、客户关系、财务、人力资源、后勤等一系列部门能够提前进入危机应对状态，保证公司顺利渡过难关。

三、品牌危机的总结

品牌危机的总结是危机管理的重要组成部分，它对新一轮的危机预防措施制定有着重要的参考价值。企业在危机中遭受惨痛损失的教训是深刻的，因此，对危机管理进行系统的分析和总结至关重要。对品牌危机的总结一般包括调查品牌危机产生的原因、评价危机管理的效果、整改危机管理的不足。

（一）调查品牌危机产生的原因

调查品牌危机产生的原因是指系统地、全面地对此次危机事件的诱发因素进行调查研究。企业应成立专项调查组，调查范围包括企业预警机制是否到位、决策是否失误、管理是否出现缺漏、公共关系是否出现裂痕等。其目的是查找危机爆发的问题根源，循其脉络，找出企业日常经营管理中的疏忽之处。

（二）评价危机管理的效果

对危机管理进行评价，要点在于对危机处理机构的组织、计划、决策、实施等各方面工作进行综合、全面的评价，罗列问题要尽可能详尽、翔实。企业决策者、新闻发言人、资源部门负责人和危机管理部门人员的工作表现，以及应对危机过程中的资源配置、信息沟通情况都是重点考核内容。全面总结经验和不足，进而提出改进方案。

（三）整改危机管理的不足

整改危机管理过程的不足，首先要综合归类其牵涉的问题，有针对性地提出整改措施，并责成有相关部门逐项落实。同时，消除危机处理后的遗留问题和影响。危机使得企业形象受损，挽回损失的善后工作尤其重要。对相关问题的整改，也是危机管理的后续完善。

品牌危机并没有给企业的生命画上句号，企业应当积极寻求转机，不断谋求技术、市场、管理和制度上的改良和创新，为自身注入新的生命力。企业在危机管理中的表现亦展示着其综合素质与实力，优秀的企业往往还能化危机为商机。

四、品牌危机的管理模式

（一）阶段性危机管理模式

莱吉斯特（Micheal Regester）认为品牌事件是品牌企业与相关利益方之间的冲突点，

双方价值判断标准和认知的差异造就了这种冲突。事件发生后，如果问题得不到解决，则很有可能会演化为危机。

莱吉斯特把危机管理的过程归纳为六个阶段，分别是认知阶段、勘查阶段、决策阶段、执行阶段、微调阶段和结束阶段（图 5.8）。

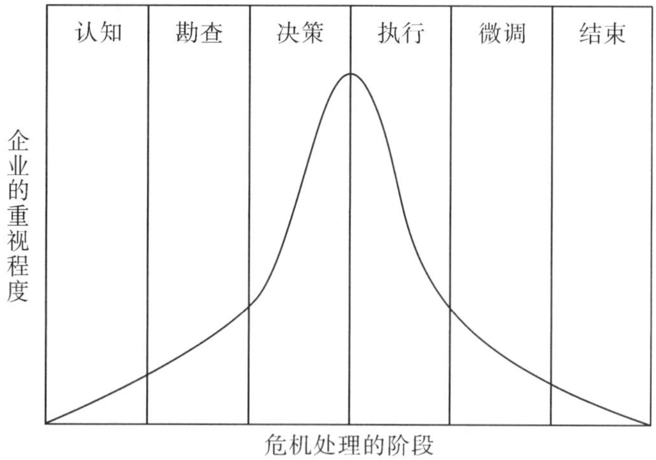

图 5.8　莱吉斯特的危机管理过程图

从莱吉斯特危机管理过程图中我们可以看到，通常情况下，企业在不同阶段的重视程度存在较大差异。大多数企业选择临时组建危机管理团队来应对危机及其带来的影响，决策层拍板做决定，执行层草率实施。但往往这种方式不仅会使企业风险防范和应对能力降低，还有可能使企业在遭遇危机的过程中无从应对。

结合莱吉斯特危机管理过程图，可知危机管理模式的基本要求是：第一，要完善组织机构。企业应组建专门的危机管理团队（crisis management team，CMT），该团队至少应包括起决策作用的核心领导小组、负责执行决策的危机控制小组和起综合协调作用的联络沟通小组，其成员要由企业最高负责人、业务负责人、公关负责人、法务负责人、后勤保障负责人和新闻发言人共同构成，这样才使危机管理团队成员结构科学合理，满足危机应对工作需要。第二，要健全运作机制。企业内部应建立健全一套制度化、科学化、系统化、高效化的工作流程。危机管理团队要确保组织内部信息传递畅通快捷，企业的全部信息都能以最优的渠道、最快的速度传送到团队相关成员，同时还要确保信息得到及时的反馈。

（二）4R 危机管理模式

4R 危机管理理论由美国危机管理专家、危机管理大师希斯（Robert Heath）在《危机管理》一书中率先提出，其认为危机管理主要分为缩减力（reduction）、预备力（readiness）、反应力（response）和恢复力（recovery）四个方面，其中危机缩减管理居于关键和核心地位，缩减管理越是到位，就越能缩减危机的发生与负面冲击。企业开展缩减危机管理的策略，可以从环境、结构、系统和人员几个主要方面入手（图 5.9）。

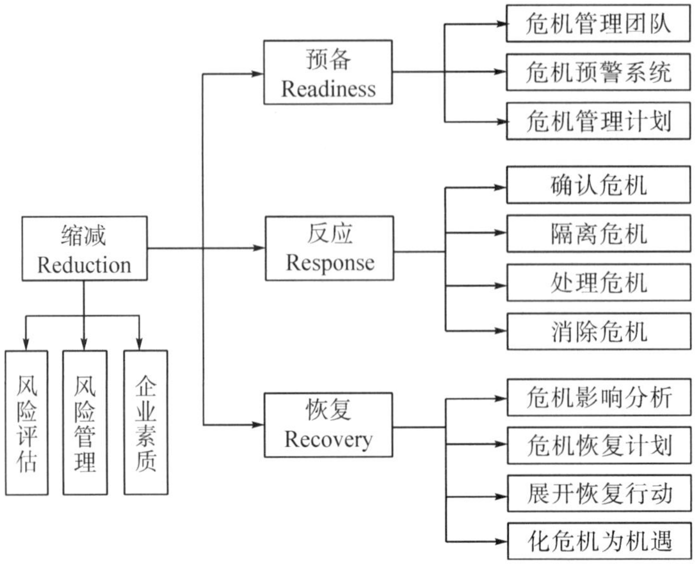

图 5.9　希斯 4R 危机管理理论

该理论围绕危机管理的四个过程：着力减少危机对企业带来的负面冲击与不利影响；在平常做好应对危机的准备；对已经面临的危机做出快速反应；在危机结束后设法恢复到危机发生前的状态。这一理论为企业应对危机做出了指导。

4R 危机管理理论对企业的启示是：对风险一定要积极管理，不能无视风险的存在而任其转变成危机；一种行之有效的管理方法是在企业内部建立一种 ABCC 结构——远离（away）风险或危机的根源，比要求做得更好（better）以消除风险或危机的根源，与那些最能消除风险或危机根源的制度相容（compatible），形成务实高效的危机管理框架结构（CMSS 系统）。

（三）内外结合危机管理模式

内外结合危机管理模式是指危机发生的主体在应对和处理危机的过程中，通过聘请外部咨询团队和组建内部项目团队的方式，制定危机预警与应对机制，对危机事件实行全过程管理，包括危机诊断、原因巡查、应对策略等。内外结合危机管理模式在一定程度上避免了企业领导者决策失误等问题，结合外部咨询意见洞察企业内外环境，诊断危机事件发生的根源，评估危机事件的短期及长期影响，帮助企业科学决策、从容应对。外部咨询团队成员包括危机管理专家、资深媒体人士和法律顾问等；内部项目团队包括企业决策者，上下游关联企业负责人，财务部门、人力资源管理部门及相关部门负责人等（图 5.10）。

内外结合危机管理模式是对莱吉斯特危机管理过程图的纵向延伸。莱吉斯特主要从危机的不同发展阶段阐述了危机管理重点和方法，而内外结合危机管理理论则在另一个纬度从组织架构体系上展示了企业在应对危机事件时应该组建什么样的团队应对危机事件，并在组织层面搭建起一个管理水平较高的项目团队。

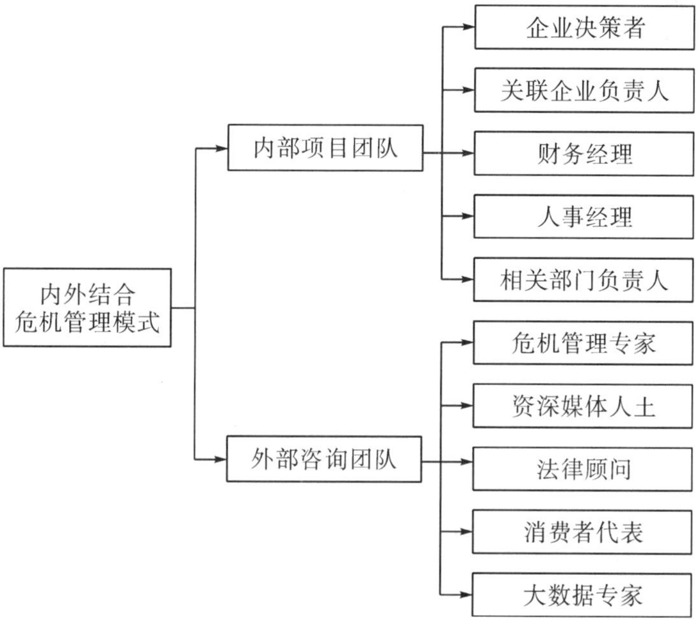

图 5.10　内外结合危机管理模式

（四）五星联动危机管理模式

五星联动危机管理模式是综合上述三种管理模式的一种全新管理理念。它主要是从企业决策层自上而下实施的一种管理模式。俗话说：有规划的团队在描绘“蓝图”，没有规划的团队在玩“拼图”。决策层通过把握行业趋势，认清企业形势，形成危机管理模式（图 5.11），才能系统地回答企业在危机中“如何突围”的问题。

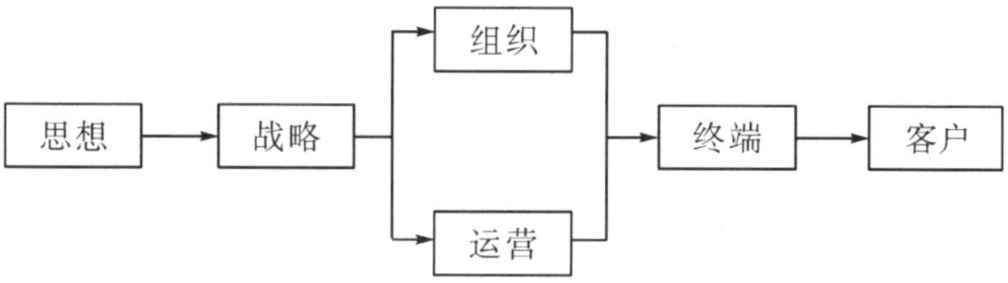

图 5.11　五星联动危机管理模式

思想、战略、组织、运营、终端构成了五星联动危机管理模式的基础。首先，任何企业创业之初就应该具有一定的风控意识和危机意识，这是做好企业危机管理的出发点；其次，企业还应该建立一套科学合理、切实可行的战略体系，这是做好危机管理的切入点；再次，通过搭建组织体系，构建运营体系来实现战略落地，组织和运营这两个层面的结合构成了企业危机管理的支撑点；最后，通过企业的终端管控和发力回到企业危机管理的落脚点。企业只有在上述五个纬度实现了有机结合，才能在危机防范和应对过程中赢得客户的信任和社会的肯定。

五星联动危机管理模式的最大优点在于在时间纬度和业务纬度两个层面同时向创业团队阐述了危机管理的逻辑，它结合了莱吉斯特的危机管理过程图中的阶段性工作方法和内外结合危机管理模式中的组织架构搭建方法，同时将希斯 4R 危机管理理论融入战略制定和日常运营管理工作中。这种管理模式更有利于帮助创业团队从更宏大的视野和更宽广的思维角度，去计划、组织、控制、协调好危机的全要素、全流程管理。

第三节　融资风险及其成因

融资风险作为一种风险，暗含着未来损失的可能性，成为企业经营决策的重要考虑因素之一；它与其他风险保持有相当的黏合度，甚至可能造成企业破产。清晰界定企业融资风险的概念，充分考量各种融资行为存在的风险性，理解融资风险形成的原因及其可能带来的不利影响，能够帮助初创企业更好地进行融资，以此提高初创企业的生存发展能力、盈利能力和市场竞争力。

一、企业融资风险的内涵与分类

（一）融资风险的内涵

作为一种经济组织，绝大多数企业都会将追求高额利润作为第一目标。任何企业想要获得更多的利润，除了在改进生产工艺、提高劳动生产率、提升产品或服务质量等方面努力以外，还离不开扩大生产经营规模，这就需要企业投入更多的流动资本和固定资本给予持续的物质条件支撑。资金是企业赖以生存的血液，如果没有足够的资金支持，企业的正常生产经营就难以为继，更不用说发展壮大。而企业在生产经营过程中必然会面临诸多不同种类和不同表现形式的风险，不同类型企业可能会因自身行业特点差异而面临不同的具体风险，但企业的融资风险却是任何企业都会面临并需引起高度重视和解决的共性问题。

企业融资风险是指企业为了正常生产、经营或扩大再生产，向银行、其他企业、经济组织或个人融资而给自身带来潜在的各种不利影响和可能损失，这种不利影响会给企业带来预期效果与实际结果的差异。企业融资风险从表现上看，既可能是单一的，如造成某个会计核算期间的企业财务成本明显增加；也可能是复合型的，如既有企业财务成本的增加，同时也面临资金使用效益的风险。企业融资风险从时间上看，既可能是短期的，如因市场短期波动以致销售业绩不稳定、利润下滑而影响债务偿还；也可能是中长期甚至永久的，如权益性融资带来的原始股东的股权权重下降，从而造成企业创始人或原始股东对企业的实际控制力变弱乃至丧失控制权。融资风险从对企业的影响程度上看，既可能是一般性的不利影响，如融资本系短期借款而企业因流动资金不足需要长期使用，这会在短期内让企业面临生产经营和偿债的双重资金压力；也可能是重大甚至生死攸关的影响，如所融资金用于项目所产生的利润远远低于资金利息，企业逐步丧失偿债能力而最终破产。企业融资风险从来源上看，既有来自企业内部的融资风险，如企业债务规模过大、项目盈利能力低、债务种类和期限结构不合理等；也有来自企业外部的融资风险，如受金融市场变化及国家政策调整等因素的影响，企业融资成本随之增加而被迫压缩利润空间，不能按期足额还本付息。

（二）融资风险的分类

1. 按资金来源分类

（1）债务性融资风险

债务性融资风险是指企业在以举债的方式进行融资后，受市场资金供需变化和宏观经济环境变化等因素影响，企业预期收益降低的可能性。初创企业特别是中小微企业融资时更多的是采取银行长期或短期贷款、民间借贷、小额贷款等常规融资方式。初创企业不管采取哪种方式进行融资，这类融资在性质上都归属于企业债务，而债务在本质特征上都是需要还本付息的，一般不存在无偿使用或永久使用的情形。

（2）权益性融资风险

权益性融资是指企业通过出让企业股份来获得新投资者的资金，或者通过将企业内部留存收益转化为企业新增股本金的方式，为企业注入新的股本金的融资方式。权益性融资与债务性融资相比，具有以下优势：权益性融资的资金可以供企业永久使用，既不需要支付资金利息，更不需要将本金返还给投资者，企业没有到期还本付息的财务压力。但是权益性融资的这些优势并不能掩盖其固有风险。如果权益性融资是以吸收新股东直接投资的方式进行，那么这部分风险最主要体现在企业控制权分散和企业原始股股东税后利润分配比例降低两个方面。如果权益性投资是以企业留存收益转化为投资，其实质为企业原始股股东对企业投资的追加，对于企业股东而言仅仅是少了留存收益转股本金当期的利润分配，而增加了之前各位股东的投资额度，但各股东的股份及对企业的控制权并没有发生任何实质性变化。

（3）混合性融资风险

混合性融资是指企业同时采取债务性和权益性两种方式融资，从而从更广泛的渠道为企业生产经营和新的投资筹集更为丰厚的资金。混合性融资的方式在企业融资实践中运用得更为广泛，它在有效突破债务性融资或权益性融资单一方式融资局限的同时，既集中了两种融资方式的优点，也叠加了两种融资方式的风险。在对企业融资风险的识别与管理中，可以分别从债务性融资和权益性融资两个维度去把握和处理。

ofo 小黄车与摩拜单车

共享单车的出现，满足了许多人在城区短途出行的需求，与消费者需求的深度契合使得这个行业快速繁荣，并被市场看好。ofo 小黄车与摩拜单车作为当时的领头企业，其庞大的规模与接连不断的几轮融资，为这个行业营造出了繁荣的假象。然而如今，一个深陷资金链危机，一个被美团收购。短短两三年的发展，盛极而转衰，令人唏嘘不已（图 5.12）。

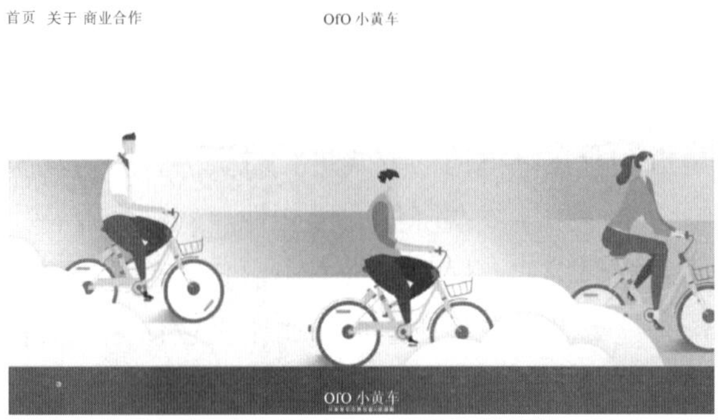

图 5.12 ofo 官网截图

摩拜单车的失败原因主要在于：高押金的运营模式与其他单车企业免押金的运营模式相比处于相对的劣势，加之自身长期忽视用户体验以致用户流失。而 ofo 小黄车的失败则和本身的融资策略分不开。为了抢占市场，小黄车力求在规模上最大限度地覆盖市场，这就需要巨大的前期投入。伴随庞大的自行车基数而来的，是同样巨大的运营成本、维修费用、管理费用等。毫无疑问，这些费用是一家初创公司很难承受的。ofo 所有的资金都来自外部融资，它在 3 年内共完成 12 次融资，总金额达 150 亿元，可这仍然不够，于是小黄车打起了押金的主意，私自挪用押金来造车，但它忽略了一个重要的问题——仅依靠其微薄的盈利模式，成本回收将变得遥不可期。生性逐利的资本很快捕捉到这一情况，蜂拥而来也如潮水般顷刻散去，只留下资金链断裂的无助无援的小黄车，以及排队等候退押金充满愤懑和埋怨的用户（图 5.13）。

图 5.13 堆积如山的共享单车

资本的狂热催熟使得企业陷入盲目的“烧钱”扩张战，当融资速度赶不上“烧钱”的速度，企业就会陷入危机。在这场争战中，对市场的调研不足、对自身财务状况的过度自信、对冒高风险的投机推崇、对规模扩张的过分心急，都伴随着致命的风险。ofo 小黄车的发展极度依赖融资，因此资金链断裂的同时，引爆的是埋藏已久的混合型融资风险，其威力使得这“万丈高楼”顷刻崩塌。

2. 按影响因素分类

按影响因素分类，企业融资风险可分为系统性风险和非系统性风险两类（表 5.1）。

表 5.1　企业融资风险的分类表

系统性风险	金融风险	利率风险
		汇率风险
	政策风险	环保政策风险
		产业政策风险
	自然风险	
	…	
非系统性风险	经营风险	
	法律风险	
	信用风险	
	偶然事件风险	
	…	

（1）系统性风险

系统性风险，又称整体性风险，由基本经济因素的不确定性引起，对整个行业或该行业内绝大多数企业普遍产生不利影响，其后果带有普遍性。

①金融风险

本书认为，企业融资的金融风险是指融资企业基于融资行为而面临的金融市场变化导致融资成本增加的可能损失。从企业融资风险产生的原因来看，金融风险可以分为利率风险与汇率风险两类。

利率风险。对于融资企业，利率下调当然利大于弊，但利率上调则往往意味着要付出更多的利息。出于稳健性考虑，企业融资时应更多地考虑利率上调以致利息支出增加的风险。

汇率风险。企业以外汇融资，其借入日、还款日的汇率也是有差异的，如遇汇率上升则会相应增加还本付息金额。

②政策风险

政策风险是指融资企业在生产经营过程中面临国家相关政策调整变化带来相应损失的各种可能性。

环保政策风险。环境政策风险是指企业在生产经营过程中，因遇环保政策趋紧、环保法律法规趋严，而需要投入新的设施设备，或进行技改投入，或被迫关停并转的风险。

近年来我国环保政策的调整变化

党的十八大以来，我国开始实行“五位一体”总体布局的发展战略，特别是将生态文明建设摆在了更为突出的位置。党的十九大以来，我国将污染防治列为“三大攻坚战”之一。2021 年 9 月 22 日，《中共中央 国务院关于完整准确全面贯彻新发展理念做好碳达峰碳中和工作的意见》发布（图 5.14），提出了我国到 2030 年实现碳达峰、2060 年实现碳中和的目标。自此，我国经济发展环境政策日益趋紧，对企业生产经营发展提出了更高的环保要求，一些不符合环保政策的项目将面临停产整顿甚至关停的风险。

图 5.14 《中共中央 国务院关于完整准确全面贯彻新发展理念做好碳达峰碳中和工作的意见》截图

产业政策风险。产业政策是指一国政府为了规范、引导、干预、管理某一产业而制定的各种政策。产业政策总会根据经济发展的客观形势和国家宏观调控的需要进行适时调整，这类政策调整会给对应产业链上的相关企业带来直接影响——鼓励类的产业政策调整是对应企业的重大利好，从严或者禁止性的产业政策则给对应企业带来生存与发展的风险。

③自然风险。自然风险也称作自然灾害风险，对于企业生产经营而言，是指既非企业自身、国家法规政策等人为原因，也非产需供求、市场竞争等市场原因引起，而是自然的不可抗力因素给企业造成损失的风险。其损失可能表现为企业生产经营设施灭失受损、员工人身安全损害、正常经营活动停滞。人们对自然灾害的发生无法控制，此类灾害一旦发生会在一定范围内造成普遍性影响。常见的自然灾害有极端天气变化引起的，如严重暴雨、大风、干旱、极寒带来的灾害；有生物或病毒因素引起的，如虫灾、疫情；有地壳运动变化引起的，如地震、海啸等。

新冠肺炎疫情对民营经济的影响

2020 年以来，新冠肺炎疫情爆发，使得经济发展经受严峻考验。由于民营经济是受害重灾区，为积极寻求解决方案，川商总会于 2020 年 2 月联动各地川籍商会、行业协会、第三方合作机构等开展了四川民营企业抗击新冠肺炎疫情的问卷调查和电话访谈，样本包括 6 000 多家四川（川籍）民营企业。结果显示，四川民营经济所受影响主要包括：

多数企业面临营收骤减、成本不减的短期压力。多数企业现有资金仅能维持不到 3 个月，近六成受访者预计所在企业 2020 年将出现亏损。

疫情对企业收支影响占大头。八成企业（79.79%）预期营业收入减少，影响最大的是文化体育和娱乐业（93.4%）、住宿和餐饮业（92.2%）。超半数企业（50.43%）受到运营成本提高的影响，最突出的是卫生和社会工作（59%）、制造业（57.6%）。

企业在资金链、订单获取、产品交付上承受的压力相对较大。除疫情防控外，资金链与现金流、获取新订单、产品和服务交付是企业三大主要压力源，受影响企业占比分别为 59.18%、52.95%、46.19%。住宿和餐饮业（72.8%）受资金链与现金流制约的占比最高；

制造业（57.1%）面临产品或服务交付的压力最大；租赁和商务服务业（66%）以及新经济中的数字经济（70.2%）、创意经济（69.7%）、智能经济（67.9%）在新订单获取上压力较大。

现有资金维持运转压力大。认为3~6个月内都会受到疫情影响的企业占74.69%，而现有资金难以维持3个月的企业比重高达57.69%，难以维持6个月的比重高达79.44%。

企业营收预期大幅下降。近九成的企业（88.19%）估计疫情导致2020年一季度营业收入同比下降，约半数受访企业（46.32%）对2020年总体经济形势持悲观态度，58.52%的企业预计所在企业2020年将出现亏损，仅有21.43%的企业预计能做到收支平衡或盈利，另有20.05%的企业表示难以判断（图5.15）。

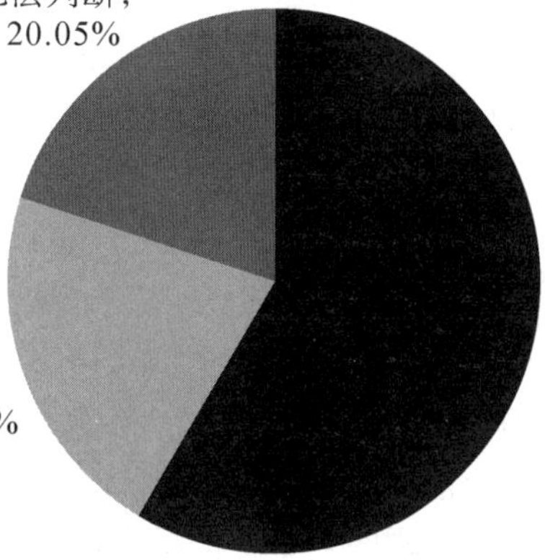

图5.15 新冠肺炎爆发之初企业对2020年盈亏情况预测图

（2）非系统性风险

非系统性风险，亦即个别性风险，由某些对企业造成损失的特殊因素引起，对单个企业产生不利影响，其后果具有局部性。此类风险与公司的具体操作、经营状况、市场情况等有较密切的关系。比如，偶然事件风险、经营风险、信用风险、法律风险等都属于非系统性风险。

二、融资风险产生的原因

（一）内因

学习企业融资风险管理必须首先从内因上进行分析，找到事物发展变化的内生根源，进而掌握其发展趋势。

引起企业融资风险的内因主要有三点：

1. 负债规模

负债规模指企业的各类负债总额。既定条件下，负债规模与未来还本付息的财务压力正相关。负债总额越大，财务风险越大。

2. 负债利率

负债利率决定了企业同一数额的债务在未来一定时间内付息的额度。利率越高，相应付出的利息越多，企业的财务成本和财务风险也越大。

3. 负债的期限结构

负债的期限结构是指企业短期负债与长期负债的比例。负债期限结构与债务融资治理效益以及企业自身的财务安全息息相关。比如：企业本来需要长期借款来做项目投资，却采取了短期借款的方式融资，这会加重企业在短期内的还款压力，从而导致财务风险增大。

（二）外因

外因是企业融资风险发展变化的重要影响因素。企业融资风险产生的外因主要有：经营性因素，如企业项目投资决策失误、经营管理不善；流动性因素，如企业资产结构不合理导致现金流入量不足以偿付到期债务；金融性因素，如融资后遇到国家利率调整；政策性因素，如项目刚上马即遇国家产业政策调整，需要高投入性技改或项目由鼓励类变为限制类；自然性因素，如新冠肺炎疫情导致市场需求不足和坏账率上升；法律性因素，如缺乏专业指导而使融资行为引发行政处罚或各类诉讼。

第四节　融资风险的管理

初创企业的融资风险管理相当重要但不易掌握，科学的融资风险管理方法可以帮助企业有效减损节支、建立良好的商业信用、加快发展壮大。本节拟从传统财务管理理论、股权性融资实务、债务性融资实务、互联网背景下的融资风险管理和融资风险管理的大数据应用等维度，对初创企业的融资风险管理予以介绍。

一、基于传统财务管理理论的融资风险管理

初创企业要想有效管控自身融资风险，从根本上讲必须从加强企业内部经营管理入手，只有精准识别和控制好内部因素导致融资风险产生的各个风险点，才能在未来从容应对流动负债和长期负债双重影响下的财务压力。从传统财务管理理论角度出发，融资风险管理重点如下（表5.2）。

表5.2　初创企业融资风险的内因性管理表

管理要点	合理控制负债规模
	选择较低负债利率
	优化债务期限结构
	提升融资风险管理水平

（一）合理控制负债规模

企业的负债总额越大，其在未来一定时期内还本付息的额度越大；反之则还本付息的额度就越小。所以说企业的负债规模从根本上决定了其在未来一定时期内偿债的多少及其带来的财务风险。实践中多数企业特别是初创企业往往面临较为严重的资金短缺，加之利息的“税盾效应”，以及债务融资的优势能使企业在财务杠杆的经营模式下获得更大收益，

使得大多数企业具有债务融资的动力。但企业负债既不是越多越好，也不是越少越好，那么到底负债多少才算适度负债、科学合理？企业负债的规模要在充分考虑以下几个因素的基础上进行综合衡量。

1. 拟投资项目的可行性

如果拟投资项目具有较好的市场需求和前景，企业自有资金又不能满足投资需求，则可以考虑以债务性融资弥补资金缺口。反之，如果拟投资项目的市场需求和前景不十分确定，其债务性融资则需谨而慎之。

2. 现有资金是否充分利用

企业应当优先保证现有资金充分流动起来、发挥效益，只有在现有资金已经充分利用仍不能满足生产经营需要时，才退而求其次考虑债务性融资。

3. 企业的现有盈利状况

对于经营业绩好、产品适销对路、市场前景好、资金回流快、销售利润率高的企业，其债务性融资额度可适当提高；反之，对于经营业绩差、产品销路较差、资金回流慢、销售利润率低的企业，其债务性融资额度则应适当降低。

4. 商品生产周期的长短

企业商品生产周期越长，其资金周转速度越慢，债务负担相应越重，其债务性融资额度就越需要相应减少；反之，企业商品生产周期越短，其资金周转速度越快，债务负担相应越轻，其债务性融资额度就越需要适当增加。

5. 企业的产品结构情况

一般而言，企业产品结构单一的，其应对市场风险的能力和盈利能力相对较弱，债务性融资额度则相对要小；反之，企业产品结构多样的，其应对市场风险的能力和盈利能力相对较强，债务性融资额度则可以适当加大。

6. 利润率与利息率的高低

企业融资必须比较融资利息率与预期综合利润率，如果预期综合利润率低于融资利息率，则该笔融资将处于入不敷出的“负效益”状态，不宜进行融资；预期综合利润率越是高于融资利息率，则说明到期偿债压力会越小，则融资越是可行且额度可适当加大。

7. 目前及预期盈利状况

企业盈利状况与其现金流直接相关。如果企业当前及预期盈利状况良好，意味着未来有较为稳定、充足的现金净流入，有较强的还本付息能力，可以适度扩大债务规模。

（二）选择较低负债利率

在融资债务规模相同的情况下，债务利率的高低直接决定了企业偿债额度的大小。所以企业在进行融资时，更需要比较不同渠道融资的利率高低，从中寻找最低负债利率的融资方式作为首选方案。初创企业常见的债务性融资主要有民间借贷、银行贷款、企业拆借等渠道。其利率的比较，主要从两个方面着手。

（1）对同一融资方式不同出借主体所主张利率的比较。比如：同为民间借贷，在几个出借人中选择利率最低的民间借贷；同为银行贷款，由于政策性银行的利率一般比商业银行的利率低，在符合条件的情况下优先考虑政策性银行贷款；如果不符合政策性银行贷款条件而只能选择商业银行贷款时，不同商业银行之间同一贷款时长的贷款利率也略有差异，融资人应选择利率最低的商业银行进行贷款；企业拆借也是一样，当有不同的拆借主体可供选择时，应尽量选择利率最低的拆借主体进行融资。

（2）不同融资渠道之间负债利率的比较。比如：同时面临民间借贷、银行贷款、企业拆借等多个融资机会可供选择时，要以利率最低的融资渠道为首选。

总之，企业融资要以债务利率最低为首选原则，以最大限度减少自身融资成本，降低未来的财务风险。

（三）优化债务期限结构

债务期限结构是长期债务与短期债务的占比关系。长期债务是指需要支付利息、期限超过一年的贷款或财务责任。企业以长期债务方式融资，显然具有占有、使用资金时间较长，短期内无须还本的优势，但长期债务也正因为资金占用时间较长而具有利率相对较高的缺点。短期债务一般是指在一年以内需要清偿的各种债务，其特点是债务利率相对较低但短期还款压力较大。企业不管处于初创期、成长期还是成熟期，只要出现需要融资的情形，均应考虑优化债务期限结构，而初创企业更应对此高度重视以降低机会成本和试错成本。债务性融资的期限结构一般有三种（图 5.16）。

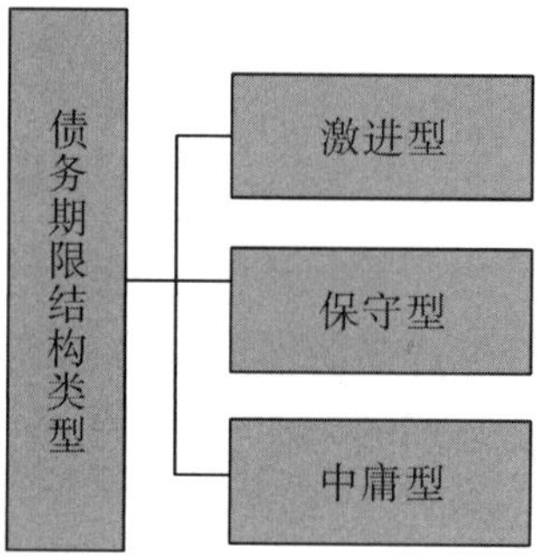

图 5.16　债务性融资的期限结构

1. 激进型期限结构

企业所需长期资金除了采取长期债务的方式筹集外，还会以短期债务方式予以筹集，并且短期债务筹资已成为长期资金的主要来源。激进型债务性融资充分利用了短期债务利率低的优势，可以很好降低企业财务成本，但也随时面临短期债务的还款压力，一旦不能及时足额还款，企业信用就会严重受损，其风险程度很高。

2. 保守型期限结构

企业所需短期资金除了采取短期债务的方式筹集外，还会采用长期债务的方式来筹集；企业长期资金需求不依靠短期债务满足，而是通过长期债务性融资和权益性融资来满足。其优点是短期还款压力和财务风险相对较小，但缺点是融资成本较高。

3. 中庸型期限结构

企业的短期资金筹集通过短期债务来实现，长期资金筹集以长期债务和权益性融资来实现，其资产与负债的到期时间能完美匹配。其优点是：企业融资成本处于均衡水平，企业无法偿还到期债务的风险较低。其缺点是：经济活动实践非常复杂，企业资产与负债的到期时间难以完美匹配和无缝衔接。

初创企业为了有效降低融资成本和减少到期无法偿债的风险，在优化债务期限结构方面，应尽量按中庸型期限结构的策略去处理，在适配整体资产期限结构的前提下构造和调整债务期限结构。企业流动资产所需资金多以商业信用、短期贷款等短期债务方式筹集，以提升流动资产中的短期债务占比；企业固定资产等长期投资多以长期贷款方式解决，以提升长期投资中的长期债务占比。

（四）提升融资风险管理水平

1. 建立健全融资责任体系

融资不是企业某一部门或某一个人的事，它关系到企业当前需要和长远发展，初创企业要建立健全融资责任体系。董事会等企业决策机构要对融资行为负总责，从战略层面进行谋划、审视、把关。企业财务部门是融资风险管理的直接责任主体，具体负责分析企业资本结构、拟订融资策略方案、报请决策机构研究、识别融资风险来源、提出风险管理建议等工作。相关生产经营部门要对资金使用的效益性负责，保证资金安全高效使用。

2. 实行融资论证审批

企业财务部门要立足企业生产经营实际和发展需求，从企业资金缺口、当前债务期限结构与资本结构、未来收益情况与偿还能力等方面进行全面分析论证，提出是否融资以及融资规模、融资时机等建议和方案，按程序报请董事会等决策机构会审研究，必要时可向专家咨询，让他们帮助企业做出更科学、民主的决策，减少融资决策失误。

3. 实施风险预警管控

及时、准确、可信的风险预警必须建立在科学的分析基础之上，生产经营的财务数理统计分析较为可靠。通过对融资活动全链条的现金到期债务比、现金流动债务比、现金债务总额比、存货周转率、应收账款周转率、坏账损失率、成本费用利润率等重要财务指标的分析，及时获取融资风险大小与紧急程度的科学判断结果，以此指导企业采取相应的风险管控措施，全面提高融资风险预警实效。

二、基于股权性融资实务的融资风险管理

股权融资也称作所有权融资，是区别于债务性融资的一种常见融资方式，其核心内容是投资人以投资换取公司一定比例的股权。

股权融资的典型特征有：①公司占有使用资金的时间比债务性融资长，可以长久使用；②公司对股权性融资所获取的资金无须还本付息，没有债务性融资到期还本付息的资金压力；③公司应将税后利润部分向股东分配，这个利润是融资成本的一部分，且不能产生债务性融资的“税盾效应”；④股权性融资容易对原始股东或创始人产生股权稀释，并可能导致对企业控制权的变弱甚至丧失，这可以说是股权性融资最大的风险。

股权性融资实务风险管理要点如表 5. 3 所示：

表 5.3　股权性融资实务风险管理

流程	管理要点	
选择项目投资人	确定投资人类型（天使或 VC）	
融资磋商审核	审核股份估值条款	单股估值
		股票期权池估值
	审核企业控制权条款	反稀释内容
		董事任命权内容
		一票否决权内容
	审核投资人退出条款	回购请求权内容
		优先清算权内容
		共同出售权内容
		跟随出售权内容
企业信息披露	把握好披露时机、股东构成亮点展示等	
签订正式投资协议	是否存在不平等条款	
资金到账、股权变更	争取免息过桥贷款、及时变更股权登记等	

从股权性融资流程来看，其风险管理核心要点有：

（一）选择项目投资人

初创企业投资人类型主要分为天使投资、风险投资（VC）和私募股权融资（PE）。决定投资人类型选择的要素如表 5.4 所示：

表 5.4　投资人类型选择的要素

	介入时间点	公司特点	金额
天使	种子期	初创团队想法、规划落地，不确定性高	几十到几百万元
VC	早期	成熟的产品和稳定的客户群体，需要借助外部资金进一步占领市场	几百万到上千万元
PE	成熟期	具有竞争力的产品和一定的市场地位，可能获得回报，出于上市或整合产业链的考虑，需要资金支撑更大发展	几千万到上亿元

初创企业的股权性融资根据其实际情况，更多在天使投资和“VC”中进行选择。不管选择哪种类型的投资人，投资人的口碑和实力都应作为考虑的首要因素。为了提升股权融资的有效性（比如：为避免投资人的投资无法全部到位，利用投资人的资源提升企业经营业绩等），建议初创企业尽量找口碑较好的正规投资机构、知名投资人或者资金实力雄厚的投资者进行股权性融资。

（二）融资磋商审核

初创企业一旦初步确定投资人，就应迅速跟进并加快磋商，以充分利用时间并避免错过项目“风口期”。在与投资人磋商谈判过程中，应特别注意审核以下重点内容：

1. 股份估值是否合理

从融资方的角度看，股份估值高比估值低带来的资金更多，也更易满足初创企业的资金需求。然而，过于背离市场价值的高估值股份可能不会对投资人形成有效的吸引力，所以初创企业要善于把握好股份估值的度，同时还要特别注意给未来员工准备的股票期权池（stock option pool）。为了保证创始人或原始股东股权的“黏稠度”，这个股票期权池的估值更适宜于包含在新投资者投资后的估值中，因为其稀释成本将由创始人或原始股东与新的投资人分担。

2. 企业控制权的把握

（1）反稀释条款

公司如引进新的投资人，新的投资人的每股价格低于现有投资人的每股价格，则投资人通常会要求反稀释权利以保护他们在公司的投资价值。反稀释条款使得投资人以零成本或很少成本从公司或创始人处获得更多的股权，该股权的数额通过一个事先约定的调整方式进行计算。反稀释条款设置的目的是：第一，激励公司提高后续融资价格；第二，避免投资人持股股权因公司折价发行新股而大幅稀释。

（2）董事任命权条款

从股权结构看，股东对公司的控制权体现在股权占比的大小上——股份越多，其控制权越大。从公司管理实务看，股东对公司控制权的行使是通过代表股东的董事实现的。新的投资人为了参与对公司的管控，往往会要求公司设立董事会并委派人员担任公司董事。当投资人提出委派董事的要求时，投资合约一定要对投资人提出的董事任命条款进行科学设置，原则上其委派的董事数量占比不能超过其股份占比，否则易造成公司原有控制权的丧失。

（3）一票否决权条款

有的投资人为了保护自身利益，会要求公司在进行重大事项表决时要取得其同意，否则不能形成有效决策。一旦投资人提出此类保护性要求，融资方就要考虑是否接受这种对投资人的保护性安排；如果接受则一定要对此类“重大事项”做出明确说明，以避免日后产生争议。

3. 有关投资人退出的条款

（1）回购请求权

这是指在某些条件下要求公司按照一个固定价格从投资人处回购其持有的公司股权的权利。回购价格可能是投资人的投资款也可能是投资款的倍数。投资人的回购请求权一旦实现，则意味着面临如下风险：一是公司会就回购股权支付相应的对价，这个对价往往会大于或等于投资人的股本金，可能会给公司带来短期财务压力，如果投资人的股份占比较大，甚至还会引发公司财务危机及“连锁反应”；二是公司原来所享受的附着于投资人的“资源红利”，可能会因投资人的退出而丧失；三是投资人的退出可能会影响员工队伍的稳定，削弱外部合作伙伴对公司的信心。

在审查回购请求权条款时，公司需要重点关注以下事项：①回购请求权的触发条件。该触发条件不能过于宽松，否则不利于公司稳定生产和经营。②回购款的额度。从维护公司利益的角度考虑，回购款额度越低对其自身越有利。③回购款的支付方式。若能以现金、银行存款以外的其他资产如应收账款、应收票据等支付，可以减轻公司的资金压力。

（2）优先清算权

这是公司在清算时如何分配公司财产的条款，因此是投资意向书中对创业者影响最大的条款。本条权利条款通常会就公司清算时公司财产如何优先分配给公司投资人（以及不同轮次投资人之间如何分配），然后如何再分配给其他股东等事项做出约定。投资人通常在创始人之前收回他们的资金。投资人的清算额通常为投资人投资款或其倍数。在审阅优先清算权时，需要重点关注优先清算权触发的条件以及清算额计算方式等。

（3）共同出售权

投资人是否投资一家公司通常在很大程度上取决于对创始人和管理团队业务水平、经营能力和管理能力的信心，因此投资人通常不会希望创始人和管理团队对外转让其持有的公司股权。创始人如向第三方转让股权，除会有优先购买权外，投资人还会有要求根据事先约定的计算方式跟创始人共同出售其所持有的股权的权利。这些可以保证投资人的退出权利，也可以使得创始人的股权更难以被出售。在审阅共同出售权时，需要重点关注共同出售权的条件、计算方式等。

（4）跟随出售权

这是指若投资人同意向第三方出售其所有的公司股权，有要求其他股东一并向第三方出售公司股权的权利。也就是说，投资人有权要求其他股东必须按照其与潜在购买人谈好的价格和条件，并按照投资人在公司的股权比例向购买人出售股权。在审阅跟随出售权时，需要重点关注跟随出售权的条件等。

（三）企业信息披露

投资人为了确保投资安全，会对项目公司进行全面了解，通过获取的法律、业务、财务等关键信息来判断项目公司是否值得投资。为了避免投资磋商失败带来的公司信息非必要披露，特别应对财务信息、经营数据、商业秘密等进行保护。项目公司应重点注意以下事项：

1. 把握好信息披露时机

一般在签署投资意向书和保密协议之后，才配合投资方调查并提供相关信息，特别是对保密协议要约定违约责任，以更好维护企业利益。

2. 展示股东构成亮点

注重介绍创始人、联合创始人及创业团队中的其他核心成员在公司管理和项目运营上的独特优势，比如有助于项目运营的学历背景、工作经历、创业成果等。

3. 体现股权结构吸引力

创始人最好具有绝对控股权，能达到67%以上的股权最好；如达不到这个比例，至少也需超过50%。投资人在投资一个创业公司之前，不仅要考虑商业模式以及市场前景，更重要的是还要看创始团队的凝聚力，尤其是要看核心创始人的领导力和决心。创始人占股太低，易令人怀疑创始人对项目的信心。

4. 体现公司资质的合规性

初创企业根据创业项目所属行业的特性，可能需要不同的资质，比如，做餐饮的必须有食品经营许可证，做网络游戏的要具备网络文化经营许可证和游戏版号，外贸公司要具备进出口资质。这些资质既能体现业务的合规性，也有助于增强投资人的投资信心。

（四）签订正式投资协议

尽职调查完成后，就会签署正式的投资协议。投资意向书是一个意向合同，而投资协议则是一个正式的合同。投资协议的内容会比投资意向书丰富一些，但核心内容差别不大。因为投资协议即为最终的正式合同，企业需格外警惕是否存在不平等条款。

（五）资金到账、股权变更等手续

签署完投资协议后，投资人就要开始打款、办理股权变更等手续了。整个融资过程一般要持续1~3个月，有时在资金还没到账时，为了能拿到资金，快速开展业务，企业也可以和投资人商量，让其先提供一些过桥贷款供企业过渡一下。过桥贷款一般是免息的，最后融资款到账后，过桥贷款会自动转为投资人的股本金而不用偿还。

（六）股东关系管理

初创企业应由创始人或其指定的专人负责，加强股东关系管理，为企业发展营造良好的外部环境。股东关系管理的要点主要有：

1. 要有基本的信任

良好的合作必须基于最基本的信任，没有相互信任就会丧失股东合作的基础。同一企业的股东在目标追求上具有趋同性，创始人更应相信自己所找的股东是来帮忙而不是添乱的，通过股东间的相互信任，在公司经营管理上建立牢固的利益共同体，如此方能行稳致远。

2. 保持良好的沟通

世界上最难统一的是人的思想。不同股东对企业的经营管理理念可能会有差异甚至截然不同，有的股东也可能并不参与经营管理但不代表其不关心企业的发展。很多股东间的纠纷和问题往往源于沟通不充分，最终导致误会、不信任和“散伙”。因此，这需要股东间保持良好的沟通，以达到消除分歧、消除误会、形成共识、增进团结的目的。

3. 加强资源的整合

可以说每一位股东都是企业的重要资源，不同的股东可能具有不同的资源，同一股东一般也不可能独占所有资源。企业创始人要把股东看成最重要的合伙人而不是对立方，善于了解每位股东的优势资源（比如：哪些股东有技术资源，哪些股东有信息资源，哪些股东有营销资源，哪些股东有人脉资源），努力让这些资源整合互补、高度聚集，从而产生资源的叠加放大效应。

三、基于债务性融资实务的融资风险管理

初创企业囿于自身经济实力和商业信誉，其融资渠道相对较窄，其债务性融资的传统渠道主要有民间借贷、银行贷款和小额贷款等，每一种融资均有相应风险需要重视和防范（表5.5）。

表 5.5　初创企业债务性融资传统渠道的风险管理

融资渠道	风险管理要点
民间借贷	利息约定
	刑事责任规避
银行贷款	信用风险
	刑事责任规避
小额贷款	利息约定
	注意额外成本
	防“套路贷”等骗局

（一）民间借贷

民间借贷不同于金融机构贷款。根据《最高人民法院关于审理民间借贷案件适用法律若干问题的规定》(2015 年 9 月 1 日起施行)，民间借贷是指自然人、法人和非法人组织之间进行资金融通的行为。民间借贷的风险管理要点如下：

1. 利息风险管理

从法律效力层次上讲，民间借贷的利息可以分为三类：①可强制执行利息：年利率不超过 24%的利息，债权人可以申请人民法院强制执行。②无效利息：约定年利率超过 36%的，其超过部分的利息无效（法律不予认可）。③不违法但不可强制执行的利息：年利率超过 24%但不超过 36%的利息，虽然不违法但债权人不能向人民法院申请强制执行。

初创企业融资的利息风险管理有两项重点：

其一，尽量不按高于 36%的年利率进行融资，否则法院将认定超过部分利息无效，这极易引发债权人不满和次生风险。

其二，对约定年利率超过 24%但不超过 36%的利息，从诚信原则上讲借款人应当支付，但如果借款人财务状况恶化，从法律角度讲也可以不支付，即使债权人向法院起诉，这部分利息也不能得到强制执行，但借款人一旦支付便不能主张返还，因为这部分利息并不违法。

2. 刑事责任风险管理

在经济活动与司法实践中，民间借贷最易触犯非法吸收公众存款罪、集资诈骗罪、擅自发行股票和公司企业债券罪、非法经营罪等。

初创企业融资的刑事责任风险管理要点有：

（1）严控借款对象：不向社会公众即不特定对象吸纳资金。

（2）纯洁融资目的：不以非法占有为目的，融资及使用资金全过程都要有还款的主观意图和行为表现。

（3）融资量力而行：融资数额要与企业自身生产经营规模相适应，不能明显超出生产需要大规模融资。

（4）严格资金用途：资金只能用于企业自身生产经营需要，不能转贷，不能肆意挥霍资财以致款项不能返还。

（5）从严审批程序：拟发行股票、债券和基金份额，须经法定申报流程并取得审批同意。

（二）银行贷款

关于银行贷款的利率风险管理前文已作讲解，此处侧重介绍银行贷款的法律风险防控。初创企业以银行贷款方式融资，其法律风险主要有两类。一是信用风险：如果企业提供虚假申报资料、虚构贷款用途等，一旦银行在贷款审批中核实，贷款申请将无法通过。二是刑事责任风险：以提供虚假资料等欺骗手段获取贷款可能涉嫌骗取贷款和贷款诈骗犯罪，以转贷牟利为目的套取贷款后高利转贷他人的可能涉嫌高利转贷犯罪。

（1）贷款申请阶段的风险防控。在贷款申请阶段，切忌编造引进资金和项目等虚假理由、使用虚假文件及合同、进行不合规的抵押或担保。

（2）贷款使用阶段的风险防控。企业获取银行贷款后，应尽量用于本企业的生产经营，以市场正常利率水平拆借给其他企业使用不被法律禁止，但不能明显高于市场利率贷出以套利。

（三）小额贷款

正规的小额贷款公司是经省级人民政府主管部门批准并在当地工商（市场监督）管理部门注册成立，面向“三农”和小微企业经营贷款业务的有限责任公司或股份有限公司。在实践中，还有一些所谓的投资理财、投资咨询公司在非法从事类似小额贷款公司的放贷业务。小额贷款公司的贷款业务具有门槛低、费用高的特点，政策规定“小额贷款公司按照市场化原则进行经营，贷款利率上限放开，但不得超过司法部门规定的上限”。初创企业进行小额贷款的风险主要有：正规小额贷款公司的融资费用较同期银行贷款成本明显要高；小额贷款公司资金实力和管理水平远不及商业银行，其不规范的经营可能会给有融资需要的企业增加额外成本；初创企业不一定能准确识别真假小额贷款公司，可能会遭遇贷款骗局、“套路贷”、暴力催债等不法侵害。

初创企业小额贷款风险管理的方法如下：

1. 识别身份

判别小额贷款公司的合规合法性是第一重点。通过查看小额贷款公司省级人民政府主管部门的批准文件、工商营业执照、“天眼查”“企查查”APP 等渠道辨别小额贷款公司身份真假，不与不正规公司打交道是保证自身安全的王道。

2. 掌握相关政策

目前暂无针对小额贷款公司的配套法案，主要的参考性政策文件有《关于小额贷款公司试点的指导意见》。该意见内容不多，初创企业可以学习掌握，提升政策运用水平。

3. 加强合同审查

应全面仔细地审查贷款合同，重点看贷款利率水平是否超出司法部门认可的上限、对借款担保有无具体要求、放款的时间与进度、逾期还款的法律责任约定等内容，避免小额贷款公司利用格式合同“挖坑”。

4. 寻求公力救济

如果借款人遭遇贷款诈骗、“套路贷”、违规收费加息、暴力催债、非法拘禁等不法侵害，应尽力收集保存好相关证据资料，向有关金融监管机关、司法机关寻求公力救济，避免私力救济不力产生更大风险。

四、基于互联网背景的融资风险管理

近年来，随着互联网特别是移动互联网技术的兴起，传统金融与互联网深度融合而呈现出数字化、信息化、网络化、便捷化的鲜明特点，这种依托并融入互联网技术的金融新业态被称作互联网金融。下面主要介绍与企业融资有关的互联网金融——网络借贷、众筹融资。同时，互联网与电子商务等经济形态的深度融合，又产生了对经济行为分析和研判有着重要参考价值的大数据，这些大数据对防范和管控投融资风险也日益重要。

（一）网络借贷

我国的网络借贷经历过一段混乱的时期。网络借贷经营主体良莠不齐、鱼龙混杂，有的经营平台出现投资人无法提现、公司卷款“跑路”、借款人融资不成反被骗款等乱象。当时的网络贷款主要有 B2C（银行贷款给企业）、P2P（个人之间的借贷）、P2C（投资人贷款给企业）等模式。

1. 网络借贷的类型

在《关于促进互联网金融健康发展的指导意见》出台后，其将网络借贷明确分为两类：

一是个体网络借贷（P2P），人们常说的“网贷”主要指这种类型。它是指借贷双方个体经由互联网借贷平台进行的直接借贷行为。这种借贷方式与传统民间借贷的不同之处在于，它借助于网络借贷平台提供的信息撮合、资质信用评估等服务。而平台本身不属于投融资方，只提供信息交互服务，不能非法集资。

二是网络小额贷款，即互联网企业通过其控制的小额贷款公司，为存在融资需求的对象提供的小额度网络信贷服务。这实际是将小额贷款公司的业务从线下移至了线上，本质上仍是小额贷款业务并受国家小额贷款相关政策的监管约束。

2. 网络借贷的风险防控

初创企业的先天不足使得其难以从商业银行贷款。一些平台或非平台企业在网络发布的“无担保、无抵押、手续简便、当天放款”等广告对融资有迫切需求的初创企业极具诱惑，容易致使企业上当受骗。其风险防控重点如下：

（1）不从非正规网贷平台融资

下列情形的网贷平台具有高风险：利率水平超过法律规定的上限（现行法律规定民间借贷的年利率超过 36%的部分无效）；在放款前即收取手续费、评估费、调查费等各种前期费用甚至预收利息；平台公示信息中无具体办公地址；假冒知名网贷平台的“山寨”平台。另外可以从中国互联网金融协会官网上查询平台公司是否为协会会员，一般申请入会需要经过严格的资质审查，会员单位相对靠谱（图 5.17）。

（2）选择信誉较好的网贷平台

网贷平台的信誉度可以从有无负面新闻舆情、法院失信被执行人名录查询、“企查查”“天眼查”等 APP 中的“风险扫描”、具有权威性的行业排行榜等渠道进行判断。

（3）选择实力较强的网贷平台

网贷平台的实力与其投资人紧密相关。一般而言，银行系、国资系、上市公司系的网贷平台实力较强，管理能力与水平较高，日常经营较为规范；其他网贷平台的实力相对较弱。

图 5.17　中国互联网金融协会官网会员名单（部分）

（4）避免突破网贷额政策上限

企业网贷融资一旦超过银保监会相关规定的贷款上限①，可能面临相应的法律风险、账务风险或信用风险。

（二）众筹融资

众筹起源于美国，是一种借助第三方筹资平台的新型融资模式。项目发起人借助这种新的商业运作模式，用包装好的项目吸引平台用户，利用用户的闲散资金达到筹资目的。其中，发起人、平台与投资人构成众筹的三大行为主体。众筹具有融资门槛低、成本低、良好营销和潜在支持的优势，更适合初创企业。

1. 众筹融资的分类

（1）股权众筹

这是投资人以投资换取项目一定比例的股权的众筹模式，项目发起人无须偿还投资款或以产品、服务回报投资人，但投资人要参与项目利润分配。

（2）消费众筹

投资人的投资以获得项目运营产生的商品或服务为回报，项目发起人不以货币回报投

① 根据 2016 年 8 月发布的《网络借贷信息中介机构业务活动管理暂行办法》，借款人的上限为：同一法人或其他组织在同一网贷平台的借款余额上限不超过人民币 100 万元，在不同网贷平台借款总余额不超过 500 万元。

资人。消费众筹相当于集融资与预售于一体，既能解决资金缺口又能提前找到产品销路。

（3）公益众筹

这是指项目发起人以公益为目的资金筹集。由于公益众筹不涉及企业生产经营，所以不是本书关注的重点。

与股权众筹相对，消费众筹和公益众筹可以合称为非股权众筹（图 5.18）。

图 5.18　2021 年众筹平台品牌榜与实力榜（据 CN10/CNPP 研究发布）

2. 众筹融资的风险防控

就项目发起人而言，众筹融资最大的风险在于融资目的不能实现和融资后项目运营失败两个方面。

其风险防控要点有：

（1）注重项目策划包装

对于消费众筹，投资人更看重商品或服务的特性、品质。对于股权众筹，投资人更看重项目的预期收益率，所以项目发起人要注意挖掘消费众筹商品或服务的亮点，对于股权众筹项目还要科学设置股权配置，充分展示项目的市场前景、运营优势等，以充分激发投资人的兴趣。

（2）如实披露关键信息

企业应坚持诚实信用的原则，严格按照规定与要求，如实对企业的业务模式、营运管理、资金流向、财务状况等重要信息进行及时披露，帮助投资人在对客观信息充分掌握的基础上做出科学、理智的投资决策。

（3）加强项目运营管理

消费众筹发起人要切实保证提升产品或服务质量，着力让消费众筹投资人满意。股权众筹发起人要着力提升产品的市场竞争力、占有率和项目经济效益，能让投资人实现更多利润分配。

五、融资风险管理中的大数据应用

步入“互联网＋”时代，大批同产业链的公司聚集起来运用互联网供应链金融来解决融资难题，以开拓新市场实现转型升级。供应链融资依托大数据技术，对产销供应链的上下游企业这个整体的交易关系、行业特点进行分析，对各类金融机构的资金流与企业的信息流进行匹配、整合，最后提供整体的金融服务与解决方案。

异于传统商业银行为资金融通中心的供应链金融模式，互联网供应链金融模式利用互联网平台进行交易融资。其主要模式包含P2P、中介型电商交易以及自营型电商平台主导等，其中自营式电商平台主导的模式由于能够参与其自营产品的“生产—采购—交易—运输”所有环节并且平台可以对自己的供应商提供授信服务，平台居于核心地位，因而具有数据信息获取上的全面优势。同时，依靠国家政策扶持和互联网平台的广阔资源，平台积累了融资链所涉及的供应商经营销售的相关财务数据，融资的时效性得到飞速提升。

“互联网+”的发展促使我国供应链金融市场不断成长。2016—2020年，供应链资产余额增加8.2万亿元，已达24.9万亿元，年均复合增长率为10.5%。

随着各大互联网巨头加速入场布局，“产业+金融”生态圈进一步完善，供应链金融发展正展现出良好态势。

围绕供应链金融的大数据应用，特举三个不同领域的实践案例作为本节的尾声。

（一）在农业领域的应用

基于自贸港背景的海南荔枝产业供应链金融模式探究

海南自由贸易港的建设与发展，带动了自贸港荔枝产业的发展，也为供应链金融的发展提供了天然的实验地。海南的海垦红明红荔枝现代农业产业园是当地政府认定的省级现代农业产业园，也是全国最大的荔枝产、供、销集散中心。开创新型农业供应链金融业务模式，补齐海南农业产业内商户们的资金供应链融资短板，拓宽农业产业资金来源渠道，缓解资金压力，推动自贸港建立农业产业金融服务体系，已成为当今要务。

对于自贸港荔枝产业而言，供应链金融模式在不同的业务阶段，焦点有所不同，企业的融资需求也随着交易的深入动态变化。在订单采购阶段，农业产业的基本融资需求主要是确保预付款项及时到位，核心融资主体包括经销商与代理采购商，因此，供应链条上的核心农企可借助保兑仓模式享受融资服务；在存货保管阶段，储存形式的农产品占用了相当份额的资金，此时可以融通仓为融资模式，抵押一定的农产品为供应链中的农户获取贷款，然而由于农业生产与销售模式固化、产业地域性较强、产品标准化程度较低等原因，有时难以成为有效抵押物；在销售回款阶段，融资需求转向大额的应收账款，然而分销商支付时间参差不齐，难以在短期内收回，于是此阶段以应收账款质押融资为主要模式，为供应链中的农户和农业企业提供有效的融资服务，以补充和完善资金供应链条的不足。

纵观海南荔枝农业产业链条，从种子采购、种植到仓储、加工，再到分销和终端的零售，整条产业链涉及的主体企业众多，如不对资金来源渠道加以拓宽，就会出现因资金短缺影响生产和销售的现象。而要缓解制约海南热带水果荔枝产业发展的资金瓶颈压力，可以尝试利用新型金融服务——供应链金融模式解决融资短板问题。于农业产业而言，传统的供应链融资模式以核心企业、应收账款质押为主导，而以农户合作社为主导的供应链金融模式仍略显稚嫩，现今主流的金融服务形式则以大数据互联网平台为主导。

然而，不容忽视的是农业产业供应链金融模式仍存在一系列运行风险。信用风险是最为常见的风险类型之一，例如若受沿海极端恶劣天气影响或市场经营环境变化的冲击，由于中小农户和农业企业抵御风险的能力普遍较差，就可能出现无法按时履行还款责任而产生信贷违约的情况。农业企业还会面临内部管理风险、产品运输风险、生产线中核心企业物权担保风险等多重内外部风险。金融主体之间缺乏有效的沟通和交流，加之融资环节具体操作不当，也会为金融机构及荔枝产业供应链模式的运行带来操作风险。此外，由于海南荔枝产业农业供应链金融模式还未发展完善，就金融行业大环境而言，部分金融机构缺乏对现代大数据分析技术、云计算技术的应用意识，风险防控系统运行效果不佳，发放贷款的同时伴随着技术风险。

而随着大数据技术及互联网技术的应用范围拓宽，以大数据互联网平台为主导的供应链金融模式，逐渐成为农业产业内企业融资的主要途径。大数据互联网平台依托于现代大数据分析技术，具备信息量丰富、销售链完整、风险监控密切的应用优势，直接推动了电子商务贸易平台的发展。荔枝农产品生产及经销商就可以利用网络平台，获取客户的订单信息，同时还可通过技术建模分析，对荔枝农产品生产线上各主体进行信用评级与分析，根据融资风险评估结果，为风险相对较小的荔枝农户、农业企业或农业经销商提供融资服务。网络融资渠道的拓展，提高了电子商务贸易在荔枝生产链中的整体覆盖率。海口市政府已经与阿里巴巴集团达成合作，目前的成功案例就是和农村淘宝合力打造了海口火山荔枝品牌，建起了海口火山荔枝金融供应链（图 5.19），实现了海口荔枝产业的增收与市场开拓。

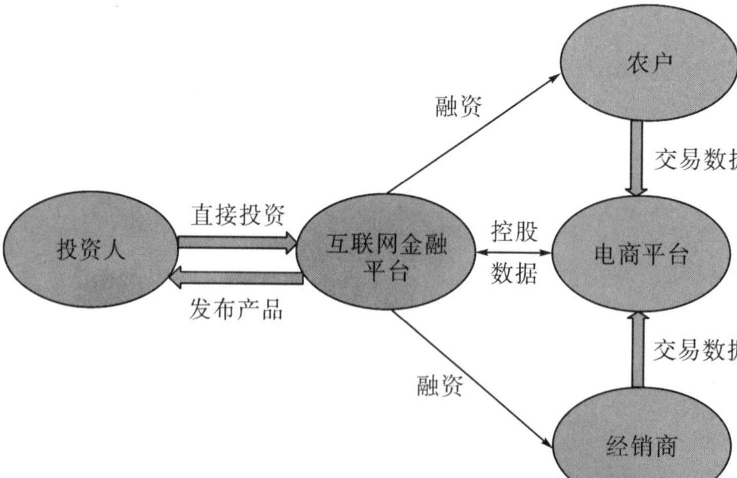

图 5.19　以大数据互联网平台为主导的供应链金融模式

供应链金融模式的应用，创新了资金利用与企业融资的金融服务模式。农业供应链金融业务模式，与传统金融信贷模式存在根本上的差别，它以农业企业征信情况为参考依据，综合评价产业链上相关企业交易模式与状态，为农业产业提供相应的金融服务。其中，以大数据互联网平台为主导的供应链金融模式，充分利用大数据技术与海量信息，提高了上下游农业产业的资金使用效率，拓宽了农业企业的融资渠道，较好地控制了融资风险，助推产业继续向好向大发展。

［资料来源：黄素娟，黄健恒．农业产业供应链金融业务模式的探索——以海南自贸港热带水果荔枝产业为例［J］．现代营销（经营版），2021（9）：1-3.］

（二）在电商领域的应用

供应链金融下电商企业融资风险识别与控制研究

——以京东金融产品京保贝为例

受互联网应用普及的影响，电商企业依靠互联网平台实现项目的多渠道融资变得更为普遍。而在新冠肺炎疫情的冲击下，线上消费成为经济下行后逆转的主要趋势，于是数量稳步增加的线上平台机构以及电商企业数量，促使供应链金融也在加速发展。受“互联网+”浪潮的推动，利用互联网来打造融合大数据、共享互联网、人工智能等的现代智慧供应链体系已成为不可逆之势。

目前，京东集团的供应链融资模式与同行业相比较为完善，京保贝就是京东金融2013年10月推出的一款标志性资产证券化产品，它也是国内首个平台自营融资模式的供应链金融产品。一方面，京保贝参考公司内部自定的信用评级系统进行贷款，无须银行审核提供资金，在一定程度上节约了融资时间。另一方面，京保贝的融资流程也很简洁高效，首先，有融资需求的供应商在满足门槛条件后向京东金融提交申请，在收到客户的融资申请之后，平台运用大数据分析和智能技术进行融资申请审核，自动确认贷款额度并完成放款，效率极高。这种模式大幅提高了需求客户的融资效率。京保贝的融资流程图见图5.20。

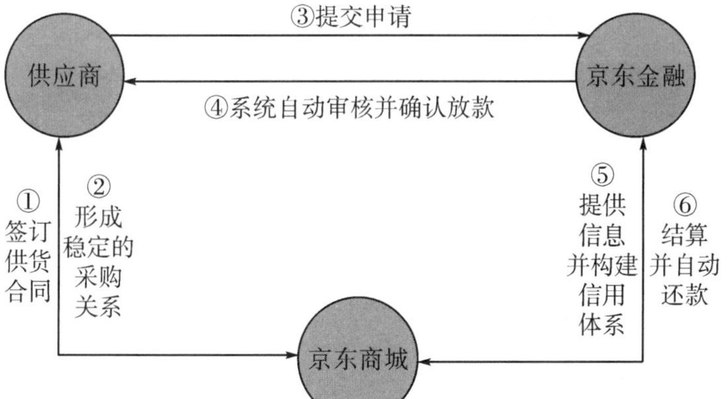

图5.20　京保贝的融资流程图

为照顾平台上的中小企业，该金融供应链自建风险控制体系，从客户信用评级分析系统、内部征信体系和管理制度体系三个方面进行供应链金融风险识别和控制：

1. 客户信用评级分析系统

京东作为电商行业的巨头，掌握了各行各业、各大网络电商的交易信息，并逐步形成了京东独有的分析系统。系统首先对贷款企业实行门槛资质限制，企业通过资质认可后，京东金融后台会将融资企业以往的营业情况、网络页面访问量和用户评价等多方面经营数据打包录入信用评级系统进行分析。对于系统信用评估后有疑虑的企业，京东金融将进一步利用网络爬虫科技获取相关数据，综合分析判断融资风控点。

2. 内部征信体系

京东金融的信用体系是一个动态体系，不仅依靠京东商城的原有数据，还时时更新内部与外部的信息数据，并结合人工智能技术加强和完善数据体系。平台不仅会分析商家信息，还会通过商品价格、销量等敏感度测试和客户应对措施的反馈，识别消费者端的短期需求，从而有效利用优势资源，扬长避短，建立有针对性的数据库，不断完善内部征信体系。

3. 管理制度体系

在建立客户信用评级分析系统和完善内部征信体系的基础上，京东金融创立了贷款管理制度体系，通过“贷前—贷中—贷后”的节点顺序进行风险管控。贷款前期，京东结合线上网络视频确认和线下走访调查，全面了解并确认融资客户真实性、个人资产及收入情况等相关信息。贷款中期，制定不间断的审核评估制度，定期确认融资客户按时还款的情况以检测信用状况，实时跟踪京东账户的贷款资金流动方向，并通过对比其生产规模和产品交易量来评判潜在风险的可能性。贷款后期，京东金融需要对资金流向进行监督管理，合理利用互联网的即时性，及时对异常点实施冻结。

虽然互联网供应链金融拥有诸多优势，但这种模式仍不可避免地面临违约风险、市场风险、操作风险以及流动性风险。为了更好地对风险进行监控，未来，我们需要完善电商企业供应链融资相关法律法规与监管制度，并通过建立风险预警机制，利用好“大数据”这把利刃，使得“金融+科技”强强联合发挥更大效用。

［资料来源：邵懿. 供应链金融下电商企业融资风险识别与控制研究——以京东金融产品京保贝为例［J］. 国际商务财会，2021（14）：58-62.］

（三）在大型企业财务管理中的应用

大数据助推中交上航局向价值创造型财务管理转型

中交上海航道局有限公司（简称“中交上航局”）由前身“浚浦工程总局”发展而来，是一家拥有百年历史的老牌建筑企业。中交上航局从黄浦江航道疏浚起步，通过一百余年的发展壮大，现已成为国有大型综合型工程公司，主营业务包括市政、港航、水利、公路、房建等，并可为客户提供业务相关投融资、规划设计、建设打造、营运管理全产业链解决方案和一体化服务。

近年来，中交上航局以“改革创新、转型升级”思想为引领，致力于消除和解决近年来财务上面临的资金压力、指标压力和管理压力等多重压力，以及供应链上下游企业遇到的融资难、融资贵问题，依托发展迅猛的大数据技术，自主搭建了供应链金融云平台——上航金服。此举不仅缓解了自身资金压力，在减少融资成本的同时使得供应链核心竞争力大大提升，还有效打通了企业的业财壁垒，成功实现了转型业务新突破。

在传统财务管理理念、企业中财务管理职能定位、财务管控路径与模式受“大数据”

时代深刻影响的背景下，供应链金融业务越来越倾向于应用“互联网+金融”模式。在政策层面，“十三五”期间，国家曾多次出台相关文件，鼓励金融创新，希望通过供应链金融等新的金融模式，盘活资金通道，使产融结合效率得到有效提升。政策落到集团层面，国资委对中央企业的资产负债率、“两金”、带息负债等指标都提出更高要求。为了更好贯彻这一指示，集团对旗下各公司进一步做出了指标考核要求，具体为一些投资能力指标的规定。然而，基建行业回款慢的特点却加大了企业的资金压力。对于作为总包的核心企业而言，其应收账款逐年攀升、收款压力增大，同时却需考虑向下支付的问题。而下级供应商多为中小微企业，资金实力有限，因而融资是其面临的不容忽视的难题，但也正是由于这些企业的规模小，资信水平不高，融资行为普遍面临“落地难、成本贵、手续繁”的难题。

结合上述背景，企业需解决三个层面的需求难题。首先，企业要从整体层面把控带息负债指标以及经营现金流的健康态势；其次，在资金层面，由于所处的传统疏浚行业正在转型发展，表现为毛利率整体下降、回款率降低，同时公司承接的 PPP 项目逐步进入建设期，这些问题需要公司应对好相应的大量资金需求；最后，落实到对供应商的管理层面，公司难以有效、准确地评估他们的真实能力、资信和财务水平，也就缺乏有效手段确认其资质、控制采购成本。于是，自 2018 年底提出自建供应链金融平台的构想与规划以来，公司紧锣密鼓完成了调研、研发、测试等工作，上航金服于 2019 年 8 月 28 日正式上线（图 5. 21）。

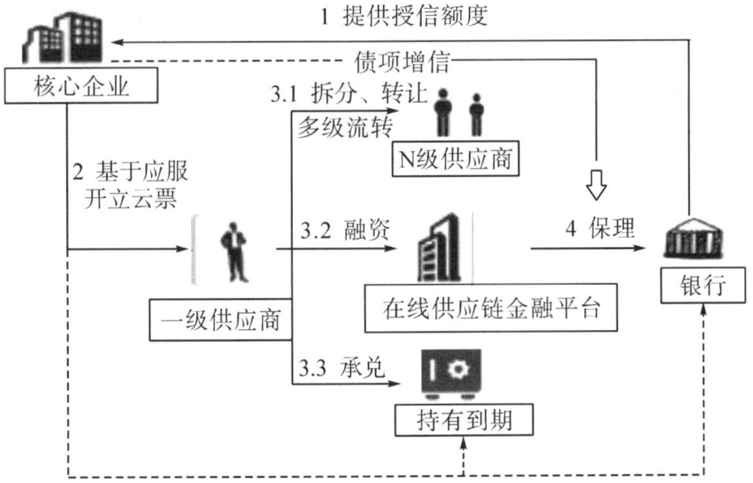

图 5. 21　上航金服平台业务模式

上航金服平台由核心企业中交上航局主导，将银行、供应商纳入整个供应链条内。为保证平台有效运行，首先，核心企业必须在银行取得一定规模的银行授信；其次，核心企业基于与供应商之间的直接应收应付关系，通过平台向一级供应商开具云票；最后，一级供应商拿到这张云票后，可以通过平台拆分转让、融资、持有到期。这一集团自建的供应链金融平台的应用也如愿发挥了巨大效用。①云票的使用可以在一定程度上延缓资金的支付，缓解资金压力，而延缓资金支付进一步缓解了经营性现金流的压力，只占授信的特点也缓解了带息负债的指标压力。同时，供应商对云票的使用情况，亦可以作为核心企业遴选优质供应商的切实依据，再根据采购管理中心的供应商评价，就能够获取反映供应商资金能力的信息。②核心企业主动管理供应链，产业协同效率、核心竞争力均能得到有效提升。平台通过追踪供应链条内的业务流向，审视整个供应链条的情况，从而优化供应链条。此外，通过业务整合，供应链上的企业的融资成本得到有效降低，供应链上的企业的竞争力整体得到增强。

截至 2020 年 9 月，上航金服已稳定运行 1 年，完成了与建设银行、交通银行、招商银行、光大银行以及中信银行的对接，平台入驻企业达到 619 家；中交上航局作为核心企业，签发的云票金额突破 19.72 亿元；供应商获得约 13.92 亿元的融资，约占开票额的 71%。此次上航金服借助大数据技术使得所有融资材料全程平台电子流转，与线下融资的复杂手续相比，手续更为简便，融资风险得到有效控制，极大地提高了融资效率。未来，上航金服仍将继续坚持“业财融合、立足上航、服务中交、面向市场”，致力于打造健康融合的金融生态圈，加快向价值创造型财务管理转型的步伐。

［资料来源：彭陆强，何金中，潘贤亮，等. 供应链金融云平台，助推中交上航局向价值创造型财务管理转型［J］. 创新世界周刊，2021（10）：26-30.］

大数据因互联网而兴，大数据对于企业融资风险管理具有无可替代的巨大作用。开发利用大数据必须依托强大的科技实力和雄厚的资金实力，一般的初创企业很难同时具备收集、挖掘、整理、利用大数据的能力。大数据利用的前景无限广阔，但也征途漫漫、任重道远。在探寻供应链金融等企业融资风险管理模式的道路上，目前尚处于起步阶段，初创企业主动利用大数据进行融资风险管理还有很大的提升空间，在未来还需要相关各方持续参与、综合发力。

◇ 创业问答 ◇

Q：创业者应如何防范品牌危机？

A：四川大学商学院余伟萍教授说过：“品牌管理既不可一蹴而就，也不可一劳永逸，它是一项系统而持续的全员工作。”这句话系统、全面地回答了防范品牌危机的思想基础。从这句话我们可以进行引申：从决策层面，企业要建立完善可行的品牌风险管控机制，制订风险应急预案，组建风险管理团队；从管理层面，企业应确保在经营管理的各个环节始终以品牌资产为中心，提升品牌的功能性价值、情感性价值和象征性价值；在执行层面，企业要紧紧围绕 CBBE 模型执行公司的决策，实现品牌能见度、美誉度、响应度和忠诚度。

Q：创业应考虑哪些环境因素？

A：①宏观环境，要充分了解国家政策及国情；②行业环境，要考虑行业定义、竞争者、供应商、购买者、市场规模、稳定性、行业成功因素等；③地区环境，要考量该地区的行业发展状况、市场影响力等。

Q：初创企业融资风险管理有哪几个维度？

A：①基于财务管理理论的维度；②基于股权性融资实务的维度；③基于债务性融资传统渠道的维度；④基于互联网背景和大数据应用的维度。

◇ 关键术语 ◇

品牌危机管理：指企业在品牌经营管理过程中针对该品牌即将面临或正在面临的危机，采取包括危机防范、应对等一系列计划、组织、领导、协调、控制等活动的总称。

品牌危机的阶段性管理模式：莱吉斯特（Micheal Regester）认为品牌事件是品牌企业与相关利益方之间的冲突点，这种冲突源于企业与相关利益方之间的价值判断标准以及认知之间的差异。事件发生后，如果问题得不到解决，则很有可能会演化为危机。其把危机管理的过程归纳为六个阶段，即认知阶段、勘查阶段、决策阶段、执行阶段、微调阶段和结束阶段。

品牌危机的 4R 管理模式：危机管理 4R 理论由美国危机管理专家、危机管理大师希斯（Robert Heath）在《危机管理》一书中率先提出，即缩减力（reduction）、预备力（readiness）、反应力（response）和恢复力（recovery）四个阶段。

企业融资风险：企业出于正常生产经营或扩大再生产的需要，向银行、其他企业、经济组织或个人融资而给自身带来潜在的各种不利影响和可能损失。

资本结构：广义的资本结构是指企业全部资本价值的构成及其比例关系。狭义的资本结构是指企业各种长期资本价值的构成及其比例关系，尤其是指长期的股权资本与债权资本的构成及其比例关系。

负债的期限结构：企业短期负债与长期负债的比例。

互联网金融：传统金融与互联网深度融合而呈现出数字化、信息化、网络化、便捷化的鲜明特点，这种依托并融入互联网技术的金融新业态被称作互联网金融。

P2P：个体网络借贷的简称，人们常说的“网贷”主要指这种类型，它是指个体和个体之间通过互联网借贷平台实现的直接借贷。

众筹：顾名思义，就是大众筹资，即项目发起人（融资人）将自己设计包装的项目置于众筹平台，通过吸引平台用户（粉丝）的注意、评估，将用户的闲散资金集中起来用于项目运营的一种融资模式。

供应链融资：把供应链上的核心企业及其相关的上下游配套企业作为一个整体，根据供应链中企业的交易关系和行业特点制定基于货权及现金流控制的整体金融解决方案的一种融资模式。

◇ 本章小结 ◇

危机与风险是企业持续经营中常见的矛盾，正确认识品牌危机和融资风险如何发生、正确对品牌所处的危机进行评估是品牌危机管理的前提。企业要在运营管理过程中制定全面、系统的危机管理机制，同时将品牌危机管理贯穿日常管理过程的每个细枝末节。品牌事件的发生是一个警示，我们要严防其恶化为危机。在此期间，要注意做好企业内部和外部的公关和管理工作，使事态朝着有利于危机化解的方向发展，化危机为转机。资金是企业良性运行的血液，对资金的需求须量力而行，融资方式和规模更需兼顾企业自身特点，但创业者须随时关注国家产业政策和信贷政策的变化情况，维持好经营现金流的良性循环，建立健全企业融资与投资评估机制，规避企业因融资风险而产生的负面影响。

◇ 思考 ◇

1. 品牌沟通中应注意什么？品牌危机的处理原则是什么？
2. 请分析具体案例中的品牌危机管理模式。
3. 品牌危机与融资风险管理应从哪几个维度进行考量？
4. 请结合自身企业情况，拓展品牌危机与融资风险管理的最佳方法，并思考多元性危机和风险及其对应方案。

第六章
企业重点客户筛选

学习目标

学习完本章后，你应该能够：

- 理解重点客户的概念和价值
- 理解企业筛选重点客户的原因
- 掌握筛选重点客户的指导思想和具体方法

本章重难点知识视频

开篇案例｜“江小白”的精准用户定位

2013年，重庆酒类品牌“江小白”创始人陶石泉获得2013年度中国杰出营销人金鼎人物奖，成为重庆首个获此殊荣的年轻企业家。马云、史玉柱、牛根生等也曾获得该奖项，该奖项被誉为中国的“营销奥斯卡”。不走寻常路的“江小白”，以青春的名义重新定义白酒，并将目光精准地盯住了年轻人这个庞大的群体。

年轻人，是“江小白”针对的目标群体，而和陶石泉一起创造“江小白”的，也是一群年轻人。这群年轻人知道，对于手里只有3 000万元启动资金的初创企业，不可能实现受众的全覆盖。为了锁定公司的主要服务对象，“江小白”公司的工作人员通过大量实地采访与调研，发现“80后”和“90后”如果不是为了应酬，基本不会主动喝白酒。部分酒企主动将年轻群体排除在外，市场上也仅有较少的低档白酒供年轻人选择。但随着年轻群体逐渐走上工作岗位，喝白酒应酬的机会也越来越多，如果能在年轻群体步入工作岗位前通过一款产品改变他们对白酒的消费习惯，那将是一个巨大的消费市场。

但吸引年轻群体的眼球并改变他们的消费习惯并非易事。传统白酒“严肃、厚重”的形象已经扎根人心，想要吸引年轻人群体，必须颠覆他们对白酒的刻板印象，并赋予产品独特的品牌个性。陶石泉发现，年轻群体喜欢将自己戏称为“屌丝”。“屌丝”群体往往渴望社交，但没有足够的经济实力消费高端产品，反而对优质、平价、有创意、有个性的中低端产品充满兴趣。于是，陶石泉最终将企业文化定位为“屌丝文化”，完美契合当代年轻人最真实的情感。

虽然找到了准确的目标群体，但如何引起年轻群体的共鸣，即掌握年轻人的“社交货币”，又成了陶石泉的难题。既然选择年轻群体作为产品的核心受众，那么品牌对外展示的形象就应该引起年轻群体的兴趣。通过对年轻人习惯的大量研究，陶石泉发现青春偶像剧传达的观点往往会被年轻群体所接受。既然这样，那么如果模仿青春偶像剧，将自己的产品形象人物化，并赋予产品典型的“80后”“90后”年轻人的特征，应该能引起年轻人的共鸣。“江小白”的产品形象决定退去传统白酒“雍容华贵”的厚重感，选择蓝色为主基调——象征温柔、梦幻、内敛，磨砂的白色裸瓶则提高了产品的质感。鉴于“江小白”的用户群体是“80后”“90后”的年轻人，一张大众方脸，架着无镜片框眼镜，系着英伦风格的黑白格子围巾，身穿休闲装的“江小白”就此问世——它代表的是广大年轻群体的形象(图6.1)。

图6.1　江小白包装图

为了满足年轻消费者追求独立与个性的需求，陶石泉在口味上大胆创新，抛弃传统的酿酒工艺，采用单一高粱小曲白酒酿造工艺，弱化曲香、窖香等传统白酒的厚重感，而这种全新的工艺使“江小白”喝起来单纯甜润、不头晕、不口干、醉酒慢、醒酒快，甚至因为其基础的口感，消费者还可以根据喜好加入红茶、绿茶、红牛等其他饮品从而形成富有创意和个性的喝法。

陶石泉深谙互联网的重要性，也了解年轻人在互联网上往往都拥有极强的观点表达欲，更知道酒是一种情绪放大器。三者有机结合，陶石泉遂决定用“江小白”语录引导年轻人表达自己的观点，并以广告的形式将话题植入年轻人的日常生活，于是就有了我们在地铁站和餐厅看到的“江小白”的经典语录。而这些有关爱情、友谊、未来等的话题，往往会让年轻人产生极强的代入感，让消费者不知不觉就将自己和“江小白”画上了等号。

随后，陶石泉团队还通过运营“我是江小白”官方微博与消费者积极互动，让产品和用户产生情感融合；通过组织“酒后吐真言”等一系列迎合年轻人的线下活动提高用户参与感；组织同城约酒活动让用户放下手机，感受生活……

2013年下半年，这家仅成立1年多的企业便实现了盈利。公布的数据显示，公司2013年全年收支平衡，销售额破5 000万元，2万多家餐饮销售终端覆盖重庆、四川、长沙、上海等市场，产品也进入红旗连锁超市、互惠连锁超市等主流零售渠道以及众多中小型便利店，被行业媒体评为2012年度白酒行业创新案例奖。

思考：

1. 为了让“江小白”契合年轻群体的消费习惯，陶石泉做了哪些努力与尝试？

2. 如何看待互联网时代的用户筛选？互联网时代又有哪些高效的用户筛选手段？

3. 如果“江小白”不是成立于2012年，而是成立于2021年，你有哪些更好的客户筛选建议？

思维导图

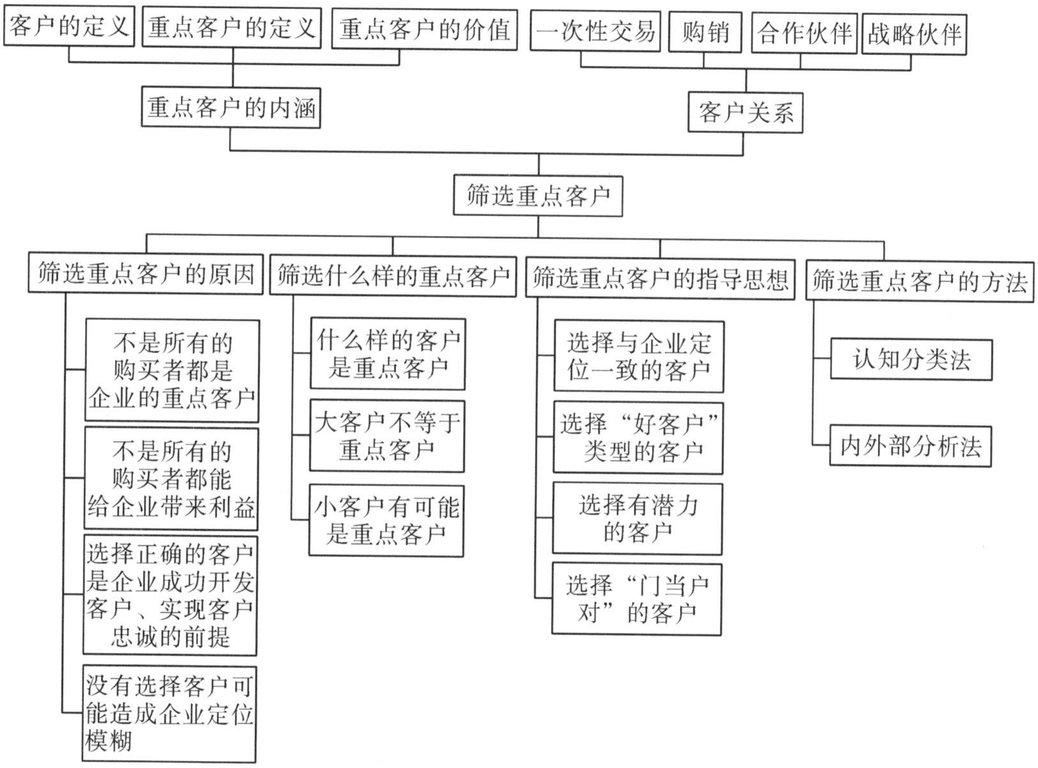

本章提要

在新营销时代，互联网、大数据和云计算等现代技术的融入，削弱了很多传统行业的核心能力，实现了资源开放。企业60%的销售量来自不到20%的客户，重点客户的管理对企业来说十分重要。由于企业资源能力有限，所以需要对目标客户进行筛选，实行差异化管理。筛选重点客户就如同抓住了大象的鼻子，也就是说选择有时候大于努力。为什么要筛选重点客户？如何筛选出重点客户？诸如此类与客户密切相关的问题，是每一家企业亟待思考和解决的问题。

第一节 重点客户的内涵与外延

什么样的客户是重点客户？很多企业管理者还误认为能够为企业带来高销售收入的客户就是重点客户。顾名思义，重点客户就是企业重要的客户。他们的业绩占了企业利润的很大一部分；他们对企业目标的实现有着至关重要的影响；他们的流失将严重影响公司的业绩；他们是企业市场拓展的潜在资源。清晰界定重点客户的概念，明确重点客户的价值，分清不同类型的客户关系，能够帮助我们更好地筛选重点客户，以此提高企业经营管理效率，提升企业核心竞争力。

一、重点客户的内涵

（一）客户的定义

客户是指用货币或者某种有价值的物品来换取或接受财产、服务、产品或某种创意的自然人或组织。他们是商业服务或产品的采购者，他们可能是最终的消费者，也可能是商品服务或产品的代理人或供应链的中间人。

但很多人在理解客户的时候，容易把客户、顾客与消费者混为一谈，甚至画上等号。对于企业而言，三者之间是有明显区别的。首先，市场表现不同。客户是针对某一特定细分市场而言的，他们的需求相对集中；而消费者是针对个体而言的，他们的需求较为分散。其次，定义上也存在差异。客户的英文是 client，client 在法律上的解释是“当事人”或者“委托人”的意思，被告或者原告都是律师的客户，你去找会计师，你就是会计师的客户；顾客的英文是 customer，比如我们去商店、超市、饭店等，我们就是顾客，商店的服务员会称我们为顾客。再次，两者与商家的关系也不同。客户是指企业产品的购买者（包括代理、经销和消费者），两者的关系是信任与委托关系，然而顾客是指企业产品的最终使用者，两者的关系是中介关系。最后，两者的特点不同。顾客的特点之一是不唯一性。比如你可以到任何一家超市去买东西；在房地产经纪行业也是如此，一位消费者可以给任何一位经纪人打电话，可以走进任何一家中介公司去咨询，这种情况下，这位消费者就是顾客。而客户的一个重要特点是唯一性和排他性，比如决定委托一位律师，就不可以同时再找其他律师。

我们举例说明。A 公司买了 Tesla 电动车交给总经理使用。总经理是用户，但不是 Tesla 公司的客户，A 公司是 Tesla 公司的客户。客户有时和顾客是一致的。比如，张先生购买汽车，对汽车公司而言，张先生是汽车公司的顾客，也是汽车公司的客户。顾客和客户的不一致性常常体现在卖方眼里。麦肯锡咨询公司创始人鲍尔说：“我们没有顾客，我们只有客户。”这是什么意思？他认为，顾客一般是指普通商品和服务的使用者。

顾客和客户都是指购买商品和服务的人，但在卖方眼里，客户的层次比顾客要高。在汉语字典里，“客”字的意思是服务行业的服务对象。所以，客户更强调一种服务、一种往来关系。顾客是消费关系而且有一次性的意思，顾客就是一般消费者。客户除了消费关系外还有洽谈商议关系，不仅仅是一次性关系，客户更关注未来的再次交易、合作和交往。

例如，“7-11”销售 S.Pellegrino，“7-11”是 S.Pellegrino 的客户，而不是顾客或者用户，也不是消费者；Z 先生在“7-11”购买 S.Pellegrino 给 H 小姐，Z 先生是“7-11”的顾客或者客户，H 小姐是 S.Pellegrino 的用户或者消费者。我们可以用图 6.2 来表示几者之间的关系：

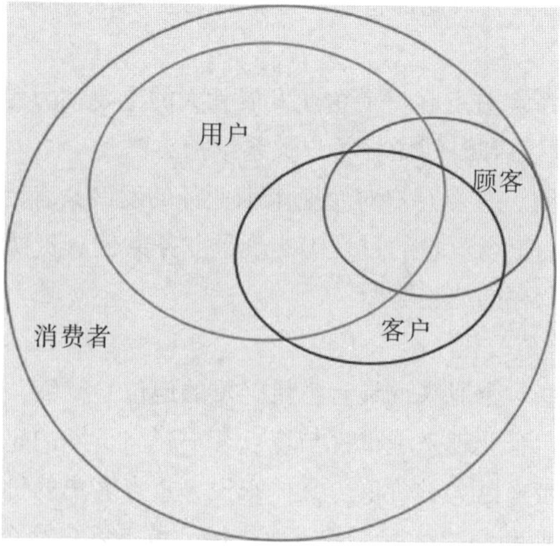

图 6.2　消费者、客户、顾客、用户关系图

（二）重点客户的定义

重点客户的英文是 key account，它是指对产品或服务消费频率高、消费量大、利润率高，对企业经营业绩能产生一定影响的关键客户。

上述解释有两个方面的含义：一是指客户范围大，客户不仅包括普通消费者，还包括企业的分销商、经销商、批发商和代理商；二是指客户价值大小，不同的客户对企业的利润贡献差异很大，20%的重点客户贡献了企业 80%的利润。因此，企业必须高度重视高价值客户以及具有高价值潜力的客户。

企业千万不能把这几类客户误认为是重点客户：一是偶然大量消费的团购客户，因为团购客户是冲着低价而来，所以在促销活动结束后他们未必是企业可持续利润的来源；二是需求量大的重复消费客户，这种客户有可能凭借量大而认为自己有一定的议价能力，不断压低供货成本，导致企业利润率大打折扣；三是盘剥企业的客户，这类客户对企业没有长期维护的价值。

重点客户从经营范围分类有三种：一是全球性重点客户（global key account）——拥有国际背景且能跨省拥有多个门店、影响力较大的大型连锁零售机构，如家乐福、麦德龙、沃尔玛，易初莲花等。二是全国性重点客户（national key account）——跨省拥有多个门店、影响力较大的大型国内连锁零售机构，如上海华联、好又多、华润万家、苏宁、国美等。三是地方性重点客户（local key account）——在区域市场内拥有多个门店、影响力较大的大型连锁零售机构，如成都的红旗连锁、广州的家谊等。

但无论哪种类型的重点客户，都具有以下几个特点：

（1）举足轻重的地位。重点客户虽然数量少，但是其在为企业带来持续、高占比的收入的同时还创造了较高的利润，对企业而言拥有举足轻重的地位。

（2）持续共赢的业务。企业与重点客户之间的业务黏度较高，而且在经济往来的过程中实现了持续共赢，双方失去彼此都将会严重影响到业务的正常运转，甚至会在较长时间内影响双方的业绩。

（3）精心维护的关系。重点客户是企业发展壮大的重要动力源，所以企业需要长期投入较多的人力、物力、财力和时间做好客户关系维护。

（4）相互依存的联盟。重点客户对企业未来业务的发展具有巨大的挖掘潜力，双方有共同的发展目标，在参与市场竞争的过程中实现了业务共创、资源共享、风险共担、利益共赢，逐渐形成了相互依存的战略联盟。

（三）重点客户的价值

重点客户，是指那些对企业来说具有举足轻重的地位、持续共赢的业务和相互依存的联盟关系的企业。当前，企业越来越重视与重点客户建立长期的忠诚伙伴关系，这主要是因为重点客户能给企业带来巨大的价值。具体来说，重点客户的价值体现在以下几方面：

（1）重点客户是企业利润持续增长的重要来源。重点客户给企业带来稳定的基础业务的同时帮助企业创造了可持续的、可观的利润，而这些利润是企业发展壮大的重要支撑。虽然重点客户的数量很少，但是这股力量在企业的长远规划和整体业务中始终处于举足轻重的地位，所以重点客户对企业业务的持续增长会产生巨大的影响。

（2）重点客户是企业品牌形象塑造的重要途径。由于重点客户自身具有较好的市场口碑、较强的企业实力等，这些资源都能成为企业塑造和打造自身形象与品牌的重要途径，这种资源不仅使双方的利益得到增长，而且在帮助企业在参与其他市场竞争中取得较好的竞争地位，甚至在面对竞争对手的时候成为企业塑形象、树品牌的关键砝码。

（3）重点客户是企业树立信心和希望的重要保证。重点客户的稳定能够帮助企业决策者树立信心；能够帮助管理层和广大员工树立希望，增强他们的自信心和荣耀感，甚至能够提升员工的向心力和忠诚度，调动他们的积极性和创造性，从而为企业创造更多的价值。

（4）重点客户是企业业务持续发展的重要支撑。企业无论创立时间长短、规模大小、实力强弱、资源多寡都希望能够基业长青，但前提是能得到市场的认可与信任、客户的理解与支持。拥有重点客户的企业相比没有重点客户的企业，前者拥有良性发展的市场，而这恰恰是业务得以持续发展的重要支撑。

百岁山的"水中贵族"战略

百岁山凭借其"水中贵族百岁山"的标语，让消费者深刻记住了"百岁山"这家自带"贵族"属性、定位为高端矿泉水的企业。2017 年，百岁山在意大利正式投资生产，成为中国第一个走出国门的矿泉水品牌。迄今为止，百岁山已成为中国瓶装饮用水出口量最大的企业，产品销往全球各地，包括美国、加拿大、新加坡、俄罗斯等国家。

百岁山是如何精准地筛选出客户的？又是如何从众多强劲的对手中脱颖而出的？

在百岁山创立之初，国内瓶装饮用水的半壁江山都已经被农夫山泉、怡宝和娃哈哈等品牌占领，农夫山泉"我们不生产水，我们只是大自然的搬运工"这句深入人心的宣传标语更是让消费者不约而同地认同水源对矿泉水企业的重要意义，水源好，产品才好。因此，对百岁山而言继续主打"水源"不仅不会提高竞争优势，还有可能导致产品严重同质化。因此，百岁山瞄准了国内市场在高端饮用水的市场空白，开始用文化树立"水中贵族"的品牌形象。

首先是广告。2013 年，百岁山推出了自己的第一个广告，通篇没有提自己拥有惠州罗浮山、广州鳌峰等多个天然矿泉水水源，而是用满满欧式贵族风格突出一个重点——"水中贵族"。这则广告一举成名，让百岁山走进了公众的视野，而"贵族"的定位更是突出了水质的稀缺性、产品的优质性，与高端消费品紧密相连，提高了消费者的消费层次感，更重要的是让消费者产生了消费的优越感。而这种对消费者心理需求的拿捏，让"水中贵族"的定位极为成功（图 6.3）。

图 6.3　百岁山广告

其次是价格。彼时农夫山泉、娃哈哈等品牌普遍的产品定位是"快消品"，定价也是在 1~2 元区间，让消费者"买得起"，但百岁山另辟蹊径——既然我是"水中贵族"，我就需要与众不同。但过高的定价又会让大部分人消费不起，最终百岁山将价格定在了 3 元，而那多出来的 1 元，既满足了消费者优越的消费心理需求，也将百岁山和其他品牌区别开来。

最后是包装。前面说到农夫山泉、娃哈哈等品牌彼时的定位仍然是"快消品"，那作为"水中贵族"的百岁山的定位就应该是"奢侈品"，而且是普通人消费得起的奢侈品。在包装设计上，百岁山融入了美学元素，瓶身选用立式圆筒型容器设计；中间沟槽选用加强圈的设计理念，将一块稳定性极差的板材，变成类似于角钢的加强件；沟槽在瓶身中间艺术性的倾斜，不仅看上去优雅，实际上也让瓶身多承受了一倍以上的轴向外力，设计上实现一箭双雕。百岁山的包装看上去更像一款水晶玻璃柱，优雅而大气，手感舒适且厚重，标签的设计更是简约化，相较于其他品牌，这样的包装风格自然上升了一个台阶，让消费者充满高级感（图6.4）。

图6.4　百岁山包装瓶

百岁山也通过这一系列方式成功筛选出了其目标客户，在矿泉水同质化严重的市场上，百岁山以“贵族”的身份成功出位，而愿意为其“贵族”身份买单的，往往是那些追求高品质消费与差异化消费的人群，百岁山的诞生提升了消费的层次感，也让消费者的消费自豪感得到了满足，而这种为“消费心理”买单的群体也越来越大。

二、四种类型的客户关系

客户关系涉及宽度、长度和深度三个维度。宽度是指企业拥有客户的数量多少，长度是指客户关系生命周期的长短，深度是指客户关系质量的高低。我们对客户关系进行分类，有助于更好地理解不同类型客户的价值，从而帮助企业更好地实施 CRM 和 CVM。下面简要介绍四种不同类型的客户关系。

（一）一次性交易关系

一些企业与客户之间的关系仅仅维持在一次性交易关系层次，客户将企业作为一个普通卖主，销售仅仅是一次公平交易而已，交易目的简单，企业与客户之间仅仅是基层员工之间的接触，企业在客户企业中的知名度低，双方除了交易之外很少沟通，客户信息基本上没有。

客户只是购买企业生产的符合企业标准的产品，维护客户关系的成本与关系创造的价值基本上没有。双方失去彼此对业务基本上没有影响。

（二）购销关系

企业与客户的关系到这个阶段就发展成了优先选择关系。销售团队与客户企业中的个别关键人员都有良好的私人关系，企业可以借此获得部分优先甚至独占的权利，双方掌握彼此的信息量相比一次性交易关系要多一点，面对更有优势的竞争对手，在同等条件下客户对企业仍然存在一定的倾向性。

购销关系需要企业投入较多的资源维护客户关系，主要包括给予优惠政策、优先考虑交付需求、建立团队、加强双方人员交流等。购销关系价值的创造主要包括消除双方业务中产生的障碍等方面，企业通过让渡部分价值换取长期合作，虽然这是一种不对等的关系，但是客户由于优惠政策、关系友好而不愿意离开企业，即使离开企业也不会造成较大影响，所以问题的核心是价值在企业与客户之间的分配比例和方式问题。

（三）合作伙伴关系

企业与客户的关系如果存在于最高管理者之间，双方长期合作，在认知上达成高度一致时，就会进入合作伙伴阶段。

在这个阶段，企业会根据客户的需求进行客户导向投资，双方会共同探讨行动计划以此对竞争对手形成很高的进入壁垒。双方都会承认这种特殊关系，所以在共创共享价值的同时也会面临很高的背弃代价。企业对客户信息的利用主要体现在战略层面，关系的核心由价值的分配升格为新价值的创造。

（四）战略伙伴关系

基于战略伙伴关系的双方的目标、愿景高度一致，甚至有相互的股权投资关系或其他商业关系，形成了正式或非正式的战略联盟。双方通过共同制定目标规划和行动计划争取更大的市场份额和利润，竞争对手几乎无法进入这一领域。两者之间的关系是“内部关系外部化”的具体体现。

上述四种类型的客户关系，可以用表 6.1 清晰地展示出来：

表 6.1　客户关系类型

客户关系中涉及的各因素	客户关系的类型			
	市场交换关系		伙伴关系	
	一次性交易	购销	合作伙伴	战略伙伴
时间范围	短期	长期	长期	长期
对另一方的关心程度	低	低	中等	高
信任度	低	低	高	高
在关系中的投资	低	低	低	高
关系的本质	冲突、讨价还价	合作	调和	协同
关系中的风险	低	中等	高	高
潜在的利益	低	中等	高	高

这四类关系并无优劣高低之分，并不是所有企业都需要与客户建立战略伙伴关系。只有那些供应商与客户之间彼此具有重要意义且双方的谈判能力都不足以完全操控对方，互相需要，又具有较高转移成本的企业间，建立合作伙伴以上的关系才是恰当的。而对大部分企业与客户之间的关系来说，优先供应商级的关系就足够了。因为关系的建立需要资

源，如果付出的资源比企业的所得还多，那么这种关系就是“不长久的”甚至是“奢侈的”。

所以，我们判断企业间是否是成功的伙伴关系的依据包括6个方面的因素：是否降低了企业维系或开发客户的成本，是否降低了企业与客户的交易成本，是否给企业带来源源不断的利润，是否能够促进增量购买和交叉购买，是否提高了客户的满意度和忠诚度，是否能够整合企业与客户的各种资源。

第二节　筛选重点客户

筛选重点客户，有助于企业更好地管理客户，从而拉近与重点客户的距离，刺激其他客户为企业创造更高的价值，促进企业经营发展。作为经营管理者，我们首先要明确企业筛选重点客户的原因；其次要判断重点客户的标准，树立企业筛选重点客户的指导思想；最后要熟练掌握筛选重点客户的方法。本节将围绕理论讲解、案例分析和经验总结三个维度展开。

一、筛选重点客户的原因

谚语云：种瓜得瓜，种豆得豆。从商业视角分析，我们知道筛选重点客户实际上是企业提出一个适合本企业的客户标准、准则，为识别和寻找客户打下基础。

（一）不是所有的购买者都是企业的重点客户

企业资源的有限性、客户需求的差异性和竞争者的客观存在使得企业在客户关系管理过程中不得不筛选重点客户。企业筛选重点客户，一方面可以避免企业不必要的资源浪费，另一方面还可以集中资源服务好重点客户。

传统的企业管理者会认为在卖方市场条件下，企业才可以选择客户，买方市场可以吗？我们的回答是在买方市场，客户更是上帝，企业更要筛选好客户。从客户角度出发，客户的需求具有多样性、多变性和个性化；从企业角度出发，企业资源的有限性决定了企业不可能什么都做、什么都能做好；从竞争者角度出发，任何一个企业都不可能做到行业通吃。例如“高露洁通过转让小客户群”，旨在回答在已有的客户中谁不应该成为重点客户。

（二）不是所有的购买者都能给企业带来利益

客户本来就有优劣之分，有的客户可能是“麻烦的制造者”，甚至会给企业带来信用风险、资金风险、违约风险等。所以“客户就是上帝”这句话的另一个解释是“不是每一位客户都值得保留”，重点客户带来高价值，普通客户带来低价值，劣质客户带来负价值。

下面以成都某房企项目客户划分标准说明如何筛选重点客户，详见图 6.5—图 6.7。

成都某房企项目客户判别标准

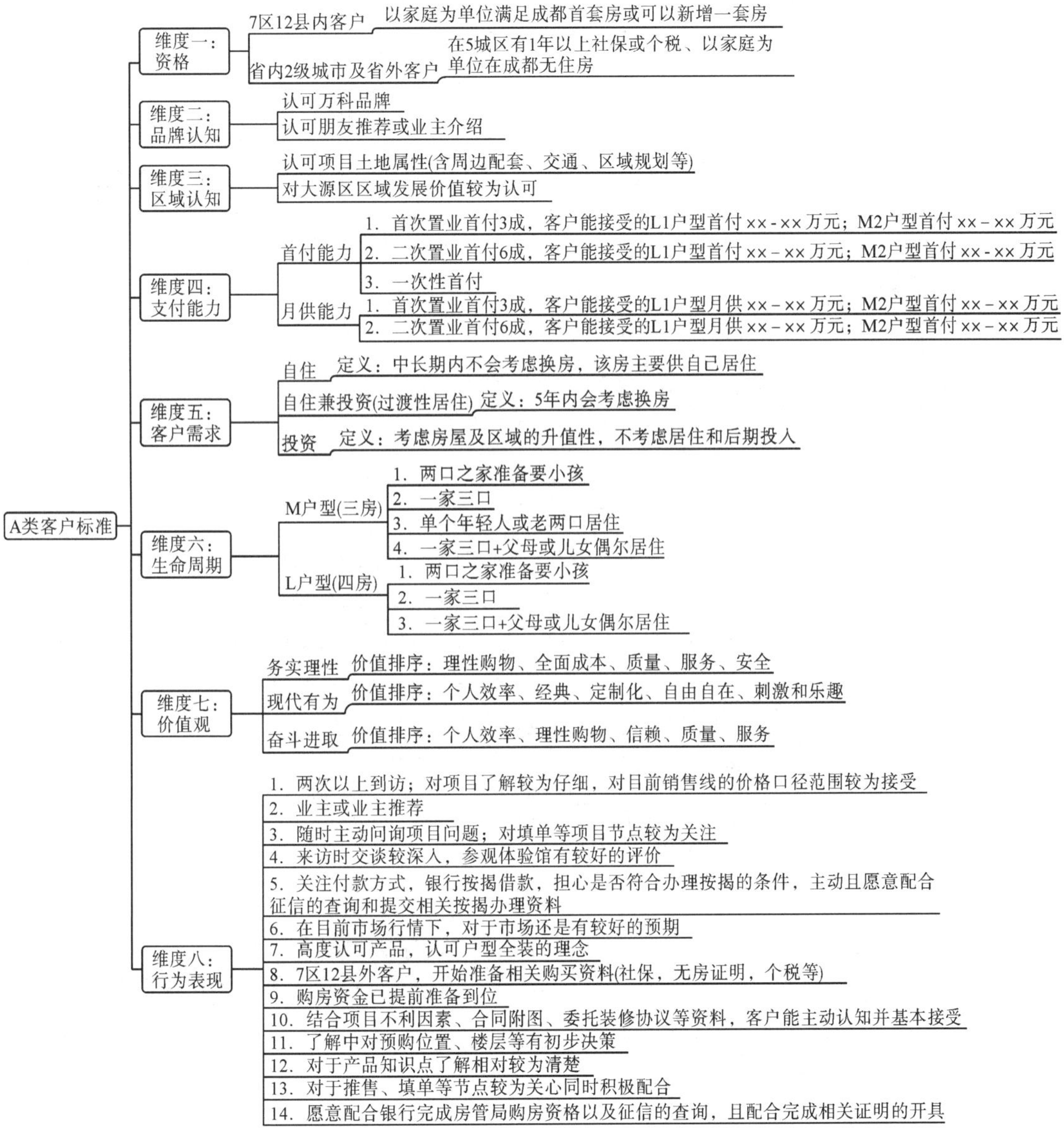

图 6.5　A 类客户标准

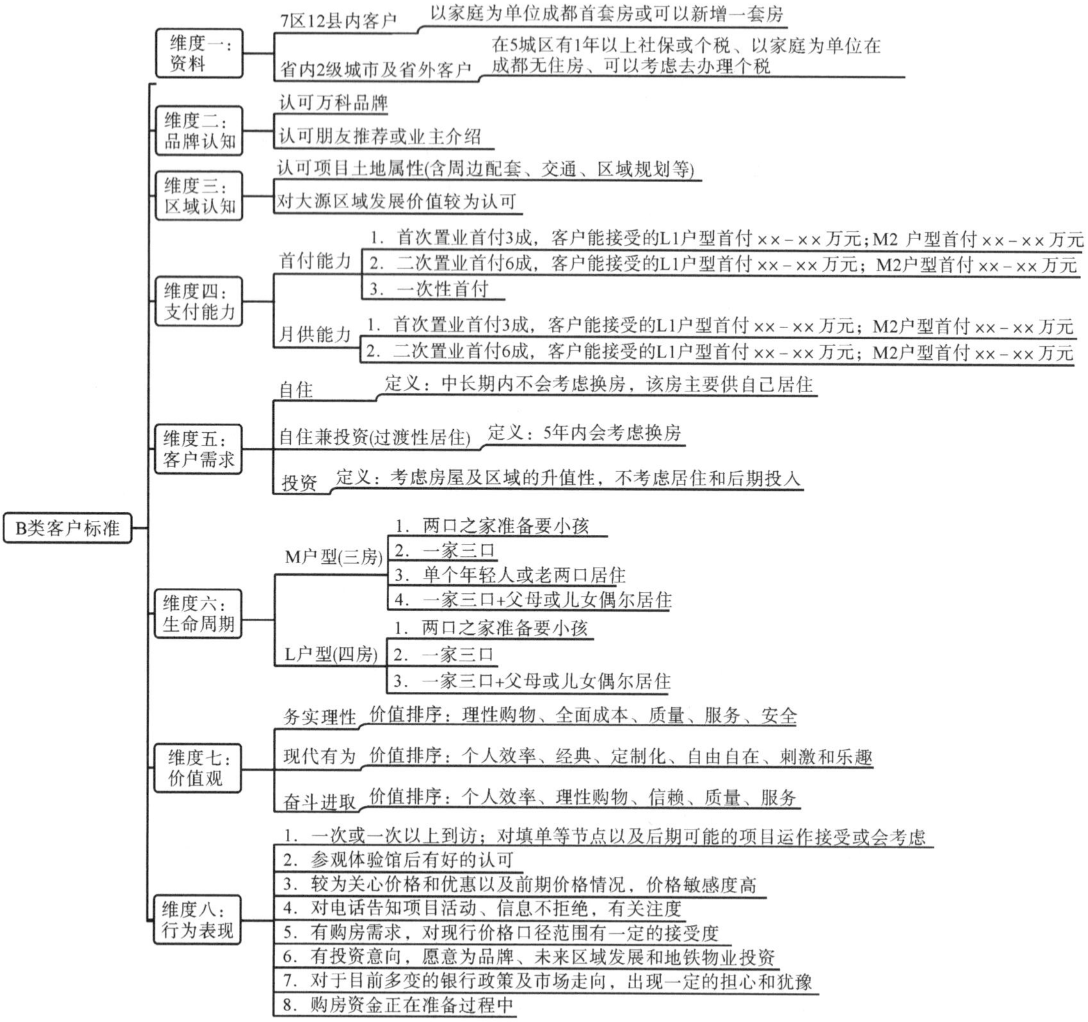

图 6.6　B 类客户标准

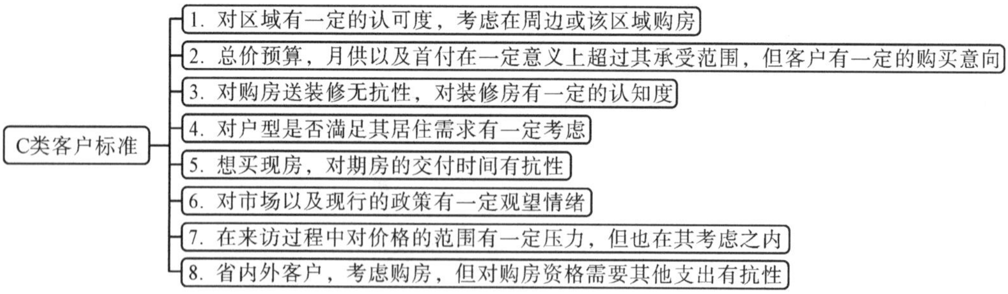

图 6.7　C 类客户标准

传统观念认为登门便是客，所有客户都非常重要，盲目扩大客户数量而忽视质量。谢登（William Sherden）的“80/20/30 法则”认为“顶部 20%的客户创造了企业 80%的利润，但其中一般的利润被底部 30%的非盈利客户冲抵掉了”。所以，客户数量已经不是衡量企业获利能力的最佳指标，客户质量在很大程度上决定着企业盈利能力的大小和持续性。

（三）选择正确的客户是企业成功开发客户、实现客户忠诚的前提

选择做正确的事是做成一件事的前提。同样的道理，企业主动选择客户，才可能为其提供适合的产品和服务，降低开发成本和维护成本。相反不选择客户，就难以提供相应的、适宜的产品和服务，客户也不乐意为企业买单。

选错客户→开发难度大→维护成本高→顾客不领情；选对客户→实现客户忠诚的可行性就大。所以客户忠诚度高的企业更关注新客户的筛选，挑选并服务于特定的客户是企业成功的基础。

（四）没有选择客户可能造成企业定位模糊

客户之间是有差异的。一方面，企业如果没有选择自己的客户，就不能为目标客户开发适销对路的产品或者提供恰当的服务，更不利于企业树立鲜明的企业形象。另一方面，形形色色的客户共存于同一家企业，可能会造成企业定位模糊，导致客户混淆企业形象。例如，五星级酒店在为高消费客户提供高档服务的同时，也为低消费客户提供廉价的服务，就可能令人对这样的五星级酒店产生疑虑。所以主动选择客户是企业形象和品牌定位的表现，也是一种化被动为主动的思维方式，这个过程体现了企业的个性，也体现了企业的尊严。

二、筛选什么样的重点客户

企业筛选什么样的客户，对于企业和客户都至关重要，筛选客户的过程也是企业认识和评估自身和客户的过程，两者是否匹配，是否具有共同发展的前景、共担风险的意愿，从趋势上看客户是否具有成长空间，从基础上看客户是否具有一定的市场占有率，从质量上看客户是否具有一定的赢利水平都成为企业衡量重点客户的标准。

五菱宏光 MINI EV 的用户之道

2021 年，碳中和与碳达峰被首次写入政府工作报告，我国承诺二氧化碳排放量争取于 2030 年前达到峰值，努力争取 2060 年前实现碳中和。在此大背景下，新能源车及其上下产业链成了资本青睐的赛道，理想、未来、小鹏等造车新势力纷纷赴美上市，就连小米的创始人雷军也宣布愿意压上人生所有积累的战绩和声誉，为小米汽车而战。而在这炙手可热的新能源车赛道，却杀出了一款现象级的新能源车——五菱宏光 MINI EV，200 天销量突破 20 万辆，价格仅需要 2.88 万~3.88 万元，这款 NINI EV 甚至火到了国外，一度被消费者称为“国民神车”（图 6.8）。

图 6.8　五菱宏光 MINI EV

首先，五菱宏光 MINI EV 有明确的产品定位。王晓秋在中国电动汽车百人会论坛（2021）上表示，随着我国经济和整体车市的快速反弹，全年中国新能源车销量重回增长轨道。分析销量结构特征，可以发现增量主要来自两类产品：一类是高端电动车产品，另一类是以五菱宏光 MINI EV 为代表的经济型代步产品。年轻人作为内需消费主力军，购买五菱宏光 MINI EV 往往是为了满足其代步需求。

其次，五菱宏光 MINI EV 有接地气的价格和超高的实用性。相较于其他新能源汽车走的高科技、高端路线，五菱宏光反其道而行之，走的是亲民和实用主义路线，一直践行“人民需要什么，五菱就造什么”的理念。每辆 2.88 万~3.88 万元的价格，即使是初入社会的年轻人也能够承受。虽然五菱宏光 MINI EV 造型迷你，长、宽、高也分别只有为 2 917mm、1 493mm、1 621mm，但却有 4 个座位，能够承载 4 个正常体型的成年人。同时，五菱宏光 MINI EV 还支持 220V 充电，续航达到 170 公里，不仅购车成本低，用车成本也不高。

最后，五菱宏光 MINI EV 有浓厚的网红属性以及独特的跨界营销。五菱集团深谙品牌创新的重要性，联动时尚圈、美食圈等实现跨界出圈，五菱螺蛳粉、宏光 MINI 积木拼图、宏光 MINI 玩具车、宏光 MINI EV 马卡龙定制口罩、宏光 MINI EV 马卡龙雪糕……而五菱宏光 MINI EV 马卡龙专属的白桃粉、抹茶绿、柠檬黄的全新配色也让众多网友眼前一亮（图 6.9）。

图 6.9　宏光 MINIEV 马卡龙雪糕

在互联网时代，产品更新迭代迅速，而五菱宏光却能顺应潮流做出适时的改变，明白消费者的核心诉求，也时刻遵循“人民需要什么，五菱就造什么”的理念。五菱宏光 MINI EV 通过其准确的定位、亲民的价格、超高的颜值俘获了年轻消费者的心，但其背后却是五菱集团一直坚持的用户之道——以用户需求为核心，切实地为用户创造价值。

（一）什么样的客户是重点客户

第一，购买欲望强烈，购买力大，特别是对企业高利润产品的采购数量多的客户；第二，能够保证企业持续赢利，对价格敏感度低，付款及时，有良好信誉的客户；第三，服务成本低，不需要多少服务或对服务要求低的客户；第四，经营风险小、有良好发展前景的客户；第五，希望和企业一起成长、愿意建立长期伙伴关系的客户。

科特勒认为："能不断产生现金流的个人、家庭和公司，其为企业带来的长期收入应超过企业长期吸引、销售和服务该客户所花费的可接受范围内的成本。"所以重点客户是本身素质好、对企业贡献大的客户，至少是给企业带来的收入要比企业为其提供产品或服务所花费的成本高的客户。

（二）大客户不等于重点客户

企业往往在划分客户类型的时候对大客户和小客户的理解过于狭隘，因为客户"大"就丧失管理原则，因为客户"小"就盲目抛弃。

有时，大客户也存在一些问题：第一，财务风险大，大客户较长的账期可能会给企业经营带来资金压力甚至风险；第二，利润风险大，大客户会经常提出减价、折扣、回扣、超值服务甚至无偿占用资金等方面的额外要求，不断压缩企业的利润空间；第三，管理风险大，大客户有可能会扰乱市场秩序，如窜货、私自提价或降价等；第四，流失风险大，大客户可能会因为忠诚度下降，加上众多商家尽力争夺，以致客户流失；第五，另起炉灶，大客户会随着自身经营管理能力的不断提升，逐渐熟悉和整合供应链上下游关系，形成自己的经营管理模式，从母体中脱离出来。

（三）小客户有可能是重点客户

重点客户的标准要从终身价值的角度来衡量。小客户不等于劣质客户，过分强调当前客户给企业带来的利润，其结果有可能会忽视客户的发展潜力。衡量客户对企业的价值要用动态的眼光，要从企业的成长性、增长潜力及其对企业的长期价值来判断。

"三顿半"与年轻人的相互选择

随着新消费主义的崛起，一大批新国货品牌趁机弯道超车，比如美妆界的"完美日记"、饮品界的"元气森林"等。而在咖啡这个竞争激烈的领域，2015 年才成立的"三顿半"却仅用两年就将营收从 1 000 多万元做到了 2 亿元，更是在 2019 年"双十一"力压霸占天猫咖啡王座十年的老大哥"雀巢"，成为首个拿下天猫"双十一"咖啡品类第一的国货品牌（图 6.10）。

图 6.10 “三顿半”咖啡

“三顿半”究竟有什么样的魔力？又是哪些人在为“三顿半”的崛起买单？

首先是“三顿半”精准的用户与产品定位。“三顿半”称自己为“一日三顿之外的半顿精神食粮”，主要针对年轻的职场人——他们有一定的消费实力，能接受咖啡的本味；消费场景也更加日常化；他们追求效率，也热衷于分享；他们独立自主，却又喜欢尝试新鲜事物。对年轻职场人来说，快速获取一杯高质量、有品位、价格不贵且提神醒脑的咖啡是他们的核心诉求。于是，“三顿半”就将产品开发的重心放在了“精品+便捷”之上。而“精品+便捷”的完美融合刚好解决了用户的痛点：精品的现磨咖啡严重受时间和消费场景的限制，并且价格较高，而便捷的速溶咖啡口感不及现磨咖啡，并且必须配上热水搅拌。因此，“三顿半”的创始人吴骏从制作工艺着手，采用精品咖啡中的低温萃取方式，既保存了咖啡的风味，赋予咖啡不同的喝法，又保留了饮用便捷性，不用热水，不用搅拌，三秒速溶。更重要的是，这种技术的创新还拓宽了消费场景，无论是居家、旅游还是办公，随时随地都能喝到精品咖啡，突破咖啡的办公室场景限制。

其次是高度重视用户参与感。相较于其他品牌千方百计提高咖啡口味，“三顿半”致力于让用户参与到品牌的成长过程中，在用户心中烙上差异化品牌的印记。一是挑选能产出优质 UGC 内容的用户。作为神秘“领航员”打入消费者内部推广品牌，在新产品上市前做消费者测试以不断优化和打磨产品，促进了品牌方与消费者间的交流，增强了用户对品牌的价值认同；二是赋予产品社交属性。“三顿半”在产品包装上放弃传统速溶咖啡的塑料包装，选择小罐装，并根据烘焙深浅程度，搭配不同数字和颜色——从 0 到 7，数字越大，咖啡烘焙程度越高，让用户像讨论口红色号一样讨论“三顿半”不同数字罐装的味道；三是利用返航计划，提升品牌形象。“三顿半”可爱的塑料包装并不环保，而“三顿半”主动开启的“返航计划”不仅规避了“环保”风险，并且通过与一些特色书店、咖啡馆、商场等合作，吸引了一大批文艺、热爱生活、追求环保的年轻群体，这些空的咖啡罐可以储蓄“能量”，用户用“能量”兑换咖啡或其他东西，这种线上线下互动的方式，既缩短了品牌和用户的心理距离，更让户心给品牌方贴上“节约环保”的品牌标签，沉淀了品牌的内在价值（图 6.11、图 6.12）。

图 6.11 “三顿半”咖啡数字包装

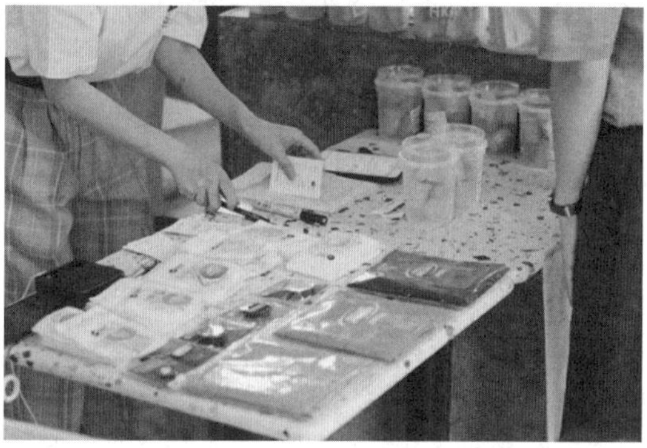

图 6.12 “三顿半”“返航计划”塑料包装回收现场

“三顿半”的爆火得益于其精准的用户定位——明确知道年轻职场人对咖啡的核心诉求并尽量满足。这种准确击中目标消费者的价值取向的方式最终让他们“始于颜值，陷于品质，忠于品牌”。

三、筛选重点客户的指导思想

在了解企业筛选重点客户的原因以及什么是重点客户后，我们应该站在企业的角度思考筛选重点客户的指导思想，因为指导思想统领着企业筛选客户的具体行为模式。通过了解企业筛选重点客户的指导思想，我们才能运用具体的筛选方法帮助企业精准筛选。

（一）选择与企业定位一致的客户

选择与企业定位一致的客户是指导思想的出发点。客户与企业在发展战略、商业模式上的定位一致，能够在很大程度上强化双方的战略伙伴关系，帮助客户与企业形成命运共同体，双方共享发展红利、共担经营风险，选择与企业定位一致的客户更是指导思想的前提。

（二）选择“好客户”类型的客户

选择“好客户”类型的客户是指导思想的切入点。好客户的标准包括具有先进的经营理念，具有良好的财务信誉，能带来相当大的销售额或具有较大的销售潜力，具有较强的技术吸收和创新能力。以上几条评价标准也是筛选重点客户的基础。

（三）选择有潜力的客户

选择有潜力的客户是指导思想的支撑点。什么样的客户是潜力客户？我们可以通过“波士顿矩阵模型”定位潜力客户。根据自身定位和筛选客户的标准，结合市场增长率和市场占有率两个维度，我们认为“问题”“金牛”和“明星”都属于潜力客户。

（四）选择“门当户对”的客户

选择“门当户对”的客户是指导思想的落脚点。所谓“门当户对”，是指客户的产品质量和服务水平是否与企业的需求匹配，品牌信誉和企业形象是否符合企业自身定位。“门当户对”有时胜过改变自己和改造客户。

企业要怎样寻找“门当户对”的客户呢？一方面，企业要判断客户是否有足够的吸引力，是否具有较高的综合价值，是否能为企业带来较大的收益。这些可以从以下几个方面进行分析：客户向企业购买产品或服务的总金额；客户扩大需求而产生的增量购买和交叉购买等；客户的无形价值，包括规模效应价值、口碑价值和信息价值等；企业为客户提供产品或者服务需要耗费的总成本；客户为企业带来的风险，如信用风险、资金风险和违约风险等要求。另一方面，企业必须衡量一下自己是否有足够的综合能力去满足客户的需求，即考虑自身的实力是否能满足客户所需的技术、人力、财力、物力和管理能力等要求。寻找客户的综合价值与企业的综合能力两者的结合点，最好是寻找那些综合价值高，而企业对其综合能力也高的客户作为重点客户，也就是将价值足够大、值得企业去开发和维护的同时企业也有能力去开发和维护的客户作为企业的重点客户（图 6.13）。

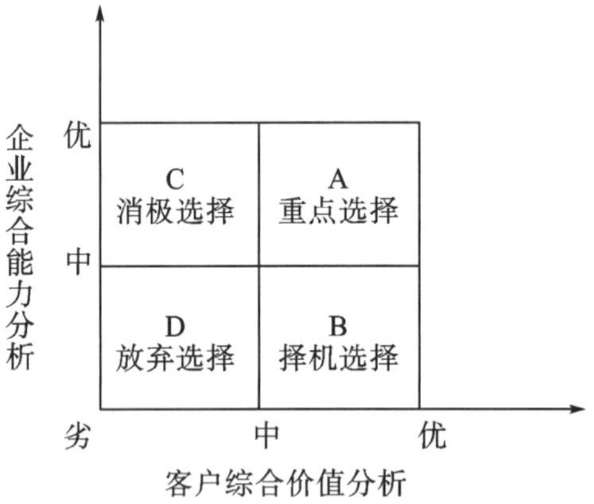

图 6.13 重点客户选择矩阵图

四、筛选重点客户的方法

筛选重点客户不仅是一个程序或者一套工作方法，更是一种管理思想、一种如何筛选重点客户并建立良好客户关系的经营管理方式。企业必须针对重点客户的特点和自身的实际建立切实可行的重点客户管理模式、管理制度和管理流程等，找出关键的工作环节。

（一）认知分类法

了解和判断是否为重点的标准是筛选重点客户的前提，这也是确定重点客户的标尺。倘若客户与企业在经营理念、企业文化、发展方向等方面存在根本性的差异，那么这些客户一般来讲很难成为企业的重点客户。此外，客户的综合实力与综合信誉等因素也是判断重点客户的重要标准。企业需要通过确定客户的综合实力来保证双方合作长期稳定；通过调查客户综合信誉以降低企业受骗的可能性。此外，企业也需要理性评判自身的综合实力，明确自身能为客户创造价值的上限，再结合客户实力、信誉等关键因素判断与客户深度合作的可能性。

立足于上述理论，我们可以依据企业和客户的基本情况将客户市场上的客户分为成交客户、意向客户、目标客户和潜在客户四类。

（1）成交客户：指与企业完成一笔或多笔交易的客户，是企业重点客户的首选。成交客户的产品认知度高，企业在筛选客户时可以将已成交、有实力、有信誉的成交客户划分为重点客户。此外，企业还需要尽量为成交客户提供优质服务，努力争取将其转变为战略合作伙伴。

（2）意向客户：指对企业的产品或服务有一定购买欲望或有合作意向的客户。企业可以根据客户的具体合作意向，制订不同类型的实施方案，促使与意向客户达成供求关系，将其购买意向转化为实际的购买行为。

（3）目标客户：企业拓展业务的首选。在选择目标客户时，企业需要明确客户是否有相关产品需求，鉴别需求的真伪。企业还需要在客户观念中建立对自身品牌认知度，通过区别于其他品牌的附加服务来吸引客户，提高目标用户与企业搭成交易的可能性，最终转变为企业的重点客户。

（4）潜在客户：指有对企业产品存在潜在需求的客户。为挖掘潜在用户，企业需要建立良好的信息搜集系统，追踪潜在需求者，努力培养潜在用户成为目标客户和意向客户，并通过后续不断发掘使其成为重点客户。

确定客户的方法包括建立评估体系、搜集客户信息、对信息分析打分、筛选重点客户。企业要明确自身实际情况，针对企业日常销售、服务等工作内容，围绕重点客户制订有效的服务方案，以提升企业对重点客户的管理水平；分析业务关系和成交记录，通过分析企业与客户之间的各项交易数据，对客户能力、信誉等进行全面评估，确定哪些重点客户能深入合作；制定客户管理方法和策略，针对最终筛选出的重点客户确定最终的行动目标，制订客户服务计划，与客户建立起一定的信任关系；时刻防止客户关系的变更，要通过查找自身原因维系与客户之间的关系。

认知分类法思维导图如图 6. 14 所示。

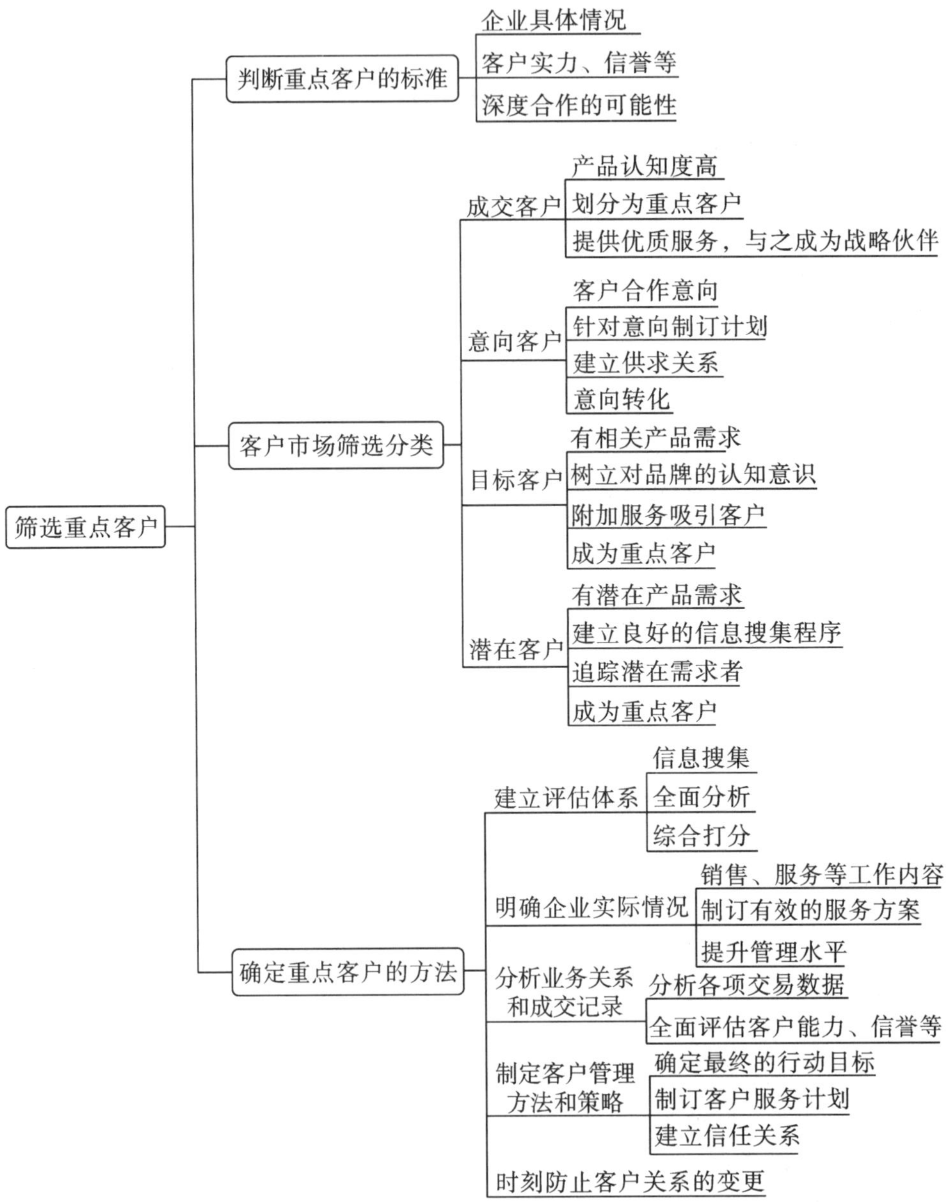

图 6.14　认知分类法思维导图

医药公司筛选重点客户

H 医药公司在筛选重点客户时运用了认知分类法。其具体措施包括筛选目标客户、合理分配资源、制订行动计划。

首先，通过区域调查了解目标客户。调查内容包括医院级别、组织架构（科室设置、重点学科）、入药情况与流程（主要商业渠道）等基本信息。潜在信息包括年度药品采购量，药品分布结构，门诊量、床位数，医院相关政策，医院与公司合作关系等。机会信息包括科室成员等。H 医药公司市场部经理结合这些信息综合分析并判断哪些医院将会是公司的重点客户，其重要参数包括处方能力、潜力等其余需要考虑的因素。

其次，公司针对这些潜在客户划分行动小组，每个小组负责一家医院，公司为每个小组配备相关资源，针对各小组实施目标和过程管理。第一步，填写客户档案信息表（表6.2）；第二步，公司给每个小组一个欧洲年会的参会名额；第三步，小组负责人根据“80/20”原理和CV客户级别计算公式进一步筛选出重点客户。

表6.2　客户档案信息表

1. 姓名：________　性别：________　年龄：________　生日：________　婚否：________
2. 职位：________　职称：________　社会职务：________　毕业院校：________
3. 家庭状况：________________________
4. 个人喜好：________________________
5. 讲课能力：□好 □一般 □差　外语能力：□好 □一般 □差　学术影响力：□高 □中 □低
6. 性格类型：□ 权威型　□ 思想型　□ 外向型　□ 附和型
7. 门诊时间：________　最佳拜访时间：________　可以为进新药提单：□是　□否
8. 平均每周门诊量：________　与相关疾病有关的平均每周门诊量：________
9. 所管床位数：________　与相关疾病有关的每月病床使用数：________
10. 与施贵宝以往合作关系：□ 好　□ 一般　□ 差
11. 与竞争对手关系：□ 好　□ 一般　□ 差
12. 公司重点产品每月用量(盒)：
13. 主要竞争对手产品每月用量(盒)：

最后，小组负责人根据“9-Boxes”判定目标客户，然后进行客户价值评分。其计算公式为：客户价值分值=科室×0.35+职务×0.15+门诊量×0.35+医院等级×0.15。H公司小组负责人知道每个客户的订单都会为公司带来销售收入，但并不是每笔订单都能为公司带来高利润。公司的人力和物力有限，不可能对所有客户都一视同仁，不可能花费同样的时间精力来管理每一个客户。

意大利经济学家帕雷托提出的“二八原则”表明，事物80%的结果都是另外20%的起因。将它应用到客户管理中，公司80%的销售收入来自20%的客户，公司80%的利润来自20%的客户。最直接的做法，是将公司中销售排名最靠前的承担了80%销量的20%的客户，列为重点客户，很多公司都会按照销售额来区分客户的重要性。

事实上往往不能如此简单，筛选重点客户有很多定量和定性的参考指标。不能仅仅靠几个数据就确定，选择的重点客户应符合企业当前目标。公司一定要综合公司战略、营销目标、公司的细分市场、竞争对手的客户现状等众多因素。

（二）内外部分析法

内外部分析法主要是在分析过程中侧重于企业自身与竞争对手的横向分析。

第一，企业要建立一套考评指标体系对客户进行全面评估、综合打分，找出潜在客户。

第二，搜集信息。对客户进行全面分析，如依据客户所处的行业和市场现状等方面的信息，结合客户战略和企业实际情况、企业组织结构和管理体系、客户历年的经营业绩和发展方向等情报，对客户进行SWOT分析。

第三，分析竞争对手。弗雷德里克在《给将军的教训》一书中这样写道："一个将军在制订任何作战计划的时候都不应过多地考虑自己想做什么，而应该想一想敌人将做些什么；永远不应该低估敌人，而应该将自己放在敌方的位置，正确估计他们将会制造多少麻烦和障碍。要明白如果自己不能对每一件事情都有一定的预见性、不能设法克服这些障碍的话，自己的计划就可能会被任何细小的问题所打乱。"所以重点客户经理应该有这样一个思想观念，正确对待竞争对手。

第四，分析公司的状况。分析公司与客户之间目前的关系和业务活动。公司与客户过去的关系如何？曾提供过什么产品和服务？现在提供的是什么？客户原来和现在的销售记录和发展趋势、销售占比的变化情况如何？公司业务人员与客户的关系如何？建立了什么类型的关系？这些因素都是应该考虑的。

第五，制订客户计划。制订客户计划的主要目的是确定你希望与该客户建立和发展什么样的关系以及如何建立和发展这种关系。制订一份适当的客户计划是取得成功的第一步。为此，应与客户共同讨论发展目标，建立起一定的信任关系，制定一个远景目标规划，确定好行动计划。

第六，时刻对客户管理工作进行创新，与客户保持紧密的合作关系，防止客户关系的变更。哈佛大学教授莱维特（Ted Levitt）在《营销的想象力》中指出："不管是在婚姻中还是在企业里，人们之间的关系的自然倾向处于不断淡化中，即双方间的敏感性和关注程度会不断削弱和退化。"因此，作为重点客户的管理者，定期盘点重点客户是必需的。

为什么要将客户置于重点客户的地位？如果找不到对这个问题的合理解释，解决的方案只有两个：一是降低客户的地位或删掉这个客户。客户关系一旦建立，除非该客户的存在已经不符合企业当前的经营目标，否则降低或删除都是有一定损失的，显然这种方法非常极端，不是事事都行得通。二是要找自身原因，比如是否在处理客户关系中只是例行公事，不注重创新，使合作关系中的敏感性和关注度削弱和退化了，从而达不到重点客户的期望要求。

重点客户的管理是一种销售管理，它将在公司的管理中处于越来越重要的地位，所以无论公司规模怎样，都应该重视重点客户的管理。毕竟市场的竞争激烈，市场的变化快速，只有充分把握重点客户，公司才能很好发展。其实重点客户的管理更是一种投资管理，是公司对未来业务和发展潜力的一种投资，重点客户管理的目的就是要充分利用销售资源做好销售工作，它将影响公司未来的发展战略和发展目标。

名创优品的消费者战略

2020年10月15日，名创优品登陆纽约证券交易所上市，估值超60亿美元。这家做"十元店"生意的新国货品牌，是如何将店铺开到全球？又如何让消费者心甘情愿为之买单的？

创始人叶国富曾将名创优品的商业模式概括为"比它品质好的没有它便宜，比它便宜的没有它质量好"。他还表示"中国物美价廉的时代才刚刚开始"，而名创优品最大的核心竞争力则是极致的性价比、持续的创新以及全球化战略。

名创优品的客户群体主要定位为具有一定消费能力的年轻人，以18~28岁的年轻女性消费者为主流群体。叶国富调研多个国外实体零售店后发现，成功的实体零售企业其产品往往具备优质低价、高水平设计等特征，而这些特征刚好满足名创优品主要目标群体的需求。同时，为将自己和传统的“两元店”“十元店”区分开，给自己打造“高端小资”的人设，名创优品的店铺往往都开在繁华的商圈，店铺的设计也是以白色为主调，极大提高了年轻人的进店欲望。而与国际知名设计师合作也赋予了产品系列感、简约感和时尚感，让更多的年轻人能以低廉的价格买到优质的产品（图 6.15）。

图 6.15 名创优品门店

此外，名创优品还将消费者的需求作为品牌的核心。名创优品的商品中心会全天候扫描国内、国际市场，捕捉全球最新、最潮的新消费元素，名创优品的设计团队还会基于这些元素并结合品牌定位打造新产品。名创优品的“产品体验官机制”则强化了用户与品牌的交流，品牌重视体验官的产品体验，高效快速地获取消费者需求并及时对产品做出改善。名创优品还拥有极快的产品开发速度，名创优品产品每周更新 2~3 款，设计团队每月至少设计出 800 款单品，其中 100 款左右的产品会上架，而每个门店细分产品的低库存也能一定程度勾起消费者追求稀缺产品的欲望，产品的更新迭代也给予了消费者更多的选择空间。

总体来讲，名创优品把握了新消费行业变革的机会，充分满足了年轻消费者对低价、高质、优选产品的需求，在电商横行的时代独树一帜，成为年轻人心中的“即使没有想买的，我也愿意去逛逛”的消费主阵地。

◇ 创业问答 ◇

Q：为什么筛选重点客户对初创企业如此重要?

A：我们处在一个客户革命的时代，顾客拥有选择的权力，他们凭自己的意愿和好恶在铺天盖地的商品面前左挑右选；他们决定企业的销售，决定企业的生产，甚至决定企业组织的设计。对于任何企业来说，能否提供差异化的客户服务是企业幸存或覆灭的关键。这场革命来得如此迅猛，如此势不可挡！显而易见我们除了妥协别无选择。但是，你完全没有沮丧的必要。顾客成为主宰的同时也许能为我们带来更多的商机。我们失去了权力的同时或许能赢得更多的财富。塞翁失马，焉知非福！客户革命的时代，我们愉快地妥协。

Q：我们即将入驻孵化器，孵化器是怎么筛选重点企业的？

A：孵化器在筛选重点扶持企业的时候，一般从四个维度进行区分：首先是基于入驻企业的行为，比如说公司账户的资金流量、大额汇款业务记录、企业主创团队是否有境外证件，孵化器通过系统把这些客户批量选出来作为观察对象。其次是看行业，看这些行业是否有增长潜力，比如钢铁和产能过剩的行业不介入，反而更加青睐于新能源等新兴行业。再次是看企业商业模式，基于企业商业模式和盈利模式等，判断企业的经营理念、管理水平是否具有创新性和增长空间。最后是看项目主创团队的行业背景、专业背景等，看是否具有在该行业长足发展的可行性。

◇ 关键术语 ◇

供应链：从扩大的生产概念发展而来，其英文为 supply chain，它是围绕核心企业从配套零件开始到制成中间产品及最终产品、最后由销售网络把产品送到消费者手中的一个由供应商、制造商、分销商直到最终用户所连成的整体功能网链结构。

波士顿矩阵：由美国著名的管理学家、波士顿咨询公司创始人亨德森（Bruce Henderson）于 1970 年首创，又称市场增长率-市场占有率矩阵。它通过市场增长率和市场占有率划分出四种不同性质的产品类型——双高的明星类产品、双低的瘦狗产品、高市场增长率低市场占有率的问题类产品和低市场增长率高市场占有率的金牛类产品。

CVM：客户价值管理（customer value management）是客户关系管理成功应用的基础和核心。客户价值管理就是企业根据客户交易的历史数据，对客户生命周期价值进行比较和分析，发现最有价值的当前客户和潜在客户。它将客户价值分为既成价值、潜在价值和影响价值，满足不同价值客户的个性化需求，提高客户忠诚度和保有率，实现客户价值持续贡献，从而全面提升企业盈利能力。

◇ 本章小结 ◇

本章从对重点客户内涵和外延的分析入手，梳理出筛选重点客户的原因，明确重点客户到底是什么样的客户，并指出筛选重点客户的指导思想，最后总结出不同的重点客户筛选方法。本章使用大量的案例分析和经验总结，旨在帮助读者了解筛选重点客户对企业经营管理的积极意义，掌握切实可行的重点客户筛选方法。

◇ 思考 ◇

1. 请简述重点客户对企业的价值。
2. 请思考筛选重点客户的原因及指导思想。
3. 请结合具体案例分析不同重点客户筛选方法。

第七章
大数据用于改善用户体验

学习目标

学习完本章后，你应该能够：

- 理解用户体验的相关概念
- 了解大数据技术在用户体验研究方面的应用
- 运用大数据分析方法改善用户体验

本章重难点知识视频

开篇案例丨抖音客户数据分析

近年来，抖音作为一款短视频社交软件，受到越来越多的群体的喜爱。其背后的逻辑正是通过大数据分析不断驱动业务提升。在内容推送、客户交互等方面，抖音通过整理数据、筛选数据、分析数据等持续改进业务，帮助企业提升客户留存率，成为当今互联网企业抢占市场的重要途径。

抖音的产品经理如果发现近期新用户的留存率出现下滑的情况，随即就会请数据分析师一起分析其原因。数据分析师会根据产品经理提供的结果，首先了解新用户来自哪里。抖音的获客方式多种多样，但是大部分新用户的来源都是可以追踪的，而来自不同渠道的新用户都会带上对应的标签，了解新用户来自哪个渠道，从而精准分析不同来源的新用户留存的差异。随后，产品经理会与客户经理一起研判导致这些差异的重要原因。例如通过今日头条导入的用户大部分都是一、二线城市的知识青年、商务人士、年轻白领和高校学生等，而通过快手导入的新用户则大部分是小镇青年。基于这个逻辑，他们发现，五、六线城市的潜在用户最多，但五、六线城市用户的留存率普遍要低于一、二线城市（图 7.1）。

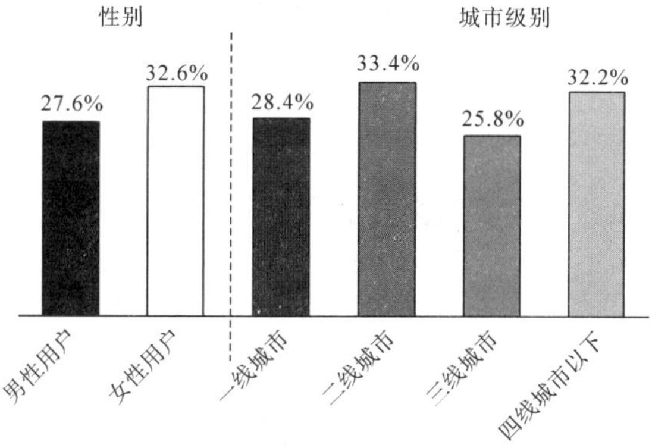

图 7.1　抖音 & 快手流失率（来自企鹅智酷）

五、六线城市用户的留存率为什么低？产品经理通过分析用户 APP 行为差异找到不同用户画像的差异，用户画像不同，其兴趣偏好、APP 认知就会有差异。如何找到这个行为差异呢？产品分析师基于对业务的理解，筛选并构建了一个指标体系，对这个差异进行量化处理，例如影响新用户留存的一个重要指标就是新用户刷到的前 10 个短视频的完播率如何。完播率高，则能在一定程度上说明新用户喜欢抖音推送的视频；反之，用户的行为可能就是不停地刷下一个视频，如果发现都不喜欢，就会觉得这款 APP 不适合，推送内容也不喜欢，这种新用户就可能会流失（图 7.2）。

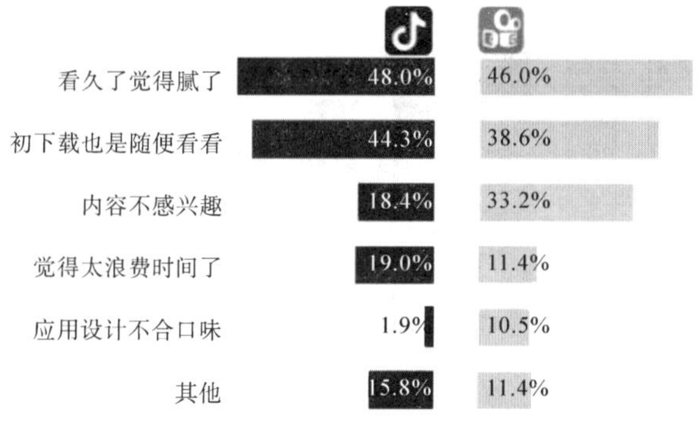

图 7.2　抖音 & 快手流失率原因（来自企鹅智酷）

数据分析师发现，五、六线城市的完播率较差，产品经理需要找到完播率差的原因，这样才能调整策略，产品才能做对应的改进。抖音的推送内容主要基于个人兴趣，但是对于新用户，后台并不知道他们的兴趣，所以一般都会挑选一些全平台热门的视频进行推送，然后再基于用户的反馈数据快速学习，实现精准推送。客户分析师常常会做出如下分析：五、六线城市新用户的完播率低是不是因为不喜欢一开始推送的内容？如果不喜欢那么他们喜欢什么样的视频？是所有类型的内容完播率都低吗？有没有完播率比较好的内容？他们经过分析发现，五、六线城市的用户对偏下沉的视频的完播率较高，但是对其他类型的全平台热门视频的完播率较低，然而目前针对五、六线新用户推送的新内容又不是他们喜欢的，所以导致了完播率较低，进而使得留存率不够高（图7.3）。

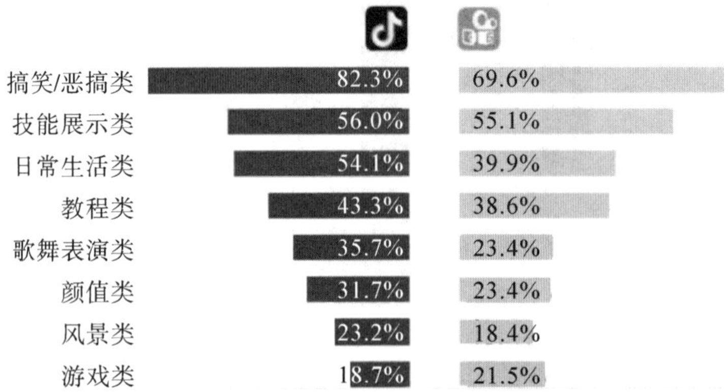

图7.3　抖音 & 快手用户喜欢的短视频类型（来自企鹅智酷）

拿到这个分析结果，产品经理会迅速做出调整。对五、六线城市新用户激活时的推送内容进行改进，对不同地域的新用户采取个性化冷启动策略。对于五、六线城市用户，一开始推送的内容应当下沉，而不是推送全平台热门视频。经过这一番系统的分析和有针对性的调整，新用户的留存率上涨了5%（图7.4）。

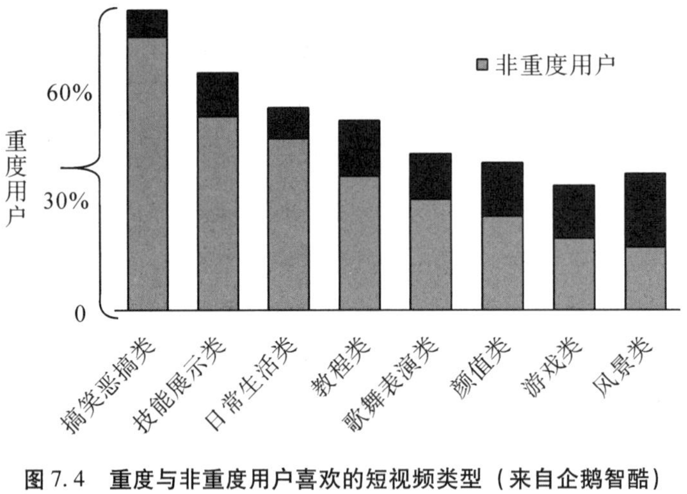

图7.4　重度与非重度用户喜欢的短视频类型（来自企鹅智酷）

正如网络上所说："小镇青年偏向于快手，而抖音更受到都市白领的青睐。"这种说法属于感性判断，不管是快手还是抖音，为了提升客户留存率，就要基于用户使用数据，通过对数据的分析，掌握用户分布在哪里，有着怎样的特征和偏好，对产品和内容是否满意，等等。所以，数据分析就是要从行为表象中发现问题本质，通过建立量化指标体系对数据进行加工分析，并基于业务做出判断，再通过数据去验证，这样才能在数据分析后做出正确的判断，指导我们改进业务，最终提升用户体验。

思考：1. 抖音的客户经理和数据分析师构建的指标体系还有哪些？
2. 企业大数据分析对促进业务有什么意义？

思维导图

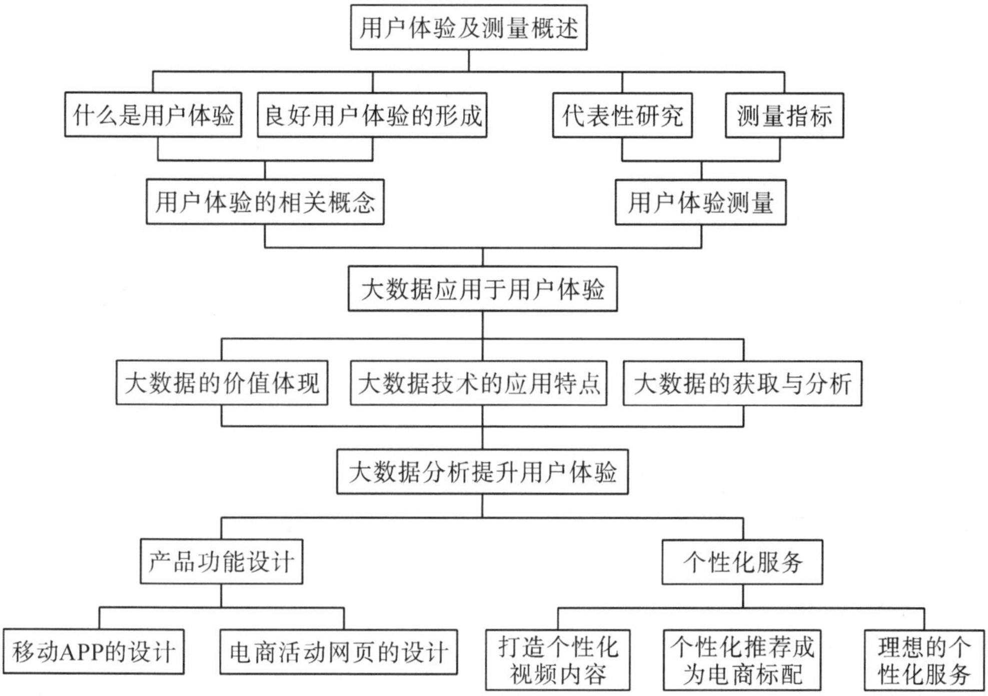

本章提要

对产品与服务用户体验的测量、研究和改善，离不开大数据的运用，它要求企业对用户体验有整体的认知，学会运用大数据分析的方法与技术，深刻理解用户需求，把握用户心理，从而有效预测用户行为。在解决用户诉求、处理用户问题的过程中，找寻出最符合用户需求的产品与服务，从而提升用户体验。

第一节　用户体验及测量概述

诺曼博士曾说过："当技术不再成为生产商品的阻碍并可以满足人们的日常生活需求时，用户体验便开始主宰一切。"随着信息技术的飞速发展，"以人为中心的信息社会"与"良好的用户体验"等相关研究成为当前信息领域新的发展方向和研究热点。为了增强竞争力，越来越多的企业开始重视提升产品与服务的整体用户体验以获得长期的成功。

一、用户体验的相关概念

（一）什么是用户体验

“体验”这一概念，在不同学科中有不同的含义。心理学中所说的体验主要是指情感体验，涉及主体的主观感受和主体的行为。人们在评价主观感受时，通常以客观事物是否符合其需要作为判断标准，从而产生积极或消极的感受。

用户体验是用户使用产品或体验服务时主观的整体感受，这些感受包括情感、喜好、认知、生理、心理等各个方面。用户体验贯穿产品或服务的全过程，尤其是产品，使用体验更为直接。比如产品的物理属性、视觉感受、操作方式等，从最初设计、产品使用到售后服务都属于用户体验的范畴。

（二）如何形成良好的用户体验

良好的用户体验就是产品或服务和用户预期相吻合，用户感到满意，产生愉悦的心理感受。这种主观的情绪体验，会在很大程度上影响用户的后续使用及评价，甚至还会延伸至其他相关产品，产生广泛而深刻的影响。比如用户使用了某品牌的产品后非常满意，就会对这个品牌产生信任，愿意尝试该品牌的其他产品，也乐于将该品牌推荐给身边的人。因此，用户体验的满意度越高，用户对产品的忠诚度就越高，黏性就越强。对商家而言，用户体验成为决定产品成败的关键。

像抖音、快手等视频社交软件，良好的用户体验形成应该包括以下方面：

（1）良好的运营基础。商品要丰富，有目标人群，还有商品的价格、安全、便捷、及时，这些都是满足用户的基石。

（2）流程和系统简单。系统设计要充分考虑用户的需求和习惯，前期要做好用户调查，甚至可以邀请用户参与设计，讨论设计方案，看是否人性化、是否符合用户的消费习惯。

（3）提供个性化服务。在购物过程中，可以根据用户过去的购买行为、搜索行为、商品关联行为，提供很多个性化的服务。比如后台智能客服定期联系用户——“王先生，您大概每个月使用一瓶刮胡液。距离您上次的购物记录快到一个月了，提醒您是否需要购买刮胡液”，这样的沟通会让用户感到很温馨。

（4）高效处理问题。关注用户需要解决的问题。比如，用户想知道购买的商品能否及时送达，为什么想买的商品缺货了，如何退换商品……这些不是仅靠态度好就能解决的，关键是如何快速、完整、一次性处理好问题，让用户满意。

（5）配套服务。包括用户购买过程中的服务和售后服务，更好地服务用户是提升用户体验的重点。例如客户在预订民宿时，除了入住时的客房和餐饮服务外，还包括入住前的车辆导航、天气提醒，入住时的接待引导、入住办理，入住后的满意度调查、送客服务等，甚至客房香氛、布草选择、入住点心等都属于配套增值服务的一部分。

二、关于用户体验测量

（一）代表性研究

用户体验是一种主观感觉，受个体认知差异的影响，带有一定程度的不确定性。用户从产品体验中所获得的满足程度存在高低之分。为了理解用户的根本需求，企业及其设计团队需要对用户体验进行有效的测量。国外有一些关于用户体验测量的代表性研究。比如塔利斯（Tom Tullis）等人提出了包括操作绩效、可用性问题、各种类型的满意度数据及生理行为数据的用户体验度量标准；戴均开等人提出了用户体验量化的五个维度；罗登（Kerry Rodden）分析得出了衡量用户体验的 HEART 指标体系（图 7.5）。

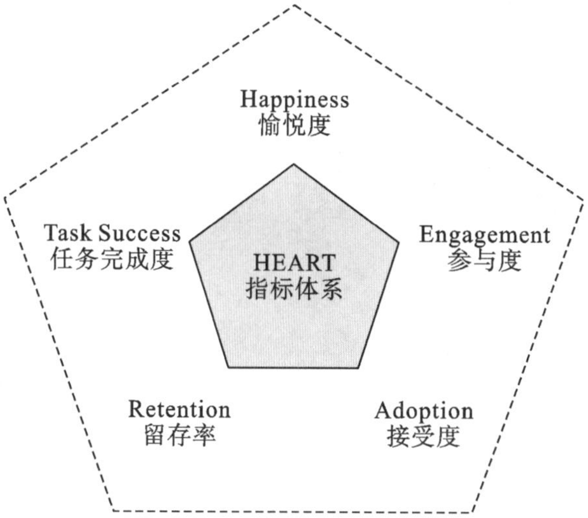

图 7.5　HEART 五维度指标体系

图中的愉悦度通过用户使用产品过程中对产品的满意度来测量。任务完成度通过最终任务完成的质量和效率来测量。参与度、接受度、留存率根据广泛的行为数据分析来确定。在具体的指标测量中，不一定用到所有的维度，可以根据产品自身的特殊性灵活设定测量标准。例如，作为一个硬性使用的工具类产品，参与度对于产品评估没有什么意义，愉悦度或者任务完成度可作为重要的测量维度。

（二）测量指标

根据用户生命周期不同阶段的体验内容和感知程度，结合国内外文献研究，以“谁最中国”公众号与微信商城为例，总结归纳用户体验的具体测量指标：

（1）接受度：指用户对产品或服务的认知及接受程度，比如用户的首次印象、使用反馈。在用户生命周期的认知、互动及获得阶段，用户对“谁最中国”公众号的信息推送服务与微信商城的产品体验服务等所有操作痕迹都会被系统记录保存，包括用户浏览过的页面、收藏过的信息、查看过的商品、放进购物车的行为以及最后购买的商品。

（2）完成度：指用户完成交易购买的操作步骤、使用时间、错误及退出率等指标，可以全面反映用户在购买、使用及反馈产品与服务过程中的体验。测量范围包括消费和支持阶段，比如在“谁最中国”完成购买的用户，其网上支付的相关操作是否顺畅会直接影响他的使用体验（图 7.6）。

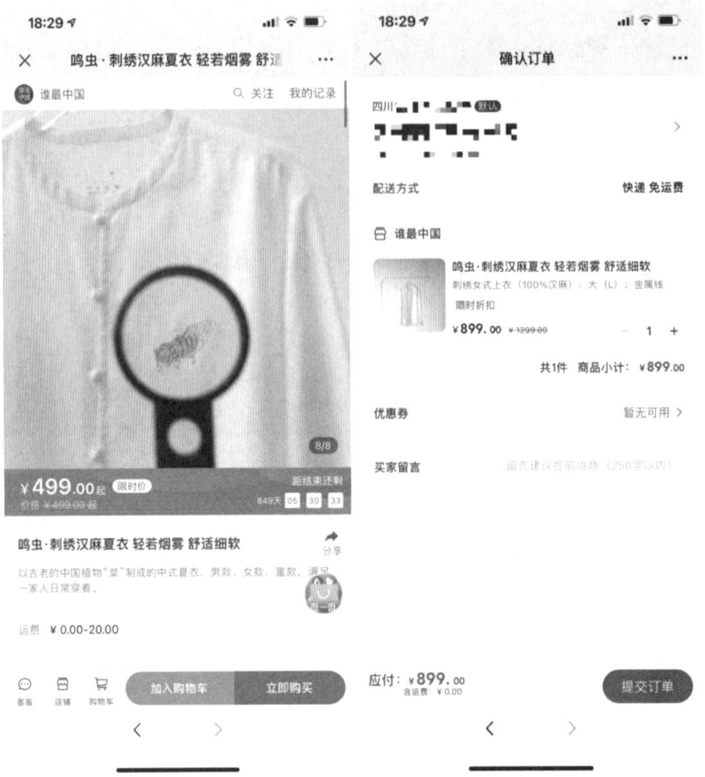

图 7.6 “谁最中国”购物界面

（3）愉悦度：指用户体验的主观性感受，表现为用户对购买、使用及反馈产品与服务的整体满意度，体现在消费和支持阶段。“谁最中国”创造了一种场景购物模式（图 7.7），微信商城的搜索框被放置在页面最显眼位置，根据图标和文字提供 6 种消费场景，旁边“+”则在所有二级、三级页面显示主页、购物车、客服和个人中心，使用户购买更加便捷。“谁最中国”还结合用户的购买记录和评价等数据信息，建立用户喜好和购物习惯档案，为用户推荐感兴趣的关联性商品，很大程度提升了用户愉悦度。

（4）忠诚度：主要指用户对品牌的信任感、黏性度增强，表现为用户持续关注推送信息、购买产品，对产品与服务保持活跃的使用行为，测量范围包括获得、收藏、消费、支持和酬谢阶段。基于在“谁最中国”的阅读与购物的愉悦体验，用户往往会选择持续关注订阅和多次重复购买，逐渐建立起对品牌的信任感，最终发展为忠实用户。

（5）推荐度：评估用户是否会自发地推广所喜欢的产品或服务，转发推送的信息，避免用户生命周期进入结束阶段。用户在“谁最中国”有深度、有趣的阅读体验，便捷、专业的购物体验，享受到商品的多元化推荐和个性化服务，在巩固忠诚度的同时，也有助于形成用户的推荐度。

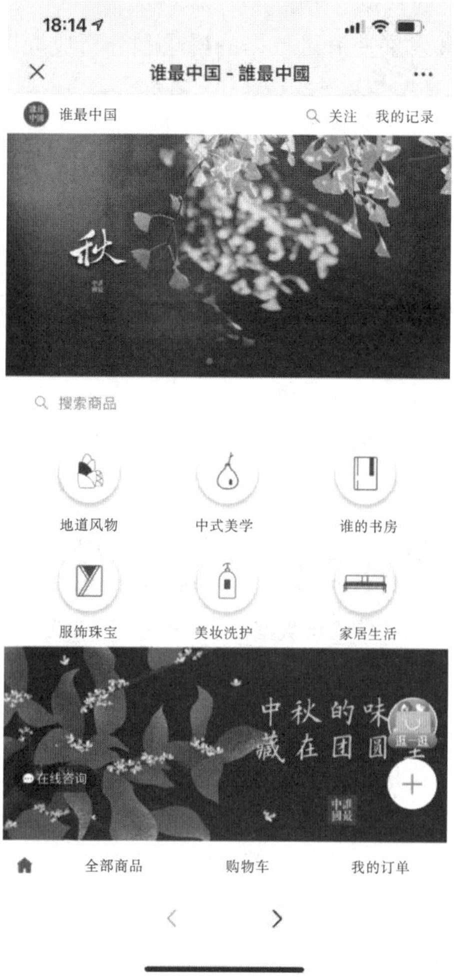

图 7.7　“谁最中国”微信商城主页

第二节　大数据应用于用户体验

数据信息应用成为21世纪的时代主流。移动互联、社交网络、电子商务的发展，极大地拓宽了互联网的边界，各种数据加速膨胀，不断变大。随着大数据在各行业的广泛应用，越来越多的企业开始专注用户体验研究，希望借助大数据更好地提升企业的产品质量和服务水平。

一、大数据的价值体现

大数据技术的运用越来越被重视，其主要的驱动力来自以下方面：

（1）社会经济的发展使人们的生活水平提高，需求开始多样化、个性化，要满足这些需求必然要求企业具备庞大的数据支撑。

（2）互联网技术的迅猛发展使海量数据的搜集和分析成为现实，同时，互联网特性又加速了数据的大容量传播。

（3）互联网用户就是数据不断产生的源头，其特征是多样化、成本低、更新及时。比如微博、微信的出现就极大地减少了数据产生和搜集的成本，再比如淘宝、京东可以直接搜集用户喜好和购物习惯等数据信息。

（4）人工智能、信息系统和决策科学的发展推动了多种分析方法及工具的产生，高效应用在数据挖掘、顾客行为模型建立、决策支持中，使得大数据分析发挥出更高的应用价值。在“互联网+”环境下，各行各业都可以建立用户体验研究平台。一方面通过大数据对大众需求进行有效捕捉，研发出满足更多用户需求的大众产品；另一方面通过模块化定制研发，满足小批量用户的个性化需求，从而实现产品开发创新，提升企业的竞争力。

大数据被认为是创新的一个重要来源，其价值体现可分为四个阶段，如图 7.8 所示：

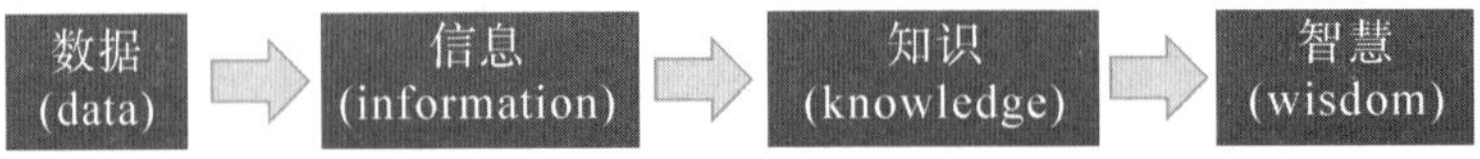

图 7.8　大数据价值体现的四个阶段

初始数据通常是零散的，表面反映不出规律性，经过过滤和整理后变成信息，相关联的信息经过整合再转化为知识，通过对知识的深层领悟进一步理解事物的本质，最后沉淀为智慧。由此看来，大数据就是将零散的初始数据转变成知识和智慧的过程。

对企业而言，整个商业管理过程都应该智能化、科学化，而数据就是管理的基石。比如在电商领域，数据包括了订单、库存、销售的供应链信息，注册用户的基本信息，用户购物的浏览、收藏、购买信息等。这些过程会积累大量的数据信息，分析、运用其规律，对企业商业决策有着非常重要的意义。

二、大数据技术的应用特点

关于用户体验的研究起步较早，已有的研究方法甚多。比如常用的问卷调查、情景访谈、启发性评估、可用性测试等，它们着重于多方面调查用户对产品或服务的感受、评价，通过各项测量指标使用户体验研究得到量化。但上述的传统用户体验研究方法均以定性研究为主，缺少代表性的大样本，难以获得准确的统计数据。因此，定性研究存在着样本少、代表性差、难以持续追踪用户行为的弊端。用户体验研究要以具体的用户行为信息数据为支撑，这些要求在传统数据分析技术条件下已经无法满足，而大数据技术的发展正好为弥补这一短板提供了途径。它能在更短的时间内，对更丰富的数据资源进行更快速的整合，从而满足这一要求，并可以在大样本下进行用户体验研究工作。

大数据技术应用于用户体验研究，主要表现为以下特点：

（1）更全面（volume）——庞大的数据量让研究范畴由抽样用户扩展至全局用户。

（2）更快速（velocity）——高速的数据处理系统让用户体验实时追踪变为现实。

（3）更多样（variety）——复杂多样的数据源类别有助于全面了解用户特征。

（4）更准确（veracity）——数据的真实可靠大大提升了分析结果的准确性。

大数据技术对互联网用户全面研究、实时追踪用户体验、了解用户个性化特征、分析结果准确的 4V 特点，为企业即时跟踪用户体验过程并发掘用户的真实需求提供了更多机会。通过整体数据分析去理解用户行为背后的原因，有助于企业设计开发新产品或提升产品与服务的质量，不断创新商业模式，从而形成品牌影响力。因此，越来越多的企业开始使用数据资源和分析工具来改善用户体验。

三、大数据的获取与分析

大数据的获取与分析主要基于一套体系，企业通过搭建平台为用户群体提供产品或服务，而这些用户在使用产品或服务过程中产生的交互、交易，随即转化为数据被后台采集，企业通过筛选和分析这些数据，然后反向推测用户需求，开发出更多符合需求的增值业务，提高客户黏度。这种大数据用于改善用户体验的思维可以算得上是真正意义上的数据驱动业务的增长（图 7.9）。

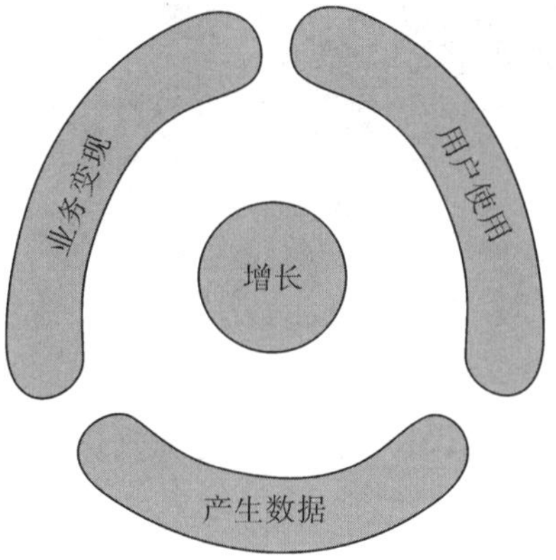

图 7.9　数据与业务闭环图

（一）大数据分析的基本步骤

由于企业的数据分析业务与业绩提升效果关联度较高，所以数据分析应该自始至终将实际的经营管理业务作为起点，通过数据分析帮助营销策划、产品开发、市场拓展和客服服务等部门做好决策辅助工作。所以，数据分析应该先做什么、后做什么，就需要根据业务面临的实际问题，进行指标拆分和整体规划。其基本步骤主要有以下五个方面：

（1）梳理业务场景和内容，了解数据分析的原因和关联的业务场景。首先要了解产品与客户部门需要优化的前端问题是什么，根据问题制订针对性较强的分析计划。

（2）制订数据分析计划，了解如何拆分业务场景。结合访客数、用户来源、注册量、浏览深度、产品浏览量排行、产品跳失率等关键指标，制订分析计划。

（3）筛选指标。从分析计划中筛选出需要的指标，有针对性地分析业务本身。

（4）进行数据分析。分析、呈现数据分析结果，综合研判数据的形成原因。

（5）辅助决策。根据分析结果，帮助营销策划、产品开发、市场拓展和客服服务等部门做好商业决策。

随着数字经济在各行各业的渗透，不管是以大型百货为主体的单一业态，还是具有强大竞争力的连锁超市，或者是以便利店、专卖店、C2M 等多种业态并存的新零售业态，数据的获取与分析都能够在很大程度上帮助企业提升市场响应能力。大数据分析不仅仅适用于中大型企业，即便是初创企业、小微企业甚至是在校大学生的创业项目，都可以从中获益。

2021 年 7 月 21 日，第十一届全国大学生电子商务“创新、创意及创业”挑战赛全国总决赛在云南工商学院成功举办。来自四川商务职业学院的项目“优盒校园零食盒子”经过激烈的角逐，最终荣获二等奖（图 7.10）。该项目结合校园数字经济，利用无人售货平台搭建“数字链路消费终端”，打造足不出户的校园零售新体验。项目所在院校四川商务职业学院通过创新孵化空间赋能项目，通过 3 年的平台建设与提升，逐步形成了“快、便、智、融”四大特色，即：打造校园生活空间无人销售终端，不用等待，所见即所得；下单方便，微信扫码，无须多余步骤；新媒体下的大数据运营，精细管理，精准投放，智能补货；与线下超市合作设立自提点，实现校园空间全覆盖。

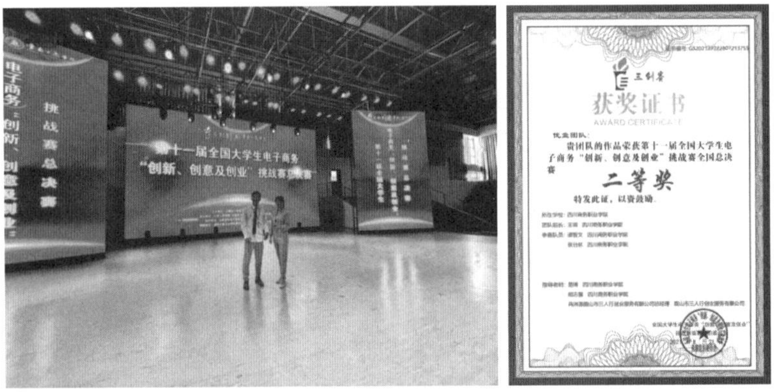

图 7.10　第十一届全国大学生电子商务“创新、创意及创业”挑战赛全国总决赛二等奖项目“优盒校园零食盒子”

作为大学生创新创业项目，“优盒校园零食盒子”构建起智慧的 CRM（客户管理系统），帮助项目实现寝室精准投放，盒子内商品的个性化配货，促销信息精准推送。在服务创新方面，为进一步提升客户体验，在盒子投放的时候通过抖音等新媒体平台对校园进行 LBS 投放（基于位置服务，首先确定用户地理位置，再基于位置提供服务），通过裂变拉新与“三品计划”（增品种、提品质、创品牌）推动盒子精准投放，实现注册得好礼、分享获优惠、拉新享礼遇；在产品补货方面，通过比对前端销售数据与后端库存数据，及时补货（图 7.11）；在商品配货过程中，通过分析销售数据，了解每个寝室不同的消费偏好，对商品不断调整，实现精准营销；在盒子管理方面，将远程智能锁、交易动态二维码与促销信息提醒进行融合创新，不断升级零售终端，提高经营管理效率（图 7.12）。

图 7.11　“优盒校园零食盒子”智慧货架管理系统

图 7.12　“优盒校园零食盒子”互联智能锁

目前，“优盒校园零食盒子”主营产品包括方便面、辣条、糖果、饮用水和生活用品等，截至2021年5月，该项目累计销售额达130 000元，净利润达20 000元，未来他们还将继续提升后台数据建设水平，通过数据分析制定更加及时、高效的营销策略，不断提升用户体验。

（二）大数据应用服务

近几年，国内涌现了许多研发能力强大、技术实习雄厚的大数据技术和应用服务公司，它们不仅为政府职能部门、行业协会、企事业单位提供数据分析报告，还帮助后者在制定政策、发布标准、拓展市场等方面提供科学、有效的一揽子数据解决方案，提升其决策效力。

例如，成都市的映潮科技股份有限公司，作为专注于互联网大数据应用的创新型企业，为全国各省、区、市提供电子商务数据服务，是四川省商务厅挂牌的“电子商务大数据中心”。映潮科技提供的产品主要为通用标准的数据分析报告，能全面反映行业的发展脉络，也对行业的未来走向做出前瞻性预测。

《2018 年四川电子商务数据分析报告》与《2019 年四川电子商务数据分析报告》显示，四川省电子商务综合发展指数从 2018 年的 86.01 分增加到 2019 年的 86.71 分，但在全国综合排名中却从第 7 位下降了两位。从这个数据比对中我们发现，随着电子商务基础设施的逐步完善与电子商务从业人员的不断增加，四川省电子商务基础指数与规模指数都呈上升趋势，但是在成长指数方面却出现了下滑，其主要原因在于电商交易规模成长指数、网商规模成长指数与农村电商规模成长指数出现不同程度的下滑（图 7.13）。

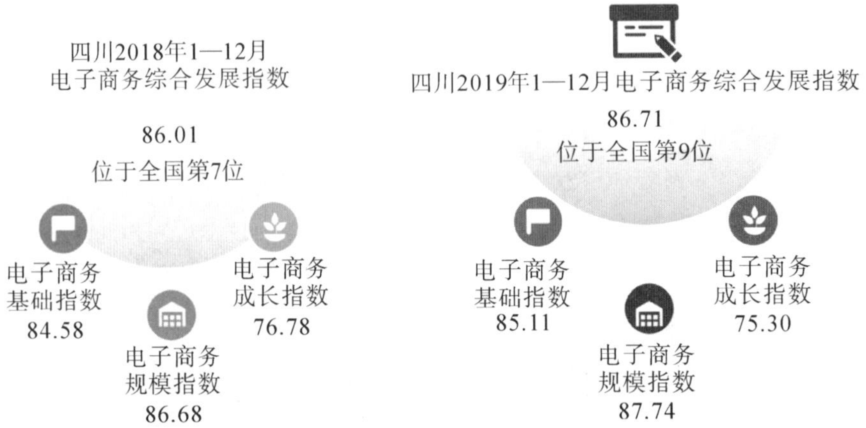

图 7.13　2018 年与 2019 年四川省电子商务综合发展指数对比图

《2020 年四川电子商务数据分析报告》数据翔实、内容全面、解析深入，反映出农村电商、直播电商、跨境电商和社区电商等领域在区域经济社会发展中突显的强大驱动力。“十四五”期间，四川省持续深化供给侧结构性改革，进一步加快制造业与互联网融合发展的步伐，电子商务在新一轮科技革命和产业变革中蓬勃发展，呈现加速增长的态势。

这样的分析报告需要大数据公司以快速、高效的数据抓取和处理能力作为保障。以映潮科技公司为例，它在数据抓取及分析平台有自己的系统架构，即通过落地可视化服务器、云端、可视化系统，对各类平台进行监测（如针对电商类调研报告，主要监测交易平台），作为数据源定向检测网站数据来源层次（从店铺到商品、页面结构），然后进行数据化结构处理（单品价格、销售量），最后追踪到源头（具体到某个商品的页面）。

大数据公司的数据信息源获取能力非常重要，它直接影响数据的量和可信度。数据来源是根据不同行业设定不同的信息抓取方式，比如互联网爬虫式、人工智能仿真。在获取电商数据信息时，根据国家标准，所有平台虽然要允许可见，但企业还是会尽量避免自己的信息被抓取。例如淘宝的数据防止被“爬”的能力较强，它会根据爬虫协议里面有哪些信息可以公开，严格满足又极力规避，来屏蔽爬虫机器行为。对此，大数据技术和应用服务公司还开发了模拟用户使用的仿真操作系统，通过定义数据源进行信息抓取。

面对海量信息，如何在信息提取过程中进行降噪、去虚假处理呢？每种行业都有具体的去虚假方法以使信息尽可能真实，这更多依赖于本身数据的特质。例如商品销售类有销售的刷单，刷单的数据、时间，可以让机器甄别。去掉重复的刷单行为，模拟仿真用户的使用频率和习惯，将真实数据量化。但如果机器的操作出现异常，那么系统会进行检测，与本身交易的真实信息进行对比，进一步进行降噪和去虚假处理。

《四川电子商务数据分析报告》对行业协会与企事业单位等进行战略布局与业务调整发挥了积极的作用，能帮助企业精准掌握全国乃至四川省网络交易与零售区域发展概况、服务型与实物型网络零售区域和行业发展状况。例如，四川省火锅协会通过对数据的分析，引导川派火锅企业通过直播电商，帮助传统“店商”从“环境+产品+服务”的单一模式延伸到“主播+跨界+产品+社群”的新“电商”模式；四川省山珍进出口协会2021年率先在“中国松茸之乡——雅江”布局松茸“直采直售”模式，通过无人机配送+原产地包装+直播带货，助力雅江松茸走出大山。

这里，我们可以简单梳理出大数据公司的分析框架：

（1）数据采集。掌握数据来源、了解大量的网站后可以摸索出规律，快速配置并对接到后台。

（2）对数据进行采集后，定制化统计，并实时采集，可复制到相同结构、数据颗粒结构的框架中。

（3）由分析师解读，制定各种定义规则，利用可视化的系统，将其转化成大众可以理解的可视化方式，与云技术结合。

（4）根据数据维度的清单，快速拼装，并制作可阅读的分析报告。

大数据报告的成本从几万元到近百万元不等，而作为初创企业，数据购买能力较低，如何实现大数据在用户体验研究方面的应用，是其面临的现实问题。这也对当下的大数据公司提出了更高要求，降低技术投入从而降低成本将成为其不断努力的方向。

第三节　大数据分析提升用户体验

在商业模式中，产品好、服务好才能有最佳的用户体验。大数据分析并不适用于所有用户体验问题，但基于自身的优势特点，它在产品功能设计、个性化服务方面提升用户体验的作用还是很显著的。

一、产品功能设计

功能就是产品的使用价值，帮助用户达成目标；功能是产品的基本属性。功能设计是按照产品定位要求，在对用户进行功能调查的基础上，分析用户需求，对产品应具备的目标、功能、内容系统进行概念构建的创造性活动。

由于科技进步和人们日益增长的物质文化需求，用户对产品功能有了更多需求，功能也成为影响用户体验效果的因素之一。“椅子是椅子，桌子是桌子”这样的思想已经落伍了，用户希望产品拥有更多功能。现代的产品开发不再仅仅以技术为核心，需要先确定产品的目标用户，针对用户群体情况进行数据挖掘，分析用户群特征和需求，再根据用户需求和期待设计产品。企业应通过不断地与用户沟通和互动，分析用户的真实需求和心理预期，注入产品设计，打造产品价值，从而提升用户体验。

(一) 移动 APP 的设计

以移动 APP 功能设计为例。随着无线通信技术的成熟与普及，移动 APP 作为市场拓展的重要入口，其商业价值已经为越来越多的企业所认可，移动 APP 的优化升级，使得产品走向多功能，最大化满足用户生活需求，紧紧连接网络与现实生活。根据马斯洛需求层次理论分析用户体验，我们发现从最基本的生理需求到最高级别的自我实现需求，也是企业不断满足客户的需求、提升用户体验满意度的过程（图 7. 14）。

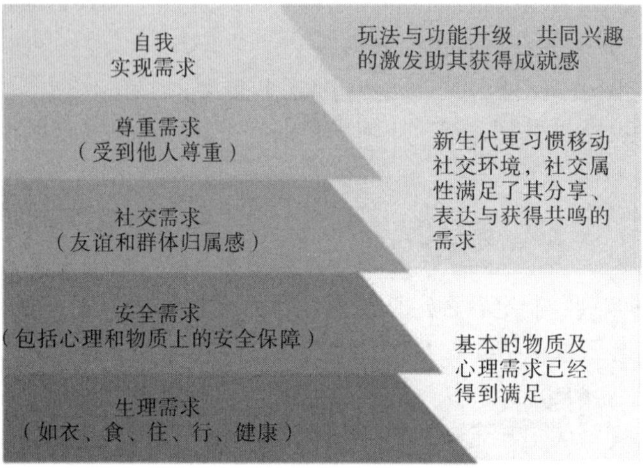

图 7. 14　马斯洛需求层次与移动社交功能图

我国古代思想家墨子曾说过：“衣必常暖，而后求丽，居必常安，而后求乐。”这也反映出产品功能有主次之分。设计多功能的 APP，就需要把握用户心理，从用户行为数据分析什么功能是用户必需的，在完成 APP 基本功能后，再添加其他功能，能给用户创造更好的体验。比如社交型 APP——微信，从 PC 端进驻移动端后，导入通信录好友的功能非但没减少，反而在移动端好友导入过程中，依托手机通信录新增了从手机通信录列表添加微信好友的方式。

APP 在产品功能优化方面的案例还有很多，例如出行 APP——神州租车也在产品功能上进行了优化和完善。神州专车在战略转型后，产品定位主要倡导“安全”，开发了六个利基市场的场景细分，包括接送机服务、会务用车、亲子出行、孕妇乘车、异地出差和夜晚加班。通过 APP 可以直接引导用户进入相应场景，提供个性化的便捷服务。

总之，APP 在设计之初就要从客户思维出发思考需求，无论从产品功能、模块布局还是操作方式，都要确保产品的实用性、可用性和易用性。当然，用户的需求也会存在不稳定性和不准确性等特点，所以，企业要通过分析用户数据发现他们的痛点和需求，而解决痛点和满足需求就是一款较好的 APP 在提升用户体验方面的重要衡量指标。移动互联网产品设计的流程主要包括以下四个方面：

1. 需求分析

移动互联网产品核心竞争力主要源于把握用户需求的能力和体现市场需求的水平。根据产品类别的深度细分、用户群体的特定情况，精准扫描用户和市场的需求——他们需要什么、喜欢什么、潜在期望是什么。获取的用户信息越翔实，产品设计的难度就越小，高质量的前端数据才能帮助产品设计师在后端开发过程中正确地决策。

例如，对于神州专车的夜晚加班服务，特别是女性夜晚加班服务，神州专车在分析数据的时候发现，每晚 8—10 点基本是专车订单的低潮期，但是神州专车在主打“安全”战略后，该时段的订单出现了较大幅度的波动。神州专车在后续调查分析中发现，很多女性商务人士在深夜加班后回家会优先选择神州专车出行。所以，神州专车瞄准写字楼高端女性白领用户，在高端写字楼电梯媒体投放广告“放心睡”（图 7. 15），告知目标用户夜晚加班回家，只有在神州专车上才能安心打个盹儿，又针对性发放了“加班限时券”。在做出这一系列分析和决策之后，每晚 9—10 点，后台显示数据不但没有降低，反而出现了“第三消费高峰”。

图 7. 15　神州专车“放心睡”广告

用户需求分析主要有深入访谈法、实地调查法和用户角色模型等方法。但是在实际操作过程中，混合使用这几种方法会得到较好效果。通过研究用户数据了解用户需求，再依照用户生活习惯设计产品功能和模块架构。例如一款移动社交 APP 的目标用户为大学生，那么它的功能设置和模块架构都应以大学生的学习、生活习惯为落脚点。

2. 产品交互

交互是指人与所有事物互动的一种状态，其具体表现为用户在操作诸如注册登录、页面浏览、收藏点赞等过程中所感受到的正面或者负面情绪，这种情绪反应就属于一种交互体验。交互设计应努力使产品易用、好用，使用户在使用过程中保持相对较好的正向体验。视觉感受是移动互联网产品人机交互的重要途径，为了确保用户在交互过程中准确、高效地接收信息，在保证产品功能完整性的前提下减少不必要的干扰因素。另外，过于烦琐的操作也会让用户在使用过程中的体验感大打折扣。

一个好产品能够为用户提供适合需求的方案，让用户在初次使用后产生好感，帮助他们解决痛点等，并通过不断使用引导用户对产品产生使用偏好和习惯。但理想引导的前提是产品核心功能的扁平化与简洁化。

3. 视觉设计

优秀的视觉设计可辅助产品交互，强化关键信息，降低用户搜索时间成本。移动互联网产品在页面版式、模块布局、色调风格上都应该与品牌定位保持一致。第一，用户浏览信息通常会按照惯用的视觉路线，例如从上到下、从左至右，因此将重要信息等设置在页面顶端，更方便用户快速获取。第二，视觉图标要有特点，因为它直观地表达了产品内涵，强调了产品主题，设计图标时要使产品贴近目标用户，使用户与产品形成一种气质上的联系，以增加用户满意度。

视觉设计的重要性不仅仅体现在移动互联网产品，在传统纸质产品中体现得更加淋漓尽致。除了移动互联网产品在页面版式、模块布局、色调风格方面的要素，纸质产品在材质选择、印刷工艺、装订方式等方面也会影响用户体验。例如《大数据营销与创业实战》（第一版）封面，主创团队在颜色搭配、符号选择、字体设计、结构组合、纸张选择、制作工艺、版面尺寸等方面，通过数据比对与市场调查，最终选择了清新的蓝白色调（RGB：0＊162＊218），排版通透整齐，辅助凸版浮雕压印技术，让大家在阅读的同时，能够感受到书籍设计所要考量的量化指标与情感互动，提升用户感知与体验（图 7. 16）。

图 7. 16 《大数据营销与创业实战》（第一版）封面封底

4. 可用性测试

移动互联网产品的可用性测试是用户体验感优劣的重要衡量指标。一方面，企业通过观察代表性用户完成典型任务，界定出产品可用性问题；另一方面，企业通过解决代表性用户反馈的问题，提升用户体验的正向感受。可用性测试的意义在于能在代表性用户操作过程中发现潜在问题，获取用户行为规律，提出解决方案。

APP 已经成为人们生活、社交、商业活动、教育和学习等方面的重要途径和窗口，要“以用户为中心”设计和开发产品，企业需要研究用户体验感，分析用户数据，抓住用户真实需求，不断创新和升级产品。只有让功能设计走向数据驱动，才能带给用户更有效的产品体验。

（二）电商活动网页的设计

当人们使用电脑打开网页进行浏览，用户的关注点是界面本身，即界面的视觉元素、文字图片的布局及色彩风格等。界面设计涉及各种不同学科的知识，从认知心理学、语言学、设计学的角度思考视觉元素的呈现效果。一个出色的界面能给用户带去舒适的视觉享受，缩短人机距离。“以用户为中心”的产品设计思路也可运用于互联网产品界面设计当中。字面上的理解是设计应以用户需求为核心，为此需要了解产品目标用户及用户需求等信息以此来指导产品设计。根据不同目标用户群体，设计出合适的产品界面。将美观的界面和易用的交互结合在一起的产品界面，才能为用户提供良好服务。

以电商平台为例。用户体验的提升是综合性的，表现在产品上的指标就是商品要丰富，价格要实惠，系统要简单、顺畅，其中最能体现出功能设计的就是网页设计和网页内容安排。电商平台的特征是虚拟购物，很多时候是靠图片、文字的引导去吸引用户，靠流程的简单性、人性化，使用户购物更加便捷。电商数据显示，大多数的消费者会根据网站页面的视觉效果来建立相关产品的印象，这也是影响他们做出购买决定的重要因素。

现有的电商活动页面存在诸多问题，大同小异的网页设计很难让产品脱颖而出，即便用户进入页面，页面导航不清晰、操作体验感差、文案混乱等问题也常常影响用户的决策，造成用户体验不佳，导致转化率降低，从而影响销量。因此，电商平台的过程自动化除了需要大量的技术去支持系统，还需要有能力的网页设计师，懂得运用大数据分析用户心理，了解用户喜好，用优质的页面设计、文案推荐和色彩搭配去影响用户，让他们在购物过程中有更好的体验。

电商页面设计师的设计决策要基于数据分析，通过数据分析来了解用户，从而改善页面设计，提升用户体验。比如用户对页面是否满意，可以通过查看用户在产品页面的停留时间、网页的流量和转化率等数据来判断，这些都是设计网页的重要参考指标，体现在页面设计的整个流程中。

以 2019 年创办的一站式数据洞察与客户体验管理平台“倍市得”（官方网站：https://www.bestcem.com/）为例。该平台基于整体客户旅程，致力于帮助政企客户采集内外部客户体验大数据，使客户体验管理落到实处、产生实际效果。

倍市得提供的服务主要包括洞见消费者、强化运营管理、指导产品服务升级与持续提升客户体验。洞察整体体验表现及具体改善点，驱动改善落地，持续提升客户体验，通过采集客户反馈数据、输出体验看板与驱动体验修复助力提升客户体验。目前已经为中国平安、领克汽车、小杨生煎、快手等企业提供用户体验管理服务。解决方案涉及金融、汽车、餐饮等行业（图 7. 17）。

1. 前期策划

策划阶段需要对产品的消费人群进行分类和分析，按照用户的访问时段、所在地域、行为特点等情况做类别对比，从而确定产品的目标人群。这些分析主要依据网站用户的动态数据，也就是用户在网站的活动痕迹，比如搜索、浏览、收藏、购买、评论和退换货等操作记录。通过分析用户行为，可以更清晰、准确地了解用户偏好，并以此设计网页的产品推荐等应用模块。

图 7.17　倍市得解决方案

完成消费人群特点分析后，要围绕活动主题来确定活动的利益点，这更多体现于产品的文案表达。对同类产品店铺中引流最高的店铺进行分析，根据搜索人气、点击率和成交指数等找出热卖产品的搜索关键词，并把它们融入产品文案设计中。研究发现，用户不会花长时间去阅读网页上的文字信息，因此产品文案简洁明了、重点突出更有助于用户做决策。在文案设计中，可以结合用户的习惯和需求，通过表达唤起用户的情感共鸣。比如一些企业开发高端产品时，会在文案中使用“限量版”“VIP 奢享”“尊享定制”“独家甄选”等词语，突显用户独一无二、享受尊贵的感觉。在教师节、母亲节等节日，可以围绕“感恩”话题做效果渲染，以契合用户心理，提高用户的接受程度。

2. 页面设计

页面设计对用户体验会产生直接影响，所以在设计时就需要大数据辅助指导——根据用户的行为习惯和需求来增强色调风格、框架布局、内容模块、导航设计等页面要素的合理性、操作的便捷性，确保用户在页面上的所有体验都在规划、设计之内，这样才能带给用户高效、愉悦的使用体验。

现在的电商页面内容趋于动态，因为网页上的直播或产品视频更容易刺激用户的购买欲。这种人为创造的沉浸式、冲动式、隔离式消费场景，诱导用户进行消费的模式，我们称之为“内容电商”。京东曾发布过一份“商品短视频数据报告”，报告从视频播放率、用户画像、商品转化率等维度进行了分析。数据显示，25%的京东用户会在购买前主动观看产品视频，尤其是家居家纺、礼品箱包、服饰内衣是视频转化率最高的商品类型。对家电品类的测试显示，高质量视频可以将销售转化率提升 18%，有的甚至可以翻倍。这证明商品短视频在提升用户体验、促进高效转化上发挥了重要作用。

3. 后期优化

经过前期策划和设计的页面，上线运行后还要根据系统数据不断优化和调整。比如通过查看页面的点击量和关注度，明确用户的使用流程，判断访问路径设计的合理性。通过页面的转化率等数据，分析活动页面要素的设置问题，有针对性地进行调整，以适应用户要求。以京东商城（https://www.jd.com/）主页的后期优化为例。京东商城在 2015 年对官方网站进行了全面优化，主要是依靠大数据技术实现了千人千面的个性化内容推荐，以更亲切和流畅的画面、更丰富的购物动线，带给用户全新的购物体验（图 7.18）。

图 7.18　京东商城官方网站截图

京东商城主页优化主要根据不同需求的权重，采用崭新的表达方式与设计语言进行。针对不同品类，除了常设的标签，还有母婴、服饰、生活服务、京东金融等其他品类。所以这次的优化也对京东全品类平台的产品和服务进行了全面展示。对品类进行区分，强调品类间的差异性和独特性。例如，家电数码类产品，大家更多关注的是是否正品和质量；而服饰类产品则侧重于风格和款式，并根据地域分布、季节变化和流行趋势做出相应调整。这使得京东商城能够始终及时地满足不同用户群体的个性化需求。

京东商城主页优化在提升消费者体验的同时还兼顾企业品牌宣传。这次主页改版，考虑到 B2C 电商的特性，不光是为 C 端的消费者考虑，同样对京东的供货商和品牌商也做了优化，品牌标识在每层都有专属位置，从而有效增加曝光度，同时采用合理的设计排版，C 端用户也能够得到愉悦的体验。

据京东 UED（user experience design，用户体验设计）和研发团队介绍，为了确保主页优化符合用户需求，京东开展了近 2 个月的灰度测试，获取了大量一线用户的反馈。数据显示，新首页的点击率、平均访问深度、页面停留时间等指标全面超出旧版。同时，许多用户在参与灰度测试后表示新首页更有吸引力，感觉更亲切，推荐也更加精准，充分体现了用户体验至上的思路以及对不同需求用户的包容。

二、个性化服务

标准化在餐饮、酒店和旅游等服务业中运用较广。所谓标准化服务，是为了达到服务质量目标，对服务标准的制定和实施，通过规范化和程序化，让不同用户获得同样标准的优质服务。服务的标准化能使企业较大程度地降低采购、人力、服务等管理成本，尤其运用在连锁、加盟企业中，有助于成就企业品牌。但现在已进入个性化时代，市场日益多变，用户选择更加广泛，单一的标准化服务无法满足用户持续变化的消费习惯和需求，固守传统的服务模式将造成用户不断流失。

个性化服务体现了企业以人为本的经营理念，是现代企业提高核心竞争力的重要途径。当然，如果个性化服务只是建立在压缩管理成本的基础上丰富其服务类型，这无异于原地踏步。企业要实现真正的个性化服务，必须依托庞大的数据支持和有效的管理。身处大数据时代，企业有更多的机会去了解用户，并快速把握用户的个性化需求和心理预期。大数据让昔日的个性化服务有了更好的延伸和更大的价值。

大数据资源为企业管理用户提供了能全方位刻画用户特征的数据条件，也就是说，企业可以依靠用户数据来创建用户画像。用户数据包含的信息很多，用户画像主要依赖于用户的动态信息，动态信息就是用户的行为信息。对企业来说，用户画像的目的是通过分析用户行为，了解用户的特征、习惯和需求，增强与用户的有效沟通，帮助企业为目标用户提供个性化服务，从而提升用户体验。

（一）打造个性化视频内容

个性化服务可以作用于各行各业，但最能体现数据价值的还是与数字网络相关的产业及产品，比如视频行业。目前，中国互联网视频用户规模已超过 5 亿，网络视频消费成为主流，而多元化、原创性、个性化的视频内容则是视频行业的核心竞争力。基于大数据，视频网站可以实现个性化的推荐和优质内容的创作。

1. 了解用户催生个性化推荐

让用户在海量视频中轻松选择，是国内外视频网站共同面临的难题。爱奇艺是国内视频网站中用户个性化推荐业务起步较早的一家企业，2011 年，爱奇艺根据用户的浏览记录、互动评论和分享历史等行为数据建立了“用户行为脉络图谱”，并推出网站智能推荐引擎。经过不断优化升级，全新的爱奇艺 PC 客户端于 2013 年上线。它运用数据分析在视频行业率先实现了“千人千面”的首页个性化内容推荐，能做到使每位用户在不同地区、不同时间获得的推荐内容都不相同，并且都是用户感兴趣的。爱奇艺系统根据用户的在线观看行为，比如选择的视频类型、观看视频的时长等细节来分析用户的兴趣点，更精准地为用户推荐视频内容。数据显示，爱奇艺为用户推荐内容的准确率已接近 40%，由推荐创造的播放量占总流量的一半以上。凭借来自“爱优腾”（爱奇艺、优酷视频、腾讯视频）的平台数据优势，“千人千面”的首页个性化已运用到用户覆盖面更广的爱奇艺其他平台和终端（图 7. 19）。

图 7. 19　爱奇艺官网个性化推荐截图

爱奇艺之所以要对用户数据进行精细化分析，是因为需要为用户提供个性化视频。爱奇艺每天都会产生大量数据，大部分来自视频的流量和用户的日志，可以根据用户的在线行为轨迹和评论来了解用户对内容的喜恶情况；另一部分可以通过网络搜索行为来收集用户信息，比如百度产品线的基本数据信息，这些数据给了爱奇艺分析用户行为、了解用户习惯的大数据基础。爱奇艺会通过大数据提供地域、人群、行为方面的精准定型。在内容推送上，用户在不同终端、不同时段、不同地点需求的视频内容都不同，只有全面了解用户行为，才能做到投其所好。

抖音的视频推荐机制

字节跳动旗下的抖音从2016年正式上线，历经4年积累，抖音的日活跃用户已突破6亿。抖音业绩能够快速增长，主要得益于企业基于用户和内容的个性化推荐算法（图7.20）。

图7.20　抖音官网个性化推荐截图

抖音的信息匹配主要依据三个要素：用户、内容与兴趣。“用户”是指抖音会根据用户的年龄、性别、历史浏览等多个维度为其画像；“内容”是指抖音会通过技术层面对内容进行分类；“兴趣”是指后台会根据用户的完播率、复播率、转发率、收藏率去测量用户的感受。所以在你使用抖音的全过程，抖音都会通过用户的行为，判断用户对哪些内容感兴趣，并推送给他们类似的视频。

抖音的视频信息流包含四个功能：关注、转发、评论和点赞。这几项功能不是盲目开发和设置的，而是能够借助用户的操作记录判断用户是否喜欢推送的内容，在转发、评论、点赞和完播这几个指标中，用户参与成本从高到低依次是转发、评论、点赞和完播（图7.21）。

所以，一段新视频的发布并不会大量推送测试，抖音会智能分发到一小部分用户，这部分用户以粉丝和附近的人为主，然后根据上面说的几个指标，看用户反馈情况如何——如果用户喜欢的比例大，就会进入第二轮推荐。平台能够判断用户对推荐的内容是否感兴趣，以此决定该视频是否可以被叠加推荐；如果视频的权重有所增加，推荐量就会逐渐增加，所以用户看到的上百万的点赞视频，都是这样一点点火爆起来的。但是一个视频不会持续火，热度一般持续一周左右，因为平台需要持续保持新鲜度，但如果平台在内容比对的过程中，发现有大量用户在模仿跟拍，视频的热度持续时间就会相应拉长。

图 7.21　抖音手机端截图

所以，抖音的推荐算法是有针对性地在内容上不断优化，引导用户做出反应；当用户做出喜欢这个视频的动作时，抖音就会更好地与用户交互，从而获得更高的推荐量和关注度。

2. 基于大数据的个性化定制

基于大数据的个性化定制是大势所趋。通过数据挖掘、分析，打造个性化视频，不仅有助于视频网站等内容平台提升用户体验，增强用户黏性，还能创新制作模式，强化内容导向，做到以用户需求来决定生产内容，从而实现大众创造 C2B。

美国电视剧《纸牌屋》，就是基于数据分析“定制”电视剧的成功案例。这部剧从剧本、导演到演员的选择都取决于它的出品方兼播放平台 Netflix 数千万观众的喜好。Netflix 拥有近 3 000 万视频流客户，是美国规模最大的商业视频流供应商。庞大的客户群为它带来巨量数据信息，Netflix 开始推出基于实时用户分析的原创节目。Netflix 用大数据捧火了《纸牌屋》，最新的原创剧《牧场趣事》也同样获取了众多忠诚的观众。不断尝试新鲜创意给用户带来了持续“刺激”，赢得了客户对此类剧的热爱（图 7.22）。

图 7.22　纸牌屋宣传海报

基于对用户观看行为及视频需求的把控，将大数据分析应用到影视作品的市场决策、用户定位、营销推广上也能取得实效。聚集了 40 多家视频网站资源的百度视频，是中国目前最大的视频搜索和内容分发平台。百度视频借助其优势每年都会发布《影视大数据报告》，以全方位解读和精准分析，为影视网站、内容制作团队提供专业、权威的决策依据。在制作阶段，可以选择有正向影响力的导演和演员、与经济社会发展和时代背景产生共鸣的故事题材，为目标受众量身打造影视作品。以电影《长津湖》为例，总观影人次超过 1.2 亿，票房收入超过 56 亿元，正式超过 2017 年上映的电影《战狼 2》而成为中国影史票房冠军。

3. 抢占短视频风口

从视频网站到直播、短视频等新生代平台，不仅是海量用户长期积淀，更是年轻人娱乐形式与消费倾向的变迁。在 2017 年崛起的短视频，迅速抢占流量市场，并呈持续增长趋势。以抖音为例，其 2016 年上线，2020 年日活跃用户便突破 6 亿，日均视频搜索次数突破 4 亿。

企鹅智酷是腾讯科技旗下互联网产业趋势研究、案例与数据分析的专业机构，拥有“智酷调查”“智酷分析”和“智酷档案”三档原创子栏目，以及中国科技商业领域的智慧汇聚平台“企鹅智酷开放平台”。企鹅智酷依托腾讯海量用户基础和大数据优势，不断优化分析模型，紧扣经济社会热点和商业发展趋势，提供具备大数据支撑和专业洞察力的行业研究报告（图 7.23）。

图 7.23　企鹅智酷官网截图

2018 年，企鹅智酷发布了一份《抖音 & 快手用户特征分析报告》。该报告从行业介绍、消费者分析、创作者分析、用户流动情况与重度用户特征等进行了系统性分析。加之 2019 年底突如其来的新冠肺炎疫情，短视频直播电商成为市场发展的风口，社交短视频市场的初步格局已经形成，抖音的增速远超行业竞品，未来抖音可能还会进一步拉开与其他竞品的差距。抖音和快手在用户黏性方面表现出色且趋同，但是抖音用户的消费广泛度和时间都要高于和长于快手的用户。抖音获取了更多非快手新用户或者离开快手的用户，并且抖音的女性、年轻、高收入、高学历和一线及二线城市用户的占比均高于快手，但是两者的增量市场依然在非一、二线城市。

企鹅智酷报告指出：在消费者方面，快手用户有趣、接地气，抖音用户潮酷、年轻，两家企业的消费者都喜欢关注有意思的普通人和才艺达人，在没有大规模引流明星的背景下，两者都实现了用户消费黏性的构建，这种相对去中心化的社区对于短视频创作者是利好。在创作者方面，快手创作者的变现动机强于抖音，且对于购买相关物品和进群的意愿也要强于抖音，77.8%的抖音用户的创作源于他们看到的有趣视频，而快手这个比例只有 50%左右，这主要是因为抖音的运营方式更加多元。

新冠肺炎疫情期间，短视频直播成为业绩不降反升的行业之一。2020 年，抖音播放的疫情防控视频达 423 亿次；42 779 家湖北商家在抖音带货 41 亿元，帮助湖北走出疫情困境……短视频经济作为一种现象，为助推产业转型升级、冲破经济下行压力、提振国民信心、助力脱贫攻坚等都发挥了积极的作用。紧跟短视频发展趋势，才能在持续迭代升级的行业竞争中抢占机遇。

（二）个性化推荐成为电商标配

个性化服务在电商平台上的表现形式主要是个性化推荐。亚马逊在这方面的探索成果非常显著。数据显示，亚马逊 35%左右的订单来自个性化推荐系统，这些个性化推荐的转化率超过了 50%。个性化推荐系统已成为亚马逊最重要的产品（图 7.24）。

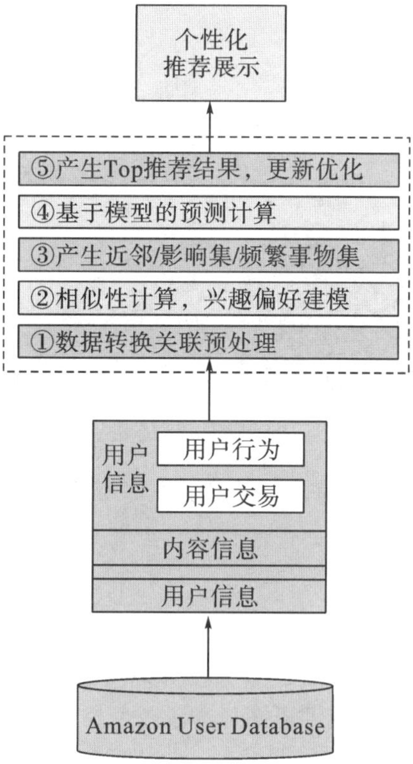

图 7.24　亚马逊个性化推荐流程图

1. 个性化推荐贯穿服务始终

京东商城优化后的首页呈现“千人千面”的状态，因为不同用户在京东商城浏览、点击、收藏、购买的商品都不尽相同，所以在主页的“猜你喜欢”板块中展现的商品就千差万别。每个人打开的京东首页都是具有个人标签的，京东商城会通过对数据模型的分析，对用户做画像。这种客户画像可能是基于购买记录，也可能是基于浏览偏好甚至是地域分布差异。京东新首页的推荐方法称得上智能，例如你刚刚购买的商品类型就不会生硬地出现在推荐清单中，后台系统反而会推荐与已购商品相关的配套周边产品，每种商品的下次推荐频率也会取决于商品的更新周期。例如剃须刀头、剃须泡沫和须后水等易耗品，会在3个月左右再次推荐，而白色家电的推荐周期就会长得多。

“1号店”是国内较早利用大数据分析来开展用户服务的互联网企业。“她是职场妈妈，男宝宝不到1岁，目前买两段奶粉，预计很快买三段；她对进口尿布和男童服装也有需求……”这是“1号店”千万用户中的一幅“画像”。“1号店”根据用户的购物行为，逐渐描摹出用户画像，并以此预测分析用户需求，确定推荐商品及频率，从而实现用户需求与产品的精准匹配。这种数据挖掘和分析的精准性，甚至能对女性的怀孕指数进行预测。当女性计划怀孕后，其生活方式会进行相应调整，开始关注母婴用品、健康食品，她的购物内容相对之前自然会有所变化（图7.25）。

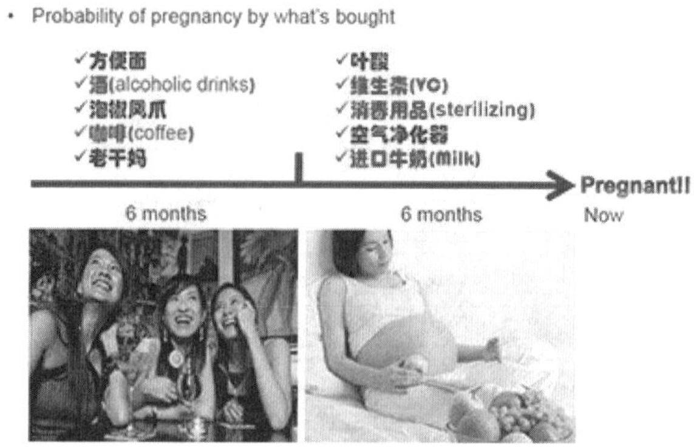

图 7.25　怀孕预测购物列表

京东商城比你更了解你

现代电商基于后台大数据算法，个性化推荐会贯穿整个用户体验始终，这种有针对性的推荐的价值在于挖掘用户的潜在购买需求，提升用户的购物体验。

京东商城的推荐产品是基于规则匹配，整个推荐产品线组合就像一个个松散的原始部落。2013 年，国内大数据时代到来，京东商城的业务也呈现高速增长态势，传统的推荐方式已经跟不上市场的发展，为此技术团队开发了新的推荐系统。新的推荐系统实现了多屏（手机 APP、PC 商城、M 站等）互通，打通多平台之间的接口成为京东商城快速获客的重要方式。其推荐类型也逐步从传统商品扩展到诸如活动、优惠券、文章、好货等。京东商城基于大数据和个性化推荐算法，实现向不同用户展示不同内容的效果。

企业创新的重要途径就是小步快跑、高效响应。技术团队经过半年的努力，2016 年“618”期间，个性化推荐一鸣惊人，特别是“智能卖场”实现了活动会场的个性化分发，不仅大幅降低人工成本，还大幅提升了 GMV，实现了商家和用户的双赢。为更好地赋能多种个性化场景推荐业务，京东商城将“满屏皆智能推荐”作为企业未来重要的发展战略之一。

用户从产生购买意向开始，到最后下单的整个过程，推荐产品都能在一定程度上辅助用户决策。推荐产品的发展历程主要经历了以下三个阶段（图 7.26），由 2012—2013 年的关联推荐到 2014—2015 年的个性化推荐，再到 2016—2017 年的场景智能推荐。从推荐相似产品到多特征、多维度、用户实时行为、结合用户场景进行的全方位智能推荐。

企业要实现个性化精准推荐，就需要不断整合用户在多屏、多平台的信息。多屏整合的技术背后是通过前端埋点，用户行为触发埋点事件，通过点击流系统进行多屏的行为信息收集。这些行为数据通过实时流计算平台分析用户的兴趣偏好，从而根据用户偏好对推荐结果进行重新排序。推荐系统的目标是通过全方位的精准数据弄清用户的购买意图，推荐用户有购买意愿的商品，提升下单转化率，增强用户黏性（图 7.27）。

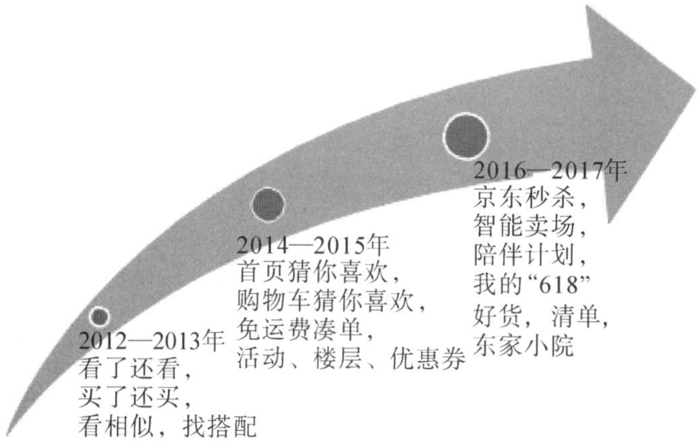

图 7.26 推荐产品发展历程

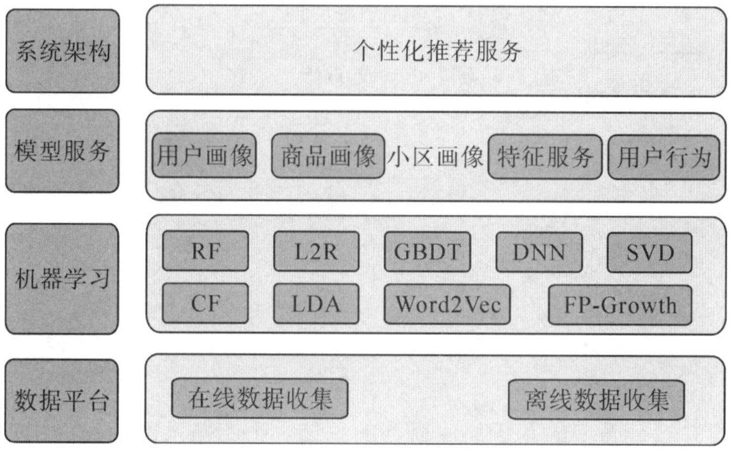

图 7.27 推荐系统的业务架构

个性化推荐架构在发展初期比较简单，每个产品或服务推荐都是独立实现。新版推荐系统是一个集成数据、架构、算法和人机交互等信息技术的整体，其目标是通过数据挖掘、机器学习等技术，将“千人一面”变为“千人千面”，提高用户专属感受和用户体验，提高用户购买决策的质量和效率，提高网站交叉销售能力，缩短用户购物路径，提高 CVR。

京东大数据的核心竞争力在于拥有全价值链和全流程的数据积累。京东数据链记录着每位用户的每一步操作：从登录搜索、浏览选品、停留时间、评论阅读，到最终是否有售后和返修，整个购物行为数据都被记录下来。后台通过分析这些用户行为数据，采集用户的年龄、性别、购物习惯、是否已婚、是否有孩子等数据，根据这些数据构建用户画像。与此同时，实时用户画像可以秒级响应，即刻分析用户购买意图以及实时兴趣偏好。

京东商城的“智能卖场”就是用户画像的典型案例。智能卖场的产品包括发现好货、个性化楼层、“秒杀”活动等。以“秒杀”为例，推荐结果会根据当前用户的画像模型（性别、年龄、促销敏感度、品类偏好、购买力）进行加权，将用户最感兴趣的商品优先排序。

用户画像（图7.28）也是场景推荐的核心基础。根据用户的历史行为制作尽量多的场景标签，按当前用户的画像模型，调整场景标签的排序。如用户选择“包治百病”标签，会按用户画像中的性别、年龄、品类、促销敏感度等画像模型进行推荐商品的重排序。

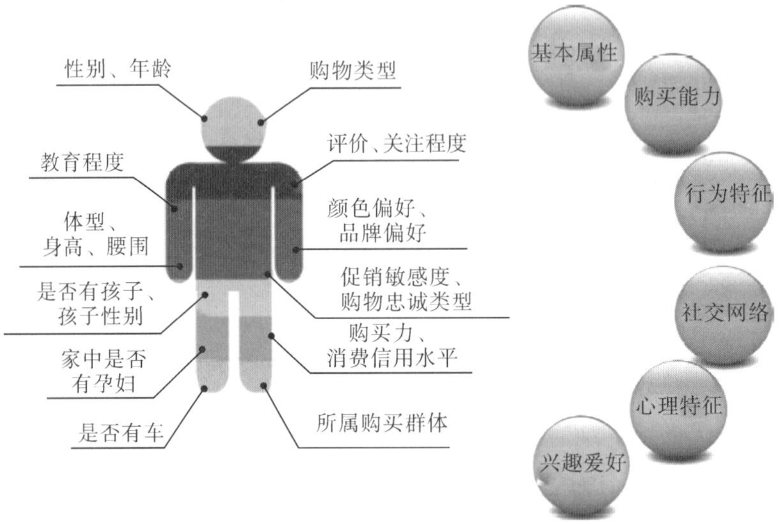

图7.28　用户画像示意图

推荐系统随着信息技术发展和社会生活方式的改变不断升级。其有待提升和完善的地方主要有：算法方面丰富知识图谱、深度学习广泛应用；推荐系统方面支持海量召回、高维特征计算、在线学习，推荐更实时、更精准；产品方面已向“满屏皆智能推荐”方向迈进。

2. 有效的个性化推荐

个性化推荐并不是简单的基于集体行为的总结。把浏览某款商品的用户归类到“可能购买这款商品的人群”中，这只能算处于个性化推荐的初级阶段，真正有效的推荐要综合考虑用户个体特征，满足用户多方面的需求。

根据前面的案例，我们可以总结出电商个性化推荐最基本而有效的方法：

（1）对用户展开多维度的分析。充分收集用户性别、地域、收入状况、婚否、家庭人口、兴趣爱好、消费能力等具有人文属性的标签，建立起多维度的分析模式，再对应所推荐的商品信息，看是否能和用户的标签定位相匹配。这样的分析模式能快速定位用户，大幅提升推荐效果，至少用户收到的推荐信息在某些方面能和自己产生相关性，可能还会有感兴趣或需要的商品。

（2）进一步评估、细分用户群体。根据用户过去是否购买过推荐商品、消费的频率、消费的金额等信息，对用户价值进行量化、评分，由此评估用户对推荐商品的接受程度。依据这些评估可进一步细分用户群体，比如将用户分为忠实用户、风险用户、需提升用户等群体，有针对性地制定推荐策略，预测用户的兴趣点，确定推荐商品细类及频率，以提高用户的反馈率。

（3）更全面地了解用户喜好。可以在所有推荐的商品旁边增设一个“不喜欢”的反馈点击模块，收集用户不喜欢的商品，对个性化推荐来说同样具有重要价值，有助于全面了解用户喜好。

（三）理想的个性化服务

用户的个性化需求得到满足，意味着对产品和服务满意。对企业而言，这将直接缩短设计、生产、运输、销售等周期，提升商业运转效率，这是企业共同追求的目标。企业要为用户提供理想的个性化服务，应该把握两点：一是通过大数据分析全面了解用户个性，二是合理地掌控和设计个性化服务。

了解用户个性，就是为用户提供需要的产品和服务。首先，企业需要在数据库中筛选出最具含金量的数据，大数据的质量决定了企业后续能利用的数据的价值；其次，将数据表现相同的用户归类，了解数据背后的用户需求，有针对性地开展服务。在个性化服务过程中，往往会遇到需求较多的用户，他们代表了自我认知程度较高的社会群体，具备较高的消费能力，相应也有较高的需求标准。对这样的用户群体开展个性化服务，更加考验企业对用户核心数据的挖掘、分析和运用能力，而一般企业很难具备这样的专业能力，通常只能由数据公司来操作完成。那么，企业是否有经济能力聘请专业的数据服务公司？是否愿意开放公司的核心数据？这些都需要权衡。还有一些必须思考的问题，比如通过数据分析归类列出的服务项目过多，是否会造成管理成本增加、服务效率降低？个性化需求的单位可大可小，大到需求相同的用户群体，小到每个用户个体，而过于分散的个性化服务势必会加大企业的服务难度和管理难度，所以需要合理掌控和设计个性化服务。

总之，企业在实现个性化服务的过程中会面临两大难点：一是关键数据的可靠性，二是管理成本的可控性。因为个性化服务的设计，是以关键数据的分析为依据，如果在数据筛选和分析环节出现错误，其导致的后果可想而知；另外，个性化服务附带着各种成本的增加，比如在数据管理上的投入，所以必须同时考虑企业实际的成本投入和收益回报。

◇ 创业问答 ◇

Q：创业初期资金有限，无法建设大数据系统时，如何获得数据资源？

A：大型互联网行业在用户数据积累和数据挖掘分析上优势明显，这对传统企业及中小型互联网企业的经营决策很有价值，但像“1号店”这种有大数据能力并开放大数据的企业毕竟不是多数，中小型企业或者初创企业还可以通过向大数据公司购买服务的方式共享数据资源。

Q：向用户邮箱大量推送EDM邮件，是不是有效的个性化推荐？

A：很多团购公司每天给订户发送各种促销信息，其中一些的确非常优惠且有吸引力，但这些团购网站在EDM的思路上基本还是粗放式的，回到了传统零售门店和邮寄销售模式的阶段。其实在电商环境中，这样的EDM有时候比没有还糟糕，长期用不相关的促销邮件占领订户邮箱，会给那些潜在用户造成负面的体验。而订户动动鼠标，这些精心推送的邮件便直接进入垃圾箱，对企业而言，不仅失去了潜在用户，还有营销费用的亏损。

◇ 关键术语 ◇

用户体验：用户使用产品或体验服务时主观的整体感受，这些感受包括情感、喜好、认知、生理、心理等各个方面。良好的用户体验就是产品或服务和用户预期相吻合，用户感到满意，产生愉悦的心理感受。

用户生命周期：指从用户开始对企业进行了解，到用户与企业的业务关系完全终止且与之相关的事宜完全处理完毕的这段时间。具体到不同的行业，对此有不同的详细定义。用户的生命周期就是企业产品生命周期的演变，反映出用户关系从一个阶段向另一个阶段运动的总体特征。可以形象地理解为，用户对企业而言有类似生命一样的诞生、成长、成熟、衰老、死亡的过程。

功能设计：按照产品定位要求，在对用户进行功能调查的基础上，分析用户需求，对产品应具备的目标、功能、内容系统进行概念构建的创造性活动。

可用性测试：用户体验研究中最常用的一种方法，通过观察代表性用户，完成产品的典型任务，界定出可用性问题并解决这些问题来提升用户体验的舒适度。在产品设计开发和改进完善的过程中，可用性测试已成为必不可少的重要环节。

个性化服务：个性化服务与传统的标准化、规范化服务方式及表现截然不同，是根据用户的设定来实现，充分利用各种资源优势向用户提供和推荐相关信息，主动开展以满足用户个性化需求为目的的全方位服务。

用户画像：作为一种勾画目标用户、了解用户需求与设计方向的有效工具，是实际用户的虚拟代表，使产品的服务对象更加聚焦。“画像”主要依赖于用户的动态信息，也就是用户的行为信息。

电子商务基础指数：主要选取经济基础指数、人口基础指数和电子商务环境基础指数三个指标构建而成，是衡量经济基础、人口基础和基础设施建设对电子商务产业发展的支撑能力的综合性指标。

电子商务规模指数：主要选取电商交易规模指数、网商规模指数、快递规模指数、网商服务指数和农村电商规模指数五个指标构建而成，是衡量电子商务当前的发展现状和规模大小的综合性指标。

电子商务成长指数：主要选取电商交易规模成长指数、网商规模成长指数和农村电商规模成长指数三个指标构建而成，是衡量电商发展潜力和前景的综合性指标。

C2B：customer to business，是互联网经济时代新的商业模式。这一模式改变了原有生产者（企业和机构）和消费者的关系，和我们熟知的供需模式（demand supply model，DSM）刚好相反。C2B 的核心是以消费者为中心，消费者需求决定企业生产，即先有消费者提出个性化需求，后有生产企业按需求进行定制化生产。

GMV：gross merchandise volume，是指成交总额，电商行业常见的一个术语，是衡量平台竞争力（市场占有率）的核心指标。一般电商平台 GMV 的计算公式为：GMV＝销售额+取消订单金额+拒收订单金额+退货订单金额，即 GMV 为已付款订单和未付款订单两者之和。

CVR：是指流量转化率，用户点击广告到成为一个有效激活或者注册甚至付费用户的转化率。CVR的计算公式为：CVR=(转化量/点击量)×100%。

◇ 本章小结 ◇

随着互联网的发展，新的数据类型和更完善的工具、技术以及分析功能，能够根据行为和事实的预测，发现更深入、更相关的用户见解，准确满足用户需求。在此基础之上，用户将获得更为出色、更加个性化的用户体验，企业可以显著提高用户满意度和长期品牌忠诚度。毫无疑问，运用大数据可以提升用户体验，二者密不可分，相辅相成。但这并不意味着在可预见的未来，基于人工智能的机器就能彻底代替人。其关键在于，是否能够在大数据搜集、挖掘、分析、利用的基础上充分提高人介入的效率，降低人服务的成本。目前大数据仍有许多难题待解，企业在认识和运用大数据的时候要充分认识到其局限性，用长弃短，在未来的发展道路上才能走得更远、更稳。

◇ 思考 ◇

1. 选择某个行业领域，尝试归纳其用户体验测量的指标。
2. 列举某类APP在功能设计上对用户数据分析的应用。
3. 结合具体案例，分析企业如何锁定目标用户、开展个性化服务。

第八章
SCRM 中的客户分级管理

学习目标

学习完本章后，你应该能够：

- 理解社会化客户关系管理（social customer relationship managment，SCRM）中的客户分级管理的概念和价值
- 理解客户分级管理的关键因素和陷阱
- 根据案例分析掌握客户分级管理的方法

本章重难点知识视频

开篇案例 | 服装服饰行业的 SCRM 会员营销解决方案

近几年，服装服饰行业受电商的冲击和新冠肺炎疫情的影响，线下实体店客流受到较大影响，行业竞争进一步加剧，企业获客成本也越来越高。如何维系和发展 VIP 客户关系，进一步挖掘 VIP 客户价值，如何打通线上线下渠道，充分利用微信的社交属性，为 VIP 客户提供针对性服务，实现全员营销成为服装服饰行业亟待解决的问题。

当下服饰服装行业面临的主要问题包括：①营销手段单一，获客成本和难度进一步增加；②同业竞争加剧，加之电商业务尚未整合线上线下资源，会员管理松散，缺乏统一的 VIP 权益体系，导致 VIP 客户群体大多依赖导购的个人感情和利益进行维护；③VIP 活跃度不高，流失严重，由于缺乏为 VIP 客户提供针对性和差异化服务，VIP 客户的参与度和复购率受到严重影响。

为了从根本上解决行业出现的问题，北京博阳互动科技发展有限公司（以下简称“北京博阳”）通过构建全新的 SCRM 系统，帮助服装服饰行业制订 VIP 会员营销解决方案。其具体做法主要包括四个方面：

一是通过整合全渠道 VIP 数据，创建企业私域流量（图 8.1）。通过整合企业门店、京东、天猫、企业线上商城等多渠道会员和订单数据，采取总部管理与区域管理相结合的方式。总部统一管理为主，同时分配权限给相应的区域、直营店和电商平台，构建统一的 VIP 会员标签体系，为后续个性化沟通、VIP 会员分析提供接口，同时为品牌客户画像以确定不同细分市场的需求。

图 8.1　北京博阳 SCRM 系统数据模块

二是构建统一的会员权益体系和提升会员体验。建立统一的会员体验，打通京东、淘宝、小程序商城、直营店和加盟店之间的会员管理系统，建立统一的会员权益和晋级制度，融合会员消费、以旧拉新和全员营销的积分获取机制，融合消费抵扣、兑换礼品和生日特权的积分消耗机制。

三是提升企业品牌会员整体运营能力。会员可以直接查看权益、积分与门店，同时提供诸如生日券、现金抵用券、满减券等多种类型卡券，激励会员到店消费，开展微信精准推送，加快转化；根据会员不同的标签，例如区域、积分、购买行为等，将会员进行分组，对不同组群推送不同的图文内容和卡券，吸引到店消费或参与活动。

四是全员全链路营销，降低获客成本。为不同的部门、门店和员工配置专属二维码，实现社交营销，激励全员参与企业品牌推广和商品销售，做到全程数据追踪，业绩随时可考，奖励随时可见。通过创建私域流量，提升流量变现能力，为不同区域提供不同的价格和货品，满足区域经营需要，开展团购、秒杀、满减和预售等活动，后台设置即可上线，融合积分商城，在售商品与积分商城相互促进。

通过构建全新的 SCRM 系统，帮助服装服饰行业制订 VIP 会员营销解决方案，分析不同市场的会员情况，制定符合市场需要的会员政策，结合不同层级会员的特性，识别各细分市场的消费倾向，以提供差异化与个性化服务。

思考：

1. 对于 SCRM 运营，为什么要对客户进行分级管理？
2. 企业做好 SCRM 客户分级管理的关键是什么？

思维导图

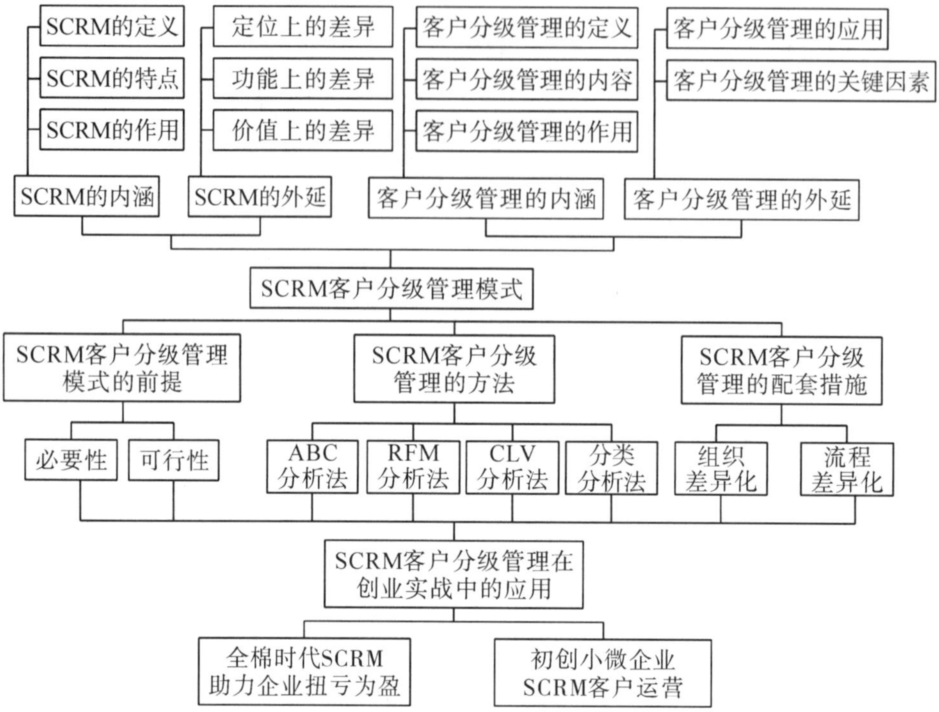

本章提要

结合“企业重点客户筛选”和“大数据用于改善用户体验”章节所学内容，我们已分别从企业和客户的角度学习和了解了筛选重点客户的原因、意义和具体方法以及大数据帮助提升用户体验的种种优势。本章我们将在前面章节的基础上进一步学习 SCRM 中的客户分级管理。由于知识点相对较新颖，所以本章将从 SCRM 和客户分级管理的内涵与外延入手，梳理 SCRM 客户分级管理模式，并根据其前提、方法和配套措施梳理相关理论知识，最后通过两个经典案例分析 SCRM 客户分级管理在创业实战中的应用。

第一节　SCRM 与客户分级管理的内涵与外延

随着社交媒体的快速发展，越来越多的消费者聚集在社交媒体，企业客户管理模式也随之发生了改变。企业需要不断地发出“声音”，引导用户，与消费者沟通互动。传统 CRM 作为一种内部优化工作流程的工具尚可，但要发挥客服、营销乃至公共关系等功能就远远不够了。这就催生了传统 CRM 的社会化趋势，SCRM 应运而生。

一、SCRM 的内涵和外延

（一）SCRM 的内涵

SCRM 全称“社会化客户关系管理”，即 Social CRM。传统 CRM 是一种通过系统和技术手段实现的服务模式和商业策略，目的是提高客户与企业交互时的体验。但是，随着社交媒体的诞生、发展，越来越多的消费者聚集在社交媒体中，客户管理模式发生了翻天覆地的变化；加之大数据时代的来临，企业就需要一个适应这种趋势的分析、管理系统，从形色各异的社交用户中寻找企业的目标群体。

1. SCRM 的定义

首先，SCRM 是一种经营管理战略，它包含了多种不同的工具和技术，是基于顾客的参与和互动，并能够影响顾客的行为模式。SCRM 战略重点是让顾客能够参与，销售只是其附带功能。

其次，SCRM 包含了 CRM 的所有内容，也就是说，SCRM 同样需要用户反馈和沟通的机制，通过一套高效专业的流程管理系统帮助企业管理客户关系和处理用户数据。

最后，SCRM 对于不同企业会有不同的含义。最关键的是要充分了解自己在经营中最大的挑战和最需要解决的问题是什么。SCRM 是一种社会化商务或者说协同商务经营发展的工具，能够从企业的内部和外部两个方向同时产生作用。

总之，SCRM 顺应了当下的共享经济、粉丝经济和循环经济的发展趋势，其中“S”代表着 social（客户——融合社交）、simple（管理——简单有效）、smart（销售——智慧赋能）（图 8.2）。

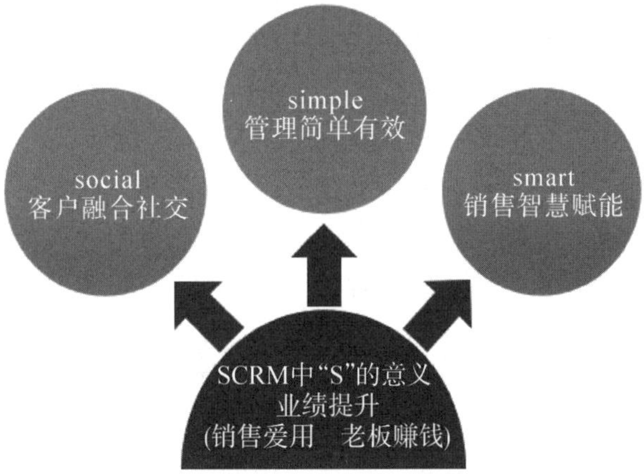

图 8.2　SCRM 中“S”的意义

2. SCRM 的特点

首先，SCRM 的战略重点是经营与参与。它要求企业的经营管理层转变思维和观念，充分认识到互联网时代的消费者不是其管理对象，而是在与消费者的互动过程中强化消费者的品牌认知。因为消费者在互联网时代是真正的主人，他们掌握了从信息获取、产品购买到售后服务几乎所有环节的主动权，所以他们早已厌倦了王婆卖瓜式的叫卖、贴身跟班式的兜售和狂轰滥炸的广告。他们需要更为个性化的产品和服务，寻求更为走心的品牌参与和体验。所以企业应该转变角色，把消费者看成合作伙伴。

其次，SCRM 的系统变革是开放与共享。SCRM 通过采集客户在微信、领英等社交媒体上的分享信息，在企业网站和 APP 上的行为信息，在支付宝、财付通等支付渠道上的交易信息等，结合大数据和云计算建立客户的“数据画像”。企业通过跟踪收集客户在这些渠道上的行为数据，帮助企业深层次了解每一位客户，以此为客户提供更个性化的产品、更定制化的服务，同时利用和激发客户在这些渠道上的影响力扩充更多的客户资源。

最后，SCRM 的核心基础是沟通与互动，SCRM 除了体现企业与消费者之间的互动外，更强调由这种互动及消费者自身的体验（包括消费体验、服务体验、沟通体验等）引发的消费者主动代言（指主动在社交媒体上将相关正面信息传播出去）。在此期间，消费者之间的互动也是一种必然。因此 SCRM 对企业组织和消费者来说都是一种新型的沟通渠道，通过这种沟通渠道强化彼此的关系。

3. SCRM 的作用

首先，SCRM 能够整合触点上的客户数据，积累用户画像。客户体验后给予的评价渠道是多元化的，其中最主要的渠道就包括网络、电话、面对面等，这些触点也渗透不同的客户活跃周期。因此企业的客户关系管理就是针对不同渠道触点的客户数据管理，这种管理之所以有效，是因为它能够打通、整合、管理不同平台的客户数据。SCRM 的管理体系是基于大数据技术的广泛和深入应用，根据特定的算法将不同渠道的客户数据源关联在一起，从而进行数据挖掘分析。这样做的最大好处是可以帮助企业对不同渠道的同一客户进行身份识别。换言之，当某个客户在微信渠道的数据被企业发现并分析后，无论这个客户在哪一个渠道的行为数据，企业都能够准确认出这个客户。这也就意味着企业能够通过各环节对客户进行实时跟踪，形成实际意义上的“销售漏斗”。

其次，SCRM 能够深度挖掘客户数据，进行个性化服务。对于企业来说，能够针对特定客户在网络上体现的社交关系进行准确挖掘，将会有极高的营销价值。SCRM 通过为客户贴标签和细分，可以进一步实现对高价值客户深挖的效果，比如可以针对“兴趣”挖掘其社交软件中的圈子成员，根据其圈子特点进行更准确的客户个性化建模，实现个性化服务甚至一对一沟通。这就是说，对于已经有客户画像的客户，企业还可以挖掘其所属的多种社交网络圈子，包括同事圈、朋友圈、家人圈等，并通过贴标签的方式对不同圈子进行区分，为更进一步的个性化服务以及挖掘潜在客户提供价值。

最后，SCRM 能够实现客户分级管理，引导用户逐层转化。从理论层面来看，企业应该对客户进行阶梯化管理，就好比“开篇案例”中的北京博阳，对客户进行层级管理，以便配置最合适的资源。大多数企业都是以忠诚度为标准将客户划分为潜在客户、一般客户、忠诚客户和重点客户等不同层级，然后再进行逐层转化。SCRM 体系可以帮助企业轻松达到这个目标。基于前期的客户画像、客户识别和数据关联，系统已经根据之前的预设程序对客户进行分级，我们需要做的仅仅是策划相关活动并实施奖励机制，筛选出高价值的客户，将潜在客户向忠诚客户转化。再通过互动和沟通，不断丰富客户的数据标签，此时系统也会同步更新客户忠诚度生命周期，达到不断积累重点的目的。

（二）SCRM 的外延

很多企业认为 SCRM 是在 CRM 基础上产生的。这种认识仅仅看到两者的相同点，即两者的系统功能核心都是客户关系管理，在功能上注重提升企业工作效率、科学地进行销售管理、高效地进行客户关系管理与客户开发，从而实现业绩提升。但两者的主要区别在于：SCRM 打通并整合了不同社交网络，注重这方面功能的延伸与拓展，CRM 则没有实现这一功能。这个看似简单易懂的不同点，却导致了两者在理念和功能上的巨大差异，并衍生出截然不同的应用价值。

1. 定位上的差异

CRM 是企业 ERP 系统中专门针对客户的一个模块。这个理念 1999 年由美国企业家盖特纳率先提出并很快被全世界的企业所接受。正是因为这样的寄居基因，CRM 很难形成一个完全独立的系统，因为它无法与企业庞大的数据库系统割裂开来。事实上，大多数企业的 CRM 也仅仅局限于“客户资料库”的功能，方便企业留存和查询客户信息。SCRM 和 CRM 有着本质的区别，这是因为积极推动 CRM 的是从事营销的企业而非软件企业。可以说，SCRM 更像是企业社会化营销体系的一种延伸，而不是单纯的客户关系管理系统。

2. 功能上的差异

大多数企业的 CRM 系统基本上仅限于表单软件，而负责操作的则是客服人员，其工作内容就是查询电话、拨打电话、接通电话、推销产品等。从这方面看，CRM 的产品功能在今天依旧停留在传统营销时代，数据的获取全靠外部输入，系统本身完全不能主动获客，只能作为电话回访或者短信营销的目标，然而这样的套路在今天毫无用武之地。

SCRM 所构建的是一种基于社交媒体的网状关系，它能够主动影响顾客，把握用户的需求。每一个消费者的社交网络数据都会沉淀在 SCRM 数据库系统中，企业只需按照需求提取、整理便能够分析消费者的个性化需求。基于这样的模式，无论是企业与消费者之间，还是企业合作的关键意见领袖（KOL）和消费者之间都能够实现相互连通的效应。用今天的话来讲，在粉丝经济和共享经济的作用下，客户管理已经从以前企业向消费者的单向传达进化到了双向实时连通。

3. 价值上的差异

由于定位偏低，功能单一，CRM 在过去对于企业的价值也相对有限，大多数时候仅作为一种整理和储存客户信息的工具而存在。同时，CRM 作为销售驱动的左膀右臂——电话回访和短信营销在大数据时代已经没有立足之地，消费者对回访电话的厌恶和短信营销的排斥让这两种方式日渐式微。10 年前信息渠道相对匮乏的时候，这些渠道曾经有着不错的转化率，例如家具连锁商场红星美凯龙，2010 年左右，每年的 9—10 月的电话营销都能带来较高的转化率。但是随着法律对个人信息的保护日益注重，IT 企业对于自身大数据也越来越重视，传统的 CRM 获客难度将会越来越大。

移动互联网的红利期也催生了社交网络的井喷景象，无论是国外的 Facebook，还是国内的微信，都成为各大品牌拓展市场的重要渠道。这个时候，SCRM 的价值体现就突显了出来：它不仅可以让企业的获客效率更高，还可以通过对这些社交数据的挖掘、整理和分析，协调企业与用户的交互关系，最终有效提升用户活跃度和忠诚度，加强双方的关系。

Facebook 的 SCRM 白皮书显示：SCRM 体系中的“营销自动化”给企业带来的价值分数最高。SCRM 的核心价值在于可以解决过去企业无法将“品牌营销”与“营销转化”联系起来的痛点，它不仅是一种新的技术和工具，还是企业在新时代、新模式下营销方式与沟通方式全方位转变的一个标志。

总之，CRM 与 SCRM 的区别在于两者分别代表了传统思维和互联网思维。随着社会化营销成为企业市场战略中不可或缺的存在，SCRM 也将成为企业营销体系的标配之一。

二、客户分级管理的内涵和外延

（一）客户分级管理的内涵

市场竞争日趋激烈，让越来越多的企业在研发、设计、市场、销售、服务等各个环节越来越强调用户思维，即企业经营管理的全过程都要了解客户需求、满足客户需求。就好比现在的高校教学改革，用人单位要参与教学管理的全过程，尤其是人才培养方案的制订，站在用户的角度，只有这样，才能培养出社会真正需要的人才。但是，客户这么多，需求也千差万别，到底应该以哪个客户为中心？我们将从理论层面剖析客户分级管理的定义、内容和作用。

1. 客户分级管理的定义

“以客户为中心”并不代表以所有的客户为中心。企业的资源总是有限的，考虑到投入产出比，就必须把资源投入到最能产生价值的客户身上。所以，客户应该是分层次的：具有最大价值的客户置于最核心的位置，对他们需求的了解和满足也应该摆在最首要的位置；具有次要价值的客户则置于次核心的位置，对他们需求的了解和满足也处于次要的位置。

换言之，客户分级管理是根据客户对企业的贡献率等指标进行多角度衡量与分级，最终按一定的比例进行加权，然后依据客户带来利润的多少和创造价值的大小对客户进行分级，最后依据客户级别的高低设计不同的客户服务和关怀项目。根据分类标准对企业客户信息进行分类处理后，在同类顾客中根据销售信息进行统计分析，发现共同特点，开展交叉销售，做到在顾客下单前就能了解顾客需要，有针对性地进行商品推荐。

2. 客户分级管理的内容

针对关键客户管理的目标是提高关键客户的忠诚度，并且在基础关系上进一步提升关键客户给企业带来的价值。不是对所有客户都平等对待，而是区别对待不同贡献的客户，将重点放在为企业提供利润的关键客户上，为他们提供上乘的服务，给他们特殊的礼遇和关照，努力提高他们的满意度，从而维系他们对企业的忠诚，积极提升各级客户在客户金字塔中的级别，放弃劣质客户，从而使企业资源与客户价值得到有效的平衡。

对于普通客户的管理，主要强调提升级别和控制成本两个方面：针对有升级潜力的普通客户，努力培养其成为关键客户；针对没有升级潜力的普通客户，减少服务，降低成本。对于小客户的管理，也要进行区分：针对有升级潜力的小客户，努力培养其成为普通客户甚至关键客户；针对没有升级潜力的小客户，可提高服务价格、降低服务成本；坚决淘汰劣质客户。关键客户由重要客户和次要客户构成。关键客户的管理在企业管理中处于重要的地位，关键客户管理的成功与否，对整个企业经营业绩具有决定性作用。

3. 客户分级管理的作用

首先，客户分级管理可以提升企业客户服务水平。这也是众多企业实施客户管理的主要目标之一。为此，需要系统整合并记录各部门所接触的客户资料，然后将这些资料进行统一管理。通过客户分级挖掘不同层级客户的差异化需求，从而提供有针对性的服务。

其次，客户分级管理可以增强企业营销管理能力。客户管理系统可以帮助制订可行性更高的市场营销计划，对各种营销渠道触点上的客户进行记录、分类和辨识，尤其是加强企业对关键客户的管理和潜在价值客户的挖掘，同时评价企业的各项营销活动效果。但问题的关键在于企业能够将内部业务流程与 CRM 系统进行整合。我们发现，当前很多企业的客户管理仅仅在各独立的部门内部运营，缺乏统筹协调和整合链接，并没有实现与企业内部应用系统的整合，所以，在很大程度上影响了客户管理系统的发展。为了使业务流程能够有效重组，就必须实现职能管理重塑和业务流程再造。

再次，客户分级管理可以提高企业销售收入。客户分级管理的最大优势是能够充分挖掘不同层级客户的价值：对次重要客户和普通客户，企业可以通过管理和服务引导企业向上一层级提升，在享受更优质服务的同时创造更多的销售收入；对最重要的客户，企业通过最优质的服务和其他方式突显企业地位，让他们创造更多的销售收入。

最后，客户分级管理能够得到决策者的重视。在公司的任何一项重要变革中，高层领导的支持都是必不可少的。高层领导的重视可以为项目提供必需的时间、人力、财力和物力。同时，在项目实施过程中出现问题时，能够协调各部门解决。因为客户管理系统的实施涉及公司内部深层次的业务流程再造，所以高层领导的支持更加有利于促进不同业务流程、部门之间的协调与合作。

（二）客户分级管理的外延

在掌握客户分级管理的定义、内容和作用的基础上，我们需要进一步了解客户分级管理的应用及其关键因素，这样更有利于我们明确客户分级管理的必要性和重要性。

1. 客户分级管理的应用

客户分级管理在企业经营管理中的应用场景非常多，例如“去哪儿”对企业客户的分级管理，根据用户在“去哪儿”网创造的价值，在加权后得到用户的成长值，平台通过量化后的成长值将客户分为大众、白银、黄金、铂金和钻石会员，成长值越高，等级也就越高，可享受的会员权益也就越多，而成长值是根据客户在“去哪儿”的个人账户的订单消费、任务完成情况及信誉记录来综合计算得出的相应分值（图 8.3）。

图 8.3 “去哪儿”用户等级与对应的成长值

“去哪儿”在进行客户分级管理的同时，明确了会员等级的有效期为365天；有效期内如果成长值未达到升级标准，后台系统将会根据客户的有效成长值，重新计算会员等级。引导和鼓励会员持续在“去哪儿”消费，例如打车、购买火车票和机票、预订酒店和门票等，以此维持自己的会员权益，享受企业提供的个性化专属服务。这就是客户分级管理思想的代表案例之一（表8.1）。

表8.1 “去哪儿”会员分级权益表

类型	会员权益	大众	白银	黄金	铂金	钻石
等级特权	机场贵宾厅					√
	快速安检					√
	延误补偿					
	“借去花”免息				√	√
	分期免息				√	√
	积分加速			√	√	√
	酒店优享价		√	√	√	√
	免费早餐			√	√	√
	房型升级			√	√	√
	酒店免费取消		√	√	√	√
	延迟退房		√	√	√	√
	积分兑代金券	√	√	√	√	√
福利特权	双人体检套餐			√	√	√
	机票新客专享	√	√	√	√	√
	“拿去花”8.8折	√	√	√	√	√
	白领定制体检	√	√	√	√	√
	全球购骑士卡	√	√	√	√	√

客户分级管理的做法虽然很多，可是真正充分理解和发挥了客户分级管理作用的企业却不是很多，企业要做好客户分级管理，就需要考虑以下这些问题：面向已有客户和潜在客户的分级问题，如何进行分级，分级之后怎么办，客户分级与服务内容、销售政策的制定等。这样才能将客户分级管理思想通过企业经营管理过程转化为具体执行措施。

2. 客户分级管理的关键因素

客户分级管理的关键因素之一是企业的管理能力不足以支撑客户数量，服务水平也难以达到标准。所谓管理能力是指企业管理者能够进行有效营销管理的客户数量的最大值，因为企业为所有客户提供服务的水平是有限的，超过上限的客户就需要通过分级管理分配给企业内部不同层级的人员提供分级服务，同时企业开发和维护不同层级客户的成本也会有差异。有些客户只需要一般的工作人员对接，有些客户需要客户经理对接，但是有些客户则需要营销总监甚至总经理主导销售或提供服务。

这里应该注意的是，营销活动的复杂性与营销管理者的管理幅度应该呈反比的关系。

一般地，就单笔交易而言，对企业客户的营销活动比对消费者客户的营销活动复杂，针对工业品服务的营销活动比针对消费品服务的复杂，耐用消费品的营销活动比快速消费品的复杂，批发客户的营销活动比零售客户的营销活动复杂。因此，小区便利店可以同时为小区内几百家业主提供零售服务，而无须考虑客户分级。而如果你面对的是企业端的客户，甚至客户数量在几十家，就应该考虑对客户进行分级管理了；超过 100 家的时候，客户分级可能就成为一项非常有价值的工作。

客户分级管理的关键因素之二是同一客户可能带来两次或两次以上的销售或服务。如果一个客户的销售或服务机会只有一次，即双方属于一次性购销关系，那么客户分级就转变为销售机会分级或服务机会分级，客户的价值也等同于销售机会的价值或服务的价值。只有客户带来两次或两次以上的销售或服务时，客户价值才会不同于单个销售和服务机会的价值，才需要对客户进行专门分级。

客户分级管理的关键因素之三是不同客户间的价值差异明显。客户分级的主要目的在于找出价值最大的客户，客户价值的层级差异明显程度与客户分级的意义呈正相关关系。例如一个小区的便利店，小区居民虽然多，但都是零星小额采购，并不会出现经常大额采购的客户，也不会有哪一户居民的采购能够占到便利店零售额的 5%以上，因此对小区居民客户的分级管理可能就是不必要和无意义的。相反，一个沙发制造企业，其面料供应商可能有许多家，但畅销款沙发的面料则可能主要来源于某几家主要供应商，因此沙发制造企业对客户的分级管理就显得非常必要。

第二节　SCRM 客户分级管理模式

最近十年来，社交文化的发展对营销方式的影响颇为突出。用户的交流工具、社交习惯、逻辑思维随着社交文化的变迁而改变。品牌与用户之间的交流方式、交流工具、交流内容必然也要与时俱进，才能使营销活动更容易被用户接受并信赖。然而，营销的接受和信赖程度主要源于 SCRM 客户分级管理模式不断迭代，它主要体现在社会化的顾客、社会化的渠道、社会化的数据和社会化的运营。本节将从 SCRM 客户分级管理模式的前提、方法和配套措施三个方面详细阐述。

一、SCRM 客户分级管理模式的前提

（一）SCRM 客户分级管理模式的必要性

由于企业对移动办公的需求，基于云端存储的多终端交互访问成为企业软件系统发展的一种必然，所以，SCRM 客户分级管理不可避免地需要跟当下最流行的社交平台、电商平台、支付平台等集成，通过这种集成进行快速更迭。因为，SCRM 的应用场景丰富多样，涵盖新品发布、产品销售、客户服务、问卷调查甚至人事招聘等企业运营管理的方方面面。由于每个企业的需求差异很大，所以 SCRM 客户分级管理系统必须能够支持个性化定制以及与企业其他系统的链接集成。

因为系统对客户开放，一个企业会邀请少则几万多则几百万甚至千万的消费者参与进来，加之企业多会在系统上实施一些时效性极强的营销活动，引入巨大的瞬时流量，所以SCRM客户分级管理对系统稳定性、快速性、扩展性要求极高，对系统运营能力的要求更非一般。

在乳制品行业中迅速成长起来的“认养一头牛”虽然是新兴品牌，但企业依托于营销模式创新的后发优势迎头赶上。该企业成立于2015年，截至2021年已经拥有2 000多万用户，其中资深会员占比超过25%。天猫发布的《2021年天猫“618”乳饮冰总战报》披露：“认养一头牛”的品牌整体成交同比增速超600%，旗舰店成交登顶行业TOP1，其中奶卡预售成交400万盒，成为当今乳制品行业的“后浪”（图8.4）。

图8.4 “认养一头牛”产品

大数据能力是SCRM客户分级管理的基础，它需要采集和分析每位客户方方面面的数据。随着企业跟客户、客户跟客户之间的不断互动，数据量甚至会指数级别地增长。数据分析方法也会随着需求的发展不断丰富和进化。这要求该系统具备强大的数据存储和运算能力，并且能够按需兼容和扩展。

（二）SCRM客户分级管理模式的可行性

数据即趋势。2020年，中国移动互联网用户超过13亿人，其中移动社交用户就突破9亿人，占全球网民的21%以上。这两组数据说明社交平台是国内互联网领域发展的主流，社交平台也逐步成为企业开展客户分级管理的主战场，因为以社交平台为接口链接的电商平台、搜索引擎、网页点击等都会产生流量，而流量已经成为企业营销入口的关键环节。

用户即流量。在社交媒体中，用户是流量的本身，也是创造流量的主力军。流量的迁移本质上就是客户时间的迁移。这个新型的购买流程使得社交流量成为品牌营销和客户分级管理的重要组成部分和参考依据。

消费流程改变。以前消费者购买商品的过程一般是“引起注意力→产生兴趣→有需求→购买”。当社交媒体出现后，在对一个商品感兴趣之前，消费者会通过多种渠道和平台了解商品基本信息、用户评价、售后服务内容和渠道价格等，最后才决定是否购买、在哪里购买。消费者已经成为专家型买手，一旦消费者在使用产品的过程中有任何好感或者负面评价，基本上都会通过社交平台进行分享和传播，这些分享内容会影响其他潜在消费者的购买行为。这个时候用户就是一个移动的广告牌，很多口碑会在这个过程形成。

信息流通方式。网络改变信息流通方式的同时也改变了用户接收信息的方式。SCRM 客户分级管理可以通过 PC 端 Web 页面、移动端 H5 页面、公众号、APP 等，整合 QQ 群、电话、微信、短信等社交渠道，将多个平台的访客轨迹、标签、需求等客户信息统一归入客户数据库，形成营销、服务及协作的闭环，并以此帮助品牌与客户建立全方位的连接，实现客户分级管理。

用户标签。给用户贴上标签，就意味着初步的市场细分完成。标签越多，越应细分。品牌也可以根据标签为用户提供符合个性化特征和特定需求的商品或服务。由 SCRM 入手，基于社交大数据，消费者画像描绘得越精准详尽，目标用户的颗粒度就越低。在社交经济时代，需要精准识别来访用户特点和需求，优化购买环节和营销策略，实现效果提升。

二、SCRM 客户分级管理的方法

（一）ABC 分析法

ABC 分析法是根据事物在技术、经济方面的主要特征，进行分类排列，从而实现区别对待、区别管理的一种方法。ABC 分析法脱胎于帕累托“二八”法则，所不同的是帕累托“二八”法则强调的是抓住关键，ABC 分析法强调的是分清主次，根据客户的贡献度和创造的价值的大小，将管理对象划分为 A、B、C 三类。

企业面对众多客户，如果不分清主次，其结果就是“眉毛胡子一把抓”，严重影响企业的经营效益和管理效率。如果能区分出关键的少数和一般的多数，就一定可以起到事半功倍的效果。比如在生产运营管理和库存管理中，这一法则的应用就可以在不影响工作效率的前提下帮助企业创造最大化的经济效益。

（二）RFM 分析法

RFM 分析法是衡量客户价值和客户创利能力的重要工具和手段。在众多的客户关系管理分析模型中，RFM 分析法是被经常提及并广泛应用的分析法。它主要用于观察和测量客户的三个维度——近期购买行为（recency）、购买的总体频率（frequency）以及消费金额（monetary），其中 X 轴表示 recency，Y 轴表示 frequency，Z 轴表示 monetary，坐标系的 8 个象限分别表示 8 类用户（图 8.5）。

RFM 分析法非常适用于产品线较丰富的企业，而且这些商品的单价相对不高，例如日化用品、小家电、小食品等；它同样适合只有少数耐久商品的企业，但是该商品中有一部分属于易耗品，如复印机、剃须刀、汽车维修等消耗品；RFM 分析法对于加油站、旅行保险、运输配送、快餐店、KTV、证券公司、便利店等也很适合。

因为 RFM 分析法较为动态和客观地呈现了一个客户的消费行为轮廓，这为个性化的沟通和服务奠定了基础。如果观测时间较长，还能够较为精确地判断该客户的长期价值，结合客户的实际情况和有针对性的营销策略改善这三项指标的状况，从而提高客户创造的价值。

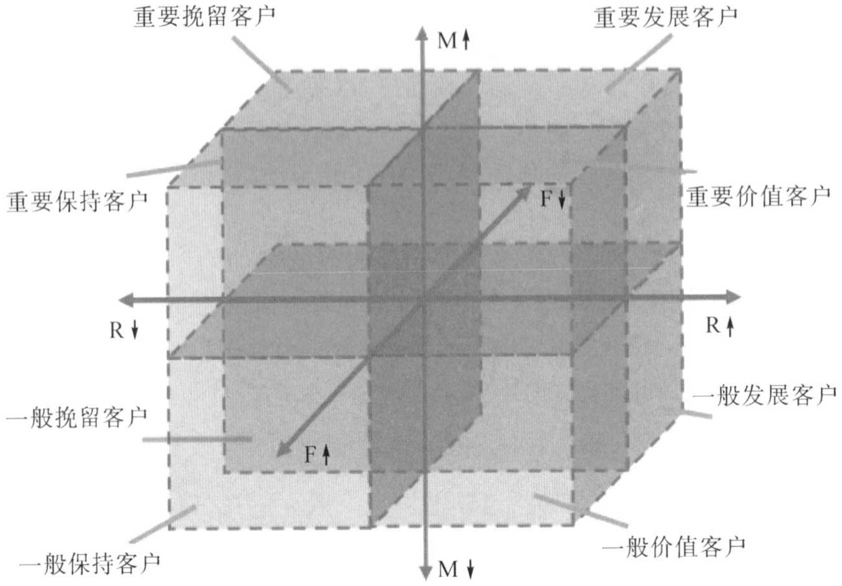

图 8.5 RFM 三维模型

（三）CLV 分析法

CLV 分析法是指对在客户生命周期（customer lifetime value）内客户为企业创造的价值进行分析的方法。它是对客户未来利润的有效预测，因此 CLV 分析法的计算是制定正确客户战略不可或缺的一步。广义的 CLV 指的是企业在与客户保持交易关系的全过程中从该客户处获得的全部利润的现值。

CLV 分析法主要包括两个部分：一是历史利润，即到目前为止客户为企业创造的利润总现值；二是未来利润，即客户在未来可能为企业带来的利润总现值。企业真正关注的是客户未来利润，因此狭义的 CLV 仅仅指客户未来利润。针对当前和未来客户价值划分的模型如图 8.6 所示。

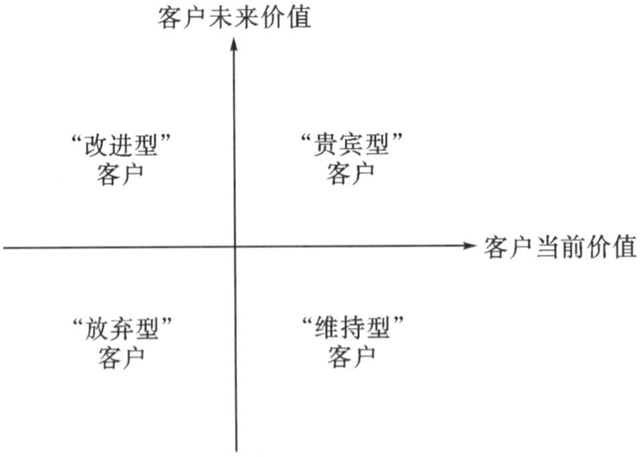

图 8.6 CLV 分析模型

需要注意的是，客户价值细分的两个维度中，客户当前价值和增值潜力的计算都是以客户关系稳定为基本前提的。然而现实中的客户关系是复杂多变的，绝对的稳定并不存在。因此，仅仅依据客户生命周期利润分析客户而不考虑客户关系的稳定性，就不能衡量客户关系的质量，这样会大大增加资源配置的风险。

（四）分类分析法

不同企业的客户分级可能有两种情况，所以我们将客户分为两类：已有客户和潜在客户。这种方法源自企业分级的目的不同、实施分级的部门不同。

为提高客户满意度、忠诚度而进行的分级，主要面向已有客户。某些产品和服务属于一次性建立客户关系，长期进行交易或者提供服务。在这种情况下，企业在经过初创时期大量拓展新客户之后，更多的精力会花费在存量客户身上。为了区别不同存量客户的价值，保证重点客户重点维护，很多企业会考虑建立客户分级（图 8.7）。

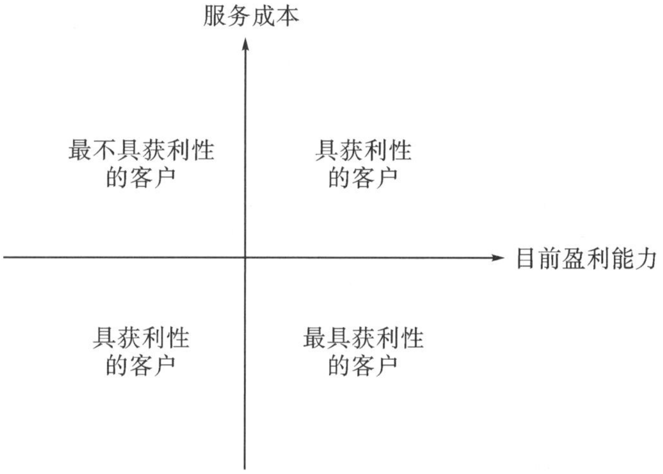

图 8.7　根据当前赢利能力细分客户

企业的服务型部门会率先开展现有客户分级，包括以提供服务为主的企业中的服务提供部门，如婚庆公司中由最好的策划师为 VIP 客户提供婚礼策划服务，旅游公司中最优秀的导游为 VIP 客户提供服务；也包括以销售产品为主的企业中的商务部门，如汽车公司中由等级最高的销售经理为大客户提供销售服务。

针对潜在客户，企业就要通过提高销售成交率来保证销售资源利用率的最大化。企业与客户从认知到交易最终完成，时间长，不确定性因素多，资源投入大。为了提高产出比，避免无效投入和低效投入，企业可以通过分析客户的潜在价值对客户进行分级：对重点潜在客户重点攻关，对次要客户一般攻关（图 8.8）。

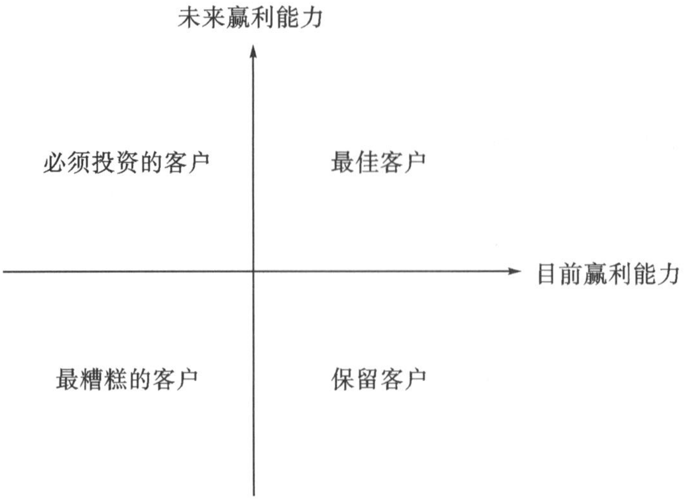

图 8.8　根据未来赢利能力细分客户

三、SCRM 客户分级管理的配套措施

（一）组织差异化

客户经理制：客户经理制是客户分级管理的一种重要形式，不同客户的管理差异在于是否有专职客户经理提供长期、一对一的专业服务，或者在于由不同水平的人员担任不同类别客户的客户经理。例如中国联通对不同级别的客户配备不同级别的客户经理，尤其是金卡及其以上级别客户配备专属经理，提供专属服务；中国太平为不同级别客户配备不同级别的保险经理，根据客户级别制定专属服务，例如专属体检、道路救援、接送机服务等（图 8.9）。

等级说明

级别	客户分级指数a	有效长期险保单件数b
大众级	a<5万	b<11件
黄金级	——	b≥11件
黄金级	5万≤a<10万	——
铂金级	10万≤a<40万	——
钻石级 一档	40万≤a<100万	——
钻石级 二档	100万≤a<300万	——
钻石级 三档	300万≤a	——
蓝钻级	5000万≤累计总保费<1亿元	——
黑钻级	1亿元≤累计总保费	——

图 8.9　中国太平客户分级管理

代理制：某些企业可能同时存在代理销售和直接销售两种销售模式。对于中小客户，他们主要通过代理商进行销售和提供服务；而对于大客户，他们则往往通过自己的销售组织和销售人员直接进行销售和提供服务。

（二）流程差异化

企业可通过差异化的流程为不同级别客户提供差异化的服务，或者针对不同级别客户，采取差异化的销售策略。例如精品酒店，高端客户在入住时，门童会首先将客人引导进房间，管家会到房间为客户办理相关入住手续，客户在离开时也无须亲自办理查房、退押金、结款等退房手续，所有流程都会自动办理并告知客人；但是对于普通客户，服务流程则完全不同。需要说明的是，流程的差异化一般都是通过信息系统来实现，客户所属的级别，可能会因为客户价值的变化而快速发生变化，比如随着交易量越来越大，某位客户可以快速从 C 类上升为 B 类甚至 A 类。客户分级造成的结果更多是产品性能或服务品质的差异化，比如更快的交货期、更优惠的价格、更好的付款环境。

第三节　SCRM 客户分级管理在创业实战中的应用

SCRM 客户分级管理的应用领域非常广泛，包括制造企业、医院、银行等。随着大数据、云计算在各行各业的广泛应用，企业管理者的经营理念也发生了颠覆性的改变：营销的本质不是为产品找用户。SCRM 客户分级管理的背后就是数据的分级管理，数据的核心是人，而数据采集的核心是连接。数据虽然是“冰冷”的，但其背后的人是有感情、有“温度”的，所以 SCRM 的本质就是以人为核心来挖掘、分析和呈现数据的过程。

一、全棉时代 SCRM 助力企业扭亏为盈

（一）案例背景

全棉时代（企业英文名 Purcotton）成立于 2009 年，Purcotton 是 pure 与 cotton 两个单词的组合，企业希望能够用天然棉花生产出健康、亲肤、高品质的生活护理用品。新冠肺炎疫情期间，全棉时代因为向社会捐赠 1 亿多只口罩赢得了社会的广泛赞誉。但企业曾经也遭受过严重的挫折。2010 年，全棉时代快速拓展近百家门店，导致业绩连续 4 年累计亏损近 2 亿元。面对新冠肺炎疫情和经济持续下行的影响，全棉时代借助“电商+私域”突围，启动实施 SCRM 客户管理，会员突破 2 000 万，留存活跃率达 70%，年销售额达 30 亿元（图 8.10）。这背后的原因又是什么呢？

图 8.10　全棉时代（Purcotton）官网截图

（二）案例分析

全棉时代通过全面启动实施 SCRM 客户管理，依靠私域流量扭亏为盈，其主要措施有以下四个方面：

一是开展企业 SCRM 客户管理。全棉时代通过搭建 SCRM 客户关系系统，链接企业微信平台，实现用户数据总部与门店、线上与线下共享，高效地建立与客户的社交关系。通过客户分级管理提升私域流量转化成交率，实现了“引流—分层—营销—转化—风控”的渐进式提升（图 8.11）。

图 8.11　全棉时代（Purcotton）SCRM 客户管理方案

二是多渠道引流获客。全棉时代通过升级官方网站实现导流，打通主页侧栏与微信小程序的接口，通过小程序多样的裂变玩法，不断获取新用户，促成下单；通过微信广告导流，企业在用户朋友圈投放广告，通过活动预热宣传增加曝光量，用户点击后直接跳转的小程序商城转化；通过微信公众号导流，用户关注后通过免费抽奖、二维码等留住客户，引导其添加关注企业微信客户群（图 8.12）；通过企业微信及时链接，企业在微信小程序通过邀请有礼，充分利用积分、优惠券等将客户引流到企业微信，打造私域社群流量，再通过社群运营，高频次、多内容精准反复链接目标用户。

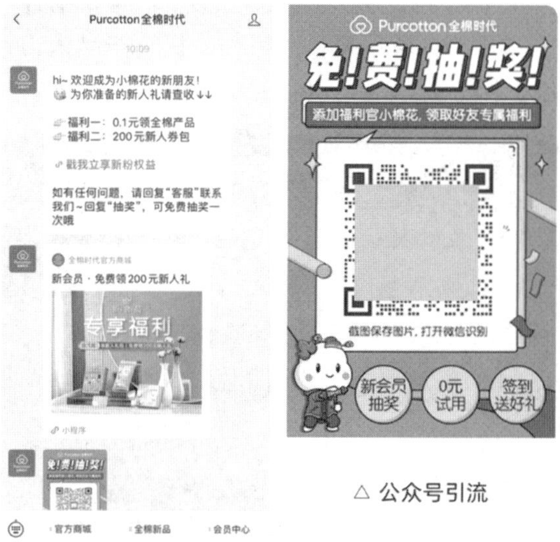

图 8.12　**全棉时代（Purcotton）公众号引流图**

三是构建有趣的 IP 人设。全棉时代在 IP 人设方面同时兼顾了品牌名称和具体形象：从用户体验的角度，做到外在层有温度，让用户感知到“小棉花”是个可爱有趣且真实存在的人物形象，能快速消除距离感、拉近和用户的距离；内在层制造品牌势能，全棉时代全品类产品都围绕着“棉”“小棉花”私域形象的搭建，可以让用户第一时间对企业、品牌和产品有一定的了解，建立沉浸式认知（图 8.13）。

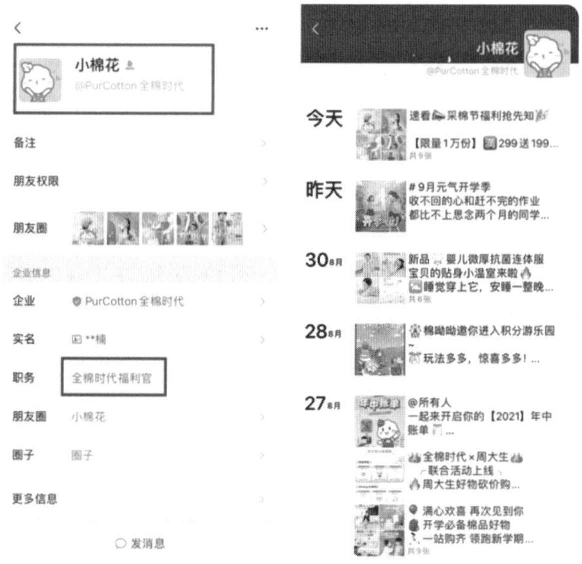

图 8.13　**全棉时代（Purcotton）企业微信名**

四是社群化运营提高转化率。“不定期福利活动+定期秒杀活动”主要针对普通用户，增强用户与社群的黏性；“答题领福利”主要针对会员，参加活动的普通用户直接转化为会员，积分可以直接兑换产品，由此提高社群活跃度；“问卷调查”主要是给企业微信的用户送福利，即通过“产品试用+填写问卷送积分”提高产品入市速度、品牌知名度和亲和力，将“流量”转化为“留量”（图 8.14）。

图 8.14　全棉时代（Purcotton）线下门店

全棉时代 SCRM 客户管理系统的搭建，不仅帮助企业构建了客户分级管理系统，同时在会员权益保障、会员价值管理等方面做出了卓有成效的探索，SCRM 管理系统整合的数据信息拥有易辨识、高信赖的品牌呈现效果，极大的客户承载量，提升了多个流量池的客户管理能力。其价值主要体现在以下四个方面：首先，系统的客户数据支持全渠道标签化管理，实现了客户精准画像，企业可以清楚、准确地了解不同用户的兴趣爱好和消费意向，把握用户行为轨迹，辅助销售和客服制定个性化沟通策略。其次，降低了系统运营成本。系统实现了自动添加用户、发送欢迎语、拉群、群满自动分群、触动关键词自动发送特定话术等，大大降低了运营成本。再次，系统实现了更加丰富的用户交互方式，为企业的“营销想象力”提供了可行性，并且根据用户定位匹配附近门店，借助任务宝、大转盘、红包等进行用户裂变。最后，系统还实现了客户风险管理，系统支持会话存档、敏感词提醒、离职继承等功能，杜绝员工“飞单”行为及客户资源流失。

（三）案例思考

全棉时代通过构建 SCRM 客户管理系统，从客户分级到运营管理，从裂变拉新到客群交互，从线上运营到门店转化，从营销策略到风险管理等方面开展了长期与深入的探索和实践。基于大数据构建 SCRM 客户管理平台，是如何帮助企业走出困境的？挖掘、分析客户行为体现在哪些方面？其具体运营机制是什么？

二、初创小微企业 SCRM 客户运营

（一）案例背景

初创小微企业由于流量获取难度大、成本高，在老客户维护和新客户开发方面难度较大。随着网络自媒体时代的到来和社群营销格局的初步形成，越来越多的消费者聚集在社会化媒体中。传统 CRM 作为一种内部优化工作流程的工具依然存在某些方面的优势，但是要拓展到客服、营销乃至公共关系维护等业务就远远不够了。

SCRM 的核心是客户驱动业务，但 SCRM 绝对不是简单的 Social+CRM（图 8.15）。SCRM 注重客户的分级、分类和分群，制订差异化和个性化的营销方案，注重通过“以人为本”的交互实现更好的客户体验。

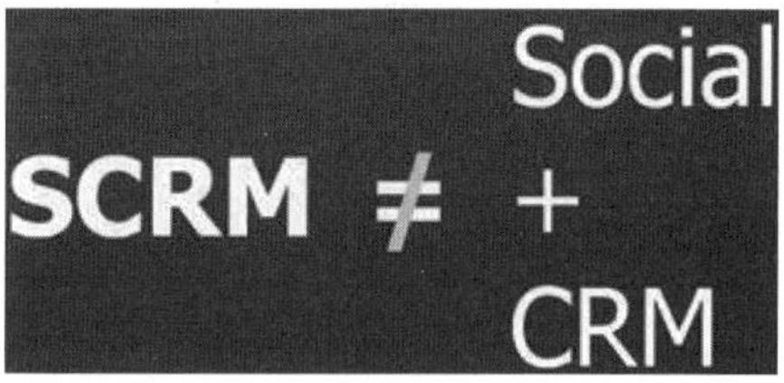

图 8.15　SCRM 关键点

（二）初创小微企业 SCRM 运营模式

渠道获客模式。初创小微企业 SCRM 能够帮助企业整合多渠道的客户数据，这里的渠道不仅有网络、电话、线下等渠道，还包括社交平台、短视频平台、团购平台等渠道，同时贯穿客户全生命周期。所以，SCRM 体系能够链接不同渠道、接触点的客户数据，整合企业的客户数据资产，并提供个性化服务。

分级管理模式。初创小微企业通过 SCRM 对客户进行梯级划分，为客户匹配相应的资源，提供针对性的服务方案，提高企业经营管理效率。通常，企业会按照客户忠诚度、客户交易额、客户存续期等维度进行划分，通过上述客户梯级细分，实现客户的逐级转化提升。所以，SCRM 根据客户公开交易内容和互动记录进行立体画像，智能划分出客户的忠诚度、交易额和存续期等。上述智能化应用，可以帮助企业制定用户标签，快速精准识别重要客户，针对客户需求特性实现精准营销。

系统对接模式。初创小微企业 SCRM 与电商平台的对接能够帮助企业打通微信与电商平台的信息数据渠道，识别统一用户，整合用户行为轨迹、交易数据，实现定向营销，提供个性化服务；与企业 CRM 对接可以把客户行为轨迹、标签客户等数据与品牌系统对接，完善客户信息；与会员系统对接可以帮助企业降低会员流失率，提高会员活跃度和复购率，还能方便向会员发送更加个性化的内容。系统对接模式能够最大程度利用企业现有数据库资源，帮助企业完善客户信息，提供更具个性化和针对性的服务和产品。

用户转化模式。当初创企业与小微企业梳理了客户梯级情况后，就可以开展相应的营销活动并制定相应的奖励机制，实现精准筛选高价值客户，并逐步引导潜在客户注册登录，鼓励会员客户向上提升，不断完善客户数据标签，通过持续互动延长客户生命周期，达到不断沉淀会员客户的目的。

智能营销模式。初创小微企业 SCRM 运营模式可以按照不同的条件，定位不同的客群，进行个性化的产品信息推送、服务信息推送、卡券活动推送等，核心目的是提供个性化、符合会员需要的内容，来延长会员生命周期、提升会员价值，促进增长。

（三）案例思考

初创企业与小微企业 SCRM 运营模式的意义主要包括三个方面：一是实现触点管理，通过整合多触点客户数据积累用户画像；二是实现圈层管理，通过深度挖掘客户数据提供个性化用户服务；三是实现分级管理，通过差异化客户服务引导用户逐层转化。

初创小微企业之所以要实施SCRM，主要是业务所创造的价值全部来源于用户或者会员。在一定程度上，没有用户或者会员，任何业务就不会创造利润和价值。初创小微企业由于资源有限，对于不同的用户或者会员，应采取不同的策略和行动，目的就是增加企业的整体用户或者会员价值，加之企业品牌影响力弱、人才匮乏、市场占有率不够高等方面的因素制约，为现有客户和潜在客户提供更具个性化和有针对性的服务，才有机会创造更大的利润和价值。

◇ 创业问答 ◇

Q：初创企业怎么做好SCRM?

A：有效的客户关系管理，不仅是为了搜集客户数据，更是为了维护客户关系。SCRM就是帮助企业在与客户建立有效连接的基础上进一步实现洞察客户需求、与客户一对一沟通、挖掘客户社交网络等效果，从而逐步影响并引导客户的行为，最终实现获取更多客户、留住老客户并逐步提高客户忠诚度的效果。

Q：SCRM的核心本质是什么？

A：SCRM的核心是站在客户的角度思考每件事情和每个问题，或者进一步说是由客户来驱动每件事情的处理和每个问题的解决。其本质包括五个方面：一是让客户驱动，即站在客户角度；二是客户细分，基于客户的分级分类分群，实施差异化和个性化；三是聆听和学习，在社交网络，进一步意味着聆听、学习、参与、互动；四是客户体验，通过个性化、人性化的交互传递给客户更好的体验；五是对企业的衡量评估标准进行变革，那些销量、市场份额、品牌知晓度等要让位于客户社会资本，包括客户信任、客户关系强度、客户活跃度、客户平均贡献等。

◇ 关键术语 ◇

销售漏斗：把每一阶段销售机会的数量用一个横条图表示，每个阶段的数量不一样，横条也就有长有短，最后，把所有的图按照阶段靠前在上的规则上下排列，整个图形呈漏斗状。其意义在于：通过直观的图形方式，指出公司的客户资源从潜在客户阶段发展到意向客户阶段、谈判阶段和成交阶段的比例关系，或者说是转换率。

粉丝经济：架构在粉丝和被关注者关系之上的经营性创收行为，是一种通过提升用户黏性并以口碑营销形式获取经济效益与社会效益的商业运作模式。

实时竞价：简称RTB（real time bidding），是一种利用第三方技术在数以百万计的网站或移动端针对每一个用户展示行为进行评估以及出价的竞价技术。与大量购买投放频次不同，实时竞价规避了无效的受众到达，针对有意义的用户进行购买。

智能数据管理平台：简称 SDMP（smart data management platform），是大数据时代升级版的数据管理系统。SDMP 把数据与商业相结合，在传统数据管理模式基础上，利用商业模型与智能算法，结合营销应用场景，让传统的数据管理实现商业价值变现。

◇ 本章小结 ◇

本章开篇以 SCRM 和客户分级管理两个关键词的内涵和外延作为切入点，详细阐述了两者的定义、特点和作用，深入分析了 SCRM 与 CRM 的区别，明确了 SCRM 客户分级管理的关键因素；然后站在企业和用户的角度讲解 SCRM 客户分级管理的前提，并简述了 SCRM 客户分级管理的不同方法；最后，通过两个具有代表性的案例分析让同学们形成 SCRM 客户分级管理思想，掌握基本的理论知识和具体的操作方法。

◇ 思考 ◇

1. 请简述 SCRM 相比 CRM 有哪些优势。
2. 请思考客户分级与客户分类的异同点。
3. 请结合具体案例分析客户分级管理存在哪些陷阱。

第九章
发现新市场与新趋势

学习目标

学习完本章后，你应该能够：

- 了解行业发展和大数据分析与预测方法
- 运用科学的方法对新市场与新趋势进行预测和判断
- 运用大数据分析方法对新市场与新趋势进行预测、分析和决策
- 掌握大数据营销 4P 模式

本章重难点知识视频

开篇案例丨极米：发现需求痛点，开拓新兴市场

乔布斯认为：创新不是为了迎合需求，而是通过创造性的破坏，引导新的需求。成都极米科技股份有限公司（简称“极米科技”“极米”）以“家用智能投影”拳头产品为核心，在市场份额被爱普生、明基等国际大品牌所占据的情况下，开辟细分领域新赛道（图 9.1）。

图 9.1　极米科技官网截图

极米科技成立于 2013 年，是一家专注于智能投影和激光电视领域，集设计、研发、制造、销售和服务于一体的高科技公司。公司依靠核心产品和技术终结了外资品牌在中国市场称霸 15 年的局面。极米在 2018 年、2019 年连续两年摘得中国投影机市场出货量第一的桂冠。2019 年 5 月 28 日，《人民日报》发文《中国“极米”让用户享受极致体验——做打动世界的科技产品》，称“极米的创新是颠覆式的，这种创新从用户痛点出发，打造了一个全新形态的产品，改变了一个行业的竞争态势”（表 9.1）。

表 9.1　2020 年中国投影机市场 TOP5 厂商

厂商	出货量/千台	市场份额/%
XGIMI	757	18
JmGo	422	10
Epson	332	8
BenQ	156	4
MI	137	3
其他	2 370	57
合计	4 174	100

数据来源：IDC 中国，2020。

2014 年，极米在创始人钟波的带领下，看到了“大屏升级”和“家庭第二电视”的新场景，通过整合投影、音响和智能系统，推出了“智能化投影”新物种 Z3，将投影仪从传统办公、教育领域引入到个人消费领域。IDC 数据显示，2017 年中国投影设备市场总出货量累计达 332 万台，同比增长 31.7%，极米出货量位列第二；2018 年总出货量累计达 435 万台，极米以 13.2%的市场份额首次超越国际知名品牌成为中国投影市场第一名（图 9.2）。

图 9.2　极米科技智能化投影 Z3

极米成功的另一个重要因素是对年轻消费市场的准确分析和把握。2012 年，市场还在推智能盒子、液晶电视等产品的时候，钟波却把注意力放在了都市年轻消费群体身上。他们大多数是租房子住，要么没有电视，要么是房东淘汰的旧电视，但是这类人群不太愿意买大电视，因为安装、搬家不方便，如果搬了新家，电视尺寸也不一定合适，可是他们对于生活质量的要求也相对较高，对于观影的画质、音质和智能化都有要求。因此，钟波放弃了做传统电视的想法，希望能够创造屏幕自由的产品：大屏化，固定光源技术解决体积、散热和寿命问题，智能系统随时可获取高画质、高音质。极米通过不断的技术创新和用户教育，解决了电视行业一直无法解决的问题，把投影从办公和教育市场释放出来，成为家庭消费的增量市场。

通过 8 年的快速发展，极米从一个行业新进入者，一路披荆斩棘，成为行业领导者。2021 年 3 月 3 日，极米科技在上海证券交易所敲钟，正式登陆科创板，开盘当日，股价达 511.11 元/股，较发行价 133.73 元/股上涨约 282.2%，公司总市值达到 255.56 亿元。今后，极米科技将继续保持行业技术领先地位，不断提升技术实力，探索行业前沿技术，为全球用户不断提供高端科研力与优越用户体验感的智能投影产品。

思考：这是一个创新的时代，初创企业创新通常采用跨界、整合、出圈等方式。极米的成功，主要在于对中国消费场景的敏锐把握和极致产品精神的体现。极米在后续市场开拓、其他产品开发上又是怎么做的？

思维导图

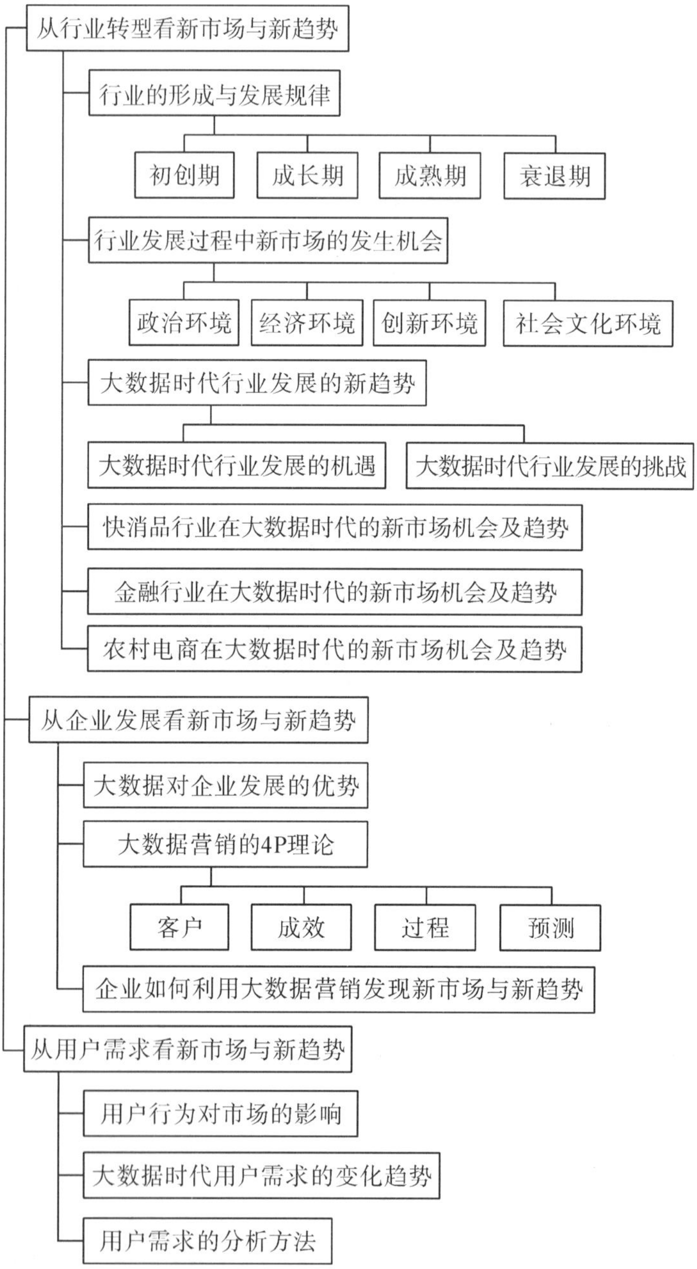

本章提要

前面我们已经学习了大数据时代下的一系列营销管理工具，那么如何在一个已知的行业中发现并把握新的市场及趋势？如何结合大数据的特点让创新和创业更有优势？本章将从行业、企业和用户角度入手，分析如何发现新市场与新趋势。从行业形成规律中发现新市场与新趋势的产生机制，通过案例分析理解这些规律。通过深度分析，掌握创新创业的思维方法和实战技巧。分析不同行业的新市场和新趋势有哪些规律，以期对读者有所引导和启发。

第一节　从行业转型看新市场与新趋势

一、行业的形成与发展规律

根据国家质检总局和标准化管理委员会在 2017 年 6 月 30 日发布并于同年 10 月 1 日实施的《国民经济行业分类》(GB/T 4754-2017) 国家标准，行业是指从事相同性质的经济活动的所有单位的集合。根据这一标准，我国的行业分为 20 个门类和 97 个大类，大类又进一步细分为 473 个中类和 1 381 个小类。详见表 9.2。

表 9.2　国民经济行业分类表

行业门类	大类	中类	小类
A 农、林、牧、渔业	5	24	72
B 采矿业	7	19	39
C 制造业	31	179	609
D 电力、热力、燃气及水生产和供应业	3	9	18
E 建筑业	4	18	44
F 批发和零售业	2	18	128
G 交通运输、仓储和邮政业	8	27	67
H 住宿和餐饮业	2	10	16
I 信息传输、软件和信息技术服务业	3	17	34
J 金融业	4	26	48
K 房地产业	1	5	5
L 租赁和商务服务业	2	12	58
M 科学研究和技术服务业	3	19	48
N 水利、环境和公共设施管理业	4	18	33
O 居民服务、修理和其他服务业	3	16	32

表9.2(续)

行业门类	大类	中类	小类
P 教育	1	6	17
Q 卫生和社会工作	2	6	30
R 文化、体育和娱乐业	5	27	48
S 公共管理、社会保障和社会组织	6	16	34
T 国际组织	1	1	1
合计	97	473	1 381

从表9.2可以看到，大的分类基本稳定，反映了整个社会经济最主要的领域，但很多的细分行业以及这些细分行业的经济活动内容和特征，却在随时发生变化。

一个行业的完整发展过程会经历四个阶段：初创期、成长期、成熟期和衰退期。有些行业可能需要一两百年才会走完这个过程。但有些行业只需要10~20年，也有一些行业可以快速地从初创期或者成长期进入衰退期。行业的发展轨迹取决于它对社会需求的满足程度、行业技术突破和成熟度、标准化的程度以及竞争行业发展的情况等众多因素（图9.3）。

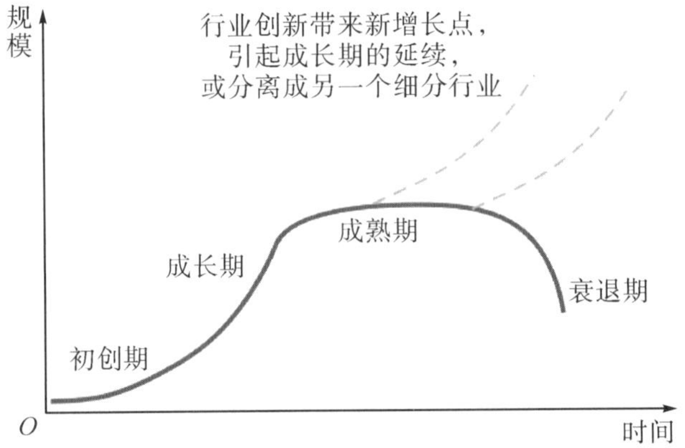

图9.3　行业生命周期图

（一）初创期

通常由于现有行业活动中，客户或者社会的某些需求未能得到充分的满足，或者由于新技术或商业模式的突破，以致客户的需求满足或者相关的经济活动的效率可以通过新的手段来更好地实现和提高，这样就有了新行业产生的空间和存在的必要。在新行业产生的时候，为数不多的企业会参与用户需求的探索、新产品的开发、新服务的推出以及新运营模式的探讨。在这个阶段，参与的公司需要投入大量的精力和费用进行产品开发、市场推广，甚至包括消费者和社会行为的教育和改变，以求快速地证明新行业的价值，也为新行业规则的快速制定打好基础。由于这一系列的产品和服务开发、探索及市场推广工作，这些创业公司很难快速盈利，反而亏损会比较常见，从而增加了这些早期参与企业的破产风险。

鲜炖燕窝开创者：小仙炖

2021年3月30日，鲜炖燕窝品牌小仙炖入选“新华社民族品牌工程·服务产业新锐行动”，这也是新华社从2017年发起“民族品牌工程”以来燕窝品牌首次入选。中国质量万里行促进会会长、国家质检总局原总工程师刘兆彬表示：“作为鲜炖燕窝开创者，小仙炖的增长势头很好地诠释了民族品牌的锐气，非常重视产品的质量，非常重视标准化生产，非常重视消费者的感受。”（图9.4）

图9.4　小仙炖官网截图

随着现代都市健康消费人群日趋年轻化，传统燕窝由于真伪优劣辨识专业度高，家庭炖煮时间长、难度大，加之基于罐头的即食燕窝产品含有添加剂和防腐剂等原因，很难被市场认可。燕窝行业早期，几乎没有技术创新，在采买、挑毛、泡发、炖煮等阶段都严重依赖人工，生产效率低下，严重制约行业规模发展。2016年，小仙炖创始人林小仙、苗树发现在健康新消费导向下，燕窝行业年复合增长率已超30%，但鲜炖燕窝在2015年之前的占比还不到1%，所以鲜炖燕窝市场有较大的增长空间与消费潜力。随后，小仙炖通过创新鲜炖燕窝品类5大核心技术（精选马来西亚、印度尼西亚溯源燕窝，水雾炖煮、保留营养，360度旋转180次模拟手工炖煮口感上佳，配料只含燕窝、冰糖和纯净水，保质期15天，下单鲜炖，每周冷鲜配送），在2020年将鲜炖燕窝市场占比拉升到30%；2017—2020年鲜炖燕窝行业全国销量第一，连续三年成为中国增长最快的燕窝品牌。可以说，小仙炖真正将燕窝滋补带入了鲜炖燕窝时代。

小仙炖选择马来西亚和印度尼西亚燕窝，主要基于全球燕窝产量分布考虑。全球燕窝产量的80%在印度尼西亚，马来西亚、泰国和越南的占比分别仅有10%、5%和2%，其他地区只占3%，小仙炖基于庞大的原材料供应为后续规模化生产奠定了坚实的基础。《天猫即食燕窝发展趋势洞察》的相关数据显示，天猫平台上的燕窝主流消费群体是“85后”和“90后”，他们在人数和消费金额占比上都超过了60%。这种供给端的推动和消费端的拉动效应，把燕窝产业直接带入了快车道。

对于像小仙炖这样的初创企业，品类创新是催生新品牌的重要途径，通过品类创新让产品流行，然后获得基础用户，形成品牌。小仙炖在企业经营发展过程中，也逐步总结出了初创企业的品牌战略（品牌战略=定位×配称），小仙炖的定位就是围绕鲜炖燕窝，通过产品配称、运营配称和传播配称，在产业升级换挡过程中，创造了又一个现象级品牌。

思考：

1. 如何理解小仙炖通过品类创新驱动产业升级，进而拉动经济增长？

2. 初创阶段的小仙炖如何实施运营配称和传播配称？

在新行业初创期，政府的政策支持以及经济补偿，也会对新行业更快地发展起到很好的帮助作用。例如，为支持新能源汽车产业高质量可持续发展，做好新能源汽车推广应用工作，促进新能源汽车消费，倡导绿色出行节能减排，财政部等四部委发布了《关于完善新能源汽车推广应用财政补贴政策的通知》（财建〔2020〕86号），就新能源汽车延长补贴期限，平缓补贴退坡力度和节奏，适当优化技术指标，促进产业做优做强，完善资金清算制度，提高补贴额度等出台了一系列支持政策。新冠肺炎疫情暴发后，国家鼓励并出台相应政策，扶持酒精、口罩和防护服生产加工企业复工满产，扩大生产线。

随着生产技术水平提高、规模扩大、成本降低和需求增加，新行业逐步由高风险低收益的初创期过渡到高风险高收益的成长期。例如直播电商产业，2020年年初，受新冠肺炎疫情影响，餐饮、酒店、娱乐、旅游、交通、零售等行业收入呈断崖式下跌。春节期间，文化旅游行业就损失5 000亿元左右，餐饮行业损失6 000亿元左右，但是直播电商行业凭借其直播信息实时输出、明星网红流量效应、营销链路短、转化率高、用户体验更丰富等独特优势业绩不降反升。2020年，几乎所有的行业都加入了直播电商大军，包括农产品销售、房地产销售、外卖零食销售，从“互联网+”转变为“直播+”的趋势成为2020年的营销主流，尤其是在政府和相关职能部门的支持下，直播电商产业已经通过供应链整合、平台搭建、技术突破和规模扩大，实现从初创期到成长期的转变。

（二）成长期

通过在初创阶段的产品开发和市场宣传，新行业的特色和价值逐渐被认可，新行业和老行业的差异也慢慢凸显出来，消费者和社会的选择行为也逐渐向新行业倾斜。同时，由于新行业在商业模式、产品优势等方面基本成熟和稳定，更多的投资者会加入新行业中来，成为产品开发商或者供应商，促进新行业内的进一步分工，生产效率也得到提高，技术优势更加集中。从而，产品也逐渐走向多元化、个体化和高品质的路线，新行业也繁荣起来。

在成长期，市场增长率通常较高，客户需求增长快速，对原有行业的冲击不断加大，在经济活动中的分量更重，行业内技术逐步定型，技术产品和服务更趋标准化，客户在消费新行业的产品和服务的同时，也会提出更细的要求和更高的期待，从而又会促进新行业的成长。在表面繁荣的后面，新行业内的竞争逐步加剧，进入的门槛不断提高，行业内资本和技术实力不足或者经营管理稍弱的公司，在这一阶段也会被淘汰和兼并。

在这一阶段，虽然产品和市场还在不断地开发和完善，但比初创期已经有了更好的预测性，行业的正常成长率和规模基本可以预测，投资盲目性大大降低，投资成功率也相应有了提高。随着行业规模进一步扩大和优势企业的出现，兼并和垄断进一步加强，新行业逐步进入成熟期。

（三）成熟期

在经过快速成长阶段后，行业的增长速度逐步回落到一个合理的水平，客户对新行业的产品和服务的需求也逐步得到满足，在下一轮新技术革新和另一个新行业的冲击到来之前，这个行业慢慢转入一个稳定发展的阶段。由于市场容量已基本确定，生产浪费和产品成本已经在前一轮的竞争中充分地得到控制，所以在买方市场开始形成后，行业盈利能力下降。这迫使行业关注点集中到公司间的整合、产品质量的保障以及客户满意度的提高这些方面。由于盈利空间的压力，行业基本形成被少数优势企业瓜分的格局，每个企业在市场上有一定比例和相对固定的市场占有率，各自的优势和不足也基本稳定，彼此势均力敌。

在这一阶段，通过局部的技术革新、产品开发和已有的市场推广手段难以战胜对手，需采用商业模式改进和资本市场运用来实现进一步的发展。在行业的成熟期，准入门槛已经相对较高，技术和高端人才被垄断，销售和传播渠道也以各种战略合作协议和同盟的形式被垄断，所以在这个阶段，新企业很难加入也很难有竞争的优势。但这样的局面也避免了在这个行业过度投资和资源浪费，从而使资金和技术开发转移到其他新行业和新市场的开发中。

例如，20 世纪 90 年代的国产休闲服饰品牌，如真维斯、美特斯邦威、森马和以纯，将客群定位于学生等年轻人群，依靠“虚拟经营”模式，将大部分资源投入到经营管理、服装设计和品牌提升等前端业务，邀请当时国内炙手可热的娱乐明星出任品牌代言人，企业经营业绩高速增长。2008 年，拥有 2 200 家门店的美特斯邦威在深交所上市，创始人周成建成为内地服装业首富；2011 年，拥有 7 000 家门店的森马的市值达 448.9 亿元。依靠资本市场，这些服装企业进一步加快了市场扩张的步伐。

（四）衰退期

当客户的需求可以通过更好的方式来满足，或者原来的需求已经发生了改变，或者另一个地区的同一个行业有巨大的价格或质量优势，当地行业内原有的产品和服务逐步被替代，产品的销售量不断下降，行业市场占有率逐渐降低，从而导致行业的规模削减和进一步兼并重组，将利润集中。最终，如果仍然不能得到合理的经济回报，行业就会彻底被另一个行业取代。

中国内地服装行业的拐点出现在 2012 年，实施“国际设计+香港品牌+内地市场+中国制造”组合战略的真维斯的业绩开始出现下滑。随着移动互联网的快速发展，电商的极速增长侵蚀了实体店的份额，加之 GAP、ZARA、JACK&JONES、ONLY 等国外品牌的冲击，国内品牌的全球供应链体系跟不上快时尚的步伐，服装行业开始了大洗牌。

二、行业发展过程中新市场的发生机会

市场机会的出现一般从政治环境、经济环境、创新环境和社会文化环境这四个方面分析。

（一）政治环境

政治环境，从小的方面来说指的是行业政策。宽松的经济政策会刺激更多的投资活

动，投资活动的增加促进技术的创新与应用，也促进行业内生产规模的扩大，从而创造新的市场机会。例如2021年10月，商务部、国家发展改革委、人力资源和社会保障部、国家乡村振兴局等14部门印发的《家政兴农行动计划（2021—2025年）》指出，实现到2025年，家政扶贫成果进一步巩固，家政服务对带动就业、保障民生的作用明显增强，家政服务品牌化、信息化、专业化、规范化水平有效提升，优质家政服务有效供给显著增加。《家政兴农行动计划（2021—2025年）》为家政产业的发展指明了方向，对家政企业的经营管理建立了标准，对家政从业人员的培训、就业等提出了明确要求（图9.5）。

图9.5　商务部官网《家政兴农行动计划（2021—2025年）》截图

行业政策对市场机会也起到了至关重要的作用。行业政策可以是国家对某个领域的立法，也可以是对某些领域的扶持政策。例如2020年11月，四川省商务厅与四川省人力资源和社会保障厅联合印发《四川省电子商务职业技能提升行动实施方案》，明确要求：截至2021年底，全省要面向各级各类电子商务领域技能人才开展职业技能培训不低于1万人次，在跨境电商和采购贸易、直播电商、农村电商等重点领域培训不低于1 000人次，大幅提升从业人员技能水平和就业创业能力。根据文件精神，在四川省商务厅、四川省人力资源和社会保障厅联合指导下，建立符合各方需求、师资力量雄厚、培训效果佳的电商技能人才培训机构库。而相关企业、职业院校、职业培训机构、行业协会等就可以通过该扶持政策积极开展相关人才培训工作，形成四川省电子商务职业技能培训新格局。

（二）经济环境

经济环境，在这里更多是指除了以上政治环境对经济产生的影响外的经济领域本身的因素，例如GDP增速、消费者物价指数、人均可支配收入等。多年来的经验表明：在经济快速扩张期，对基础材料、运输、大型设备、金融等领域的需求会很大，市场机会也会较多，在经济放缓和紧缩期，投资一般会转入保健、医药等传统的保守领域。行业增长率与整体经济增长率的比较，以及与类似行业增长率的比较可以部分表明这个行业的潜力和发展空间。

马斯洛需求理论指出，只有当低层次的需求得到充分满足时，人们才会去追求更高层次的需求。科技的进步、工业化带来的生产成本降低以及社会保障体系的完善，使得现代满足人类更高层次的需要的成本也不断下降，个人收入不断提升，市场在社交需求、尊重需求、自我实现需求方面的实现越来越多，给满足上述需求的关联行业提供了更多的市场机会。例如，2020 年，受新冠肺炎疫情影响，网吧、KTV、酒店、餐厅、旅游景区等场所都处于关门歇业的状态，许多行业经济一蹶不振，但却出现了 6 大红利行业：一是网络游戏。春节当日，《王者荣耀》收入 20 亿元。二是在线办公。由于企业要维持正常经营管理，员工都需要下载远程办公和会议软件，2020 年 APP 下载排名前三的分别为钉钉、腾讯办公和企业微信。三是视频直播。爱奇艺、优酷、腾讯用户活跃度增长 200%~300%。四是在线教育。线上教育行业增长 200%。五是在线餐饮。外卖点餐行业增长 200%，“叮咚买菜”业绩增长 300%。六是医疗健康。国家在公共卫生领域将进一步持续加大投入，未来 10 年，公共健康产业规模将达 8 万亿~16 万亿元；尤其是 2021 年，中国注射新冠肺炎疫苗的数量是 28 亿剂，这个数量是第二名印度、第三名美国、第四名巴西、第五名印度尼西亚、第六名日本的总和；2021 年，中国经济仍然是全球增长最快的国家之一，国家对疫情的有效管控为经济持续、稳定和健康发展营造了良好的外部环境。

（三）创新环境

创造市场新机会的一个重要因素是创新的环境。创新环境包括科技创新和商业模式的创新。科技的创新，特别是技术的突破使得原来不曾有过的服务和产品得以问世。商业模式创新，主要是企业对客户定位、产品开发、服务流程、盈利渠道等进行变革。

百年老字号的蛰伏与新生：知嘛健康

知嘛健康是百年老字号同仁堂于 2019 年打造的一个集新服务、新技术、新模式和新客群于一体的全新超级 IP，也是同仁堂传承百年传统、创新零售模式、引领国潮时尚、针对年轻消费群体的新物种（图 9.6）。

图 9.6　知嘛健康 LOGO

2020 年以前，普通消费者很难将时尚、社交和新零售等联系到一起，知嘛健康通过与全球 TOP5 咖啡品牌 Gloria Jeans 合作保证咖啡的口味，跨界组合推出了枸杞拿铁、罗汉果美式、肉桂卡布奇诺等新兴产品；与此同时，知嘛健康还通过创新线下门店打造网红基因吸引年轻人打卡，帮助品牌形成社交口碑和裂变营销（图 9.7）。

图 9.7 知嘛健康咖啡产品

知嘛健康概念店一楼是网红咖啡店，销售的产品除了咖啡，还有针对二十四节气推出的限定产品，每款限定产品都会根据节气融合同仁堂的养生草药专门定做。和网红的奶茶店类似，知嘛健康还提供面包、点心等食材；二楼是传统的中医馆和诊疗区，二楼虽然是同仁堂最拿手的看病问诊区，但传统古老的设备已经成了装饰，这里充斥着更多现代化的设备和设施，比如电动按摩椅、更加精准的电子秤、无人售药机、亚健康解决方案长廊等（图 9.8）。

图 9.8 知嘛健康概念店

未来，知嘛健康将依靠线下超级概念店的成功，快速复制标准小微门店，实现全国范围内的裂变，最终将知嘛健康打造成一个以 AI 及大数据为核心，拥有海量用户、内容、服务资源的智能健康生态平台。

（四）社会文化环境

社会文化环境通常是指惯有的行为、共同的信仰等引起的市场变化和机会。社会文化环境一般包括教育状况、价值观念、消费习俗、宗教信仰等方面。宗教、社会和文化的传承等相对稳定，需要比较长的时间才会有所变化，对市场的影响相对而言也比较平缓，但是共同的行为、潮流、时尚等的变化有可能会比较快。特别是在信息化、大数据时代很多过去固有的思维方式和行为惯例都在不断被打破，由此会产生很多的新的市场机会。

最好的例子就是电子货币、电子支付手段的出现将几千年来一直使用的硬通货支付方式进行了很大程度的颠覆。实时便捷的手机转账、支付方式已经逐步成为消费者日常行为的趋势和主流。与电子支付所匹配的智能手机的进步、安全应用的开发、消费社区的建立、评估体系的建立以及其他可以带来的进一步附加价值的机会也正在被深入开发。

三、大数据时代行业发展的新趋势

近年来，我国网络购物、移动支付、共享经济等新经济蓬勃发展，走在了世界前列。截至 2021 年底，我国数字经济规模总量达 45.5 万亿元，稳居世界第二。

（一）大数据时代行业发展的机遇

大数据时代带来了以下几个特点：第一是数据量（volume）大量增加，第二是数据的复杂性（variety）增强，第三是信息的价值密度（value）在降低，第四是获得数据的速度（velocity）更快。以下分别简述各个特点对行业的影响。

（1）数据量大量增加意味着消费者可以从更多的渠道获得科学的知识、同类产品竞争者的信息等，使得消费者可以更理性地做出选择，同时促使产品供应商把产品开发成性价比更优的产品，而市场差异化带来的压力就会在各个行业中更加明显。

（2）数据的复杂性增强和信息的价值密度逐渐降低意味着对信息的判断、筛选也成为关注点。文娱服务行业的更新和新领域的诞生更趋向于以用户偏好为发展趋势。例如豆瓣、网易云音乐、微博、知乎等领域对于信息获取，交流平台会在用户刚使用时引导用户进行偏好设置，并在长期的使用中总结用户偏好，更精准地推送信息，从而不仅提高用户满意度，实现某种程度上从通用产品到“私人定制”的进化，还让用户对产品逐渐依赖、适应，增加用户黏性和忠诚度，用户更换产品的代价变得越来越大，更进一步形成对同类产品的竞争优势，有利于商业价值变现。

因此，产生了一些数据处理软件和公司——有为用户直接服务的信息过滤及推送软件，有为相关企业提供数据抓取、处理技术的公司，甚至相关的用户服务企业自身也需要对信息的判断、筛选、处理进行不断的技术升级，以提高信息的价值密度。而这类信息过滤和处理公司的存在还值得观察，因为如果无法实现独特的、技术领先的专业化服务，那么这个需求很可能是一个“伪需求”，不过是大数据运用过程中各类服务供应平台需要加强的技术弱项，是科学技术跟不上用户需求速度的一个暂时性技术短板，随着大数据处理技术的发展和日趋成熟，加上商业信息的保密等原因，这个“伪需求”很可能会逐渐降低对第三方的需要，每一个服务平台可自行把控。但在大数据的处理过程中，对数据的过分处理、数据收集的边界、处理重复等要达成行业的共识和标准。

（3）获得数据的速度更快，也就意味着用户、消费者对产品的更新和对需求满足的实现性要求更快，对产品和服务“尽快能够实现”的容忍度会越来越低，一切都快起来了。同时，对产品、服务的知情权以及实时反馈的需求也更加强烈。例如美团外卖、淘宝等，一旦用户下单，用户就会想知道所订购的产品送到了哪里，甚至会随时催促，稍有疏忽，就会产生抱怨和投诉。

（二）大数据时代行业发展的挑战

大数据时代行业发展也面临诸多挑战：

（1）数据的共享和公开性。虽然现在数据的获得量很大，但是很多有价值的数据依然掌握在机构、公司手中，如何实现数据的共享和隐私的保护以及加速国家相关法规政策的制定成为行业亟待解决的问题。

（2）数据的真实性。

（3）从浩瀚的数据中如何能有效地获取有价值的、趋势性的启示，以便成为可靠的决策依据。

（4）大数据对行业的影响会根据这个行业的不同特点而有显著的差异。

对于技术、知识密集型行业，如大健康行业，大数据的到来恰恰弥补了这个行业所需的数据的补充、完善的需求，可以很好地促进这一类行业的发展。但是偏重人文化、创新型的行业（例如娱乐业）的发展更多受到经济、人文的影响，具有比较大的不确定性，大数据如何能够提供良好的分析、预测和帮助，应该是目前大家正在尝试解决和攻克的难题。

大数据在科技、知识密集型行业，以及商业流程、产业链的优化中，能起到很大的作用，GPS、物流行业便是例证。但对其他领域的应用，包括对其他领域的消费市场都很难做到预测。因此我们在欢迎大数据时代到来的时候，理性的投资者和商业决策者不能摒弃过去传统的市场分析手段、分析工具以及固有的商业规律。大数据的应用提供了另外一套供决策使用的工具。当然，也可以设想30~50年之后，人工智能进一步突破，完全能够代替人进行复杂的模型、规律分析和判断，以后在一定的领域也许大数据加人工智能所做出的商业决定比人更有优势。

四、快消品行业在大数据时代的新市场机会及趋势

过去几年，快消类饮品市场发展迅猛。从CBD到步行街、从校园到社区，奶茶店已然成为一种现象级行业，也成为大多数创业者的首选：一方面考虑到奶茶复购率和利润率高，市场空间大；另一方面通过加盟和自营的方式，奶茶店创业时间、技术和资金成本相对较低，风险较小。在新消费趋势下，“喜茶”“奈雪”等头部品牌快速成长，“一点点”“茶百道”“圆真真”等新兴品牌大肆跟进，甚至连全球性营养品牌SWISSE、化妆品牌Shu Uemura都计划跨界进军奶茶市场。

在认知层面，奶茶往往都被贴上了“垃圾食品”的标签，主要是由于很多奶茶是由植

脂末而并非鲜牛奶制作的。植脂末的主要成分是氢化植物油、葡萄糖浆、酪朊酸钠、硅铝酸钠，而部分氢化植物油含有反式脂肪酸。科学研究表明，反式脂肪酸的摄入量和心血管疾病发病率呈正相关关系。《中国居民膳食指南》建议每日反式脂肪酸摄入量不超过 2 克，糖摄入量最好控制在 25 克以下，脂肪摄入量小于 60 克。但通常情况下，每 300 毫升奶茶中就有 0. 5~2. 7 克反式脂肪酸、35 克糖和 21 克脂肪（图 9. 9）。

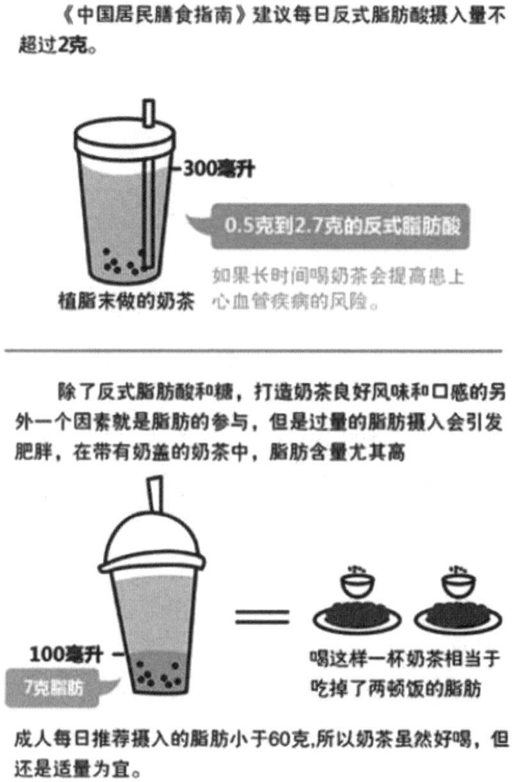

图 9. 9 “不健康奶茶”的成分图

面对高利润、高需求的市场，奶茶行业的市场规模扩张明显。中国现制奶茶行业市场规模从 2015 年的 422 亿元增长到 2020 年的 1 136 亿元，增长了约 1. 69 倍，行业的爆发式增长也倒逼企业不断转型升级，创新求变。经历行业洗牌后，“喜茶”“奈雪” 和 “茶颜悦色” 成为行业头部品牌，新兴品牌如果希望依靠成本优势继续销售 “不健康奶茶” 开发市场已经难如登天，消费者需求变化速度加快，单一的健康饮品与品牌调性已经无法满足消费和打卡需求，多元化、复合型、趣味性的经营方式成为新兴奶茶行业未来发展的主流（表 9. 3）。

表 9.3　2020 年中国奶茶市场主要品牌发展概况表

	HEEKCAA	奈雪の茶	茶颜悦色	LELECHA	SEVEN BUS	KOI	伏见桃山
成立年份	2012	2015	2015	2016	2015	2011（进入大陆市场）	2017
2018－2020年店铺增长率（%）	−82%	−70%	−49%	−45%	−145%	−40%	−176%
覆盖中国大陆城市数量	58	61	3	13	24	21	55
平均客单价（元/单）	52–56	45–50	30–35	40–45	32–35	35–40	28–32
杯均单价（元/杯）	25–30	22–26	15–20	20–25	16–22	18–22	18–24

数据来源：沙利文研究。

通过对表 9.3 的分析，我们发现，奶茶行业在大数据时代的新市场机会和趋势主要通过多元化和复合式经营，塑造核心产品、主打健康产品、构建多元消费场景，才能在新一轮的竞争中脱颖而出。例如，“喜茶”推出了饼干、面包等附属产品，开设了标准店、Pink 店、黑金店等不同类型的线下门店；“奈雪”开设了奈雪酒屋、礼品店等新兴业态；“茶颜悦色”顾客享有“一杯鲜茶的永久求偿权”，不满意无条件重做。不管这些品牌如何创新，它们都始终坚持健康食材，从新鲜水果、鲜牛奶、糖浆、坚果等，都严格选择原材料供应商，提供时尚、健康的饮品。代表品牌包括 CHAGEE、Blueglass 等。

CHAGEE 起源于云南，主要以中国传统戏曲为视觉符号，主打原叶鲜奶茶走红东南亚市场，并实施全国性扩张战略。在门店设计上，选择辨识度较高的中国传统戏曲作为品牌元素；在产品口感上，主打醇厚“茶香”，推出“伯牙绝弦”爆款产品，用 6 斤（1 斤 = 500 克。下同）茉莉花拼配 1 斤茶叶，制作成茉莉雪芽茶底，加上短保质期的冷鲜牛奶；在品牌定位上，找准消费者需求，回归茶叶本身，凸显茶香；在市场开拓上，目前在泰国、马来西亚和新加坡率先开出 30 家门店，然后回归国内市场，输出国风文化、生活方式和消费品牌（图 9.10）。

图 9.10　CHAGEE 的爆款单品伯牙绝弦

创立于2012年的Blueglass Yogurt是胶原蛋白酸奶的创造者，在奶茶赛道开拓出了自己的新市场。在供应链环节，Blueglass自有7万亩（1亩≈666.67平方米，下同）牧场10 000头荷斯坦奶牛，自主研发专利菌种，坚持健康无添加，全产业链疫苗级冷链配送，新鲜直达；在创新产品方面，独创“超级食材+胶原酸奶系列”“功能性食材+胶原酸奶酒系列”和“无糖酸奶系列”，全面满足用户对健康、品质和创意美味的全新需求；在价格方面，Blueglass的均价为40元，其辅料包括深海藻蓝蛋白、雪燕等食材；在渠道端，Blueglass只做直营不做加盟，目前全国共有33家门店，主要位于北京、上海的高端写字楼和商场；在营销端，Blueglass为用户打造充满艺术、美学、情感和温度的第五空间，例如阿那亚主题店“世界的另外一个我”、全球首家比利时黑巧克力酸奶主题店等（图9.11）。

图9.11 Blueglass Yogurt酸奶产品

奶茶行业的消费习惯虽然不断变化，消费主体却永远是年轻人。从植脂末奶茶到如今的健康茶饮，从单品类到多品类，从单一门店到复合式休闲店，行业也在不断迭代升级，但对于新产品的研发、新市场的开拓一直未曾停过。

五、金融行业在大数据时代的新市场机会及趋势

金融行业与海量数据一直有强链接。过去的金融行业离不开大量调研、数据搜集、尽职调查等。金融行业历来对先进技术最为敏感，在金融行业中，目前受大数据影响较多的主要有以下领域：

（一）银行

银行业经过多年积累，拥有大量的数据。随着大数据时代的到来，银行可以就客户数据进行深度挖掘和分析，对客户的资金使用状况、消费习惯、收益风险偏好等信息进行研

究，然后针对不同客户需求提供个性化、精准化的产品营销和服务。

1. 开展精准营销

通过客户的金融数据和行为数据为客户绘制多维立体的信用画像。通过消费者的消费记录等，可以分析消费者行为习惯，有利于推送更合适的理财产品和合作广告。比如在消费记录中用户的团购次数、旅行目的地选择、日常消费品牌和地点、境外消费品类等，这些看似不相关的数据都可能是用户信用评估中的一个变量。这些传统征信难以覆盖的领域都被纳入信用画像的变量之中，而这些变量已经是招商银行等主流银行对客户进行信用画像并作为信用评估资质的主要凭据。

2. 提高风险管理水平

风险管理一直是银行的重要工作，风险存在于银行业务的方方面面、各个环节，风险管理的水平也直接决定着银行的发展态势。基于大数据平台建立的全面、高效的征信系统，相比传统个人尽职调查方式有显著的效率提高和可信度增强，不仅让客户无须再提供繁杂的证明材料，而且让贷款申请和审批的流程更加高效便捷，同时也减少了客户资料造假的可能。所有的贷款审批都是基于大数据风控模型的分析，使得客户的流程体验更好，风险更可控。

3. 提升经营管理能力

大数据在很大程度上能够提高银行管理者的经营管理能力，通过数据来实时跟进业务进度、产品销售情况、营业收入等，从内部管理上提高银行经营管理能力，而银行未来的发展趋势也必将是从依赖经验到依赖数据的转型。

（二）金融投资

与银行业相同，大数据可以用于金融行业的征信、降低风险、精准营销，同时，对大数据领域本身的了解、考察和投资也是金融投资业重点关注的。

1. 提高投资回报率

对于投资公司而言，降低投资风险、提高投资回报率是一个优秀投资人的能力体现，但影响风险和回报率的因素是多元的。通过大数据，我们可以对所考察项目或公司进行多元化的信用画像，比传统的考察渠道更客观、真实、即时。

2. 大数据运用

对所考察项目或公司进行全渠道信息搜集、分析、考核。例如，我们可以通过对某创业公司有关联的业务来往公司进行监测，从其招聘网站的招聘信息估算其人员流失数量、薪酬竞争力等。这些方式不同于传统考察仅仅停留在官方数据、税务缴纳、企业年报等，而是更多维度地对“细节”进行抓取、汇总、分析。从某种意义上来说，这也是大数据时代从对人的经验依赖转向对数据的分析运用的体现。

（三）金融数据服务

金融数据服务实际上是大数据分析公司、咨询公司、银行、投资公司、放贷公司等的一个业务板块，它存在于这些公司的业务流程之中。但因为这种需求的存在，针对性的专业服务公司也已经层出不穷。

金融数据服务引领者——BBD

数联铭品科技有限公司（Business Big Data，BBD）是国内最早探索和实践大数据技术和数字经济产业发展的高新技术企业之一。BBD成立于2013年，拥有完整的大数据综合服务产品线和丰富的行业解决方案，同时搭建了国内领先的企业数据库和模型库，具备强大的数据治理和建模能力，致力于打造“全球领先的大数据金融科技和政府治理智库服务机构”。

BBD主要围绕“一带一路”、数字中国等重大项目，构建面向政府、企业、金融市场三大主体的业务体系和商业模式，形成价值叠加、功能联动的服务通链，覆盖信用体系建设、政府监管、金融风控、宏观经济、公共安全等多个领域。事实与预测，是BBD为客户提供的两种核心价值，助力政府、企业和金融机构提升决策效力。旗下产品浩格云信是政府机构、金融机构、行业协会等提供企业信用风险穿透服务的大数据智能平台；浩睿风擎是基于复杂关联网络，利用图挖掘技术实现关联方风险智能化分析和辅助决策平台；红警则是以信息融合为手段，创新监管思路，为解决金融风险监管痛点提供一体化解决方案；而国资国企监管主要致力于为国资委决策层以及国有企业管理层提供可控的数据服务，提升决策效率，提高监管质量（图9.12）。

图9.12　BBD官网截图

BBD之所以能够提供金融行业全产业链数据服务，主要因为其拥有数据优势和核心技术。BBD主要应用领域包括宏观经济、风险咨询、供应链风险、普惠金融、信用评级、中小企业服务、信贷风控、投资并购等。BBD的业务主要绑定政府、企业的前端，并提出解决方案。为政府咨询提供方法论和数据，目前一份调研报告根据深度不同价格从几十万元到几百万元。政府、银行、投资公司在扶持或者考察公司的时候，需要进行多方调查，传统方法都需要派人去做尽职调查。而BBD的模式是建立大数据模型，将企业基本信息、企业行为、处罚行为、央行授权、税务数据等作为数据来源，大概1秒钟就能确定这家企业的贷款额度，有效地帮助企业实时、全面开展风险防控。

六、农村电商在大数据时代的新市场机会及趋势

大数据时代下农村电商的发展趋势是凭借线上化、非接触、供需快速匹配、产销高效

衔接等优势，成为农村经济发展的数字化火车头，以及助力巩固脱贫攻坚成果与乡村振兴有效衔接的超常规武器。

2016 年以来，四川省共支持 95 个县（市、区）建设国家级电子商务进农村综合示范县，覆盖率超过 50%，其中，66 个深度贫困县（市、区）实现了全覆盖；支持 64 个贫困县（市、区）建设省级商贸流通脱贫奔康示范县；30 个贫困县（市、区）建设省级电商脱贫奔康示范县；6 个贫困县（市、区）建设省级电商进农村综合示范县；6 个贫困县（市、区）建设省级商贸示范镇。中央、省级投入的资金超过 20 亿元，为贫困地区农村电商基础设施建设、产业转型升级和电商人才培养等带来发展红利。

例如，四川省商务厅大力推进建设改造全省县域电子商务公共服务中心和乡村电子商务服务站点，推进电商扶贫与特色产业融合发展，建立“线下展示、线上交易、线上线下融合”的产销对接机制。全省累计建设 153 个县级电商服务中心、3 503 个乡镇电商服务站和 17 451 个村级电商服务点，覆盖率分别达 84. 27%、81. 7%、37%。“农村电商+精准扶贫”模式在全国推广。农村电商政策红利惠及贫困县乡村人口 1 675 万，农村网商数累计 43. 3 万个，同比增长 16. 4%，农村电商从业人员人均增收 2 000 元。

四川省商务厅积极开展“惠民购物全川行动”“川货全国行”和“万企出国门”市场拓展三大活动，创建外贸转型升级基地、农产品出口质量安全示范区等，大力推进“川字号”名特优鲜农产品产销发展积极拓展国内和海外市场，带动一大批贫困地区农产品走出大山、走出国门。

农村电商观察者——映潮科技

成都市映潮科技股份有限公司（简称“映潮科技”）是国内以数据赋能为核心的智慧乡村综合运营服务商。企业成立于 2011 年，其智慧乡村综合服务体系涵盖产业大数据系统、村点管理系统、农村运营系统、新媒体系统四大板块（图 9. 13）。

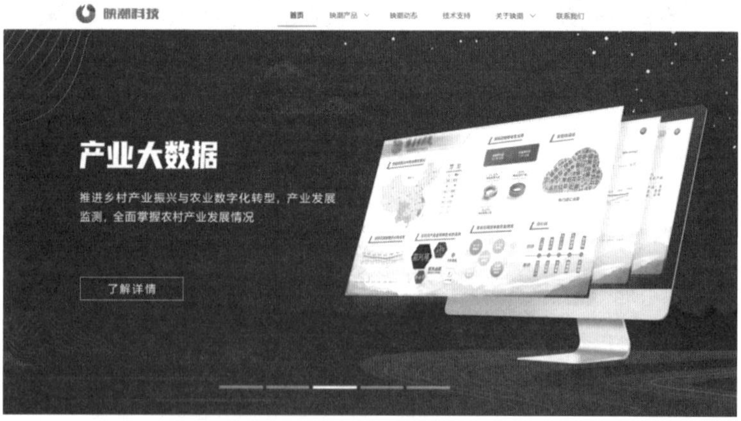

图 9. 13　映潮科技官网截图

映潮科技每年发布的《电子商务数据分析报告》从全国电子商务发展概况、四川省电子商务发展概况、农村网络零售发展概况、农村网络零售地域发展概况、实物型和服务型网络零售行业发展概况进行深入分析。映潮科技通过对全国电商平台的观测、统计、分析，不断总结出农村电商的发展规律和经验，并对大数据时代下如何更好地运用大数据工具提出了建议（图 9. 14）。

图 9. 14　四川省 2017—2019 年电子商务数据分析报告

映潮科技深耕农村电商数据，为政府、主管部门、行业协会、农村电商企业提供全面、精准的数据分析报告，为政府和职能部门科学决策提供依据，为行业协会、农村电商企业经营管理提供参考，帮助企业发现已有数据隐含的规律，发现内部关联性。县域电商发展水平的重要测量指标来自“电子商务综合发展指数”，它能以更新、更快的形式找到不足、预测趋势（图 9. 15）。

图 9. 15　四川省电子商务综合发展指数

第二节　从企业发展看新市场与新趋势

在互联网的普及过程中，大数据已成为国家的战略资源，通过大数据分析我们可以获取各种事物的同质性、差异性、关联性和预测性知识。通常，企业的发展离不开对行业的细分，同时需要紧跟市场发展和变化趋势。这些新的工具和机会不仅可以帮助企业洞察商机，还可以提高经营管理效率。

一、大数据对企业发展的优势

（一）多维预测客户需求

大数据的发展和应用，让企业可以从多维的角度去搜集客户需求。例如从相关消费网站、用户关联企业、用户金融记录等渠道，获得所需研究的客户群体的行为特征、偏好、信任品牌等，从过去的不全面、低效率、高成本的纸质或邮件的市场调研方式，变为更加灵活的全方位的调研方式，因此指导的产品设计、组合方案、产品优化方案、促销方案等都会促使营销的成功，甚至实现精准营销和个性营销。

（二）降低企业的决策风险和管理风险

企业的决策风险和管理风险主要指产品的成功和经营的成功两方面所面临的风险。我们已经知道大数据的应用有利于产品的成功，而企业经营的成功也同样因为大数据的应用。

企业的商业计划、策略、财务管理、行政管理信息化、人力资源效率统计、生产流程优化、各部门协同效率等，都可以通过大数据的应用实现优化。例如，通过对产品生产流程、成本综合统计、各环节运营成本统计、竞争环境的信息统计和处理，可以制定更加具备市场竞争力的产品价格，实时安排相应的促销活动，同时减少消耗，降低成本，通过对各方面数据的综合搜集和统筹管理，再落实到各个环节的改进。这也是过去很多企业管理公司对企业进行管理诊断时所需搜集的信息，它们会通过访谈、财务报表分析、人力资源部署等对企业进行问题查询并提出解决方案，而此类数据的来源随着大数据的发展和企业内部大数据管理的完善，能为企业经营者和企业管理咨询者提供更真实和全面的决策依据，从而降低决策风险和管理风险。

（三）改善客户体验

互联网技术让企业与客户的交互更加通畅，管理者和服务人员可以及时地了解客户对公司产品和服务的不满，并对客户的投诉实时回应，提升客户体验的满意度。同时，管理者和服务人员通过客户的投诉和评论数据，分析找出服务过程存在的问题，优化服务体验，以提升客户对企业的满意度和忠诚度，从而建立更好的市场口碑，提高企业竞争力。

二、大数据营销的 4P 理论

大数据时代，线下地理的竞争边界已经转为多维渠道的竞争，而大数据时代信息爆炸所带来的挑战也让营销的重点从如何提升知名度、进入公众视野、产生购买行为变为如何“更早、更快、更有留存性”地进入公众视野和留下更深刻、更有偏爱的印象并在用户极易失去新鲜感的情况下维持用户黏性。基于顾客真实交易的数据，通过用户画像和用户行为研究，预测下一次的购买时间，唯有大数据能做到如此全面而及时。

大数据下的营销需要颠覆经典的营销 4P 理论，建立新的 4P 模型——People（客户）、Performance（成效）、Process（过程）、Prediction（预测）（图 9.16）。

图 9.16　大数据营销 4P 模式

（一）客户

如果能在产品生产之前了解潜在消费者的主要特征以及对产品的期待，那么产品生产即可投其所好。在线平台用户数据的大量积累，可以帮助企业筛选重点的目标受众，进而挖掘用户的潜在需求，绘制消费者画像。

（二）成效

互联网时代的网店信用评价、自媒体传播优势、产品使用体验和评论，使企业话语权开始让渡给消费者。用户与产品的黏性、用户消费体验、用户对企业的忠诚度时刻都在影响企业的品牌价值和产品的市场口碑。企业利用互联网的社交属性与用户互动，及时了解用户需求和痛点，同时也让用户参与到产品和服务的设计中，让用户感到被重视，迎合市场的需求，从而构成互动营销的合作关系。

（三）过程

企业通过采集和处理、建模分析、解读数据，运用数据挖掘与分析技术找到产品之间的关联和用户的消费习惯，把非结构化的数据以市场营销的逻辑呈现出来，了解消费者在不同决策阶段的行为轨迹，来判断应该在哪个行为阶段实施有针对性的营销策略。例如谷歌通过搜索引擎里面的关键词检索日志的时间序列数据成功预测了流感爆发的时间和规模，即是大数据分析的典型案例。

（四）预测

大数据预测是大数据最核心的应用。大数据预测是基于大数据和预测模型去预测未来某件事情的概率。让分析从“面向已经发生的过去”转向“面向即将发生的未来”，从消费者行为中挖掘相关关系，发现市场趋势，预测新产品在未来的受欢迎程度。比如：你在网上听一首歌时，这首歌的类别和时长，是否收藏、下载、评论和点赞，这些轨迹都会成为数据，网易云音乐通过这些数据分析你的喜好。用户听的歌越多，搜集的数据也就越多，网易越能够预测出你的喜好，从而推荐更多你喜欢听的歌。

三、企业如何利用大数据营销发现新市场与新趋势

对企业大数据进行分析，能够更准确地了解客户和消费习惯，有效地挖掘客户需求偏好，促使企业在资源有限的情况下，做出正确的决策，实现企业与消费者的效用最大化。大数据营销的基本流程主要分为采集和预处理数据、数据存储、数据分析与挖掘、解读数据（图 9. 17）。

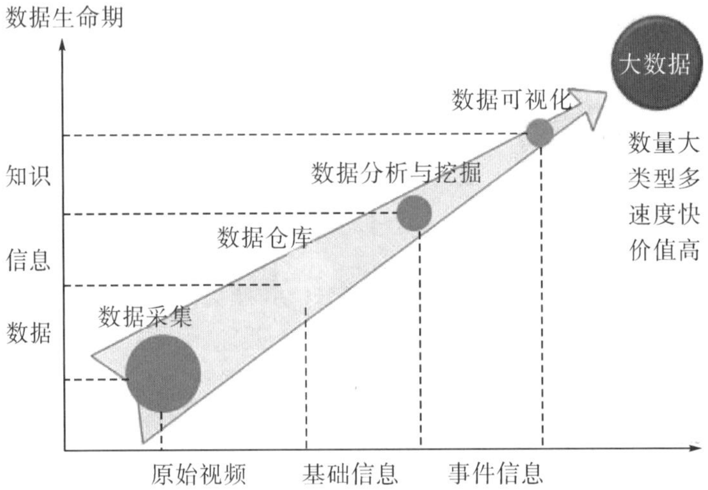

图 9. 17　大数据营销的基本流程

（一）采集和预处理数据

数据的采集是指利用多个数据库来接收发自客户端（Web、APP 或传感器等）的各种类型的结构化（零售、财务、生物信息学、地理数据）、半结构化（Web 日志、电子邮件、文档）和非结构化（图像、视频、传感器数据、网页）数据，并允许用户通过这些数据进行简单的查询和处理工作。

数据采集的方法包括：①系统日志采集方法。很多互联网企业都有自己的海量数据采集工具，这些工具均采用分布式架构，能满足每秒数百兆的日志数据采集和传输需求。②网络数据——非结构化数据采集法。网络数据采集是指通过网络爬虫或网站公开 API 等方式从网站上获取数据信息。该方法可以将非结构化数据从网页中抽取出来，将其存储为统一的本地数据文件，并以结构化的方式存储。它支持图片、音频、视频等文件或附件的采集，附件与正文可以自动关联。

（二）数据存储

数据的海量化和快增长特征是大数据对存储技术提出的首要挑战。随着移动互联网的发展，加上数码设备的大规模使用，今天数据的主要来源已经不是人机会话了，而是通过

设备、服务器、应用自动产生。机器产生的数据正在呈几何级数地增长，数据以非结构、半结构化为主。对于大数据环境下爆发式增长的数据量，大数据对存储设备的容量、读写性能、可靠性、扩展性等都提出了更高的要求，需要充分考虑功能集成度、数据安全性、数据稳定性、系统可扩展性、性能及成本各方面因素。目前最常用的大数据存储和管理系统是分布式存储系统。

（三）数据分析与挖掘

分类和预测是两种分析数据的方法，它们可用于抽取能够描述重要数据集合或预测未来数据趋势的模型。分类方法用于预测数据对象的离散类别；而预测则用于预测数据对象的连续取值。常用的大数据分析方法有分类算法、回归分析法、聚类法、关联规则法、神经网络法等。

（四）解读数据

利用大数据的力量，我们可以直接得到答案。其打破了常规的逻辑思维定式，将大规模数据中隐藏的信息挖掘出来，不需要知道为什么，直接识别出用户的需求偏好。可视化技术可以让用户直观地解读大数据分析和挖掘的结果。可视化技术可以分为三类：

（1）可视化分析——信息可视化与科学可视化领域发展的产物，侧重于借助交互式用户界面进行的分析推理。

（2）数据可视化——借助图形化手段，清晰有效地传达与沟通信息。

（3）信息可视化——将数据信息和知识转化为一种视觉形式，充分利用人们对可视模式快速识别的自然能力。

采用可视化分析，可以帮助人们探索和理解复杂的数据；借助信息可视化的手段，有助于用户剔除噪音数据、识别有价值的数据、开展更深入的数据分析；将大数据分析的结果用数据可视化的方式展示出来，实现有效沟通。电商利用大数据的分析结果可以实现精准营销、为用户画像；金融机构可以用来做风控、识别诈骗行为；公安部门可用于寻找线索，提升破案的效率；税务机关可用来监控企业是否有偷税漏税行为。

第三节 从用户需求看新市场与新趋势

随着循环经济、粉丝经济和共享经济的出现，企业管理模式从 CRM 到 CVM（client value management），我们发现，企业正在运用大数据、云计算和人工智能等前沿科技，对市场、用户、产品、企业价值链乃至整个商业生态进行重新审视。最早提出互联网思维的是百度公司创始人李彦宏。他说：“我们这些企业家今后要有互联网思维，可能你做的事情不是互联网，但你的思维方式要逐渐从互联网的角度去想问题。”这也就意味着，企业要从发现用户、识别用户出发，发现市场蓝海和行业趋势。

一、用户行为对市场的影响

用户行为是指用户在获得、使用、废弃这个产品的过程中形成的一系列偏好和行为规律。用户行为是一个心理过程，通过这个过程，用户发现需求，对需求的解决方案进行分析，做出消费和购买的决定。

（一）用户消费决定的过程

用户在做出购买决定之前，要经过几个步骤：首先，对现有问题或者需求的一个认识，例如空调机制冷有问题、电脑无法启动等。其次，进行解决方案的调研，也就是说针对以上问题找出可以解决的办法，例如购买一台新的空调机、搬到有更好的空调的房间、找人维修空调或用其他方法制冷等。再次，对这些解决方案的评估，找出最合理的、可行的、可以让用户满意的首选方案。最后，做出消费决定。

这个消费决定包括：是否进行消费？购买哪个产品？买哪个品牌的产品？到哪里买？事实上这个过程也有可能会反复，如果用户发现购买回来的产品达不到预期效果，那么也会返回重新评估其他产品或解决办法。

（二）市场营销针对用户行为的主要考虑方面

1. 市场推广的关注点在价值而不是功能

对用户最有吸引力的往往不是简单的产品功能，而是这些功能最终所能带来的价值。例如，当消费者到4S店购买一辆新车，销售人员告诉他这辆车有涡轮增压功能，消费者很少会为这样简单的描述动心并购买，但如果销售人员解释说这个功能可以使一个更小容量的发动机产生更大的功率，可以使0~100千米的增速时间与豪华版宝马的增速时间相当，这样的对比描述会让消费者眼前一亮，并大大地提升购买欲望。当然也有可能销售人员介绍涡轮增压的好处是可以在更低的油耗下使得汽车的加速更好，让环保意识更强的消费者产生强烈共鸣和偏爱。所以一个成功的市场人员，要了解用户的个人理念和价值实现的需要，将产品的推广与这些人的价值和理念的实现进行匹配和关联，这样就可以成功实现产品推广。

窑变之美——象上陶瓷

传统认知中的景德镇与每一位中国人最大的关联应该是每天吃饭的碗、喝水的杯，甚至很多不了解景德镇的人会觉得：这里的匠人都是白发苍苍的世外高人，这里的瓷器还是青花牡丹、山水花鸟等，这里的产品还是杯碗碟瓶这些实用性器具。当作者于2021年第一次走进这座城市的时候，发现这片土地上正在发生巨大变化，三宝村、陶溪川、乐天陶舍、陶艺街、名坊园……这些传统与时尚融合、历史与现代并存的地方，源源不断地吸引着四面八方的人们。

2013年，象上陶瓷（图9.18）成立于景德镇三宝村。三宝村是全球知名的国际陶艺村，这里的陶瓷匠人正在以国际语言表达中国陶瓷艺术，以商业思维传承千年陶瓷技艺，以现代生活理念设计日常陶瓷器物。象上从成立至今，一直专注于当代东方审美背景下生活器物的创作与生产，追求工艺、设计和实用的自然平衡。创始人罗骅介绍：以前他们是做B端客户，主要是为地产楼盘、商业空间等设计制作大型摆件，但是随着国内消费升级的换挡加速，他们将原有的产品线全部砍掉，专注于做日常和生活瓷器，客户群体主要是企业定制和个人客户（图9.19）。

图 9.18 象上陶瓷 LOGO

图 9.19 象上陶瓷工作室

罗氏兄弟是象上陶瓷的联合创始人。哥哥罗骁被誉为“景德镇最后一位学徒”，2002年10月作为入室弟子师从郭文连教授，开启了他的学徒生涯，从绘画到设计、从拉坯到烧制，这位青年陶艺家的设计简约含蓄、贴近生活，他是公认的景德镇传统颜色釉的继承者。弟弟罗骅主要负责企业战略、品牌打造、市场推广、日常运营等方面工作。他们发现，随着审美趋势的变迁和消费行为习惯的改变，年轻人在购买日常器物和生活瓷器的时候，功能属性只是最基本的，而激发客户购买欲望的是产品传递的文化审美、艺术价值和产品故事等。产品兼具自用、收藏、摆件和礼品等多重属性，年轻人购买一只杯子并不是因为他们缺一只杯子，这背后的原因值得思考，而这些物外的因素成为罗氏兄弟在设计制作与营销推广的重要出发点。

TIME 系列是象上的代表作。香插作为一个实用器物市场上有很多选择，而大部分产品的设计理念都基于禅茶、宗教等文化基因，产品传递的价值很难与年轻消费群体产生共鸣。罗骁设计的香插想要表达的是“时间”，这个香插可以收纳31支香代表1个月，每支香可以燃烧15分钟，这是在诠释器物对时间和生命的刻度。这种颠覆性的设计打破了传统香器的平稳感，当你触碰香插的时候它会晃动，这是在告诉你时间的不稳定性，器物上面是一个抽象日晷的造型，这种不稳定的结构给人一种不安全感，不安全感是使用者在使用器物的时候给人的回馈：时间是抓不住的。象上正是通过器物设计语言，用陶瓷的温度来消弭艺术与生活的隔阂（图 9.20）。

图 9.20　象上陶瓷 TIME 系列香插

T 系列是罗骁历经 5 年 72 道工序打磨的纯手工杯子，产品经历 4 次复烧、喷釉自然窑变，一半在人、一半在天，整体有着禅意与时尚的平衡感。匠人必须对窑温有着炉火纯青的把握才能让画面产生流釉的动态之美，例如雨眠代表氤氲的南方山川，砂红代表映山红怒放的花蕊，镜湖是长白山天池的深邃，桑染则始见于《诗经》。除此之外，产品连续畅销 10 年，马云亲自登门恨不得也要自己做一只，电视剧《欢乐颂》刘涛同款……罗骁希望能够通过颜色釉传递出既含蓄又浪漫的现代东方审美（图 9.21）。

图 9.21　象上陶瓷 T 系列纯手工杯

二两系列是象上深耕生活器物后原创设计制作的酒具。酒具包括一只分酒器（只能装 2 两酒）、两只一口杯、一只托盘，颜色有经典蓝、丛林绿、武士黑；分酒器的瓶盖形似飞碟，瓶盖上部圆盘弧度上扬如一弯玄月，下部花瓣造型如出水芙蓉；使用分酒器时不必取下瓶盖，酒水顺着花瓣自然流出，酒线顺着盖口流出意境十足；产品在触感表现形式上采用磨砂材质，防滑实用。酒具在保留功能属性的前提下，强调其文化基因：以遇见初心为创作起点，尝试用器物体现生活的仪式感，对话另一个自己。无论是月下独酌还是好友对饮，器物所蕴含的文化和意境是产品所表达的核心价值（图9.22）。

图9.22　象上陶瓷二两系列酒具

著名陶艺家郭文连教授这样评价罗骁："他跟了我三年多，学习非常刻苦，做颜色釉需要做大量枯燥的试验，他的作品不花哨，但是有一种含蓄的、厚重的感觉，尤其是和器皿结合起来非常到位。"象上陶瓷是对传统文化的现代表达，是对东方审美的当代刻画，这些器物携带功能属性的背后，更重要的是通过器型创新、釉料选择、颜色融合的再造，给消费者传递了新的价值，这种平衡感也是罗氏兄弟"跳出使用价值寻找价值"的结果。

2. 电商时代用户体验和个性化的要求

电子商务时代，用户每天都会通过他们手边的各种电子设备收到大量产品信息，用户已经习惯于获得这样的信息，同时也希望他们在商户沟通中能够得到个性化的服务。如果他们通过这些电子设备与商户的沟通不能及时解决问题、得到满意的结果，他们就不会花时间继续停留在这些商户上。也就是说在这个时代，失去用户是瞬间的事。

市场人员在这种情况下需要明白品牌的建设不再是单纯的宣传，而是一个双向的沟通。他们要及时掌握用户的反馈和他们的意见，同时也需要制定更好的策略去影响那些用户所在的用户群。在用户追求个性化服务的同时，越来越多的人更在意对自己数据的保护。部分消费者上网时会选择屏蔽广告。这除了保护个人的信息以外，也表明消费者越来越不能容忍在上网时被众多的广告打扰。在欧洲，相关监管部门也启动了一系列的行动禁止对消费者的网上行为进行追踪，除非获得了用户的许可。这就给大数据的搜集和个性化的服务带来了很大的挑战。最终会演变成消费者与商户达成一定的交易，用个人的信息去获得商户提供的更好的服务以及个性化的优惠。

3. 不同类型的消费的决策差异

通常消费可分为两大类型：用户低参与度的消费和用户高参与度的消费。

在用户低参与度的决策过程中，用户通常会在自己的记忆中进行快速搜索，找到并选择产品和商户再进行消费；在高参与度的产品消费决策中，用户通常会开展外部调研去收集例如朋友的意见、专业机构的评估报告，上网进行信息调研，甚至包括到现场进行考察。所以，成功的市场人员要对自己的产品进行清晰定位——在大多数的用户中，他是属于哪一类型。如果是前一类型，那么就要尝试各种办法进行强化广告，让用户在一想到类似产品时，就会想到自己的产品；而在后一种情况下，市场人员就需要将产品的信息和相关新闻及时地传播到用户在做调研时会到达的地方。

二、大数据时代用户需求的变化趋势

大数据时代不同于传统商业时代，很多新兴企业借助大数据、云计算等科技创新和商业模式再造，直接打破了传统行业的竞争内核。其中最主要的莫过于大数据时代的用户思维、平台思维、免费思维和迭代思维。

（一）产品思维转向用户思维

因为聚焦点在产品上，所以传统企业研发产品，其实跟消费者的关系并不大，推广品牌也只是单纯地对消费者进行说教；而“用户思维”切实注重用户的需求和体验，通过倒逼的方式研发产品，从各个方面满足用户个性化、多样化的需求，提升消费者的品牌忠诚度，把客户转化为粉丝。

（二）交易思维转向免费思维

随着电子商务的普及，企业相对消费者的信息不对称优势正在逐步丧失，消费者不再局限于从广告中获取信息，还能通过其他用户对产品的体验式评价和产品的市场口碑做出正确的决策。传统企业的话语权逐步减弱，消费者的议价能力正在增强。7 天无条件退换货使得过去的一锤子买卖转变为有期限的体验式销售；有互联网平台的第三方支付担保，可以收到货物以后才付款或者分期付款。电商时代降低了消费者的购买风险，提升了消费满意度，然而移动互联网时代，越来越多的产品加入了免费的行列。当然，免费不是做慈善，其目的在于获取用户，通过流量和点击率将消费者转化为用户的转化率，远远低于免费带来的转化率。同时，分析消费者的交易数据和购买行为可以作为企业营销和创收的方式，最大限度地满足不同消费者个性化的需求，增强客户消费体验感。

三、用户需求的分析方法

用户需求的分析方法通常分为两大类：

1. 从定性角度进行用户需求分析

企业通常会从人的需求的五个层次来寻找未满足的市场，通过问卷、场景的分析、案例的调查对假设的市场机会、行业的决策进行用户确认，以确定所要开发的产品、服务是否正好满足用户的需求，以及需求的程度如何。

2. 从数据的角度进行用户需求分析

数据的来源可以是消费、投诉记录，产品售后服务记录以及行业大的发展趋势分析，竞争产品、行业的新动态。从这些数据的分析中，决策者希望能够排除表面的主观的判断，寻求问题的本质和第一手证据。

通常来讲，决策者需要把这两种方法结合，从这些数据，也从客户的访谈、调研过程发现他们新的需求及产品和行业目前的不足之处。结合科技的手段和商业模式的改进，提供新的产品和新的解决办法，再就这些新的产品和服务的设计和想法在推出市场之前向特定的潜在消费人群进行深入的访谈和确认，再次确认这些产品的性能和价格是否达到预期、填补市场的不足，同时也确认推出的时间和方式是否合理和有效。在新产品、新服务推出后进一步搜集数据，搜集客户的反馈，从而进入下一步的循环，此时要很好地把握下一个市场机会并做出假设和调研。这样的循环会一直持续下去，直到这个行业趋向饱和，或者已经进入衰退期。这里必须指出的是客户的需求不一定直接有助于产品的开发或者服务的设计，因为客户的需求是站在用户的个人角度提出现在的他能够认识到的不足和建议。决策者需要把众多的用户需求进行有效的提炼、归纳，并结合现在的产品特点，将生产技术转化为对产品的需求。比如，在移动电话推向市场之前，很少有客户能够说明未来的通信需求是移动手机；在汽车推向市场之前，用户的需求调查都会集中在马车的改进上。

◇ 创业问答 ◇

Q：共享经济正是现在的热点，也是市场发展、社会发展到一定阶段的新趋势和机遇，那么任何事只要有共享的需求，有利润，就可以尝试去做吗？

A：这个想法并不全面。创业不仅是一件需要热情和头脑、追求利润的事，更需要理性地进行长远规划，并对社会影响予以考虑。在我们考虑创业之前，对商业的分析除了用户需求和利润来源是否稳定可靠以外，还需要考虑商业伦理、道德要求。因为任何事业发展到一定程度，如果给社会带来的影响是恶劣的、负面的，那么受到的阻力会很大，面临被禁止和转型的可能性也很大，而其恶劣的影响并不一定能成功地消除，这样的失败案例比比皆是。作为新时代的公民，我们更应该带着社会责任感来创业。有这份责任感，从长远看能得到来自用户和投资人的青睐，带来的利益才更能保证一家企业的稳健发展。正如亚马逊创始人贝佐斯在普林斯顿大学毕业典礼上发表的演讲所言：聪明是一种天赋，而善良是一种选择，选择比天赋更重要，是选择塑造了我们的人生。

◇ 关键术语 ◇

大数据营销4P模型：大数据营销的4P模型脱胎于传统的4P理论，但又不是对产品、价格、地点和传播的简单总结，而是以用户思维重构的营销模型，它以大数据和云计算为基础，以经营管理绩效为目标，具体包括客户、成效、过程和预测。

大数据金融：利用大数据技术突破、革新并发展传统金融理论、技术和模式的一种全球性趋势。这一趋势既是现有技术进步的必然结果，又是未来金融发展的强劲动力。在广度上，大数据金融重塑了银行业、保险业、证券投资业等金融行业的核心领域。在深度上，大数据金融不仅推动了金融实务的持续创新，更催生了金融模式的深刻变革。

CVM：客户价值管理（customer value management），是客户关系管理成功应用的基础和核心。客户价值管理是企业根据客户交易的历史数据，对客户生命周期价值进行比较和分析，发现最有价值的当前和潜在客户，通过满足其对服务的个性化需求，提高客户忠诚度和保持率。

DT：数据处理技术（data technology），是对数据进行存储、清洗、加工、分析、挖掘，从数据中发掘规律的技术。DT让我们能够借助计算机的计算能力认知这个世界，在提升我们认知的同时，影响我们的思考，帮助我们决策。

◇ 本章小结 ◇

过去很多企业对自身经营发展的分析只停留在数据和信息的简单汇总层面，缺乏对客户、业务、营销、竞争等方面的深入分析。在大数据时代，企业通过挖掘大量内部和外部数据中所蕴含的信息，可以预测客户需求，进行智能化决策分析。大数据的预测能力能帮助人们做出最优的决策，减少浪费，实现资源的最优化配置；将有限的资源用在刀刃上，创造最大化的财富和利润。工业化思维的企业的经营思路是以产品为导向的盈利模式，那么互联网思维的企业的经营思路是以客户为导向的商业模式。而大数据营销又在互联网思维的基础上进一步深化，用大数据驱动商业模式的创新，发现新市场和新趋势，成功率更高。

◇ 思考 ◇

1. 工业化思维与互联网思维的区别是什么？
2. 互联网思维的概念和基本特征是什么？
3. 传统企业市场预测的局限性是什么？
4. 大数据预测的优势是什么？
5. 大数据营销的流程是什么？

第十章
市场预测与分析决策

学习目标

学习完本章后，你应该能够：

- 理解市场预测的概念、步骤和方法
- 理解市场分析的概念、步骤和方法
- 理解决策的概念、步骤和方法
- 运用科学的方法结合大数据进行市场预测、市场分析和管理决策

本章重难点知识视频

开篇案例 | 麻辣江湖的多元化创新——小龙坎

不知道你发现没有，在新冠肺炎疫情暴发和成渝双城经济圈建设全面实施以来，川渝火锅的竞争已然一片“血海”。面对白热化的火锅市场竞争，小龙坎通过对市场的准确预测，对企业品牌形象的打造，对产品的不断创新，在“共建食品安全城市，共享世界美食之都”的时代背景下，一直践行着“值得等待的好味道”（图 10.1）。

图 10.1　小龙坎春熙路创始店

小龙坎火锅成立于2014年，经过不到10年的发展，已经在全球400多座城市经营着近1 000家餐厅。企业通过对市场的准确预测，不断调整和完善产品和服务，目前旗下已经拥有小龙坎火锅、小龙翻大江火锅、龙锅锅、漫味龙厨等子品牌。

面对年轻消费群体追新求奇的特点，小龙坎在2020年对品牌和门店进行了整体升级，以更加时尚、潮流的品牌形象为现代生活创造多样、新颖的沉浸式美食体验；面对疫情期间自热锅等产品需求市场的蓝海，小龙坎利用自身品牌和产品优势，推出衍生产品小龙坎mini火锅菜和龙锅锅等方便速食；为进一步拓展海外市场，2018年2月，小龙坎第一家海外直营店新加坡店正式开业，拉开了川派火锅国际化序幕；2019年，小龙坎跨界联合冷酸灵打造“火锅牙膏”，3 000套牙膏上线即售罄，全网曝光突破4.5亿（图10.2）。

图10.2　小龙坎跨界营销案例

小龙坎为了不断激活现有市场和潜在消费群体，引导客户重复消费，通过跨界营销与活动营销刺激市场。父亲节期间，通过融合“漫威超级英雄形象”制作“超级老爸”系列海报引导消费者到小龙坎过父亲节；与HIBAKE联合推出火锅底料蛋糕，与长虹联合推出世界杯定制礼盒等。小龙坎将火锅文化“符号化”，在各品类产品中扩大品牌影响力，强化各子品牌推广力度，并获得协同效应，即依据不同产业、产品和偏好的消费者之间所拥有的共性和联系，实现跨界联合企业获取市场最大化和利润最大化的新型营销模式（图10.3）。

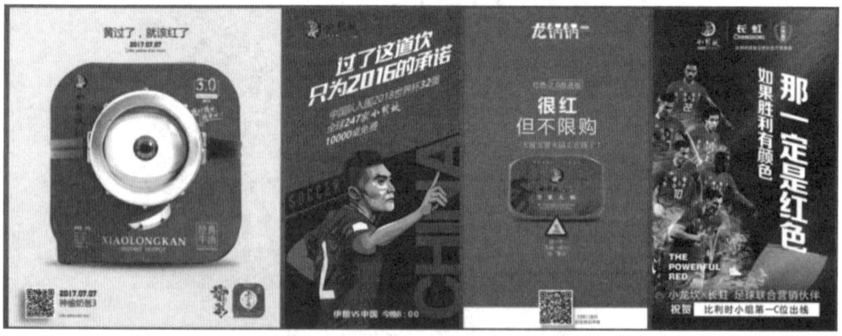

图10.3　小龙坎事件营销案例

2017 年，小龙坎推出旗下高端火锅品牌“小龙翻大江”。“小龙翻大江”品牌秉承“麻辣江湖、快意人生”的理念，旨在为全球带来中国的传统饮食文化。“小龙翻大江”融合了中国传统建筑、园林、美食文化，集小桥流水、亭台楼阁、雕梁画栋等人文景观于一身，每天演绎川剧变脸、峨眉功夫、龙行茶艺等巴蜀文化精粹。目前“小龙翻大江”已先后在成都宽窄巷子、春熙路和上海外滩罗斯福公馆布局开店。“小龙翻大江”以极具创意的环境、菜品、服务和营销策略，成为城市火锅消费的地标和目的地，接待了 300 多位各界名流到店用餐（图 10.4）。

图 10.4　“小龙翻大江”宽窄巷子店

思考：

1. 小龙坎在竞争异常激烈的火锅市场如何做到了从品类突围到品牌创新？在企业决策上如何助力企业品牌长青？

2.“小龙翻大江”在新冠肺炎疫情影响与经济下行的背景下，如何实现环境、菜品、服务与营销的持续创新？

思维导图

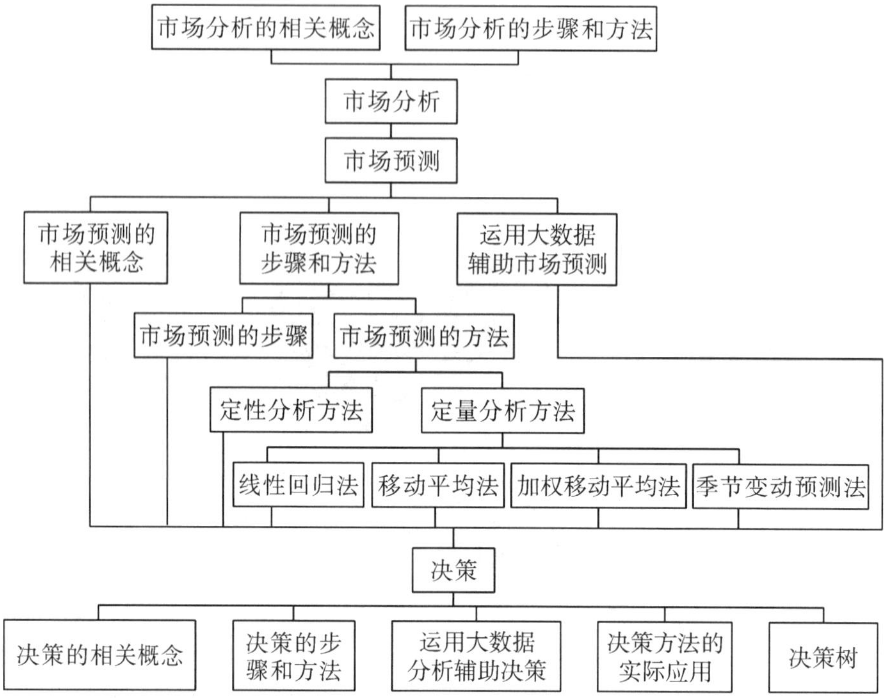

本章提要

通过前面章节的学习，我们已经掌握了营销的基本理论，同时具备了一定的大数据思维。本章我们将到达一个公司最核心也是最重要的板块——对市场的分析、预测和决策。一个成功的商业策划离不开对市场的准确把控，那么如何实现相对容易成功的市场策略的制定？又如何运用大数据来提高这种策略的成功概率和执行效率呢？本章将通过对市场分析、预测、决策依次进行学习，最后从实际运用过程中应该具备的思维方式结合实际案例进行介绍，以期对读者有系统性的指导和符合实际的帮助。

第一节　市场分析

一、相关概念

市场分析：通过市场调查确定产品或者服务所适合的人群以及潜在的市场容量的分析。

市场机会：指市场上存在的尚未满足或尚未完全满足的需求。

市场容量：指市场在一定时间内能够吸纳某种产品或服务的最大量，可以是产品数量、服务次数，也可以是金额。

直接调查：指通过专家的访问、客户面试、面谈、问卷调查等方式获得原始数据并进行研究的活动。

间接调查：指通过网络查询、行业报告、类似企业或者产品的案例分析以及行业或产品的公认的市场指标（Benchmark）等进行的研究。

市场盈利性：指产品或服务在市场上获得利润的能力。

二、市场分析的步骤和方法

（一）市场分析的步骤

（1）对本身产品和服务进行深入分析。

（2）开展直接调查和间接调查。

（3）小范围市场测试。

（4）对市场容量进行分析。

（5）进行细分市场的分析。

（6）进行市场盈利性分析。

通常市场分析需要回答以下的问题：

（1）产品或服务所在的市场有多大?

（2）市场的增长率是多少?

（3）市场的增长潜力有多大?

（4）对市场产生重大影响的社会、经济、政治、法规和技术等关键因素各有哪些?

（5）现有的竞争者是谁?他们的竞争优势和差异在哪里?

（6）品牌和顾客忠诚度对市场有多大的影响?

（7）在某一大市场下，根据客户需求的差异可以划分怎样的细分市场?

（8）客户会在何时何地购买产品或服务?愿意支付怎样的价格?怎样的营销模式才是有效的?

（9）在市场上形成一个长期竞争优势的潜力有多大?

一个深入、全面的市场分析报告对于后续进行市场销售的预测，对于新市场的投资、决策都有至关重要的作用；也会极大地支持一个好的营销策略的制定，并帮助公司制定更好的运营决策。市场分析不应该是一次性行为，应该定期进行补充、调查、分析，并对市场分析报告进行完善和更新，从而支持市场各种推广策略的调整。

（二）市场分析的方法

1. 对本身产品和服务的深入分析

通常会采用SWOT分析法进行产品或服务分析。也就是从优势（Strength）、劣势（Weakness）、机会（Opportunity）和威胁（Threat）四个方面分析（图10.5）。这种分析方法主要是通过调查逐一列举内部优劣势和外部机遇威胁，然后按照矩阵式排列，把各种影响因素综合起来进行系统分析，从中得出相应的结论，而这种结论通常对于企业决策具有重要的指导意义和参考价值。

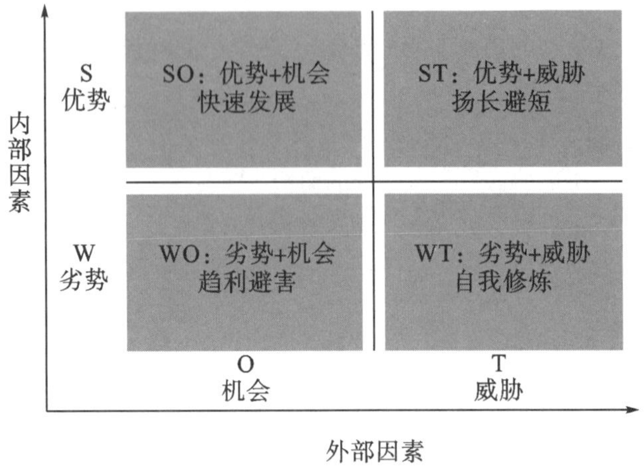

图 10.5　SWOT 分析模型

运用 SWOT 分析法，通常能够辅助决策，帮助制定出相应的发展战略、计划以及对策等。SWOT 分析法常常用来制定集团发展战略和分析竞争对手情况，在战略分析中，它是全球最流行的方法之一。

值得注意的是，我们在列举 SWOT 各个因素的时候，优势（Strength）主要是指企业有利的竞争态势，例如专利技术、充足的资金、良好的企业形象、产品质量、市场份额、成本优势等；劣势（Weakness）包括资金短缺、技术落后、库存积压、组织混乱等；机会（Opportunity）包括新兴市场的产生、新政策的支持、新需求的扩大、竞争对手的失误等；威胁（Threat）包括替代品增多、居民收入减少、经济衰退等。我们在列举上述四个因素的时候首先要分清内部因素和外部环境，通过调查和分析，将对企业发展最直接、最有效、最重要、最迫切的影响因素优先排列出来，再将那些间接的、不急的、短暂的影响因素放在后面。完成上述步骤后，我们就可以依据 SWOT 分析，制订行动计划了。

2. 开展直接调查和间接调查

直接调查的目的是获得对产品以及产品接受度的原始数据，调查的对象通常包括专家、客户以及相关关键人员等。数据搜集通常采用面谈、访问以及问卷调查的方法。

在进行访问和调查的时候，一般会设计一系列定量和定性的问题来寻求被访问者的意见。这些问题必须是容易理解的、不带偏向性的、没有引导性的，所有答案的选项应该是完整的，答案之间是互相排他的，与市场分析有直接关联。

市场分析案例

以下是调查时设计不妥的问题，读者可尝试找出其中的问题并进行思考：

（1）X 品牌的果汁与市场现有的其他品牌相比，您觉得最大的优势是什么？

A. X 品牌的果汁口感更好　　B. X 品牌的果汁的价格更优

C. X 品牌的果汁是鲜榨品　　D. X 品牌的果汁的质量管理更好

（2）如果你有 100 万元且必须买一样东西，会选择以下哪项？（关于宇宙旅行的市场前景预估调研）

A. 买房子　　B. 买车　　C. 环球旅行　　D. 宇宙旅行

以下是调查时值得参考的较好的问题，读者可以尝试找出问题调研背后所要调查的关键信息。

（1）你通常选择哪一种广告媒体？

A. 网络　　B. 电视　　C. 杂志　　D. 广播　　E. 其他

（2）X 品牌的果汁与市场现有的其他品牌相比，您觉得最大的差别是什么？

A. 口感　　B. 价格　　C. 品质　　D. 品牌　　E. 其他　　F. 没有差别

如果以上问题的答案是“有差别”，您认为 X 品牌的果汁是更优还是更劣？

A. 更优　　B. 更劣　　C. 相当

（3）（此问题之前已经有消费者个人经济实力的调查题）如果您决定去宇宙旅行，在只需考虑价格的情况下，您觉得多少人民币是您能够接受的最大值？

A. 100 万元以下　　B. 100 万~500 万元以下　　C. 500 万~1 000 万元

D. 1 000 万元以上

间接调查的数据来源包括书本、杂志、网络搜寻、数据库、市场分析报告等。间接调查的目的是通过已经由第三方分析完成的数据在更大的范围和更大的程度对市场进行分析，以避免直接调查过程中调查样本数量有限以及调查问卷的设计不够全面（调查对象、调查问题的限制）等干扰可能对市场产生的误判。

在大数据时代，我们的调研不可避免地会使用到数据库。调查中对数据库的使用要特别注意：如果数据已经过处理、筛选、解读甚至是判定的就属于间接调查，调查者应进一步考察第三方对这个数据进行了哪些处理，或者将从第三方获得这些数据背后的原始数据与该数据进行对比，以进一步确认这个数据库对要开展的市场分析的适用性和公正性。但如果使用的数据是没有经过加工和分析的，应视为直接调查。

3. 小范围市场测试

如果条件允许，在一个小的市场范围试探性地引进正在进行分析的产品或者服务，通过客户在购买、使用和售后过程中的反馈来直接确认客户对这个产品或服务的接受度，这个区域的数据可以作为全国市场分析的重要参考依据。

《〈成都市日料市场发展现状调查与分析〉调查问卷》案例

第一部分为消费者调查分析：

（1）您近半年的常住地是

成都（　）　成都以外的其他城市（　）

（2）请选择您的身份

消费者（　）　日料市场管理者（　）　日料市场专业技术人员（　）

（3）您的性别

男（　）　女（　）

（4）您的年龄段位于

18 岁以下（　）　18~25 岁（　）　26~35 岁（　）

36~45 岁（　）　46~55 岁（　）　55 岁以上（　）

(5) 您的学历是
初中（ ） 高中（ ） 中专（ ）
大专（ ） 本科（ ） 硕士及以上（ ）
(6) 您的职业是
专业技术人员，如律师、教师、医生等（ ）
第三产业服务人员（ ） 公司职员（ ）
事业单位/政府工作人员（ ） 私营企业（ ）
学生（ ） 其他（ ）
(7) 您的月收入是
3 000 元以下（ ） 3 000~5 000 元（ ） 5 001~8 000 元（ ）
8 001~12 000 元（ ） 12 000 元以上（ ）
(8) 您是否有海外求学、工作、生活经历?
是（ ） 否（ ）
(9) 您认为以下哪种宣传方式更能够吸引您到店消费?
点餐 APP（ ） 电视广告、报纸杂志（ ） 亲朋好友推荐（ ）
大众传媒，如抖音、快手（ ） 街边传单派发及推销员推荐（ ）
(10) 您会在以下哪种情况下选择日料店进行就餐消费?
情侣约会（ ） 朋友聚餐（ ） 商务宴请（ ）
家庭聚会（ ） 基本就餐需要（ ）
(11) 您去日料店就餐的频率为
经常去（ ） 偶尔去（ ） 基本不去（ ）
(12) 您通常选择的日料店就餐方式为
外卖（ ） 堂食（ ）
(13) 您就餐时选择的日料分类有哪些?
寿司类（ ） 生鱼类（ ） 锅类（ ）
炸物或烧烤类（ ） 其他（ ）
(14) 您选择日料品牌最注重什么?
品牌效应（ ） 食材品质（ ） 就餐环境（ ） 菜品丰富（ ）
服务质量（ ） 价格优惠（ ） 地理位置（ ） 营养饮食（ ）
(15) 您更倾向日式料理的类型为
传统式料理（ ） 融合创新式料理（ ） 其他（ ）
(16) 以往您去过的成都日料店的以下哪些项您认为非常满意?
菜品（ ） 管理（ ） 服务（ ） 增值服务（ ）
文创产品（ ） 装修（ ） 氛围营造（ ） 媒体宣传（ ）
(17) 以往您去过的成都日料店的以下哪些选项您认为是最不满意的?
菜品（ ） 管理（ ） 服务（ ） 增值服务（ ）
文创产品（ ） 装修（ ） 氛围营造（ ） 媒体宣传（ ）

(18) 您对日式料理店预期心理价位是

100 元以下（ ）　101~200 元（ ）　201~300 元（ ）　301~600 元（ ）

601~800 元（ ）　801~1 200 元（ ）　1 200 元以上（ ）

(19) 如果给您去过的日料店评价的话，您会选择

非常满意（ ）　满意（ ）　一般（ ）

不太满意（ ）　不满意（ ）

第二部分为老板调查分析：

(1) 您的性别

男（ ）　女（ ）

(2) 您的年龄段

18~25 岁（ ）　26~30 岁（ ）　31~35 岁（ ）

36~40 岁（ ）　41~45 岁（ ）　45 岁以上（ ）

(3) 您的国籍是

中国（ ）　日本（ ）　欧美国家（ ）　其他（ ）

(4) 您的从业年限为

1 年及以下（ ）　1~3 年（ ）　3~5 年（ ）　5 年以上（ ）

(5) 您的店铺面积为

30~60 平方米（ ）　61~120 平方米（ ）

121~200 平方米（ ）　200 平方米以上（ ）

(6) 您的门店座位数为

20 位以下（ ）　21~50 位（ ）　51~80 位（ ）　80 位以上（ ）

(7) 您店内各岗位工作人员各有多少？

楼面（ ）　厨房（ ）　行政（ ）　其他（ ）

(8) 您的门店投资金额为多少？

50 万元以下（ ）　51 万~100 万元（ ）　101 万~200 万元（ ）

201 万~300 万元（ ）　300 万元以上（ ）

(9) 您的门店每月线上和线下营销费用各是多少？

线上（ ）　线下（ ）

(10) 您的门店经营模式为

自营模式（ ）　直营模式（ ）　合资模式（ ）

加盟模式（ ）　代营模式（ ）　店中店模式（ ）

(11) 您的门店主要采取的宣传模式是

电视广告、报纸杂志（ ）　电梯广告（ ）

大众传媒，如抖音、快手、美食排行榜（ ）

街边传单派发及推销员推荐（ ）

(12) 您的门店是否对员工进行过内训？

是（ ）　否（ ）

(13) 您的门店是否有加薪制度?

是( ) 否( )

(14) 您的门店需要的人才类型为

管理型( ) 服务型( ) 技术型( ) 其他( )

(15) 您的门店员工招聘途径为

合作的院校( ) 招聘网站( ) 行业内推荐( ) 其他( )

(16) 您门店维系员工的主要手段为

薪资待遇( ) 上升途径( ) 情感维系( ) 其他( )

(17) 您的门店食材采购方式是什么?

成都市内采购( ) 成都市周边采购( )

国内其他地区采购( ) 海外采购( )

(18) 您的门店新品产出周期为

一个月( ) 三个月( ) 半年( ) 一年( ) 一年以上( )

(19) 本店的客群占比最多的为

儿童( ) 青年( ) 中年( ) 老年( )

(20) 门店的文化元素融合体现在哪些方面?

语言服务( ) 场景打造( ) 出品方式( )

制作工艺( ) 文创产品( ) 增值服务( )

(21) 您认为您门店的竞争优势为

店面装潢( ) 菜品创新( ) 食品新鲜( ) 人员管理( )

顾客服务( ) 技术团队( ) 营销方式( )

(22) 门店是否有相关标准化内部指导文件、资料等?

是( ) 否( )

(23) 您认为在品牌发展过程中的瓶颈体现在以下哪些方面?

缺少标准化( ) 缺少技术人员( ) 缺乏科学技术( )

缺乏设施设备( ) 缺乏融资渠道( ) 缺少供应链( )

(24) 您认为门店主要面对的经营问题是

区域内过于密集( ) 服务流于表面( )

恶性价格竞争( ) 缺乏行业规则( )

第三部分为经营管理者调查分析:

(1) 您的性别

男( ) 女( )

(2) 您的职位是

厨师长( ) 主厨( ) 厨师( ) 厨工( ) 学徒( )

(3) 您的年龄是

18~25岁( ) 26~30岁( ) 31~35岁( )

36~40岁( ) 41~45岁( ) 45岁以上( )

(4) 您的学历是

初中（　）　高中（　）　中专（　）　大专（　）

本科（　）　硕士及以上（　）

(5) 您是否有过海外经历？

日本海外经历（　）　其他国家海外经历（　）　否（　）

(6) 您是否考取过烹饪方面的相关证书？

厨师证，包含初级、中级、高级（　）　营养师证（　）　其他相关证书（　）

(7) 除了企业内训外，您是否参加过专业日本料理培训？

是（　）　否（　）

(8) 您通过什么方式学习和提升日料烹饪技术？

教学视频（　）　培训课程（　）　企业内部培训（　）

工作中学习（　）　书籍资料（　）

(9) 您从事烹饪、日料方面的工作的年限是

1 年以下（　）　1~3 年以下（　）　3~5 年以下（　）

5~10 年（　）　10 年以上（　）

(10) 您到店工作年限为

半年以下（　）　6~12 个月以下（　）　1~2 年（　）　2 年以上（　）

(11) 您对当前职业的满意度是

非常满意（　）　满意（　）　一般（　）　不满意（　）

4. 对市场容量进行分析

第一步是确认目标客户。目标客户就是你的产品或者服务能够满足他们未满足的需求，给他们带来价值的个人或者公司。在确定目标客户后你应该形成一个清晰的客户概况（customer profile）。

第二步是预估目标客户数量。目标客户明确之后可以通过各种市场调研渠道，包括人口普查的信息、政府相关部门的数据以及市场调研公司的报告，进行目标客户数量的预估。

第三步是评估市场渗透率（penetration rate）。

第四步是计算潜在的市场容量。

市场容量 = 目标客户的数量×市场渗透率

市场价值 = 市场容量×每个客户的平均市场价值

5. 细分市场的分析

市场细分（market segmentation）的概念是由美国营销学家史密斯（Wender Smith）在 1956 年最早提出来的。他认为一个市场的顾客有不同的需求，并且寻求不同的利益。任何一家企业想要拓展整体市场、满足所有消费者的全部需求都是不可能的。

所谓市场细分，是指通过一系列市场调研，找到消费者需求、购买行为和购买习惯等方面的差异，将产品的市场整体划分为若干消费者群的市场分类过程。通过对细分市场的分析，我们可以更好地制定市场开拓战略。理解市场细分的含义需要注意以下三点：一是

市场细分的立足点是市场消费需求的不同；二是市场细分不是对企业的产品进行细分，而是对消费群体的细分；三是市场细分的过程是分市场之间求异存同、分市场内部求同存异的过程。

6. 市场盈利性分析。

我们可以通过五力分析法（five forces analysis）来进行市场盈利性分析，以对一个存在竞争的市场环境进行评估（图 10.6）。

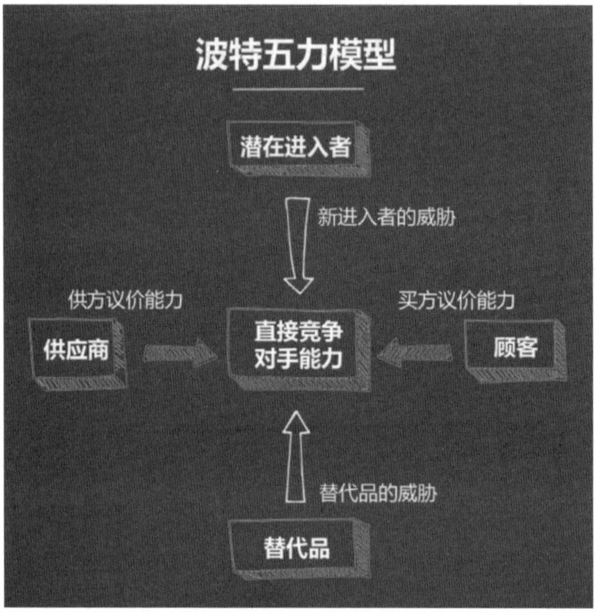

图 10.6 波特五力模型

五力分析法包含五个方面：市场准入的威胁（the threat of entry）、买家的力量（the power of buyers）、供应商的力量（the power of suppliers）、可替代产品的威胁（the threat of substitutes）、竞争对手（competitive rivalry）。

第二节 市场预测

一、市场预测的相关概念

市场预测是指通过特定的分析方法，对产品或者服务未来市场需求的变化趋势或者生产流通销售等环节的状态进行的科学预判。市场预测分为近期预测、短期预测、长期预测、即时预测。越是远期的预测可靠性越小，越是近期的预测可靠性越大。

近期预测是对一年以内的市场变化情况进行的预测，短期预测是对一到两年的时间窗口进行的预测，长期预测是对超过五年的时间窗口进行的预测，即时预测是对六个月以内的时间窗口进行的预测。

定性预测是根据一定的经济规律和实际经验对市场的未来发展和趋势做出的市场判断、预测和估计。定量预测是指通过建立数学模型对未来市场的发展趋势和状态进行定量化的预测。

二、市场预测的步骤和方法

（一）市场预测的步骤

市场预测通常分为6个步骤：

（1）确认需要预测的目标；

（2）确定影响预测目标的各种主要因素；

（3）搜集、整理资料或者进行调研；

（4）分析判断；

（5）选择预测方法，建立预测模型，做出预测；

（6）对预测的结果进行可实现性检测（reality check），确认预测的可靠性。

市场预测完成后，通常应该进行一次可实现性检测，以确保所做的市场预测符合当前宏观经济情况下的市场发展规律，同时确保其他计划能够支持这个市场预测的实现。例如：对已完成的市场预测数据与所有竞争者的销售数据进行汇总分析，确定是否符合整个大市场的预测；将某一个特定市场上的预测结果与具有类似特征的其他市场的结果进行比较；将市场预测的结果与产品产能和供应商的供货能力进行确认，确保所做的市场预测数据与生产计划（或产品供应能力、服务覆盖能力）是匹配的；将市场预测与公司的整体人力资源的策略、市场开发的资源投入计划等进行确认，看是否匹配。

（二）市场预测的方法

市场预测的方法主要有两个：

1. 定性分析方法

通常会采用专家评估预测、头脑风暴、德尔菲法（Delphi）以及顾客需求意向分析法。

2. 定量分析方法

定量预测法又包括线性回归法、移动平均法、加权移动平均法、季节变动预测法以及利用更复杂的数学模型建立的分析方法。

（1）线性回归法

线性回归法试图将一组以时间为序列的历史数据用一条直线或者一次方程式的形式进行模拟。

如果 $D(t)$ 为我们获得的历史数据而 t 为对应的时间点，那么 $y(t)=a+bt$ 就是在时间点 t 时 $D(t)$ 的模拟值。在这个线性模型中，a 和 b 均为常数而且 a 和 b 是通过求取最小的 $\sum_{t=1}^{n}[D(t)-(a+bt)]^2$ 得到的。

在众多的作图工具中，线性回归是一个常备的功能，可以轻松地获取模型中的 a 和 b（图 10.7）。

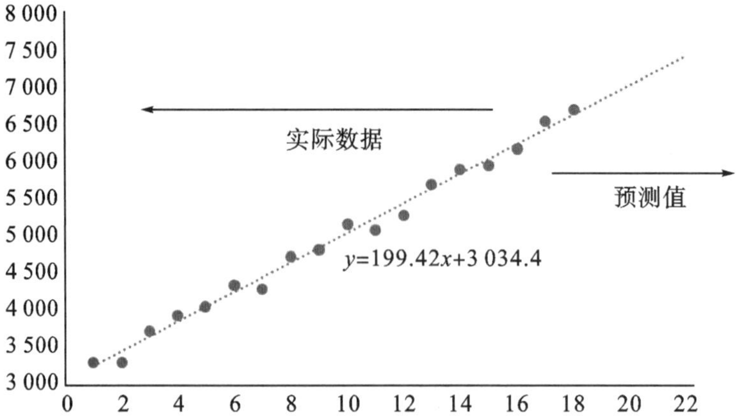

图 10.7　线性回归模型

如今，线性回归已经广泛应用于自然科学和社会科学的各个领域。英国著名生物学家和统计学家高尔顿（Francis Galton）在研究父代与子代身高关系问题时就提出：如果父代的身高超过平均值，则其子代的平均身高将低于父代的平均身高；若父代的身高低于平均值，则其子代的平均身高将高于平均值。即子代的身高出现了“向平均值回归”的现象，其线性回归理论方程为：$Y = 33.73 + 0.516X$。其含义是父代的身高 X 每增加一个单位的时候，其子代的身高增加 0.516 个单位，这个经验回归方程反映了父代和子代身高关系之间的“回归”效应。

线性回归在企业经营管理中也发挥着越来越重要的作用，例如预测某城市房屋租金价格和房屋销售价格、预测某城市的空气质量、预测某城市消费水平等。

（2）移动平均法

移动平均法（moving average，MA）是用过去 N 个时间点的所有实际数据 D 的平均值作为下一个时间点预测值 $F(t+1)$。

移动平均法可以选用不同的固定时间间隔来做预测，例如 MA(5) 是用每 5 个实际数据来滚动预测下一个值，而 MA(8) 则使用每 8 个数据来滚动预测下一个值（表 10.1、图 10.8）。

表 10.1　移动平均法测算表

时间/月	销售量/件	MA(5)/件	MA(8)/件
1	2 899	—	—
2	2 979	—	—
3	3 215	—	—
4	3 143	—	—
5	3 191	—	—
6	3 266	3 085	—
7	3 238	3 159	—

表10.1(续)

时间/月	销售量/件	MA(5)/件	MA(8)/件
8	2 997	3 211	—
9	3 374	3 167	3 116
10	3 385	3 213	3 175
11	3 037	3 252	3 226
12	3 228	3 206	3 204
13	3 298	3 204	3 215
14	3 280	3 264	3 228
15	3 361	3 246	3 230
16	3 185	3 241	3 245
17	3 222	3 270	3 269
18	3 342	3 269	3 250
19（未来预测）	—	3 278	3 244

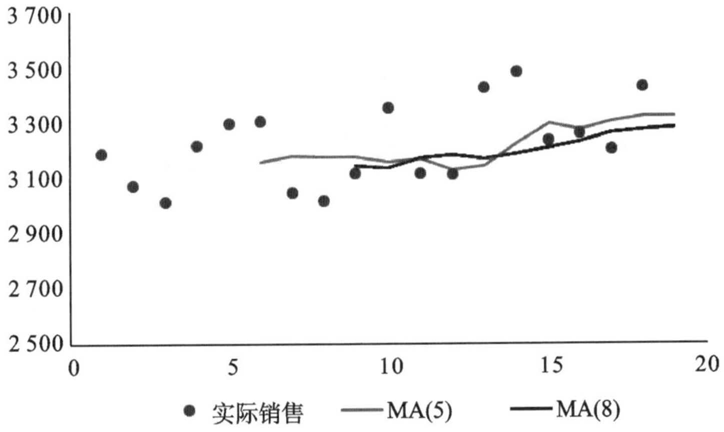

图 10.8　移动平均法坐标图

（3）加权移动平均法

加权移动平均法类似于前面的移动平均法，但分配给前面 N 个时间点的分量 W_t 是不同的，越靠后的数据分量越重。

在前面的例子中，如果我们选择固定时间为 4 个月移动平均法，但赋予每个点分量系数如表 10.2 所示：

表 10.2　加权移动平均法测算表

时间	$t+1$（未来）	t（当前）	$t-1$（前 1 个月）	$t-2$（前 2 个月）	$t-3$（前 3 个月）	合计
分量系数 W	—	0.4	0.3	0.2	0.1	1.0

那么我们就可以得到如表 10.3 中的加权平均值：

表 10.3　加权平均值表

时间/月	销售量/件	WMA(4)/件
1	3 185	—
2	3 069	—
3	3 010	—
4	3 215	—
5	3 294	3 121
6	3 303	3 191
7	3 044	3 253
8	3 015	3 189
9	3 115	3 109
10	3 348	3 090
11	3 112	3 181
12	3 108	3 174
13	3 422	3 158
14	3 479	3 258
15	3 233	3 351
16	3 258	3 332
17	3 200	3 311
18	3 426	3 252
19（未来预测）	—	3 305

在实际营销过程中，我们会遇到不少服务和产品的市场需求受到季节的周期性影响的情况，例如机票和酒店在一年中的旺季和淡季。这些服务和产品的销售数据在一年中会有很大的上、下波动，年复一年，给市场预测带来了复杂性和很大的挑战，使用前面的平均法和回归法都不能很好地反映这种季节性的变化规律。有幸的是，这样的波动是很固定和可预测的，使用以下的季节变动预测法就可以做出合理的预测。

（4）季节变动预测法

季节变动预测法分为五个步骤：

步骤一，根据数据判定季节性变化的周期长度（T）。T 是指在多长的固定时间内季节性的变化会出现一次（表 10.4）。

表 10.4　季节变动预测法原始数据表

月	1	2	3	4	5	6	7	8	9	10
销量	2 723	4 106	3 786	2 981	2 952	4 713	6 157	7 565	7 252	3 973
月	11	12	13	14	15	16	17	18	19	20
销量	4 296	7 053	9 972	11 568	10 680	4 574	4 986	8 474	12 933	14 744

我们可以看到销量每隔 6 个月就会重复一次的变化趋势（包括高峰和低谷）（图 10.9），在这个例子中，T=6 个月。

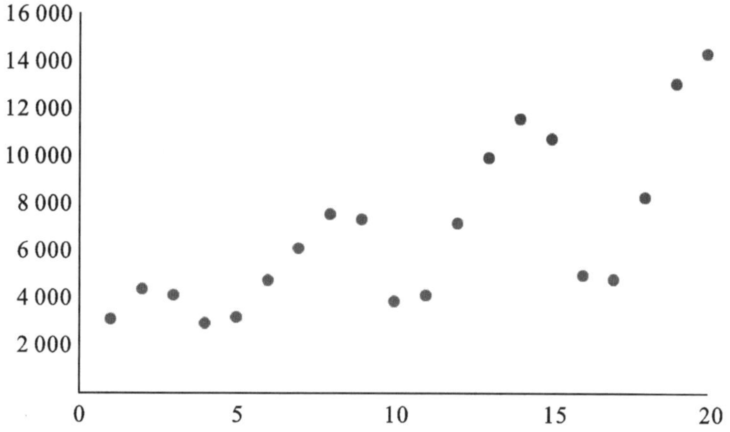

图 10.9　季节变动预测坐标系

步骤二，计算季节性参数。首先按照周期对数据重新进行排列，然后按照以下的公式计算移动平均值：$\mathrm{CMA}(6)_t=\frac{1}{6}\left(\frac{D_{t-3}}{2}+D_{t-2}+D_{t-1}+D_t+D_{t+1}+D_{t+2}+\frac{D_{t+3}}{2}\right)$，得到如表 10.5 所示结果。这里用的是覆盖整个周期 T 的中心移动平均法（CMA）。

表 10.5　季节移动平均值

每个周期中的月份	销量	$\mathrm{CMA}(6)_t$	销量	$\mathrm{CMA}(6)_t$	销量	$\mathrm{CMA}(6)_t$	销量	$\mathrm{CMA}(6)_t$
1	2 723	—	6 157	5 353	9 972	7 974	12 933	—
2	4 106	—	7 565	5 547	11 568	8 081	14 744	—
3	3 786	—	7 252	5 854	10 680	8 257		
4	2 981	3 830	3 973	6 367	4 574	8 622		
5	2 952	4 404	4 296	7 019	4 986	9 134		
6	4 713	4 981	7 053	7 638	8 474	—		

步骤三，对数据进行去季节性处理。使用以下的公式预估周期 T 中每一个月的预估季节性系数 ct′，$ct'=\frac{D_t}{\mathrm{CMA}(6)_t}$。计算每一个月所有 ct′的平均值并做微调，就是每个月的季

节性系数 ct（表 10.6、表 10.7）。

表 10.6　季节性系数一

月份	销量	CMA(6)	ct′	销量	CMA(6)	ct′	销量	CMA(6)	ct′	销量	CMA(6)
1	2 723	—	—	6 157	5 353	1.150	9 972	7 974	1.251	12 933	—
2	4 106	—	—	7 565	5 547	1.364	11 568	8 081	1.431	14 744	—
3	3 786	—	—	7 252	5 854	1.239	10 680	8 257	1.293		
4	2 981	3 830	0.778	3 973	6 367	0.624	4 574	8 622	0.530		
5	2 952	4 404	0.670	4 296	7 019	0.612	4 986	9 134	0.546		
6	4 713	4 981	0.946	7 053	7 638	0.923	8 474	—	—		

表 10.7　季节性系数二

月份	ct′			ct′平均值	季节性系数 ct
1	—	1.150	1.251	1.201	1.190
2	—	1.364	1.431	1.398	1.386
3	—	1.239	1.293	1.266	1.255
4	0.778	0.624	0.530	0.644	0.638
5	0.670	0.612	0.546	0.609	0.604
6	0.946	0.923	—	0.935	0.926
合计				6.053	5.999

步骤四，对去季节性处理后的数据进行趋势预测（可以用回归法、平均法等）。对原始数据进行去季节性处理，结果如表 10.8 和图 10.10 所示。

表 10.8　去季节性处理数据

每个周期中的月份	销量 Dt	去季节性销量（Dt/ct）	销量 Dt	去季节性销量（Dt/ct）	销量 Dt	去季节性销量（Dt/ct）	销量 Dt	去季节性销量（Dt/ct）
1	2 723	2 288	6 157	5 174	9 972	8 380	12 933	10 868
2	4 106	2 964	7 565	5 458	11 568	8 346	14 744	10 638
3	3 786	3 017	7 252	5 778	10 680	8 509		
4	2 981	4 672	3 973	6 227	4 574	7 169		
5	2 952	4 887	4 296	7 112	4 986	8 255		
6	4 713	5 089	7 053	7 616	8 474	9 151		

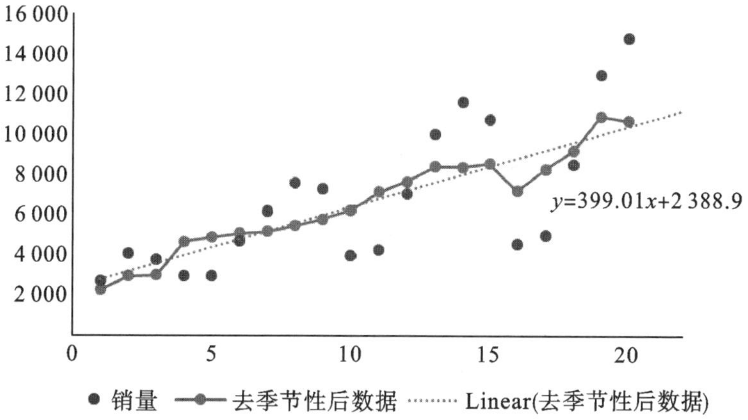

图 10.10　去季节性后的数据坐标图

对去季节性处理后的数据进行线性回归，即可得到在去季节性条件下的未来预测值（表 10.9）。

表 10.9　去季节性条件下的预测值

月	21	22	23	24
预测销量（去季节性影响）	10 768	11 167	11 566	11 965

步骤五，对去季节性处理的预测数据进行季节性的修正，得出市场预测值（表 10.10、图 10.11）。

市场预测值 Dt = 去季节性影响下的预测值×ct。

表 10.10　市场预测值

月	21	22	23	24
预测销量（去季节性影响）	10 768	11 167	11 566	11 965
ct	1. 255	0. 838	0. 604	0. 926
最终销量预测	13 514	9 358	6 986	11 080

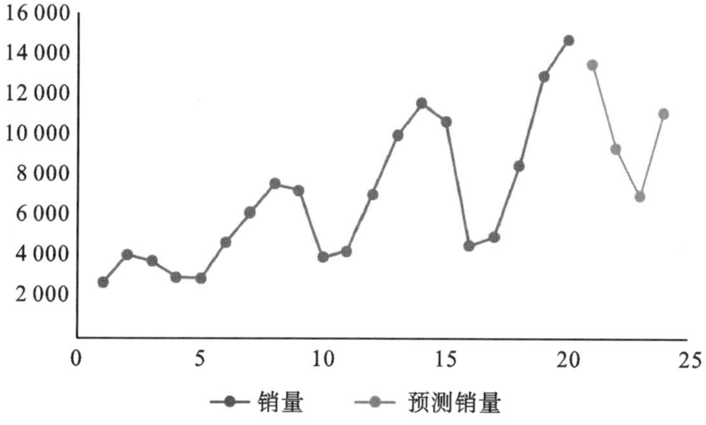

图 10.11　市场预测值数据坐标图

三、运用大数据辅助市场预测

(一) 大数据在实际运用过程中的考虑

当我们要对某产品或者服务进行市场预测的时候，需要根据产品或服务的特点来选择不同的市场分析和预测的路径以及重点关注的领域。当一个新产品推出的时候，我们并没有多年的推广数据，所以以上提到的很多预测方法和手段并不适用。那么我们更多要从产品和服务的特性进行市场的分析和预测。

在我们没有多年数据的情况下，如果这个产品能为这个行业带来革命性的影响，我们就要进一步分析这个产品所带来的价值是否很突出、是否很容易被理解。如果我们的任务就是选择重点市场，那么就应结合 KOL 等对用户的宣传和教育，采用试用或者优惠的手段，使这个革命性的产品能够迅速在市场得到推广。当这个新的产品并没有达到革命性的程度，但与现有行业内的产品非常类似，或者虽然这个产品带来了革命性的变化，但它能带来的价值诉求并不十分突出、并不容易被用户理解和体会，那么我们就要寻找现在的直接竞争者。如果存在这样的直接竞争者，我们就可以将工作重点放在调研产品之间的差异点和直接竞争者的现有客户的满意度，以及市场的饱和度等方面，同时也应该重点考察现有客户对竞争产品的忠诚度以及评估客户的转换成本，从而决定市场推广的策略是避开现有竞争者来开发新的客户还是直接与竞争者争夺现有市场；如果决定要竞争现有市场，那么就采用给予折扣、补偿转换成本等方式快速从现有竞争者手中夺取客户，参考现有竞争者的市场渗透率和销售数据，并制定针对竞争产品的更有效的市场策略。

如果该产品没有直接的竞争者，或者虽然有类似的产品，但是存在着特殊的差异性的价值，一个很重要的营销策略就是开拓 Niche 市场。这个时候我们应该将重点放在调研 Niche 市场或者细分人群方面的特殊要求，然后针对 Niche 市场和目标人群进行有针对性的市场宣传和推广。类似产品的过往销售数据和市场渗透率可以作为市场预测的参考，但应就 Niche 市场容量和目标人群的特点做出相应的调整。

当然，如果一个产品或者服务已经有多年的推广数据，那么我们就可以用前面提到的一系列市场分析和预测手段进行预测。如果在进一步分析的时候发现市场的增长率领先于行业的增长率，这就表明现有的市场策略和营销手段都非常有效，进一步的发展空间就会落在对市场的细分上，然后调研细分市场的容量、饱和度和特殊要求，将市场的策略分解到每一个细分市场中。但如果这个产品的成长率低于行业成长率，那么就应该对现有的市场进行全面的分析和调研，选择重点的市场进行试验和突破，再将成功的经验推广至其他市场（图 10.12）。

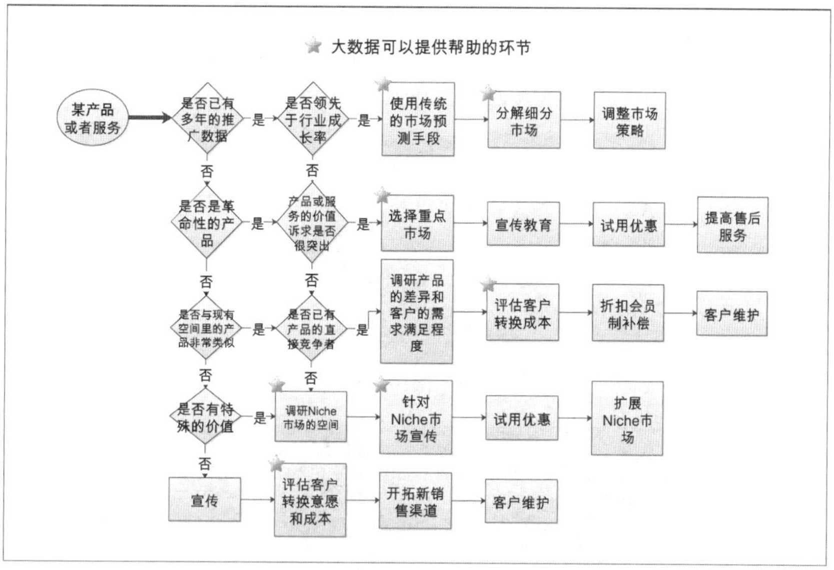

图 10.12　产品市场评估和销售策略图

（二）大数据在市场预测中的应用

在大数据出现后，大多数人相信大数据将会让我们发现更多的未知市场规律，同时也应该能够使我们的预测更加有数据的支持。大数据辅助预测机会是多个方面的，一个最简单也是最成功的例子，就是利用大数据可以获得更加准确的天气预报。

大数据能够帮助企业分析、识别、管理市场需求，为满足各类需求制定有效的营销策略。因为现代企业管理的重心在经营，经营的中心在决策，决策的前提是信息，信息的来源在数据。

当绝大多数人对某产品或服务感到厌恶，甚至愿意出钱回避时，数据反馈为负需求，市场经理就需要对现有产品和服务进行改变；当目标市场对产品或服务毫无兴趣或漠不关心，市场营销管理就需要刺激市场，创造需求；当一部分消费者对现有产品或服务满意度不高，市场经理基于对现有市场的分析与潜在市场的预测，就需要开发有效的产品与服务；当需求下降时，就需要采取更有效的沟通方法刺激需求，或寻求新的消费市场，提振消费；当市场出现不规则需求时，就需要对市场进行协调，通过灵活定价、促销或其他激励方法来改变需求时间模式。

例如，蒙牛乳业基于对奶茶行业的市场数据分析，发现健康茶饮从 2013 年至今，市场需求不断增长，新式茶饮市场更迭速度加快，多元化、复合式经营方式正在成为新式茶饮行业未来发展趋势。基于这样的市场预测，蒙牛创立了社交性茶饮品牌南小贝（CHIGOOSE-TEA），其初衷是将奶茶回归原本的友好和纯粹，为创业者和消费者带来不一样的高颜值“养颜美容”茶饮（图 10.13）。

南小贝的产品主要包括凝纯孔雀丸茶（图 10.14）、慢燃乳酪鲜果、手做茶、冰激凌茶和传统奶茶 5 个大类，全线产品均使用蒙牛奶源，还创造性开发了“蒙牛凝纯胶原蛋白肽晶璨可吸果冻”。蒙牛跨界进入奶茶行业，是对消费市场的精准分析与预测的结果，南小贝受到热捧也是基于目前奶茶市场单一的健康饮品无法满足消费者的需求。

图 10.13　南小贝奶茶店

图 10.14　南小贝主打产品凝纯孔雀丸茶

除此之外，大数据在市场预测中的案例还有很多。例如，云南白药牙膏基于对年轻消费市场的分析与预测，推出创新性产品“奶茶牙膏”；等蜂来基于对商旅出差人群需求痛点的分析预测，推出商旅小罐蜂蜜产品；MISS RAIN 基于对年轻消费者雨伞消费与市场场景的分析预测，推出个性化和带有礼品属性的雨伞产品（图 10.15，图 10.16，图 10.17）。

图 10.15　云南白药奶茶牙膏

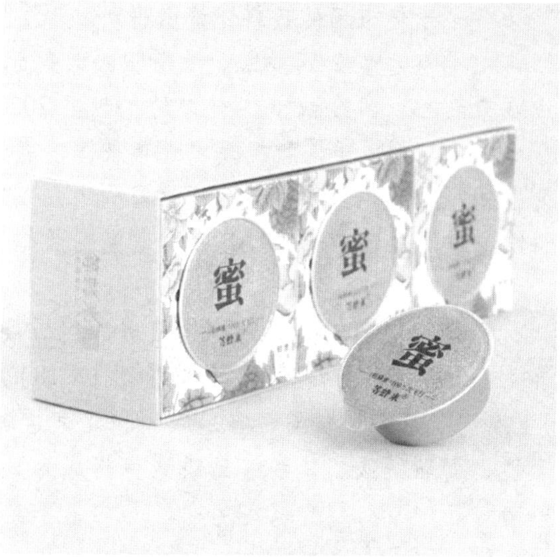

图 10.16　等蜂来小罐蜂蜜

狮子手柄，来自指间的野性咆哮

THE SOUND OF LION

图 10.17　MISS RAIN 创意雨伞

千亿市场的日料还好做吗

据不完全统计，2015年日料餐厅仅2万多家。随着很多年轻消费者餐饮口味多元化、国际化，日料餐厅从一线城市到三、四线城市均有布局。截至2020年，我国日料餐厅已达8万余家，日料市场在中国已经形成千亿级规模。近年来，以成都为代表的新一线城市日料市场发展迅猛，即便在新冠肺炎疫情和经济下行的影响下，以瑠璃、大德会席、鮨·初雲等为代表的高端日料纷纷进军成都市场。红餐品牌研究院数据表明，日料在我国的发展主要呈现以下特征：

一是日料品类的“下沉市场”空间较大。新一线城市的门店数量占比超过一线城市，接近25%，二、三线城市的门店数量占比也相对较高（图10.18）。华东与华南区域占比超过50%（图10.19）。上海门店数量居全国之首，广州和北京紧随其后（图10.20）。一线城市的日料竞争非常激烈，而新一线、二线、三线城市将成为日料品牌竞争的主战场，日料市场也呈现出下沉的趋势。

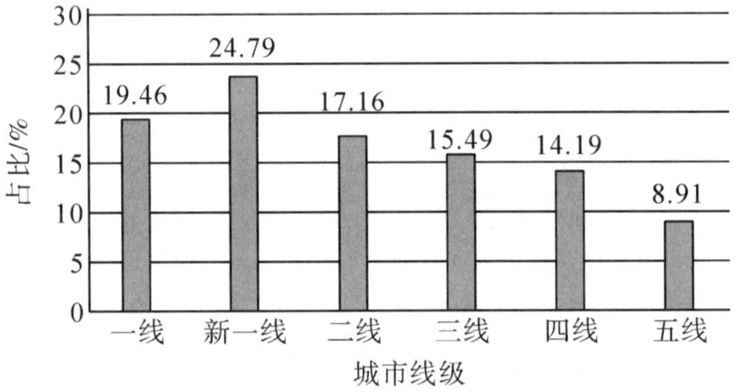

图10.18　各线级城市日料店数量分布图

（红餐品牌研究院数据）

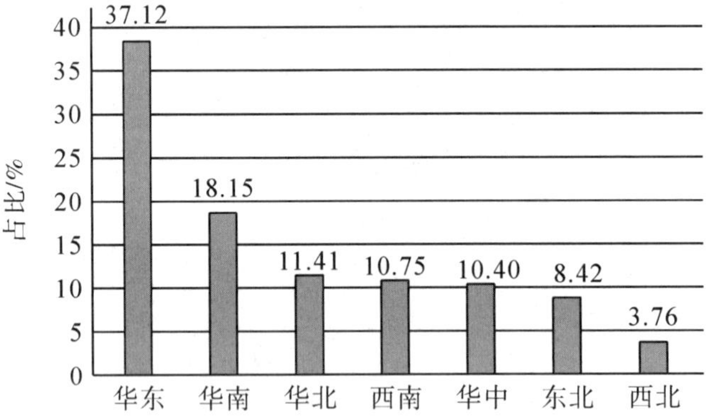

图10.19　各区域日料店数量分布图

（红餐品牌研究院数据）

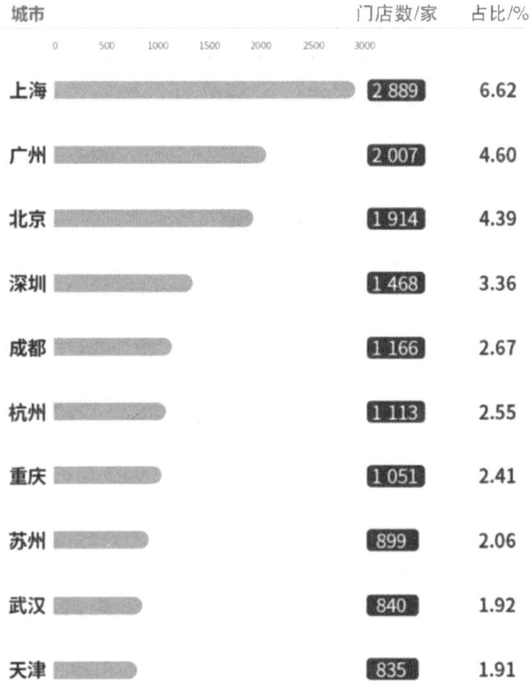

图 10.20　全国日料店 TOP10 城市分布图

（红餐品牌研究院数据）

二是大众日料可能是日料品类新的增长点。日料消费中，单消 50 元以下和 50~100 元的占比超过 50%，中高端日料消费占比达到 45%（图 10.21）。这种现象表明，消费者对日料的消费认知偏高，部分消费者愿意花更多的钱体验日料。

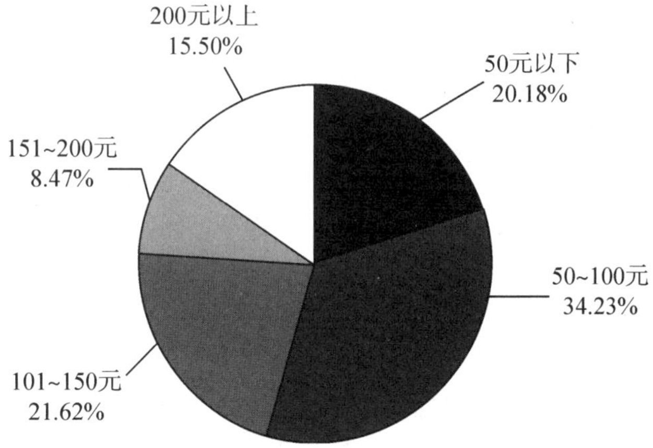

图 10.21　日料人均消费价位分布图

（红餐品牌研究院数据）

三是高端日料发展迅速。以成都市场为例，大众点评人均消费 1 000 元以上的日料店有 12 家，其中人均消费超过 2 000 元的就有 2 家，这种餐厅主打传统怀石和会席料理，不走大规模连锁模式，消费都是预定制，特色主要包括环境、服务与食材。

根据上述三个特征分析，虽然日料餐饮市场竞争激烈，但是随着消费不断升级与消费文化多元化，日料餐饮企业需要在以下三个方面进行战略调整：首先，要立足中国本土消费需求，将传统日料与中国消费者的个性化需求进行融合创新；其次，要扩大多元化产品供应，在现有食材库的基础上将部分特色中餐食材和文化纳入日料餐饮体系；最后，要优化店面与品牌运营，继续突出新鲜食材、特色酱料、周到服务等品牌亮点。

综上所述，日料为消费者提供新鲜健康的食材，讲好匠心营造的故事，在庞大的餐饮行业中只有选择符合企业发展的细分品类，方能拥抱市场的春天。

第三节　决策

我们不能保证每次都能做出正确的决策，但应该保证每次都去正确地做决策。在现实中，我们会去追求一个所谓正确的决策，以求获利最大化。但在不少情形下，我们也必须接受在两难的局面下尽力将损失控制到最小的决策。在做决策时，我们应该充分了解以下几个概念以及它们之间的关系。

一、决策的相关概念

（一）决策的内涵

1. 决策

决策是为了解决某个问题或者达到某个目标而做出的选择或决定。因此，决策流程的起因必须是一个明确的问题或目标。如果决策要达到的目标是单一的就叫作单目标决策，针对多个目标的决策就叫多目标决策。

2. 决策目标

决策目标是指决策者根据所要解决的问题来确定的希望达到的目的。这个目标必须是明确的、具体的、有时限性的和可实现的，否则决策就会失误。决策目标的可实现性是指在当前内外部限制条件下，通过一系列的调查、论证和研究后预测可以达到的结果。不明确或者是偏离合理状态的目标叫作目标“漂移”，再好的狙击手都无法准确瞄准一个不确定的或者不在视野里的目标。

3. 决策主体

决策主体又称为决策者，是指参与决策及负责对决策的多个可行方案做出最后选择和决定的个人或集体。

4. 可选方案

可先方案是指经过专业团队和管理团队一系列的调研、试验和论证后提出的预计可以达到目标的问题解决方案。可选方案应该是明确的、具体的和可执行的，对于方案中还没有证明的关键假设或技术难关应该列明并有相应的确认步骤和时限。方案中除了明确的执行步骤和负责人外，还要包括需要的资源和风险的评估及控制措施。

（二）决策的类型

1. 确定型决策

确定型决策是指决策可达成的结果完全取决于决策者所采取的行动，也就是说每一个行动方案的状态都是确定的，对应的损失或利益值可以使用数学函数公式进行计算。这种决策的方案选择通常会基于利润最多、成本最小或者耗时最少等最优值。这种决策的例子包括个人的消费的选择。比如同一款某品牌轿车，在开车半小时的范围内有三个车行的报价分别为 20. 5 万元、21. 3 万元和 19. 8 万元，考虑到半小时开车的时间成本和油费与不同车行的价格差异比基本忽略不计，因此决策可以基于最少购车费用的考虑做出。

2. 风险型决策

风险型决策是指决策选项的结果存在一定的风险，是不可控的，虽然结果的达成有一定的不确定性，但概率是可预知的。因此，这种决策要在概率或统计的基础上进行，必须承担一定的风险，也被称为随机型决策或统计型决策。当你在携程或其他旅行网站上购买一张从上海飞往北京的机票时，你发现有下午 5：00 的 A 航空公司航班，准点率为 75%，同时也有 B 航空公司同一时间段相同价格的另一航班，准点率是 80%。估计你很有可能会选 B 航空公司准点率高一些的航班。但实际的情况是在你起飞的那一天，这两班飞机到底会不会延误，哪一班会延误却是无法提前确定的，当天的延误情况与历史的准点率无关。

3. 不确定型决策

不确定型决策是指决策选项的可能结果是不能完全预知的，每个可能事件的发生概率也是不确定的，甚至没有主观的参考值。因此在这种情形下，无法测算出最优化的数值，不能采用最优法则进行决策。

例如：你已经跟一个大客户谈成了一个初步合作意向，正在离公司 100 多千米的城市出差，突然接到这个大客户的一个电话通知，他将会在 1 小时 30 分钟后到达你的公司进行最后的考察，并当面敲定细节。考察时间不多，只有不到半个小时，然后就要赶去机场，这次考察会对是否签订最终的合作协议有重大影响。身在 100 多千米以外的你，现在仅有两个选择：一是沿着高速公路迅速返回公司，在不堵车的情况下，1 小时 10 分钟内可以到达公司，提前安排和迎接大客户，但不巧的是现在是下午 4:30，正是高峰期间，一旦高速公路堵车，你将无法选择其他路线避开拥堵，当这种情况出现时，你非常有可能花两个多小时才能到达公司，也就是会错过这次重要的会晤；而你的另一个选择是走普通公路，只要不是大范围堵车的话你估计将会比客户晚 10~15 分钟到达。虽然 GPS 系统显示高速路现在没有堵车，但你没有办法预估后面 1 个多小时高速公路是否会堵车。同时，你现在也不知道错过这次会晤是否就意味着彻底丢失这个订单，也不知道如果迟到了需要花费多少努力去修复客户的关系，但你知道迟到总比错过这次会晤好得多。

在这种情况下，又该如何决策呢？这是个两难的局面，有太多的不确定性。两种选择都可能是正确的选择，而最终的决策更会受到你本人的做事风格、愿意承担风险的程度和未来对这件事是否有遗憾等主观因素的影响。但无论怎样，唯一不正确的决策就是惊慌失措或者花大量时间去拼凑一个完美的办法，听由时间过去而不做选择从而错过所有的机会。

4. 竞争型决策

竞争型决策是指决策的选项和选项的结果受到竞争对手决策的影响，会因为对方的行动而改变。竞争对手的行动既不受我方决策者的控制也没有概率和可预测性，所以这种决策也不能使用最优值的原则来进行，而且已经进入了对策学的范畴，需要将对方的可能行动和我方的行动进行综合考虑，找出优选的可执行方案后决策。

二、决策的步骤和方法

（一）决策的步骤

根据著名决策学家西蒙（Herbert A. Simon）的模型，决策大致分为四个阶段：情报阶段、设计阶段、选择阶段和执行阶段。

在情报阶段，决策者及团队的任务包括获取数据，调研所处的实际情况和所面临的问题，寻找机会，明确需要解决的问题是什么、决策目标是什么、决策内容是什么、决策的时限是什么，并组成支持团队开展下一阶段的工作。开展一场团队建设活动，与要进行一次春游两个不同的目的所带来的选择和最终的决策会不同，但有时候我们会把一场团队建设活动和一次春游混淆在一起，在选择活动方案时才去辩论应该定位为春游还是团队建设。

设计阶段的主要活动包括：针对问题建立数学模型，考察影响问题的各个变量以及各个变量之间的相互关系，必要时，可以对模型进行假设和简化，使其能支持对问题的深入了解和对决策方案的评估。这个阶段还需要创建和测试可行的方案，从解决问题的某个或多个因素入手，是制订可行方案的重要突破口。方案制订后要评估方案的可能后果及方案实现的概率。在确定型和风险型决策中，备选方案应能满足决策目的，而且实施的风险和成本应予明确。通常应有两个或以上的方案供决策者选择，经过对多个可行方案的制订、论证、筛选和整合，最终按照优先的顺序提供给决策者。供决策的方案如何进行建模和评估的方法将在后续的段落中详细描述。

在选择阶段，决策者在各种可能的选择方案中，针对决策目标选出最后的方案。决策者一般可以根据规范性原则和描述性原则进行决策。规范性原则是在允许的条件下追求一个最优或局部最优的方案，这在确定型和风险型决策中使用较多。描述性原则追求的是一个足够好的或满意的方案，这在不确定型和竞争型决策中使用较多。对于不同的选择原则，会得到不同的选择结果。

选择好方案后，重要的是决策的执行。在执行过程中，要将任务落实到位，并需要继续收集情报，对要解决的问题进行持续的跟踪和分析，也需要对实施方案中已经明确的风险和新产生的风险进行消除。当发现决策针对的要解决的问题已经发生重大变化或者执行中发现实施方案有重大障碍或偏离，应提请决策者启动新一轮的评估。在方案实施没有完成时，可以提出完善的或补充的措施，使做出的决策可以有更大的机会达到更大的目标。

（二）决策的方法

对于确定型决策，方案的制订和分析相对比较直接，一般会将各方案之间的差异整合转化到利益最大化或耗时最少（如 GPS 导航）等简单的量化指标上进行比较，选择最优者来执行。在利益最大化模型中，一般采用会计行业通用的利润模型，即：利润 = 收入 - 成本（包括生产成本、销售成本、管理成本、税务成本、研发成本、财务成本等）。

一家公司的产品预计可以占领市场 2 年，带来 10 万台的销售，每台售价是 100 元，目前生产成本是50元。也就是说未来两年，该产品会为公司带来共10×(100−50)=500万元的毛利润（不考虑销售成本、管理成本、税务成本和财务成本等），现在为了增加利润，公司要求研发部门改进生产工艺，降低生产成本。研发部门提出了三个可行方案（表10.11）。

表10.11　研发部的三个可行方案

方案	预计研发总投入/万元	预计成功后的生产成本/万元
A	80	30
B	50	40
C	40	45

经过分析，三个方案所带来的预期利润如表10.12所示：

表10.12　三个方案预期利润表

方案	预计研发总投入/万元	预计成功后的生产成本/万元	预期利润/万元［10×(100−生产成本)−研发投入］
A	80	30	620
B	50	40	550
C	40	45	510

根据利益最大化原则，显然方案A能够带来最大的利润，最有吸引力。同时我们也看到以上的3个方案都比现在的工艺能创造更多的利益，均为合理的方案（图10.22）。

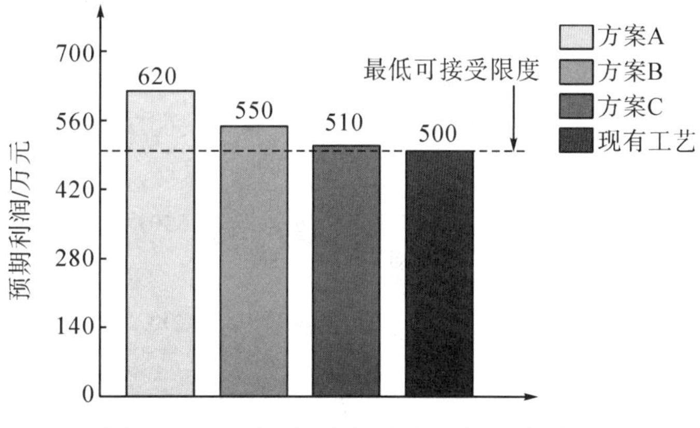

图10.22　三个方案与现有工艺的预期利润对比图

耗时最少的分析方法在GPS导航上已经普遍应用，在实际的商业决策中通常会将一项目标的达成路径开发出多个方案进行论证和选择。

虽然耗时最短是一个很重要的商业指标，但很多时候，会出现时间减少和资金投入增加之间的取舍。也就是说，有些路径的时间节省是需要投入额外的人力和资金并采取特殊的做法才能实现的，在这时我们就需要考虑可能节省的时间是否值得额外投资，最后会转化成利益最大化问题。

在以上的例子中，如果研发部门提供了更详细的信息，特别是不同方案的技术难度和不确定性，那么我们决策的各个最终状态就不再是唯一的和明确的，我们就要承担决策的风险了（表 10. 13）。

表 10. 13 三个方案成功概率表（一）

方案	预计研发总投入/万元	预计成功后的生产成本/万元	技术难度	成功的概率/%
A	80	30	很难	30
B	50	40	难	70
C	40	45	容易	100（几乎没障碍）

在这种情况下，我们就进入了风险型决策的范围，可采用收益模型结合决策树的有效分析方法。首先我们把不同选项的不同结果在图上展开，标明每一个可能结果的利益和成功的概率，然后将风险调整后的利益值（利益×概率）标注在每一个可能的结果上。最后将每一个选项的所有风险调整后的利益值进行累加后比较，取最大值为最终选项。在以上的例子中，如果方案 A、B 或 C 失败了，那么我们将会继续使用现在的生产方式来生产，未来的利益值仍是 500 万元。严格来说，方案 A、B 或 C 在失败时的利益值应该在 500 万元的基础上扣除已投入的研发成本，但通常我们不需要等研发费用全部使用完后才知道某个方案能否成功，在研发的某个关键点我们就能判定是否值得继续，如果已经知道不可能成功，那么余下的费用就可以节省。因此，在本案例的后续分析中，为简洁明了，将省略对各方案失败情况下的利益值进行研发费用的修正（图 10. 23）。

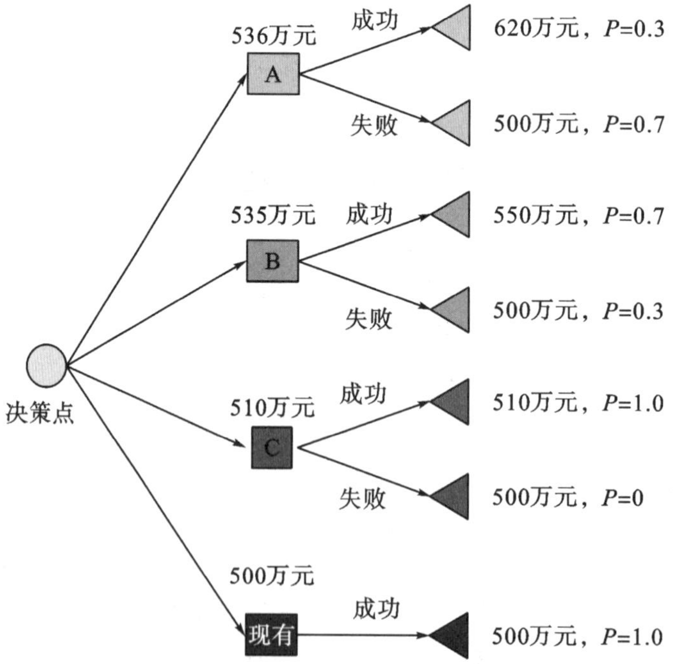

图 10. 23 方案选择树状图

从以上的分析可以看到，虽然方案 A 有可能比方案 B 多带来 70 万元的收益，但其成功的风险较低，经过风险调整后的利益值只比方案 B 的高 1 万元，几乎可以忽略不计。选择方案 A 和方案 B 在这种情形下几乎没有区别了。

在与研发团队的细致沟通中发现，不同的专家对几个方案的技术难度的比较是有分歧的。方案 A 涉及工艺路线的重新设计而且到目前还没有完成验证性试验，因此不确定性很大，但该工艺在相似的产品线上有成功的案例可以借鉴，所以工艺顾问认为 30%的成功率过于悲观，40%比较合理，也有工艺工程师指出虽然有成功案例，但在项目规定的时间内确定工艺路线，工艺参数优化和每个细节确认，在没有资源冲突和每一步都很顺利的情况下才能完成，但在现在研发团队有多个项目资源冲突的情形下，成功按时完成工艺开发的机会大概只有 25%。对于方案 B，团队也有争议，认为成功概率为 65%～80%。方案 C 牵涉一种物料的更改以及供应商的整合和价格谈判，需要更换设备但没有技术难题，但这个供应商能否答应以量换价、降低供货成本还需要进一步磋商，100%的概率太过理想化了，团队建议 90%～100%的范围比较合理。更新后的信息汇总如表 10. 14 所示：

表 10. 14　三个方案成功概率表（二）

方案	预计研发总投入/万元	预计成功后的生产成本/万元	技术难度	成功的概率/%
A	80	30	很难	25～40
B	50	40	难	65～80
C	40	45	容易	90～100

现在这个问题逐步接近我们平常遇到的情形了。工作和生活本身就充满机会和不确定性，我们也常要做不确定型的决策。在这种不确定型的决策中，通常我们可以采取保守型和乐观型决策取向，也会有其他如最小最大后悔值法等方法。

在保守型决策方法中，我们确认每个选项的最小收益值，然后挑选这些最小收益值中的最大者所对应的选项作为我们的最终选项。按照这种方法，更新后的方案选择如表 10. 15 所示：

表 10. 15　三个方案成功概率表（三）

方案	保守估算的成功概率/%	成功情况下的收益/万元	保守估算的失败概率/%	失败情况下的收益/万元	风险调整后的收益值/万元
A	25	620	75	500	530
B	65	550	35	500	532. 5
C	90	510	10	500	509

由此可以看到，在保守的取向下，方案 B 逐步胜出。

与保守取向相反的是乐观型取向，也就是会确认每个选项的最大收益值，然后挑选这些最大收益值中的最大者所对应的选项作为我们的最终选项。按照这种方法，更新后的方案选择如表 10. 16 所示。

表 10.16　三个方案成功概率表（四）

方案	乐观估算的成功概率/%	成功情况下的收益/万元	乐观估算的失败概率/%	失败情况下的收益/万元	风险调整后的收益值/万元
A	40	620	60	500	548
B	80	550	20	500	540
C	100	510	0	500	510

由此可以看到，在乐观型的决策取向下，方案 A 具有优势。

以上案例在不确定型决策中应该算是比较直接的了。不少情况下，有些选项的概率在决策时还无法获知，那么人们会使用等可能性法（又称“拉普拉斯决策准则”，假设每个选项的成功概率一致，取风险调整后的收益值最大的方案）、乐观系数法（也称“赫威斯决策准则”，以不同的系数代表不同选项的成功率，例如没有风险的用 1.0，有风险的用 0.5 等，取风险调整后的收益值最大的方案）或者最小最大后悔值法（又称“萨凡奇决策准则”，确认每一选项的最大机会损失，取最大机会损失中的最小者对应的选项，目标是确保避免大的机会损失）等方法帮助决策。

三、运用大数据分析辅助决策

大数据辅助，就是概率事件。大数据不会改变一个决策的方式和流程，但是会对决策的后果进行更充分的论证，由此可以给出更多的选择方案，或者对决策的后果进行更有效的修正，同时也对每一种选择方案带来的影响以及成功的机会也可以给予更好的决策支持。大数据同时也可以利用其广泛性和及时性的优势，对决策后的进展评估和基础数据的更新起到了极大的帮助作用。大数据分析更可避免决策的失误，同时提供了挽回决策损失的机会。

（一）机会均等假设

很多情况下，经济价值是比较容易获得和预估的。但成功率就不一定了，其有很大的偶然性，在这种情况下，我们应该如何决策呢？

一种传统的方法便是，在不确定的情况下，对出现的概率进行平均分配，也就是百分之百的概率除以所有的选择方案，进行平均分配。或者用其他类似的平均方法，来预估成功的概率。必须指出，这是在没有办法的情况下最后一步该做的事情。因为这些选择的方案有各自不同的限制因素，所以成功的概率很难一致，而且成功的概率也取决于我们愿意花多大的资源去努力。因此在多数情况下，使用头脑风暴法结合内外部专业人员的经验所得出的成功概率的预估还是比均等概率的假设更贴近实际情况。

另外一种处理办法是将一个大的决策分解为多个小的决策、阶段性的决策。例如，第一个决策可以是我们能用多长的时间、多大的投入去摸索、确认每个方案的可行性和成功概率，第二个决策才是在获得这些信息后，对可能出现的成功率进行悲观、乐观和最有可能的情况分析，做出方案之间的选择或者排除某些方案。

（二）延后决策

以上已经提到了一个延后决策的例子。其实，延后决策是一种常用的策略。延后的目的是尽量投入更多的时间将各个选项的风险、限制因素、投入估算和成功机会评估得更确切，从而避免过早决策时因数据和信息的不完整和不确定而出现决策的失误和机会的丢失。

在前面的例子中，我们可以看到选择方案 A 和方案 B 取决于 A 和 B 的成功概率。决策者可以在决策时加一条概率红线，例如成功概率小于 50%的方案风险过高不予考虑，也可以认为概率小于 50%但成功后具有重大收益的方案值得继续探索和论证，直到把握度提高到红线以上再提交决策者。

现在我们重温一下前面产品成本降低的几个方案（表 10. 17）。

表 10. 17　三个方案成功概率表（五）

方案	预计总投入/万元	预计成功后的生产成本/万元	预期收益/万元	成功的概率/%
A	80	30	620	25～40
B	50	40	550	65～80
C	40	45	510	90～100

决策者目前是很难在方案 A 和方案 B 中进行选择的，选择 B 方案时成功机会较大，很有可能实现降低成本的目标（当然方案 C 也能达到目标且机会也非常好，只是收益小于方案 B），但就会失去方案 A 可能带来更大收益的机会。

因此，如果时间和资源允许，我们应该对方案 A 再进行试验和论证，以期提高其成功的把握，这样我们决策时就会更有信心并避免未来的遗憾。如果这样做的话，那么在最终决策前该花多少资源去提高方案 A 的成功率才是合理的呢？从理论上说再投入不超过 70 万元（620−550）的资源将方案 A 的成功率提高到与方案 B 相当或以上的水平都是合理的决策。当然，如果进一步试验会发现方案 A 在现有条件和时限下不可能实现了，那么应及时停止试验，否定方案 A。

（三）期权概念的应用

决策者在遇到两难的处境时，可以使用上面提到的延后决策的办法，使在最终决策前信息能尽可能地确切和完整，寄希望于新数据的补充能打破两难的局面，使决策更加容易。但能提供这样宽松的时间窗口的情形也是有限的，不少的决策需要短时间内做出，而且在信息还在更新时就要决定后续工作方案，这时我们可以引入期权概念来弥补决策中的遗憾，使机会最大化。

期权是一种合约，赋予持有人在特定的日期或者日期之前拥有以固定价格买入或卖出一定数量的某种特定资产的权利（而不是义务）。在以上的例子中，我们可以这样来决策：现阶段选择方案 B 作为研发的方向。因为其把握较大，而且收益也很可观（虽然不如方案 A），方案 B 的实现能达到决策的目标，同时，就方案 A 的开发与团队以外的合作方签订协议合作进行，决策者可以以一个提前约定的价格（例如 50 万元）向合作方引进开发成功后的方案 A 技术，这样就既不影响在公司现阶段做出最终的决策，同时也留下一个可以争取更大利益的权利或者机会。当然，期权作为有价合约必须为之付出成本，但该成本通常会远低于这个商品的资产价值（例如，在此情况下开发成功的方案 A 的价值需要高于其期权的成本）。正确合理地利用期权手段来辅助决策会实现降低风险、集中资源以及收益最大化的目的。

（四）规范性原则和描述性原则的合用

前文提到，在做决策时会使用规范性原则或者描述性原则。规范性原则是在允许的条件下追求一个最优或局部最优的方案，这在确定型和风险型决策中使用较多。描述性原则追求的是一个足够好的或满意的方案，这在不确定型和竞争型决策中使用较多。在实际应用中也会将一个大的决策分成多个小的决策，在不容易量化或者对项目的投入或者最终的结果不会构成重大影响的情况下，可以用简单的描述性原则，找到一个令人满意的方案，既可以往下推进，不需要大量的时间去详细测算各个方案的利益和投入，而对于可以量化的和对项目的投入和最终的结果构成重大影响的那部分决策，还是尽量去使用量化的评价指标，使用规范性原则进行决策。对于不同的选择原则，会得到不同的选择结果。

四、决策树

对于现实生活中的复杂问题，由于影响决策的因素较多，相互之间的关系复杂等原因，人们经常有意或者无意地采用决策树帮助解决这些问题。决策树把决策问题看作一个前后关联的具有链状结构的多阶段过程，并且各阶段间具有时间上的先后顺序。决策者需要做出时间上有先后之别的多次决策，并将多次决策的结果汇总以供当前问题的最终决策。决策树自 20 世纪 70 年代被提出以来，长期受到学术界和工业界的青睐。

（一）构建决策树

一棵决策树有三类节点：一个根节点、若干个内部节点和叶子节点。其中，根节点包含所有待分类的数据样本，代表初始状态。每个内部节点代表一次决策（因此又称为决策节点），而每个叶子节点是一个决策的结果。

内部节点包含一个数据集 D 和一个对该数据集中数据样本属性的测试 T。根据测试的结果，该数据集将被划分成若干互不相交的子集，每个子集会成为一个节点，且是原数据集对应节点的子节点。

如果一个节点中所有的数据样本可以划分到一个类别，这个节点就是所谓的叶子节点，对应一个决策结果。叶子节点包含一个数据集 D 和一个类别标签 C，该类别标签就是决策。任何一个新输入，如果按照决策树规则最后落入这个叶子节点，那么它的子类别就是 C。

例如，银行在决定是否给客户提供汽车消费贷款这个过程就是一个决策的过程（图 10.24），其面临的问题就是银行是否同意为客户提供按揭贷款。其中的决策有两种——放贷和不放贷，而客户就是根节点，菱形节点是内部节点，矩形节点是叶子节点。

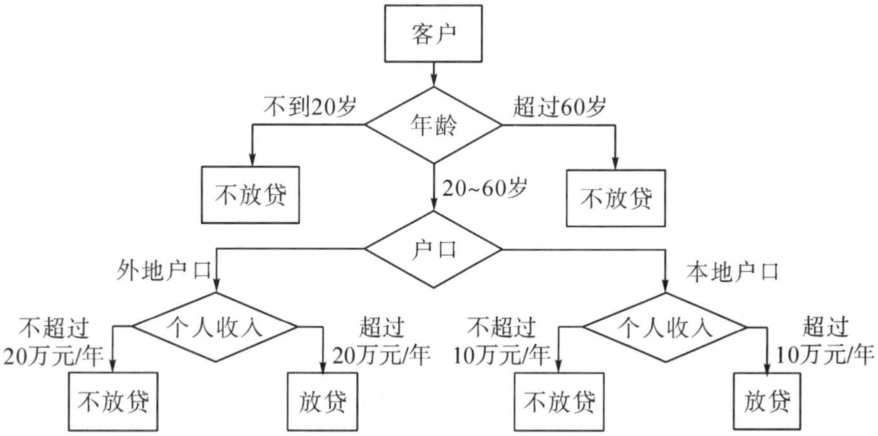

图 10.24　银行是否给客户提供汽车消费贷款决策树

决策树生长算法需要解决的问题是给定一个训练集 D，包含了若干数据样本和每个数据样本所属的类别标签，要生出一棵可以对新数据进行分类的决策树，就需要回答以下三个问题：

（1）对于任意节点，如何确定其是内部节点还是叶子节点？

（2）若某节点为内部节点，如何选择测试 T，将数据进行划分并生成新的子节点？

（3）若某节点为叶子节点，如何确定其类别标签？

与之对应，一个通用的决策树生长算法一般包括四个步骤：首先，建立包含数据集 D 的新节点 Node（称 Node 为根节点）。其次，确定节点 Node 为内部节点还是叶子节点。若 Node 包含的数据集中的样本属于不同类别，则 Node 为内部节点；反之，Node 为叶子节点。再次，若 Node 为内部节点，则构建一个测试 T，并利用测试 T 将数据 Node 节点的数据集划分为 m 个不相交子集，依次为每个子集的数据集重复该生长算法流程。最后，若 Node 为叶子节点，则以 Node 包含数据集中的样本类别标签作为该节点的类别标签。

决策树的构建是基于训练数据集 D，目的并不是用该决策树给训练集 D 中的数据样本分类——因为它们的类别都是已知的，而是给新数据样本分类。如果决策的规则非常复杂，即便可以很好地解释训练集合，对于新数据其效果往往也不好，这就是所谓的“过拟合”。

一般而言，越是复杂的模型，过拟合越严重，解释新数据的能力越差。也就是说，节点越多的决策树的模型复杂度越高，拥有越多节点的决策树对应的判别规则也越复杂。所以，从算法的角度而言，如果多个模型在训练集上获得的效果相当，那么就优先选择最简单的模型。

决策树构建完成后一般需要一个剪枝的过程，以降低复杂度、避免过拟合，其实质就是从训练完成的决策树中寻找一棵子树，期望该子树能在训练集上表现出与原树相当的效果。

（二）决策树的优势

决策树是数据挖掘中非常经典的算法，直到今天，还广泛应用于营销决策、创新创业、医疗诊断、垃圾邮件和个性化推荐等领域。其具有两个方面的优势：

一是它对离散型数据的支持。决策树生长算法可以自然无困难地处理离散型数据，而许多其他常见的算法无法直接处理离散型数据。这是因为进入这些算法的每个特征的取值均要满足可进行大小比较的前提，而很多离散值，如城市、色彩、性别、风格等，没有办法数值化。

二是它具有很强的可解释性。决策树有非常清晰的树形结构，这种可解释性在具体应用中会起到关键作用。例如，银行推出一款消费金融产品，精算师设计了一个判断申请购买该产品的客户还款能力的高精度算法，可以通过给用户打一个信用分数来决定授信额度。这个方法可能会用到几十亿维的用户特征，所以没有办法解释。尽管银行可以用这种方法来判断是否该销售这款产品，但是如果有用户投诉银行乱打分，银行就会变得非常被动。而决策树不仅能进行分类和预测，还可以形成若干规则，让操作者一眼就能看出哪些特征是重要参数。这种结果和精度之外的“知识”在很多场景中都极具价值。

◇ 创业问答 ◇

Q：在瞬息万变的市场情况下，对我们大学生来说，很难全面又及时地判断并进行决策，那是不是就尽量多问有经验的老师、前辈等，然后再进行决策会更好？

A：在你决定创业前，你应该多问、多学、多积累经验，运用科学的知识和大量的调研、策划、风险管理来确保项目的可行性。但当你已经在创业的时候，你应该结合自己在一线的判断训练自己的决断力，然后定期总结经验教训，向经验丰富的创业者学习和请教。在创业这条路上，本身就是九死一生，别人没有在每一个具体的事情上亲自参与，其判断不一定比你的判断更适合你的公司，而且众说纷纭会让你迷茫和错失最佳执行期。很多情况下，作为创始人，你需要相信自己的判断力，哪怕错了，也是对自己的决断力的训练，这些经验会帮助你提高创业成功的可能性，这也是连续创业者更受投资人青睐的原因。尤其是互联网行业，有一种说法是“朝令夕改”式的决策和执行，这些决策需要动态地在执行过程中不断做决定并执行。总之，大学生创业者需要多积累经验，保持热情和谦虚之心，同时更要相信自己，具体的决策情况因实际情况的不同而不同，这份判断力是时间的积累和经验的总结，但我们可以通过类似本书这类实战演练的学习提高理论基础和做好前期铺垫，提高创业的成功率。

◇ 关键术语 ◇

市场容量：由使用价值需求总量和可支配货币总量两大因素构成，是在不考虑产品价格或供应商的前提下市场在一定时期内能够吸纳某种产品或劳务的单位数目。市场容量是由使用价值需求总量和可支配货币总量两大因素构成的。

波特五力模型：由波特于20世纪80年代初提出。它认为行业中存在着决定竞争规模和程度的五种力量，这五种力量综合起来影响着产业的吸引力以及现有企业的竞争战略决策。五种力量分别为同行业内现有竞争者的竞争能力、潜在竞争者进入的能力、替代品的替代能力、供应商的讨价还价能力、购买者的讨价还价能力。

决策西蒙模型：由美国西蒙教授提出的决策过程模型，该模型以决策者为主体的管理决策过程经历以下三个阶段：情报、设计和选择。

利基市场：又称利益市场、小众市场（niche market），是指为已有市场占有率处于绝对优势的企业所忽略的某些细分市场，并且在此市场尚未完善供应服务。

最小最大后悔值法：也叫最小遗憾值法，根据机会成本进行决策，以各方案机会损失大小来判断方案的优劣程度。

CDPA：项目数据分析师（certified projects data analyst）。CPDA 具有大数据时代解决工作问题时必需的数据分析思维，了解数据分析流程、掌握数据分析方法，根据不同工作场景应用大数据分析的能力。

AARRR 模型：该模型中各字母分别表示 Acquisition（用户获取）、Activation（用户激活）、Retention（用户留存）、Revenue（用户收益）、Referral（推荐传播），分别对应用户生命周期中的五个重要环节。

RFM 模型：该模型中各字母分别表示 Recency（最近一次消费）、Frequency（消费频率）、Monetary（消费金额）。RFM 模型是衡量客户价值和客户创利能力的重要工具和手段。也可以描述客户的价值状况。

◇ 本章小结 ◇

当我们需要对一个产品制定市场策略时，如何进行有效的市场分析、预测、决策需要一系列的方法和专业知识，并且具备对市场的敏锐触觉以及对机会的识别与把控能力。大数据时代有其特有的特点，但最有效的方式应该是我们需要在对传统方法的把握之上，加入运用大数据进行辅助预测和决策的方法，以制定出最佳的策略。本章从市场分析、市场预测、决策的基本概念和方法入手，加入目前已经被使用的大数据进行辅助的方法和案例，让读者能在已经被证实有效的方式中找到正确运用大数据进行创新创业的思维方法。

◇ 思考 ◇

1. 在大数据时代，我们能够运用哪些工具进行市场预测？
2. 市场分析的步骤有哪些？
3. 市场决策的类型有哪些？
4. 请列举三个生活中运用大数据思维进行营销的产品，并分析运用大数据思维的优点。
5. 请选择任意一种品类的新产品制定一个市场营销策略。

参考文献

阿里巴巴数据技术及产品部，2017. 大数据之路：阿里巴巴大数据实践［M］. 北京：电子工业出版社.

蔡建军，岑长凤，2017. 初创企业互联网营销策略分析——以小罐茶品牌为例［J］. 戏剧之家（17）：221-222.

产品经理如何做用户行为分析［EB/OL］.（2017-12-18）［2018-06-06］. http://www.sohu.com/a/211180014_554380.

陈可倪，2016. 大数据背景下的移动社交型 APP 用户体验设计研究［D］. 长沙：湖南师范大学.

陈星海，何人可，2016. 大数据分析下网络消费体验设计要素及其度量方法研究［J］. 包装工程，37（8）：67-71.

陈子婵，2017. “互联网 +”时代社群营销模式研究——以小米手机为例［J］. 新闻研究导刊（8）：44-45.

程宵，2018. 从危机公关 5S 原则看“海底捞事件”［J］. 视听（2）：172-173.

从社区产品看用户心理［EB/OL］.（2017-08-09）［2018-05-06］. https://www.jianshu.com/p/6ce5ceda00e5.

国家统计局，2017. 2017 年国民经济行业分类：GB/T 4754—2017［S］.

胡俊，2012. 新媒体环境下的企业品牌危机管理研究［D］. 兰州：兰州商学院.

聚焦 3·15，2017. 央视 3·15 晚会曝光七大问题［J］. 品牌与标准化（3）：26-29.

康波，刘胜强，2013. 基于大数据分析的互联网业务用户体验管理［J］. 电信科学（3）：32-35.

科特勒，弗沃德，2008. B2B 品牌管理［M］. 楼尊，译. 上海：格致出版社，上海人民出版社.

李杰，2012. 战略性品牌管理与控制［M］. 北京：机械工业出版社.

李杰，2014. 品牌审美与管理［M］. 北京：机械工业出版社.

刘浩然，2016. 基于大数据分析的用户体验设计研究［D］. 长春：吉林大学.

陆丽芳，2017. 基于大数据的电商活动页面设计策略研究［J］. 计算机时代（4）：5-7，12.

马守贵，2012. 别了，彩卷！重生，乐凯［J］. 化工管理（10）：73-75.

马小飞，2017. 小罐茶：以极致细节打造高端中国茶品牌［J］. 食品安全导刊（11）：34-36.

马智萍，2016. 移动互联网时代社群营销案例分析——以逻辑思维和大 V 店为例［J］. 现代商业（18）.

你真以为脑白金是靠广告做成的？［EB/OL］.（2017-07-21）［2018-06-06］. http://www.sohu.com/a/159004682_618348.

盘点国内外主流用户行为分析工具［EB/OL］.（2017-10-25）［2018-06-06］. http://www.kejixun.com/article/171025/384237.shtml.

任轶，2015. 需求驱动的用户体验优化策略研究及应用［D］. 杭州：浙江大学.

石一涵，2016. 移动互联网时代红牛活动营销策略研究［D］. 保定：河北大学.

斯通，2014. 一网打尽：贝佐斯与亚马逊时代［M］. 李晶，李静，译. 北京：中信出版社.

王超，2018. 互联网时代下的中小企业营销创新思考［J］. 中国市场（3）：90-91.

王海忠，2017. 品牌管理［M］北京：清华大学出版社.

王磊，2009. 小小 Zipcar 的成功之道［J］. 中国报道（11）：69.

吴晓波，2020. 影响商业的 50 本书［M］. 杭州：浙江大学出版社.

吴晓波，何丹，王千马，等，2021. 新国货浪潮［M］. 北京：新华出版社.

吴晓波频道，2021. 这个国家的新国货［M］. 北京：中国友谊出版公司.

武冠芳，崔鸿雁，2017. 基于大数据的用户特征分析［D］. 北京：北京邮电大学.

徐健，2011. 广告中的女性形象分析——以台湾 PayEasy 女性购物网站为例［J］. 新闻世界（7）：172-173.

杨正良，2018. 央视“国家品牌计划”：彰显主流媒体的广告导向［J］. 中国广告（1）：122-124.

余明阳，刘春章，2008. 品牌危机管理［M］. 武汉：武汉大学出版社.

张剑林，沈千里，2013. 互联网产品用户体验［M］. 北京：清华大学出版社.

中华人民共和国国务院.“十三五”旅游业发展规划［Z］. 2016.

周涛，2020. 最简数据挖掘［M］. 北京：电子工业出版社.

JAHCHAN N S，DUDLEY J T，MAZUR P K，et al.，2013. A drug repositioning approach identifies tricyclic antidepressants as inhibitors of small cell lung cancer and other neuroendocrine tumors［J］. Cancer discovery，3（12）：1364-1377.

SAURO J，LEWIS J R，2014. 用户体验度量：量化用户体验的统计学方法［M］. 殷文婧，等译. 北京：机械工业出版社.

后记

本书成书之际，也恰逢我国正式全面启动“东数西算”工程，京津冀、长三角、粤港澳大湾区、成渝等地被纳入国家算力枢纽节点建设。这既是四季轮回的自然之春，也是大数据行业蓬勃发展的成长之春、崛起之春和希望之春。

企业是市场的主体，也是科技创新的主体。在我国全面进入新发展阶段、贯彻新发展理念、融入新发展格局的当下，需要有更多的市场主体活跃在社会主义市场经济大潮中，为价值创造、产品供给、消费升级、出口增长、就业消纳、国富民强做出实质性贡献。而大众创业、万众创新正可顺应之、助力之、实现之。

本书整体延续了重点介绍基础理论与实践应用的思路脉络，虽未详细讲述数据的采集、储存、分析等具体方法，却用通俗易懂的语言将“数据思维”广泛植入市场营销以及初创企业的管理等方面，探索提升大数据描述、分析、预测功能的商业变现能力。正如前言所述，“大数据”“营销”“创业实战”是跨界融合和本书创新所在，我们真心期望这种融合与创新能起到“1+1+1>3”的功效，特别是对于本书定位的主要受众——各类初创业者和大学生等潜在创业者而言。

置身数字世界，仰望浩瀚星空，探索永无止境。大数据如何在这个数据织成的世界实现有效商业价值变现？大数据如何深度赋能实体经济与网络经济？创业者如何运用大数据实现高效管理决策？目前，大数据领域仍有诸多待解难题和未知领域，企业认识和运用大数据也不可能毕其功于一役，对大数据商业化的运用还需深入研究。

所以在本书前期策划论证，中期调研访谈、研究编写，后期设计提炼过程中，我们得到了许多专家学者、领导老师、同学朋友的关心、支持和帮助。

感谢《大数据营销与创业实战》的主编廖田甜、吴妮徽和曾心，你们的眼界学识为本书奠定了独特的选题视角和坚实的理论基础。

感谢吴晓波老师、Jeffrey A. Robinson 教授、席刚董事长的倾情推荐，感谢他们对编写团队的充分肯定和悉心指导、对创新创业教育的关心与关注。

感谢四川大学商学院市场营销系主任、博士生导师牛永革教授，四川省决策与咨询委员会委员、成都市科技顾问、电子科技大学大数据研究中心主任周涛教授，国家级双一流创业课程负责人、“三创赛”全国总冠军指导教师、西南交通大学苗苗教授为本书作序，感谢他们给予的方向性指导，尤其是在本书写作过程中在内容方面提出的重要参考。

感谢全国外经贸职业教育教学指导委员会委员、中国高等教育学会职业技术教育分会常务理事、中国（四川）自贸试验区综合研究院客座教授、四川商务职业学院院长高司华，四川省学术和技术带头人、成都理工大学黄寰教授，西南财经大学经济与管理研究院党委书记、金融科技国际联合实验室高级研究员黄文，四川省火锅协会执行会长严龙先生，四川省烹饪协会秘书长高朴先生。感谢他们给予的大力支持和悉心指导，他们的宏观视野对本书质量的提升起到了重要作用。

感谢知名商业策划人、畅销书《人生六大真相》作者、YOL China 自由创想实验室创立人王释德先生，四川小龙坎控股集团有限公司董事、副总经理陈刚先生，柯杰律师事务所创始合伙人曹蕾女士，成都市魔方运动网络科技有限公司联合创始人张琪女士，象上陶瓷联合创始人兼 CEO 罗骅先生，阿坝州慈愿民族传统文化有限责任公司总经理谢拉先生，青川县青野葛业有限公司总经理何静女士。感谢他们在写作过程中予以的支持。

感谢四川商务职业学院实践教学中心主任罗小东教授、设计师吴砚豪先生、小龙坎控股集团品牌营销总监张磊先生、小龙坎控股集团媒介公关高级经理邵茜女士、西南财经大学出版社策划编辑何春梅女士，他们的热心和协助使得本书顺利出版。感谢全体编委付出的宝贵时间和精力。感谢全体编委家人的理解和支持。

由于相关理论体系尚不完善，加之编写团队学识水平有限，本书难免有疏漏和不足之处，在此恳请各位专家和读者在阅后予以批评指正。

陈桓亘　黎纯逸
西南财经大学
2022 年 · 立秋

结束语

市场营销领域依然还有英雄在谱写他们的传奇，但是个人英雄主义的时代正在落幕。英雄们越来越依赖从数据中得到的洞见，而但凡计算机能够直接和人正面对决的场景，我们都溃退了或者正在溃退。举个例子，十多年前或许还有一些经验丰富的运营团队，靠着不多的用户标签手动设计推荐内容，号称可以匹敌推荐系统，如果现在还有运营团队认为自己可以依靠经验完成个性化推荐或者精准广告投放，恐怕就是天方夜谭了。

本书中谈到了一些初步的数据思维方法，这些可以让我们脑子里面随时都有一根“数据弦”，主动思考如何利用可获取的数据提升营销效果，降低相应风险。书中介绍的技术手段，都是按照“能够最简单地说明这个场景如何使用数据”这一要求简化的，是为了既能完整传递认知，又不至于让读者陷入技术的细节。读者需要了解，除了一些特别简单和初级的场景，大部分实际的数据形态和应用需要都更加复杂，因此需要我们建设性地使用本书的方法，而不是照搬。如果你原来对大数据技术不太了解，那么本书的目的是帮助你形成技术思维从而能够在选择合作者、供应商或者技术工具的时候不至于上当受骗，而不是把你变成一个技术专家——如果你那样期望，多半要吃苦头。

另外一个不能直接使用本书技术手段的原因是现在技术发展的速度太快。比如本书多次提到的个性化推荐或者推荐系统，是市场营销的重要手段。事实上，Netflix 上 2/3 以上的点击来自于推荐，爱奇艺上 1/2 以上的点击来自于推荐，体量更大的推荐系统还有今日头条的新闻推荐、淘宝的商品推荐——电子商务网站上的“营销”很大一部分都是推荐系统自动完成的。在早期的推荐系统中，基于用户和基于商品的协同过滤是最主流的算法[①]，前者是向你推荐和你购买记录相似的用户普遍喜欢而你还没有买的商品，后者是向你推荐经常和你购买过的商品被一同购买的商品。然而推荐系统自身的发展速度很快，原来以协同过滤、矩阵分解等为代表的单算法，已经无法应对现在的大规模推荐系统。事实上，现在主流的推荐系统框架中，深度学习和特征工程已经扮演主角[②]，原来不可一世的的协同过滤已经退化成了前沿推荐系统框架中若干召回算法中不起眼的成员。

① ADOMAVICIUS G, TUZHILIN A. Toward the next generation of recommender systems: a survey of the state-of-the-art and possible extensions [J]. IEEE Transactions on knowledge and data engineering, 2005 (17): 734.

② 王喆. 深度学习推荐系统 [M]. 北京：电子工业出版社，2020.

类似地，在社交网络中如何找到最适宜传播品牌的KOL，也不是数数粉丝数目就可以解决的问题①。我们不仅要看粉丝数，还要看粉丝自身的影响力；我们不仅要看全局的影响力，还要看传播某个具体内容的特定影响力；我们不仅要看KOL能够带来多少观看和转发，还要看能够带来多少实际行动……

另一个需要特别引起注意的，就是利用关联关系的简单预测，例如本书中介绍的回归分析和移动窗口法，也正在受到因果分析方法的挑战，尽管后者目前还没有真正成熟的应用。因为，随着消费市场的精细化，厂商越来越关注他的一个具体营销活动带来销量的增长。举个例子，如何评估在抖音或者小红书上一次直播活动对销量的影响？在直播间的购买显然是直接可计数的，但是后续影响，例如因为品牌种草带来的销售，又怎么评估呢？要知道，在这个活动的同时，可能还有若干营销活动在天猫、京东等平台进行，还有很多难以预测的销售波动，这都使得挖掘因果关系变得困难。但是，如果厂商没有办法真正刻画因果关系，精细化营销活动设计和评价就变得不可实现；而对于抖音和小红书这类平台企业而言，发现这种关系更是可以大幅度提升它们运营自身流量的水平。

在将大数据用于提升市场营销效果的同时，还需要特别警惕因为技术滥用而带来的科技伦理问题。用户经常诟病的隐私泄露问题、大数据杀熟问题和信息茧房问题，都是非常典型的负面问题。除了严格遵守《中华人民共和国网络安全法》《中华人民共和国数据安全法》和《中华人民共和国个人信息保护法》这三部法律，读者还需要特别关注相关的行业规范，例如国家互联网信息办公室等部门联合发布的《互联网信息服务算法推荐管理规定》就明确指出，不得利用算法实施垄断和不正当竞争行为，也不得进行“大数据杀熟”。《规定》虽然目前针对的只是互联网信息服务，但可以算是数据伦理走向实践的重要一步，对于所有真心希望科技向善、数据向善的同仁来说，是一支强心针。推荐系统和搜索引擎是信息时代最重要的两类信息导航算法，在现代信息技术中位于核心地位，也是开展市场营销工作的最重要的技术工具。在推动《规定》落地的时候，要把监管重点放在已经给用户带来显著损害的问题上。

希望各位读者掩卷之余，能够真正把数据思维应用于企业实践，并随时警惕滥用技术的问题。如此，也就不负作者的苦心和努力。

① LÜ L Y, CHEN D B, REN X L, et al., Vital nodes identification in complex networks [J]. Physics reports, 2016, 650: 1-63.